Peter Heim

Die Ärzte der Schwarzwaldklinik

Roman nach der ZDF-Fernsehserie von Herbert Lichtenfeld

BASTEI LÜBBE

BASTEI-LÜBBE-TASCHENBUCH
Band 11 240

Lizenzausgabe: Gustav Lübbe Verlag GmbH, Bergisch Gladbach
Printed in West Germany, April 1988
Einbandgestaltung: Roland Winkler/Hestia-Verlag
Titelbild: Bavaria
Satz: Fotosatz Froitzheim, Bonn
Druck und Verarbeitung: Ebner Ulm
ISBN 3-404-11240-7

Der Preis dieses Bandes versteht sich einschließlich
der gesetzlichen Mehrwertsteuer.

Der Mann stand oben am Hang, dort, wo ein morscher Jägerzaun das Grundstück vom Wald abgrenzte. Er trug eine Windjacke, ein so unauffälliges, verwaschenes Kleidungsstück, daß seine Gestalt immer wieder mit dem braungrün getupften Hintergrund von feuchtem Gras und jungen Haselnußtrieben verschmolz. Dann sah es aus, als würde er von der Erde aufgesogen.

Er arbeitete in der Mittagsstille. Wenn der Spaten auf Stein traf, erklang ein kurzes, scharfes, metallisches Geräusch, das man bis zum Haus vernahm. Was er jedoch sagte, hörte keiner.

»Miststein, verdammter! Ja, haste da noch Worte? Scheißding...!«

Klick – machte es. Vom Spaten sprühten Funken.

»Hilft dir alles nichts! Hier kommt eine Birke hin, jawohl!«

Zwischen Löwenzahn und Knöterich, im sandigen, von Gesteinsadern und Geröll durchzogenen Boden öffnete sich ein dunkles Loch. Daneben lag eine kaum einen Meter lange Birke. Sie war frisch ausgegraben. An den feinen Wurzeln hingen noch immer Erdbrocken und Sand.

Der Mann kniete sich nieder. Seine Knöchel schmerzten. Die Erde hatte sie längst aufgescheuert. Doch den Gegner hatte er nun im Griff: faustgroß, schwer und kalt.

Na also!

Er wuchtete ihn heraus, wog ihn prüfend vor den Augen und ließ ihn mit Genuß den Hang hinunterrollen. Schon nach den ersten drei, vier wilden Sprüngen fand der Stein Begleitung: einen vor Jagdeifer und hysterischer Begeisterung kreischenden kleinen Hund.

»Molli! Hörst du, Molli?! Laß den Quatsch!«

Der Hund aber kümmerte sich nicht darum. Er schlug einen Haken, stürzte sich, ein braunes wütendes Fellpaket, in den nächsten Brombeerbusch, schoß mit hochgestelltem Schwanz wieder heraus, schnüffelte einen Weg entlang, zog lärmende Kläffspuren durchs Gebüsch und kam schließlich mit hängenden Ohren den Hang heraufgekeucht, um sich zitternd an den Mann zu drücken.

Der kraulte ihm das Nackenfell.

Molli blickte von der Seite hoch: belämmert, gedemütigt, erschöpft.

Der Mann verstand...

*

So! dachte Brinkmann. Deine Finger hast du ja schön zugerichtet. Sieh sie dir an, die gesegneten Chirurgenhände! – Na und? Wer hat dafür schon Bedarf...?

Er kauerte sich auf die Hacken seiner Gartenstiefel, rieb sich mit dem Handrücken die haarverklebte Stirn und blickte über Land, Hügel und Ebene hinauf zum Himmel. Der war blaß – blaßblau. Er kam mit der Feuchtigkeit nicht zurecht, die irgendein ferner Atlantikwind über ganz Frankreich hierher in die Rheinebene gebracht hatte, und die nun zögerte, ob sie über die Schwarzwaldhänge weiterkriechen oder im Elsaß bleiben sollte.

Nein, dieser Himmel konnte sich nicht entscheiden. Und Klaus Brinkmanns Beklommenheit wuchs.

Unschlüssig legte er den Spaten zur Seite, schöpfte einige Handvoll Erde aus dem Wurzelloch und tat dann, was er nicht tun wollte: er horchte in sich hinein. Sein Gesicht nahm dabei den schläfrig-tranceartigen und doch ungemein konzentrierten Ausdruck eines nach innen gekehrten Menschen an: Geschlossene Augen. Halb geöffneter Mund. Angestrengte Faltenstirn.

Alles schien in Ordnung.

Richtig lieb war die Pumpe, nichts zu spüren von diesem fernen, sonderbaren Rumpeln in der Tiefe des Brustkorbs, das sich manchmal anhörte, als wäre dort ein kleiner Vogel gefangen, der sich vergeblich gegen Gitterstäbe wehrt.

»Na also!« sagte Brinkmann.

Doch die Fingerkuppen seiner Rechten suchten weiter, fanden das Pochen am linken Handgelenk: sechzig bis achtzig, dachte er. Ein wenig schwach. Ja nun – aber nach einer Stunde Schippen!

Da war noch etwas ... Dieser feuchtkalte Schweißfilm ...

Molli fiepte leise.

Klaus Brinkmann setzte sich jetzt endgültig ins Gras – saß da zwischen Löwenzahn und Knöterich, die Hand am Hals seines Hundes und betrachtete, wie weiter unten im Garten, an den Büschen des Schuppens und an der Terrasse die ersten Goldlackblüten aufglänzten, sah die Fenster seines Hauses und war erfüllt von einem ganz unbestimmten Gefühl der Rührung und Distanz. Er wußte, daß dies nirgendwo hinführte. Und so entschied er sich für Zorn.

Zorn gegen sich selbst.

Was tat er da eigentlich, zum Teufel noch mal?! Entwikkelte eine fast schon klinisch zu nennende Krankheits-Fixierung. Jawohl, den ganzen Formenkreis der Hypochondrie kannst du bei dir finden! Gerd Römer hatte es behauptet. Brinkmann hatte gelacht. Doch genau das war es. Wie oft hatte er selbst seinen Patienten gepredigt: »Nehmen Sie Vernunft an! Wenn Sie gesund werden wollen, dann vergessen Sie Ihr Herz. Nicht dran denken. Sich nicht ständig damit beschäftigen. Einfach vergessen!«

Vergessen! – Einfach vergessen?

Ja, wenn's nur das Herz wäre ...

Brinkmann betrachtete seine Birke.

»Was soll denn das?« hatte sein Sohn gesagt. »Was mußt du Bäume pflanzen? Das ist nun wirklich übertrieben.«

Richtig!

Statt Bäume pflanzen ein Buch schreiben: *Der Infarkt und seine Rehabilitation.* Oder: *Der hausgemachte Rentner.* – Nein, das war's auch nicht ... Am besten: *Papa, bleib zu Hause und schon dich!«*

Oder einfacher und treffender: »ÜBERFLÜSSIG« ...

Ja, dachte Brinkmann: Überflüssig und der Menschheit zur Last...

Das ist es!

*

Er hatte es der ganzen Familie verkündet.

Sonntag. Beim Kaffeetrinken auf der Terrasse und über dem Streuselkuchen hinweg, den die ersten noch schüchternen Wespen umkreisten.

Sie hatten ihn nur angesehen.

»Also wie kommst du denn da drauf?« Udo saß da mit roten Ohren und beleidigtem Trotz in den Augen. Die Frauen hielten sich natürlich raus. Von Claudia konnte man ja auch nichts anderes erwarten. Christa jedoch? Nun, Christa machte ihr Christa-Gesicht, ein distanziertes, entsagungsvolles Lächeln in einem blassen Oval.

»Ja, wißt ihr eigentlich, was eine Infarkt-Rehabilitation bedeutet? Ist euch denn klar, daß es beim Genesungsprozeß nicht nur um die Wiederherstellung eines geschädigten Organs geht, sondern auch um eine lädierte Psyche? Können Sie sich das vielleicht vorstellen, Herr Doktor? Also Udo! Wenn du schon davon ausgehst, daß im Sinusknoten und im ganzen Reizleitungssystem nicht nur das Vegetative, sondern auch die Psyche...«

»Aber Papa!«

»Aber Papa, reg dich nicht auf – was?!«

Und Udo hatte genickt.

»Ich reg mich aber auf. Das ist mein Recht.«

»Vielleicht. Doch im Moment nicht angebracht. Ich beziehe mich nur auf das, was du eben gesagt hast. Und übrigens: Was heißt denn hier überflüssig?«

»Daß man mich ausschaltet.«

»Ausschaltet?«

»Richtig, ausschaltet! Bewußt und mit Plan.«

»Das ist doch verrückt.«

»Verrückt? Ja, wirklich? Wer kommt denn von euch schon

auf die Idee anzurufen? Schon mal ein Telefon gesehen, Udo? Spielend zu bedienen, so ein Ding. Und bewirkt Wunder. Es gibt dem anderen nämlich das Gefühl, daß er noch ein bißchen dazugehört, daß zum Beispiel sein Rat gefragt ist. – Ja, Herrgott, wem verdankt ihr denn eure Arbeit? Wer hat denn diese Scheiß-Klinik wieder hochgebracht?!«

»Reg dich nur nicht auf.«

»Du wiederholst dich!«

»Gut. Aber dann eine Gegenfrage, Vater: Wer war es denn, der sagte, laßt mich bloß in den nächsten Monaten mit dem ganzen Kram zufrieden. Ich will nichts sehen und nichts hören von der Klinik. Nichts, aber auch gar nichts will ich von dem Laden wissen?!«

*

Udo hatte recht!

Brinkmann gestand es sich ein, als er den Spaten säuberte.

Er hatte ein Stück Holz genommen und kratzte sorgfältig jeden Erdrest ab. Die Birke reckte ihren kleinen Stamm bereits über den Hang und ließ den Wind mit ihren herzförmigen Blättchen spielen.

Brinkmann fischte aus der Hosentasche einen Kaugummi, entfernte das Stanniolpapier und schnupperte: Himbeer! Auch das noch...

Er steckte den schmalen grauen Streifen in den Mund und begann mit Widerwillen darauf rumzukauen.

Dann schulterte er den Spaten und begab sich auf den Weg zum Haus: Udo hat recht – grundsätzlich. Grundsätzlich hat auch Gerd Römer recht. Grundsätzlich hatten alle recht und konnten ihm gestohlen bleiben!

Doch, genau besehen, wie sollten sie sich denn anders verhalten?

Die Armen gaben sich ja noch immer der Täuschung hin, sie hätten es mit dem Klaus Brinkmann von einst zu tun –

und mit einer einzigen Person dazu. Den gab's schon längst nicht mehr... Von der Brinkmann-Sorte tanzten jetzt zwei oder drei herum. Ein Rätsel? O nein – ein Phänomen, das bereits unter dem Begriff »Ich-Spaltung« einzuordnen wäre. Schon deshalb, weil diese Brinkmanns völlig verschieden reagierten.

Wen haben wir denn da? fragte er sich.

Da ist zum Beispiel Klaus Brinkmann, der noch nicht einmal vor dem Spiegel an Falten und graue Haare glauben will, der ewige kleine Junge, den niemand versteht, niemand liebt und den die anderen nicht mitspielen lassen.

Weiter? Den anderen, den Ohne-mich-geht's-halt-doch-nicht-Brinkmann, das Super-As, das so überlegen lächeln kann, dem gar nichts etwas ausmacht, während er im geheimen rummäkelt, kritisiert, jede Kollegenhandlung für falsch oder zumindest potentiell fehlerhaft hält...

Noch einer? – Ja, es gibt noch einen dritten. Einen melancholisch-philosophischen Brinkmann, der die ganze Komödie beobachtet und darüber immer verzweifelter wird.

Er war jetzt stehengeblieben und blickte zum Himmel.

Der hatte sich auch noch zugezogen...

*

»Ja, wie sehen sie denn aus?«

»Wie denn?«

»Schmutzig. Überall Dreck und Erde!«

Laura Michaelis war es, die das sagte. Vom oberen Treppenabsatz her und im Ton eines richtenden Erzengels.

So sah sie auch irgendwie aus. Der hagere Körper steckte in einer Art Sack aus handgehäkelter Naturwolle, das Gesicht war kantig, die Augen ein flammender Vorwurf und die Nase gerötet und so lang, daß sie Schlagschatten warf.

»Das laß ich nicht zu«, verkündete sie. »So kommen Sie mir nicht übers Parkett, Herr Professor!«

»Nein? Wieso?«

»Selbst die Beinkleider...«

»Die was?«

»Ihre Jeans. Nicht nur die Schuhe, bis zu den Knien alles Dreck!«

Er legte den Kopf schief: »Ich höre immer Dreck! Das ist kein Dreck. Das ist Erde!«

Er versuchte, dem Wort die Würde zu verleihen, die es verdiente.

Aber bei Laura Michaelis kam er damit nicht durch.

»Ist mir ganz egal, was das ist. Sie bleiben stehen!«

»Genau das werde ich nicht tun.«

»Wie bitte?«

Er setzte den rechten Fuß vor, dann den linken. Seines Gewichtes und der mit Erde oder Dreck zugekleisterten Stollensohle seiner Stiefel bewußt, trampelte Brinkmann genußvoll durch die Halle.

Laura Michaelis' Kinn bebte.

Zur vollen Größe aufgerichtet, versperrte sie den Weg.

Weder Zögern noch Zweifel war in ihren Augen: Hier kommt keiner durch!

»Jetzt schauen Sie zu, Laura, daß Sie verschwinden. In diesem Haus, verdammt noch mal, kann ich doch wohl noch hin, wo ich will!«

»Nicht in den ersten Stock!«

»Doch.«

»Den Dreck aber kann ich wegmachen, was?«

»Den können Sie wegmachen, richtig. Schließlich werden Sie dafür bezahlt. Und das nicht zu kanpp, Frau Michaelis. Und jetzt gehen Sie mal ganz schnell hoch und lassen mir Badewasser in die Wanne ein, ja?«

Laura Michaelis öffnete den Mund, aber kein Laut kam heraus. Er klappte wieder zu.

Und die Michaelis war verschwunden.

Brinkmann grinste. Es ging ihm plötzlich wieder gut. Der Blutdruck natürlich! Wie so was doch klappte. Und wenn die Physiologen hundertmal von mangelnden Beweisen redeten, es stimmte doch: Nicht nur in den Grundvorgängen, nein, bis in das Verhalten des letzten winzigen Zell-Individuums hinein ist es das zentrale Nervensystem, das reagiert...

*

Blutdruck und die Michaelis – beides hast du hingekriegt!

Pingelig verschloß Brinkmann die Badezimmertür hinter sich, riß das verschwitzte Hemd vom Leib, ließ die dreck-steifen Hosen zu Boden fallen und beobachtete mit einem Gefühl genüßlichen Triumphs, wie der Schmutz braun-schlierige Streifen über die blütenweißen Kacheln zog.

Warum tut so was nur gut? Und mit wem haben wir's jetzt zu tun? Mit dem kleinen Jungen oder dem bösartigen Alten? Was soll das alles, auf welchem Weg befindest du dich? Wo wird er enden? In der Klapsmühle...?

Die Lösung auf diese Fragen, die Klaus Brinkmann so sehr beschäftigten, wollte sich auch im warmen Wasser nicht einstellen.

Eingehüllt in körperwarme Flüssigkeit, in eine Art »fötalen Wohlbehagens«, wie Brinkmann es nannte, jedenfalls aller Schwerkraft enthoben, einen weißen lavendelduftenden Schaumberg genau vor der Nasenspitze, entschwebten die Probleme. Statt dessen studierte Brinkmann die helle Form seines Knies unter dem wechselnden grüngrauen Schattenspiel winziger Wellen. Nun hob er es an. Knie, Bein, Haut, sie schimmerten. Dunkelblonde Härchen wuchsen auf den Schenkeln, leicht bedeckt von weißem Schaum. Ordentlich sah das Bein aus, muskulös. Wirklich, noch sehr, sehr ansehnlich...

Jawohl – immer noch!

Er wölbte die Brust, so daß sie sich naß spiegelnd im Licht zeigte.

Er suchte weiße Härchen.

Fünf fand er...

Nur fünf!

»Ja, wie sehen Sie denn aus?« hatte die Michaelis gesagt.

Eine Unverschämtheit!

Wie siehst du schon aus? Prima natürlich, wußte er jetzt. Und unter fünf weißen Härchen schlug ein fast vollkommener Muskel.

Bruder-Herz! dachte er. Vergiß, was hinter dir liegt.

Versuch es ... Vergiß!

Was soll's!

Brinkmann ließ Schaumblasen tanzen, steckte die Nase in duftendes Prickeln.

Über ihm, durch die Klappen der Badentlüftung, quälte sich ein langgezogener Heulton. Er brachte ihm die Erlösung: Er konnte wieder lächeln.

Molli? Nein, Molli kann das nicht sein.

Wäre Molli im Haus, hätte sie doch längst an der Badezimmertür gekratzt. Vielleicht hat Christa Molli mitgenommen, um sie irgendeinem Patienten vorzuführen?

Wie auch immer: Dieses sonderbare Hundesignal hatte seine Sinne für die Wirklichkeit geschärft. Man mochte sie ablehnen oder nicht, sie holten dich auf den Teppich! Aus der Ferne drang ein Pfeifton in die Stille des Badezimmers.

Er sah auf die Uhr: Vier. Der Zug nach Villingen?

In der Klinik würde alles ruhig sein. Patienten in ihren Betten, Servierwagen, die grerade den Kaffee gebracht hatten, im Ärztezimmer die Nachmittagskonferenz. Und die Lernschwestern auf dem Weg zum Unterricht und – ach ja, die stummen Leidensfiguren oben auf der Intensivstation. Drei Infarkte, soviel er wußte. Und diese noch schlimmer als seiner.

Na, vorbei!

Er riß den Stöpsel heraus, erhob sich prustend wie ein Nilpferd, ließ die Dusche rauschen, trocknete sich ab und stieg aus der Wanne.

Brinkmann ließ sich Zeit. Ach, Zeit, sie stand ihm so reichlich zur Verfügung, daß er aus jeder Spielerei ein Ritual machen konnte: Rasieren, Creme drauf, nun das Kölnisch Wasser. Öl auch an Schultern und Hals ...

Ja, wie sehen Sie denn aus?!

Der Satz schlug eine Brücke zu der leidenden Laura Michaelis.

Also klaubte er schuldbewußt Gartenschuhe, Schwitzhemd und die dreckigen Jeans vom Fußboden, wählte aus dem Schrank den neuen blauen Bademantel mit den weiten Kimonoärmeln, den Christa ihm geschenkt hatte, damals, vor zwei Monaten, als sie ihn zum »attraktivsten Myokard-Patienten der westlichen Hemisphäre« erklärte.

Er band sich den Gürtel um die Taille. Da kann man sagen, was man will, eines bringt so ein Infarkt zuwege: du kriegst 'ne prima Figur!

Dies ließ ihn lächeln.

Lächelnd ging er auch hinaus auf den Gang. Nun aber zögerte Brinkmann.

»Michaelis!« Er rief nicht wie sonst autoritär, sondern mit einem leichten, versöhnlichen Tremolo in der Endsilbe.

Keine Antwort.

»Laura!«

Das klang schon fast so, wie man eine Geliebte ruft. Zumindest war der bittend-sehnsüchtige Ton nicht zu überhören

Doch auch diese Anstrengung blieb umsonst. Ein weiteres »Laura!« wurde von der Nußbaumtäfelung des alten Hauses verschluckt.

Seufzend machte er sich auf den Weg zur Küche.

Und da saß sie tatsächlich, saß am Tisch, die blassen Arme aufgestützt, das spitze Gesicht ihm zugewandt, rötlichen Schimmer im Haar. Backsteinrot, dachte Brinkmann. Wirklich: Lübeck, Norddeutschland! Nur norddeutsche Madonnen aus dem 15. Jahrhundert kriegen ein solches Gesicht zustande. So viel Strenge, mit so viel verzweifelter Trauer gemischt!

Auch sein Lächeln erstarb, und unwillkürlich senkte er den Blick auf die immer noch feuchtglänzenden nackten Waden und die bloßen Füße, die in seinen schafwollgefütterten Pantoffeln steckten.

»Was ist denn, Laura?«

Schweigen.

Mein Gott, die Käte hätte wenigstens losgetobt. Was heißt getobt? Die hätte drei oder vier Sätze gefunden, um sie genau auf die empfindlichsten Stellen abzufeuern. So was tat manchmal weh, doch dann war wenigstens wieder alles in Ordnung.

Käte – Gott hab dich selig!

Aber dieses Weib? Diese meerumschlungene und immer verdrossene Laura Michaelis mit ihrem ewigen Wo-bin-ich-bloß-hingeraten-Getue?

»Nun komm schon, Mädchen!«

»Nein, Herr Professor.«

»Was heißt denn nein?«

»Nein heißt nein, Herr Professor.«

Wie sie den Kopf vorschob! Eine einzige Verkrampfung der Schultern. Die Streichholzschachtel in ihrer Hand knackte bedenklich.

Brinkmann registrierte dies alles mit Besorgnis. Tränen hatte sie jetzt in den Augen. Tränen bei einer Michaelis? Ja, gab's denn so was?

Die Situation war schwieriger, als er sie sich vorgestellt hatte, und sie verlangte seinen ganzen Einsatz: sein warmherzigstes Lächeln, Einfühlung, die richtigen Worte, vor allem Sanftmut, Milde, Verstehen, denn, so stiegen ihm Zweifel auf, vielleicht hast du ihr Unrecht getan. Sie ist ja doch ein armes Schwein. Wir sind ja alle arme Schweine...

Brinkmann zog den Küchenhocker näher, setzte sich und wollte etwas sagen. Statt dessen horchte er auf das Ticken des Weckers auf dem Regal und überließ sich einem jähen, unbegreiflichen Gefühl, daß sie nicht mehr allein hier saßen.

Gespenster gab es nicht in Brinkmanns Weltbild.

Magie schon eher.

Ja! Ganz präzise, so wie man einen Luftzug spürt, ohne ihn zu sehen, war in ihm die Vorstellung, Käte sei präsent, eine sehr ungehaltene Käte, die Hände über dem Bauch gefaltet, den unbestechlichen blauen Preußenblick auf ihn gerichtet.

Das war nun doch ein bißchen viel.

Er riß sich zusammen.

»Laura!«

Er streckte die Hand aus und war schon erleichtert, daß sie ihm die ihre nicht gleich entzog. Ein erster Fortschritt!

»Laura, wissen Sie, an wen ich gerade gedacht habe?«

»Nein, Herr Professor.«

»Ja, nun... eh... es ist...« Er geriet ins Schwimmen, denn er hatte sich rechtzeitig erinnert, wie viele Schwierigkeiten auch Käte mit der Backstein-Madonna gehabt hatte. Die Michaelis auch noch mit einem Käte-Appell aus dem Jenseits belasten? Das ging nicht.

»Sie wollten doch was sagen, Herr Professor?«

»Sicher, sicher. Wirklich, Laura, wieso nennen Sie mich eigentlich ständig Professor? Das bin ich wohl mal gewesen.«

»Gewesen? – Sie sind es noch immer.«

»Ich? Wissen Sie, was ich bin? Ein armer alter Esel bin ich, der krampfhaft versucht, sich in seiner Welt zurechtzufinden. Es ist eine neue Welt. Bloß, der alte Esel kapiert das nicht. Alte Esel sind immer schwer von Begriff. Und störrisch sind sie auch noch.«

Was redest du da eigentlich? dachte er. Was soll der Quatsch? Du überforderst sie schon wieder.

Doch jetzt hatte Brinkmann einmal damit begonnen, nun würde er sein Thema auch zu Ende bringen. Es bedurfte keiner besonderen Anstrengung, nein, er fühlte sich sehr wohl in diesem Bild, er plätscherte geradezu im angenehm verklärenden Strom selbst heraufbeschworenen Elends.

»Da sind natürlich die anderen, Laura, die dem Esel sagen: ›Deine Welt besteht ja nicht mehr! Da täuschst du dich. Dieser ganze Arbeitskram, Lasten tragen, geprügelt werden, schuften bis zum Umfallen, das gilt nicht mehr für dich. Du bist raus!‹«

»Ja, ach ja...« Laura Michaelis umklammerte seine Hand. Ihr »Ja, ach ja« – nur ein Seufzen.

»... aber er ist nun mal daran gewöhnt. Er kann nicht anders. Wie sollte er auch? Er muß schuften. Er hat sich jahrzehntelang dazu erzogen, die Päckchen der anderen zu tragen. Und so wird er nervös. Er versteht das alles nicht mehr. Und wenn er etwas nicht versteht, schlägt er aus. Und dann...«

Eine dramatische Pause. Und eine sehr lange dazu.

»Und dann trifft's oft die Falschen, Laura.«

»Sie meinen mich?«

»Ja. Oder meine arme Frau. Den Udo. – Wie's gerade kommt.«

Die blasse, statuarische Härte war aus Laura Michaelis' Gesicht gewichen. Ihre Augen öffneten sich. Mitleid leuchtete darin.

»Ich gebe mir doch so viel Mühe... ich meine, ich wollte doch nur... sehen Sie, das Parkett ist ja nur für Sie gebohnert. Und auch Sie, Herr Professor, sind doch darauf stolz, ja? Sind Sie es? Geben Sie's zu: Sie empfinden es doch auch als angenehm, wenn es so schön glänzt, nicht? Und wenn man nun mit den Gartenschuhen darüber...«

»Geschenkt, geschenkt, Laura! Ich weiß. Ist ja alles gut... Und mir tut's auch leid.«

Die Michaelis nickte feierlich. Nun drückte sie noch heftiger seine Hand, und nicht nur das, sie kam Brinkmann mit ihrem Kopf entgegen, eine sanfte Schwingung, nicht weit, gewiß, doch für ihre in das Gerüst eherner Grundsätze eingezwängte Seele kam diese winzige Bewegung einem Sprung gleich. »Oh, Herr Professor! Und ob ich Sie verstehe. Ja, glauben Sie, wenn sie mir das gestatten, glauben der Herr Professor, ich hätt' keine Augen im Kopf? Ich weiß doch auch... Ich sehe es jeden Tag. Und ich sehe es nicht nur, ich spüre ja, wie sie leiden.«

Brinkmann erhob sich schnell.

Nun hatte er Angst. Auch für Laura Michaelis nur noch Opfer zu sein, war nun wirklich zuviel!

»Dann hätten wir's ja ausgebügelt.«

Hastig bemühte er sich um sachliche Nüchternheit. »Wie ist das heute? Alles im Haus? Irgendwelche Wünsche? Ich muß in die Stadt. Soll ich Ihnen etwas mitbringen?«

Es war ihr altes Spiel und Laura Michaelis' liebste Rolle: Der kleine Notizblock, den sie mit wichtiger Miene aus der Schublade holte. Ein Kugelschreiber, von ihr mit einem roten Nylonband am Block befestigt. In Laura Michaelis' feinster Sütterlinschrift verzeichnete er ganze Listen: vom Waschpulver über Glühbirnen, Hundefutter, besohlte Schuhe, Briefmarken, Lauch, gelbe Rüben, Milch bis zum Babypuder und den Papierwindeln für den kleinen Benjamin.

Dieses mal aber ging sie nicht darauf ein. Offensichtlich wollte sie ihn auch davon befreien.

»Sehr liebenswürdig, Herr Professor. Aber ich glaube, heute haben wir alles. Es kommen ja keine Gäste.«

Nein, Gäste kamen keine ...

*

Es mußte sich etwas ändern.

Alles schien sich im Kreise zu drehen, schlimmer noch, sein Leben drohte zu versanden in dieser eintönigen Wüste der ewig gleichen Gedanken, Worte, der ewigen Wiederholungen von Tagesabläufen. Er drohte abzudriften – jawohl, er war schon längst nicht mehr er selbst, und ehe er sich gänzlich verlor, würde er den Weg zurück finden.

Welche Richtung dazu einzuschlagen war, was jetzt und zwar sofort und dringend, getan werden mußte – Brinkmann wußte es.

Und dieses Wissen hob seinen Lebensmut wieder, steigerte seine Laune zur Höchstform.

So setzte sich an diesem Nachmittag ein frisch gebadeter und nach Kölnisch Wasser duftender Professor Klaus Brinkmann in seinen Wagen, steuerte, gemütlich ins Polster gelehnt und in feinstes englisches Tuch gehüllt, vorbei an der Sankt-Anna-Kapelle über die Steilkehren der Stadt zu.

Brinkmann und sein Offingen. Jeder Stein, jede Ecke vertraut, jedes Haus wie ein Anruf aus vergangengen Tagen. Dort drüben zum Beispiel – diese häßliche graue Rückwand mit der hohen Betonmauer – das war das reinste Gefängnis.

Früher, dachte Brinkmann, als sie die Backsteine noch nicht mit Zement zuschmierten, sah das alles irgendwie gemütlicher aus. Seine Penne. Die schönsten Jugendjahre hatte er dort zugebracht. Seine Fünfen in Mathe geschrieben und viel zuviel aus dem Fenster geguckt. Damals hieß die Schule noch Wilhelms-Gymnasium – jetzt trägt sie den Namen Theodor-Heuss-Schule. Doch wenn du's genau bedenkst und endlich damit aufhörst, die Vergangenheit zu verklären: Gemütlich ging's im Wilhelms-Gymnasium nun auch wieder nicht zu.

Ganz langsam fuhr er, in seine Gedanken versunken, so langsam, daß hinter ihm gehupt wurde und ein vorbeischießender Verkehrsrowdy ihm den Vogel zeigte.

Dafür hatte Brinkmann nur ein Lächeln.

Doch beim Parken vor dem Postamt wurde es ernst. Als er den Wagen zurückfuhr, bumste er tatsächlich gegen eine der Parksäulen. Dem Polizisten drüben vor dem Rathauseingang riß es den Kopf herum.

Brinkmann stieg aus, lächelte gewinnend und hob die Hand.

Der Mann salutierte.

Dann die vier Stufen zur Schalterhalle. Er hatte jetzt sein kleines Notizbuch in der Hand, blätterte, blätterte verzweifelt, fischte seine Briefe aus dem Anzug – alles blieb vergeblich.

Verdammt – die Vorwahlnummer? Irgendwo hatte er sie doch aufgeschrieben? Vergessen. Wieder mal...

Es blieb nur eines: der Weg zum Schalter.

Brinkmann zögerte. Bis hierher war es ihm irgendwie selbstverständich erschienen, den Anruf vom Postamt aus zu erledigen – selbstverständlich etwa in dem Sinne, in dem Verschwörer, Rebellen, Revolutionäre, Spione oder Geheimagenten ihre Ziele verfolgten. Nein, von diesem Anruf sollte, durfte niemand erfahren! Schon deshalb nicht, weil er keinen was anging. Und vor allem weil er sich Himmel, Arsch und Zwirn, nicht schon wieder einer Blamage ausliefern wollte!

Wußte er, ob zu Hause die Michaelis mit gespitzten Ohren hinter irgendeiner Tür lauerte, ob Claudia den kleinen Benni vom Spaziergang zurückbrachte und ihn hörte, oder ob gar Christa auftauchte?

In diesen Bahnen waren Brinkmanns Überlegungen gelaufen. Nun schien ihm das Ganze verrückt. Verflogen war der exotische Kitzel des Abenteuerlich-Verbotenen. Da stand er nun in der lichtdurchfluteten Halle des Offinger Postamts vor einem Schalter, aus dessen Öffnung ihn ein Frauengesicht anstarrte. Kein sehr angenehmes Frauengesicht, von der eigenen Wichtigkeit aufgeplustert, in Fett gelagert und starr. Die Augen wie zwei dunkle Knöpfe.

Gibt's das eigentlich alles? Bist du denn noch bei Trost? Dabei könntest du's zu Hause so bequem haben.

Er gab sich einen Ruck.

»Ich hätte gern San Franzisko. Kennen Sie vielleicht die Vorwahlnummer? Kann ich da selber wählen?«

»San Franzisko?«

»Ja, San Franzisko.«

»Aha. – Und wo liegt das?«

»Wie bitte?«

Nicht die geringste Regung in diesem Gesicht, das auf ihn wirkte wie eine zu blaß gebackene, dann hart gewordene Semmel.

»Ja, was glauben Sie, wie viele San Franziskos es gibt?«

»Kalifornien. USA. Schon mal gehört?«

»Und da wollen Sie anrufen?«

»Wie bitte?«

Diesmal hatte Brinkmann zu schlucken. Er glaubte, ein winziges, von unangenehmer Wärme begleitetes Stocken in der Brustbeingegend zu spüren. So schloß er erst mal die Augen, um sich zu regelmäßiger Atmung zu zwingen, und versicherte dann so ruhig wie möglich: »Ja. Genau da will ich anrufen.«

Die Dame von der Post umhüllte dunkelblaues Nylon wie eine Art glänzende Wurstpelle. An den Ärmeln schnitt es tief ins nackte Fleisch der Oberarme. Die hielt sie wie zwei rosa Keulen über der Brust verschränkt.

»Wissen Sie, daß das viel kostet?«

»Habe ich angenommen.«

»Und Sie wollen trotzdem ...«

Brinkmann nickte mit dem resignierenden Gefühl, daß sich dieser Dialog fast geschmeidig in das Gerüst der absurden Erlebnisse fügte, die seit Monaten sein Leben bestimmten. Sein »Geheimgespräch« – und schon im Anlauf gescheitert ...

»Also, ich kann Ihnen natürlich die Verbindung in die Zelle legen. Aber weil's soviel kostet, wär's besser, wenn Sie mir zuerst eine Vorauszahlung ...«

Das Singen in Brinkmanns Ohren verstärkte sich. Nun gesellte sich auch noch ein unkontrolliertes Zucken im Nacken hinzu. Fehlte nur noch, daß die Pumpe anfing verrückt zu spielen.

»Frau Holzapfel!«

Zu Brinkmanns Erleichterung schien im Hintergrund des Raumes irgendein Postmensch zu realisieren, wer am Schalter stand und gequält wurde.

»Frau Holzapfel, kommen Sie mal!«

Frau Holzapfel stand auf, hörte zu – und eine seltsame Wandlung fand statt: Das schwerwangige Gesicht zerfloß zu einer Grimasse bekümmerter Demut. Die Augen wurden groß und flehend. Der Körper schrumpfte in einer Art Knicks zusammen.

Peinlich! dachte Brinkmann

Er meinte sich selbst damit. Der »Herr Professor« – das war's wohl wieder mal! Und eigentlich mehr unangenehm als komisch.

Aber richtig unangenehm wurde es für Brinkmann erst, als eine aufgeregte Frau Holzapfel ihn in den gläsernen

Käfig verwies, der sich in der Mitte der Schalterhalle erhob. Von allen Seiten beäugt, kam er sich vor wie eine Laborratte. Und du, Volltrottel, wolltest doch ganz diskret vorgehen! Fehlt nur noch, daß sie mit Außenlautsprechern deine Worte über den Marktplatz trompeten.

Der Apparat läutete.

Er hob ab.

Nun war das Hämmern seines Herzens sehr deutlich.

»Conand-Institute! – May I help you?«

In bestem Schulenglisch brachte Brinkmann es fertig, der Klinikzentrale auf der anderen Seite des Ozeans zu erklären, um was es ging: »Yes! Doctor Schneider, please. Wolfgang Schneider... That's right!«

Wolfgang Schneider – Assistent und Kamerad aus längst vergangenen Zeiten, seit Jahren nur noch Postkarten-Partner, manchmal auch Absender von Artikeln und Erfahrungsberichten, die Brinkmann dann, versehen mit unleserlichen Handkritzeleien und langen Briefen, zurück nach San Franzisko zu senden pflegte. Was immer auch Wolfgang Schneider heute sein mochte, beruhigend war es zu wissen, daß diese Beziehung zu den wenigen Freundschaften zählte, deren man sich ein Leben lang gewiß sein konnte.

»Hallo! – Was, Klaus? Du?!«

»Was ist denn so überraschend daran? Hast du meinen Brief gekriegt, Wolfgang?«

»Hab ich.«

»Nun sag doch: Was meinst du?«

Brinkmann gab sich Mühe, seine Stimme von dem Versuch abzuhalten, jedes Wort über den Atlantik zu schmettern.

»Was soll ich meinen? Geht in Ordnung. Außerdem hast du Glück, daß du mich noch erwischt hast. Ich mußte gerade nochmal in die Klinik. Reiner Zufall!«

Zufall? Die Zeit, die ihre Späße mit uns treibt! Bei dem armen Wolfgang war es tiefste Nacht.

»Tut mir leid«, versicherte Brinkmann hastig, »aber

weißt du – ich bin einfach so nervös. Ich wollte nicht auf die Antwort warten. Ich dachte, rufst besser selbst mal an.«

»Na, hast du ja jetzt. Wie geht's denn?«

»Mir? Ausgezeichnet. Ganz prima geht's mir. Ich habe einige Belastungsübungen hinter mir, dann nochmals einen Nachcheck gemacht, einen privaten, bei unserem Internisten.«

»Und?«

»Ich sage dir doch … ausgezeichnet. Alles okay.«

»Warum bist du dann so scharf darauf, hierher zu kommen?«

»Bin ich gar nicht, aber ich muß. Mir geht's gut, doch für meine Kollegen, weißt du, für meine ganze Familie ist das nur reine Sinnestäuschung. Die glauben nicht, daß ich mich jemals wieder erhole. Also, wie ist es? Bekomme ich das große Schneider-Güte-Siegel? Wann kann ich bei dir antreten?«

»Nächste Woche, Dienstag.«

Das nahm Brinkmann erst mal den Atem.

Ihm fehlten die Worte, ob vor Freude oder Verwirrung, war nicht zu entscheiden. Daß das so schnell klappte. Nächste Woche? Nächsten Dienstag? Das waren ja nur noch sechs Tage … wie sollte er das Christa erklären?

»Was ist? Freust du dich nicht?«

»Natürlich. Und wie!«

»Siehst du, Klaus, ich hab dich nicht vergessen. Ich wollte heut schon ein Telegramm schicken. Dein Platz wartet auf dich. Dienstag, wie gesagt. Kannst du das regeln?«

»O ja«, machte sich Brinkmann stark. »Klar doch. Wieso denn nicht?«

*

Dienstag?

San Franzisko …

Schon der Name besaß magischen Klang, übte einen Zauber auf Brinkmann aus, der ihm soviel neuen Schwung verlieh, daß er singend und pfeifend zwanzig Minuten später den Parkplatz der Klinik ansteuerte.

Er stellte den Motor ab.

Drüben, aus dem Wäschereihaus, schraubte sich eine feine weiße Rauchspirale gegen den Himmel. Am Portal niemand zu sehen. Auf den Plattenwegen durch den Garten Laub. Na, da hatten sie Johannsen wohl für andere Arbeiten gebraucht.

Aber die Amseln gab's. Und zwei Lernschwestern, die gerade in der Tür der Ambulanz verschwanden. Ein älteres Ehepaar kam mit Plastiktüten beladen vorbei. Er sehr groß, sie klein und gekrümmt und beide mit jenem abwesenden Ausdruck im Gesicht, der die Angst um einen Angehörigen verriet. Die Tochter vielleicht? Ein Enkel...

Brinkmann dachte ganz sachlich, ohne Sentimentalität, eher schon mit Unbehagen, denn nun erinnerte er sich an das eigene, feierlich geschworene Gebot: Treib dich nie auf dem Klinikgelände herum! Es sei denn, es ist aus dienstlichen oder medizinischen Gründen erforderlich. Halt dich fern. Laß dich nicht in Diskussionen mit dem Personal verwickeln – schon gar nicht über Klinikthemen und die Leistungen oder Fehler deines Vertreters!

So einfach war das jedoch nicht.

Hinter seinem Rücken ertönte eine Stimme: »Herr Professor!«

Er drehte sich um.

Die Meis!

Da saß sie auf der kleinen Steinbank gleich neben der Einmündung des Gartenwegs, bewegte sich nicht, kämpfte, das Gesicht ihm zugewandt, um ein Lächeln, das ihr aber zur Grimasse entgleiste, ein Lächeln, das unter den ewig ordentlichen, mit unermüdlicher Präzision toupierten Haarröllchen noch trauriger wirkte. Das hätte ihn warnen müssen. – Es war das Lächeln eines Menschen, der seit Jahren daran gewöhnt ist, seine Gefühle und Stimmungen niederzukämpfen, sich nun aber am Ende seiner Kräfte sieht.

»Meislein... Mein Meislein!«

Brinkmann rief es mit Rührung.

»Oh, Herr Professor!«

Ihre Hände legten sich um sein Handgelenk. Beide Hände! – Und in den Augen dieser feuchte Schimmer.

Brinkmann versuchte sich zu befreien. Es gelang nicht. Ihr Griff war zu fest.

»Setz dich doch erst mal! – Himmelherrgott! Warum setzt du dich nicht wieder auf deine vier Buchstaben? Und guck mich nicht an wie ein gestochenes Kalb!«

Sie setzte sich. Ihre Mundwinkel zitterten.

»Das ist es! Ja, ja, das! ... Ach, Herr Professor, wie das guttut.«

»Was tut gut?«

»Na, wie Sie reden. Jetzt weiß ich wieder: Ich hab 'nen Chef!«

»Den haben Sie doch nie verloren.«

»Nein? – Ja, wo sind Sie denn? Haben Sie sich ein einziges Mal um Ihre alte Sekretärin gekümmert? Nur einmal den Kopf in Ihr Büro gesteckt?«

»Meis!« Er fischte in den Hosentaschen nach dem verdammten Kaugummi. »Meis, red doch kein Blech. Du weißt doch, ich kann das gar nicht. Ich will's auch nicht. Ich würde doch nur stören.«

»Stören? – Sie?! Ja, wieso denn das?«

Er schwieg. Ja wieso eigentlich? Das war die Frage. Sie zielte ins Zentrum der Probleme.

»Lassen wir's, Meischen! Was machst du denn hier? Nichts zu arbeiten? Hockst hier rum ...«

»Ich hab den Amseln zugeguckt. Und auf die Bank scheint zu dieser Zeit die Sonne.«

»Ach nein!«

»Ach doch«, kam es schnippisch zurück. »Wieso denn nicht? Der Breeken ...«

»Der Professor Breeken!« mahnte Brinkmann.

»Na gut, der neue Chef, Herr Professor Breeken, läßt mir Freiraum. – So heißt das doch, oder? So viel Freiraum, daß ich darin Schlittschuhlaufen könnte. Meinen Sie, der erzählt was? Oder ich müßte dem mal Tee machen? Oder er würde sich nur mal aufregen? Nichts! – Tippen, tippen, tippen. Ich bin nichts als 'ne Tippmaschine. Und mein Kopf, wissen Sie, was der ist? Ein ausgeräumter Aktenschrank.«

Brinkmann grinste.

Er versuchte sich Breeken vorzustellen. Stromlinien-Breeken hatten sie ihn in Zürich genannt. Und da war was dran. Er hatte etwas von der kühlen Perfektion einer Maschine. Daß Breeken besonders redselig gewesen wäre, konnte man schon damals nicht behaupten. In dem Punkt hast du sie wohl zu sehr verwöhnt, dachte er unbehaglich.

»Es ist nicht auszuhalten. Der Mann ist ein Gefrierfach, Herr Professor!«

»Aber ein funktionierendes.«

»Na und? Wem hilft's?«

»Daß er so gut funktioniert? Den Patienten im OP. – Da macht er wohl keine Fehler.«

»Mag ja sein. Und ist ja auch wichtig. – Aber ich? Wo bleibt denn das Menschliche? Da ist mir einer mit Fehlern lieber.«

»Wie ich – was?«

»Hab ich nicht gesagt. Das sagen Sie.«

»Aber was guckst du mich dann so an?«

»Ach, Herr Professor!« Und wieder griff sie nach seiner Hand. Diesmal überließ er sie ihr ohne Widerstand. »Wann – wann kommen Sie bloß wieder zurück? Geht das denn nun immer so weiter?« erkundigte sie sich mit erstickter Stimme.

»Natürlich nicht!«

»Aber ich halt's kaum noch aus.«

»Das werden wir sehen. Ich bin schon dabei, manches zu ändern ...«

Brinkmann überlegte, ob er von seinem Anruf erzählen sollte. Verschwiegen war die Lena Meis, das hatte sie bewiesen. Stets hatte es ihr Selbstbewußtsein aufgerichtet, die einzige Mitwisserin der Geheimnisse des Chefs zu sein.

Doch nun?

Er steckte sich einen Kaugummi in den Mund, lächelte freundlich, sprach all die Worte, die man so sagt, wenn man eine wunde Seele zu trösten hat, und verabschiedete sich dann.

Die Rosenhecke mit den frischbeschnittenen Stöcken! Hier öffnete sich der Hang zur Rückseite der Klinik. Terrassen und Balkone – leer. Nur drüben, im Frauenflügel, sah er ein paar Köpfe: Schwestern, die sich etwas zuriefen.

Und während er das Laub mit den Fußspitzen vor sich herstieß, versuchte sich Brinkmann klar darüber zu werden, warum er eigentlich nicht den Weg nach Hause nahm. Es hat sich so viel geändert, Herr Professor... Klar doch, dachte er. Aber sicher, Meislein. Und ob!

Eine halbe Stunde beinahe streifte er durch den Garten. Patienten, die ihm begegneten, nickte er freundlich zu. Die meisten hielten ihn wohl für einen Leidensgenossen oder einen Besucher.

Zu lange weg gewesen, das ist es doch! Nur alte Kunden erinnern sich an dich. Dieses mit den Blicken Abtasten, das verklemmte oder schüchterne »Guten Tag« – es war schon ein sehr sonderbares Gefühl, der eigenen Klinik als Fremder zu begegnen.

Drüben, unter den Buchen, direkt am Tulpenrondell leuchtete ein weißer Mantel.

Brinkmanns Augen verengten sich: War das nicht...? Klar doch, die Art, das Kinn hoch, durch die Gegend zu latschen, als gäbe es nur einen einzigen auf der Welt, die hatte nur Udo!

Er überlegte, ob er sich in die Büsche verkriechen sollte.

Zu spät!

Im selben Augenblick hatte Udo ihn erblickt. Er kam bereits herangestürmt.

»Mensch, ist das 'ne Freude.«

»Na, hoffentlich«, gab Brinkmann vorsichtig zu bedenken.

So saßen sie dann im Klinikgarten, die Hände in den Taschen ihrer Mäntel. Die Sonne brach durch und wärmte sie. Die Äste der Buche über ihnen waren wie von Firnis überzogen. Zu ihren Füßen faulte Laub. Brinkmann betrachtete es, und die ganze Vergänglichkeit der Zeit kam ihm zu Bewußtsein. Er war froh, daß man ihn von der Klinik aus hier nicht sehen konnte. Nichts gab's. Nur dieses irisierende Licht, das seinen Nacken wärmte und die Erde wie ein Lockruf streichelte. Ja – und Udos Augen!

»Was ist denn?« Er lächelte in das gespannte Gesicht seines Sohnes. Die Augen, die ihn so beschwörend ansahen, waren nun wieder die hellen Augen des Jungen, den er einst gekannt hatte, des kleinen Udo, der ihm beibringen wollte, daß es Dinge gibt, die ein Vater nicht versteht, weil der sie nicht begreifen kann.

»Läufst du ganz allein durch den Garten?«

»Ja nun... Ich lauf allein, und der Laden läuft ohne mich.«

»Willst du schon wieder anfangen?«

»Ach Udo, lassen wir's. Vorhin habe ich die Meis getroffen – und das macht mich ein wenig sentimental. Hier will ich überhaupt niemandem auf die Nerven gehen. Deshalb komme ich nicht mehr her. Verstehst du das nicht?«

»Klar.«

»Klar ist es nicht. Aber ich will ja nur, daß du ein wenig nachfühlen kannst, wie's mir manchmal zumute ist. Auch wenn's meine Entscheidung war – was heißt Entscheidung, die einzig mögliche Lösung...«

»Daran brauchst du mich nicht zu erinnern, Vater.«

»Nein, Udo, das ist nur der Versuch, mich begreiflich zu machen.«

»Aber mit Bitterkeit.«

»Bitterkeit? Die ist unvermeidlich. Was glaubst du, wie ich mich gefühlt habe, als mich bei meinem letzten Besuch bei Römer eine blöde MTA anmachte: Was wollen Sie denn hier? Wer sind Sie überhaupt?«

»So was ist natürlich peinlich. Aber es gibt ja Neueinstellungen. Und wir können doch nicht dein Foto verteilen.«

»Peinlich ist es nicht, eher komisch.«

Er legte seine Hände auf die Knie, die Schultern zogen sich dabei nach vorne. Wie kam er eigentlich dazu, von Udo das Verstehen seiner Situation zu erbitten? Was redete er da überhaupt? Und schließlich: Udo hatte doch recht! Niemand konnte etwas dafür. Es war nun mal so gekommen. Er war ausgefallen. Wenn einer ausfällt, braucht man Ersatz.

Er versuchte, den Kaugummi mit der Zungenspitze aus den Zähnen zu drücken, nahm schließlich den Finger und pulte ihn heraus, betrachtete ihn und registrierte amüsiert das Staunen im Gesicht seines Sohnes. Er formte aus dem Kaugummi eine Kugel und schnippte sie mit Zeigefinger und Daumen in den Rasen.

»Für so was hätt ich früher aber einen Anpfiff bekommen!«

»Früher, Udo, früher...«

Und dann sagte er es doch: »Gut. Ich will versuchen, dich zu verstehen, Junge. Ich weiß doch, was du denkst. Du denkst: Er tickt nicht richtig, der Alte! Und in ihm tickt's auch nicht richtig. Ventrikulär-Rhythmus, die Q-Zacke im EKG und die Kreatin-Phosphokinasen sind auch nicht so schön. Die ganze Litanei halt, die Römer so runterbetet, nicht? Hast doch mit ihm geredet? Fragst du überhaupt, Udo«

Udo gab keine Antwort. Er schüttelte mit mißbilligendem Staunen den Kopf.

»Na gut: Die Sorge um meine Gesundheit! Nur, die könnt ihr euch sparen. Ihr braucht sie nicht mehr zu haben. Ich beweis' es.«

»Wem?«

»Mir selbst.«

»Ja. Indem du im Garten rumhackst.«

»Zum Beispiel. Und die ersten Waldläufe unternehme.«

»Du bist ja verrückt!«

»Wirklich? Vielleicht... Aber wenn ich in den letzten Monaten etwas entwickelt habe, dann ist es das Wissen um den eigenen Körper. Der sagt mir mehr als jede Enzymdiagnostik oder jedes Leukozytenzählen. Ja, lach nur. Es gibt eine Beziehung, die für mich aussagekräftiger ist als all die tausend Instrumente, auf denen ihr so rumspielt!«

Udo verzog den Mund: »Wir?«

Brinkmann schwieg. Sein Blick verfolgte den Weg eines kleinen schimmernden Käfers, der sich mühsam über einen Buchenast quälte.

Die Worte »Ihr«, die »Andern« – Wegmarken!

Zeichen, die zurückwiesen in die Gespensterlandschaft der Katastrophe.

War es denn nicht so gewesen?

Hatte es nicht damals begonnen? Wie alles?

Damals, als der dunkle Stern der Vernichtung ihn verschlang, als alles nur Schmerz war und Brinkmann nichts als ein um Atem ringender, von Elektroden überwachter, um sein Leben kämpfender Organismus, und auch später, als er in einer Art zauberhafter Überhöhung gegenüber der rührenden Vergeblichkeit dieser Welt nur noch Distanz kannte, schien er unberührbar. Nichts, aber auch gar nichts konnte ihn erreichen. Und die Liebe, diese Form von liebender Furcht um ihn herum, war nur lästig.

Auch in den ersten Wochen der Genesung hatte er an das »Sie«, die »Andern« keinen Gedanken verschwendet. Brinkmann fühlte sich wohl in der eigenen Zuschauerrolle.

Aber als es dann aufwärts ging, als sich das zersprungene Bild der Wirklichkeit wieder zurechtrückte, war Brinkmann froh, wenn »Sie« zu ihm kamen, um seinen Rat zu suchen, denn er wiederum hatte daraus nicht nur Bestätigung oder Vitalität sondern das Gefühl der eigenen Präsenz geschöpft.

Dann, mit Breekens Dienstantritt, schienen alle Fragen gelöst: Für sie, die »Andern«.

»ICH HAB FÜR EUCH EINEN NACHFOLGER GEFUNDEN.«

Die Entscheidung war gut und richtig. Und er war stolz. Doch er blieb außerhalb des Spielfeldes.

Sachlich betrachtet, war mit einem so kühlen Mann wie Breeken Partnerschaft von vornherein nicht zu erwarten. Sie widersprach seinem Naturell. Außerdem: Breeken stand nun an der Front. Er hatte die Verantwortung zu tragen.

Damit war klar: er bestimmte, wo es langging. Nur ein Problem der Verantwortungsübergabe. Was sonst? Und trotzdem, Udo, Römer, der dicke Wolter, der Kern des Teams – ja selbst Christa, sie alle schienen ihm plötzlich entrückt. War das seine Schuld?

Er hatte sich oft genug bei dieser Frage geprüft. Er wollte niemandes Ankläger sein.

Aber Himmelherrgott, hatten sie nicht genügend Phantasie und Verstand, um zu wissen, wie er sich jetzt fühlen mußte?

»Ja«, wiederholte er, »›ihr‹! – Auch wenn sich das für dich komisch anhört.«

Udo schwieg.

Brinkmann hing seinen Gedanken nach. Hatten sie ihm nichts anderes anzubieten als dieses mit den Zähnen lächeln und ihr ewiges: Was regst du dich eigentlich auf? Laß das unsere Sache sein ...

Hatte er also nicht ein Recht, den Trennstrich zu ziehen?

»Es liegt an euch.« Er wiederholte es für sich. Es war nicht viel mehr als ein Flüstern: »Ihr habt es so gewollt ...«

»Wie bitte? Was hast du gesagt?«

»Ach nichts«, erwiderte Brinkmann.

*

All die Blumen, die sie brachten! Flieder, Veilchen, Stiefmütterchen, Vergißmeinnicht, Tränende Herzen; dann die, die was hermachten: Rosen, Nelken, Tulpen, von lichtgrünem zartem Asparagus umsäumt.

Manche trugen die Sträuße so vorsichtig in den Händen, als hielten sie den Leib des Herrn, andere schwangen sie wie Keulen oder Spazierstöcke. Im Aufzug wanderten die prüfenden Blicke von den Blüten zu den Gesichtern, dann schließlich, wenn der Gästestrom durch das Delta der Treppen und Korridore glitt, wenn das letzte »Herein« verstummt und das »Sieh-dich-bloß-nicht-um-es-ist-nicht-aufgeräumt« verklungen war, kehrte Ruhe ein.

Schwester Hildegard genoß sie. Eine zarte, von leisem Gemurmel unterbrochene Ruhe.

Frieden über allen Korridoren. Sechzehn Uhr...

Langsam, würdevoll, blütenweiß auf den handgefertigten, gummibesohlten Hospitalsandalen fast unhörbar und somit gefährlich, wandelte Hildegard durch die Gänge.

Auf der II. Chirurgischen schien alles in Ordnung. Im Stationszimmer war Elke dabei, die Medikamente zu ordnen. Durch die geöffnete Tür winkte sie der Oberschwester zu, und die ließ für eine Sekunde von ihrem gemessenen Ernst und schenkte ihr ein strahlendes Lächeln.

Welche Umwege, welche Schleifen zog doch das Leben: Ach, die Elke, die aufsässige Elke, das Sorgenkind von einst!

Nun war sie also wieder zurück. Das Leben hatte Elke zurechtgestoßen, reifer war sie geworden, ja, reifer und ruhiger, eine wertvolle Kraft, wichtiger noch: eine Bereicherung!

Wir alle ändern uns... Als sie so durch das blasse Licht der Gänge schritt, empfand Schwester Hildegard gelassene Genugtuung bei dieser Erkenntnis, und sie nahm sich selbst nicht aus.

Dann aber hielt sie ruckartig an. Lauschend legte sie den Kopf zur Seite: Ja nun? Was ist denn das?

Drei Sekunden noch glaubte Hildegard daran, einer Täuschung zu unterliegen. Doch nein: dieser kieksende, sonderbare Laut am Ende des Korridors, das war kein Radio. Unmöglich...

Auf der linken Seite stand ein großer Gummibaum. Dann kam das letzte Fenster. Der Schatten lag wie ein schwarzes Kreuz auf der weißen Wand.

Daneben, rechts, führte eine schmale Tür in eine Art Abstellkammer.

In der Klinik wurde das »Mischas Klause« genannt, eine winzige Hülse von Raum, aus der Schwester Hildegard schon die unpassendsten Töne vernommen hatte: Gelächter, Gegröle kann man wohl sagen. Gitarrengeklimper, na, das war noch harmlos. Oft auch das Röhren einer Punkermusik oder wie das hieß. Einmal sogar eine Rede. Der Bürgermeister oder der Bundeskanzler – jedenfalls Mischa hatte sie auf Tonband aufgenommen und amüsierte sich königlich damit.

Und nun Babygeschrei?

In der Sekunde, in der Schwester Hildegard die Klinke drückte, war sie noch vollkommen überzeugt: Da hat sich der Mischa irgendeinen neuen Streich einfallen lassen.

Dem war nicht so...

Schwester Hildegard erstarrte. Dann schluckte sie, und ihr Mund formte einen runden, fassungslosen Kreis: Tatsächlich, ein Baby! Ein wirkliches Baby...

Breitbeinig, in einen blauen Strampelanzug gesteckt, balancierte es dort auf der Fensterbank. Dabei wurde es von einem grinsenden Mischa festgehalten, und so, beide Ärmchen ausgestreckt, mit hochgekämmtem blondem Hahnenkamm und runden hellen Kulleraugen, guckte es Hildegard entgegen.

Die zog erst mal die Tür zu. Sehr langsam, sehr vorsichtig. Und wie immer in Augenblicken der Fassungslosigkeit massierte sie mit den Zeigefingern ihre Schläfen.

»Nun sagen wir doch mal schönen guten Tag«, hörte sie Mischa flöten. »Das ist unsere liebe Oberschwester.«

Auch das noch! Der Lümmel wollte sie wieder auf die Schippe nehmen. Schwester Hildegard war jetzt nur noch Autorität: »Kannst du mir vielleicht erklären, was das hier ist?«

»Was wohl! Ein Kleinkind, nehm ich an.«

»Es ist und bleibt immer dasselbe! Von dir bin ich ja nichts anderes gewöhnt! Frech werden, statt eine vernünftige Auskunft geben!«

»Ich bin doch gar nicht frech.«

Genau besehen war er es nicht. Denn er hatte den Kleinen jetzt auf dem Arm, piekste ihn in den Bauch, womit er sofort ein begeistertes wildes Strampeln auslöste, und lächelte entwaffnend.

Doch der Kleine hatte andere Absichten. Einen richtig roten Kopf kriegte er, brüllte, lachte, konnte sich nicht zu einem von beiden entscheiden, wand sich wie eine Schlange in Mischas Armen und wurde schließlich mit einem sanften Klaps auf die Liege verfrachtet.

Ehe sich die Oberschwester von einem ihrer seltenen Schwächeanfällen überwältigen ließ, nahm sie einen neuen Anlauf: »Mischa, von mir aus spielst du mit Kindern rum. Hast ja selbst eins. – Aber nicht in der Dienstzeit!«

»Was soll ich denn mit ihm anfangen, Ihrer Meinung nach?«

»Meiner Meinung nach? Da gibt's nur eine Meinung: Du hast Dienst. Und wenn du mir jetzt gleich erklären wirst, daß du aus dienstlichen Gründen den Kindergärtner spielst, kommst du bei mir nicht durch.«

»Will ich ja gar nicht. Ist ja auch kein dienstlicher Grund. Es handelt sich um menschliches Erbarmen.«

»Ach nein?«

»O doch, Schwester Hildegard! Nichts anderes. Ich habe Mitleid mit einer überforderten jungen Mutter.«

»Das würde ich lieber an die eigene Frau verschwenden.«

»Tu ich ja. Aber manchmal braucht's ein Herz für zwei. Hochverehrte Oberin, wollen sie ihn nicht mal nehmen?«

»Danke.«

»Doch! Fassen Sie ihn mal an.«

»Ich?« Für ein Ausweichen war es bereits zu spät. Dieser Mischa drückte ihr doch einfach das Ding, das Baby, in den Arm, und in Schwester Hildegards Nasenöffnung strömte nun jener unverwechselbare Haut-, Puder- und Pipiduft, der ihr seit eh und je die Fassung geraubt und das Herz erweicht hatte.

Schon wieder ein Findelkind?

Ausgeschlossen!

So was konnte, so was durfte es gar nicht geben ...

Das winzige runde Gesicht wurde mürrisch. Der Mund verzog sich. Gleich würde es auch noch losbrüllen – doch nein, es schüttelte nur den Kopf und starrte aus forschend aufgerissenen Augen die Oberschwester an.

Mischa grinste genüßlich.

»Ist ja nun wirklich süß, was?«

Hildegard versuchte es mit dem Zeigefinger. Bald hatte sie auch die richtige Stelle, und da quietschte und lachte der Kleine wieder, lachte, bis ihm die Tränen über die Backen kullerten.

»Entzückend ist der! Wo hast du den her?«

»Verehrte Oberschwester! Erkennen Sie ihn denn wirklich nicht?«

»Wieso? Wen denn?«

»Das Kind.«

»Die sehen doch alle gleich aus.«

»Der aber nicht. Die Ähnlichkeit ist unverwechselbar. Nun strengen Sie sich doch mal an. Schauen Sie genauer hin: Die charakteristische Nase. Der Buckel auf der Stirn. – Also hören Sie, Hildegard!«

Das »Hildegard« ließ sie diesmal durchgehen. Sie war zu verwirrt.

Der Buckel auf der Stirn? – Wo war da ein Buckel? Was meinte er?

»Was meinst du denn?«

»Hinsehen!« insistierte Mischa. »Na gut, ich sag's Ihnen: Sie halten Ihren zukünftigen Chef auf dem Arm! Benjamin Brinkmann.«

Und damit kam Mischa vom Fenster herüber, gab dem kleinen Jungen einen Kuß auf den runden flaumbedeckten Kopf und genoß Hildegards Überraschung.

Und die war groß.

»Chef! Du meinst, den müßte ich auch noch ertragen, was? Als ob mir Udo und der Professor nicht reichen würden, auch den noch hier? – Nee, danke!«

»Sie machen doch ewig weiter, Schwester Hildegard.«

Auch das steckte sie weg. Wie sich in einem Schwamm die Feuchtigkeit verbreitet, so floß Rührung durch Schwester Hildegard. Und so setzte sie sich erst einmal hin. Der kleine Brinkmann richtete sich auf ihrem Schoß häuslich ein. Er kringelte sich zusammen, steckte den Daumen in den Mund und begann zufrieden zu nuckeln.

Hildegards Herz wurde schwer.

Einmal schon hatte sie ihn im Arm gehabt. Damals wog er nicht mal die Hälfte, damals bei der Taufe. Sie hatte sich nicht freuen können. Die anderen wohl ebenfalls nicht. Wie auch? – Es war die Woche, in der auf der Intensivstation der Professor um sein Leben rang. Sie alle hatten es – wie sollte man es nennen – als schicksalhaft empfunden, daß ausgerechnet in der Stunde, in der sich für den Vater die Katastrophe ereignete, der Sohn geboren wurde.

Sie streichelte sanft über den zarten blonden Flaum. Alles war so merkwürdig in diesem Leben. Nur: Wir sehen es nicht. Nie denken wir daran. Wir glauben nicht an den geheimen Plan. Und das ist schlimm.

»Was machen Sie denn für ein Gesicht?«

»Ich? Wieso? – Paß auf, Mischa! Geh rüber zu Elke, ja? Da hat's nämlich vorhin ganz schön nach Kaffee gerochen. Und 'nen Kuchen wird's wohl auch geben.«

»Soll das heißen . . .«

»Na los, komm! Lauf! Ich kann ja nicht, mit dem Kleinen.«

Mischas ungläubige Überraschung tat ihr gut.

Die Oberschwester aber schaukelte das Brinkmann-Baby und beobachtete einige Minuten später, wie geschickt Mischa zwei kleine Krankenhausschemel in einen Kaffeetisch verwandelte.

»Ach, Mischa!« Mit der rechten freien Hand prostete sie ihm zu. »Manchmal kann man einfach nur noch staunen, nicht?«

»Staunen ist wie Jogging!« Hinter den Brillengläsern lächelten Mischas Augen: »Es hält wach. Man soll's nie verlernen.«

»So was Ähnliches habe ich vorhin auch gedacht. Aber weißt du, ich staune schon zu lange. Und dabei wird man müde . . .«

*

Christa fühlte sich nicht nur niedergeschlagen und erschöpft, da war eine Schwäche, die jeden Schwung, jede Kraft wegzusaugen drohte.

Lange machst du das nicht mehr! – Sie dachte das, während sie die Hände über das Desinfektionsbecken hielt und das Wasser die Seife wegschwemmte.

Durch das Glas des Beobachtungsfensters sah sie in den OP, sah Breekens Rücken, dann, etwas abgesetzt im Hintergrund, die Instrumentenschwester.

Links stand der »Neue«, der junge Dr. Schübel, und drehte an der Monitoreinstellung der Herzüberwachung. Auch der Anästhesist hatte bereits seinen Platz eingenommen.

Alles schien so ruhig, so selbstverständlich, so geordnet – dabei war doch der Teufel los, war alles, wie so oft, auf einmal über sie hereingebrochen: Die Unfallwagen, die die verletzten Arbeiter vom Sägewerk gebracht hatten. Dann, zur selben Zeit beinahe, ein lebensgefährlicher Thrombosefall von der Männerstation, so daß am Ende Breeken gar keine andere Möglichkeit blieb, als die Operationsvorbereitungen abzubrechen und Udo zusammen mit Piero Rusca in die Ambulanz zu schicken. Christa hatten sie im Garten aufgelesen, auf einer Bank, wo sie mit dem Kleinen spielte. Buchstäblich vom Kind weggeschleppt hatten sie sie.

»Tut mir schrecklich leid, Frau Brinkmann! Aber Sie wissen, was in solchen Situationen los ist...«

Sie wußte es. O ja!

Der Trockner neben dem Desinfektionsbecken summte leise.

Christa schloß die Augen: Schaffst du! Aber klar! – Die alte Leier, die ewigen Selbstbehauptungsformeln, abgenützt wie eine tibetanische Gebetsmühle. Mischa wird schon auf dein Kind aufpassen. Und falls Mischa auch gebraucht wurde, gab's ja immer noch das Kinderspielzimmer in der Pädiatrie.

Amen!

Was für ein Leben ... Auch für Benni ...

Ab und zu nahm Christa den Kleinen mit in die Klinik. Nicht nur, weil Benni der Garten so gefiel und weil sie in ihren Anwandlungen mütterlichen Stolzes die Freude der anderen an dem Kleinen genoß, nein, es war einfach ein physisches Bedürfnis in ihr, seine Gegenwart zu spüren. Auch wenn sie arbeitete – wenigstens der Blick in den Garten, wo Patienten oder eine Schwester mit Benni spielten! Dr. Römers Warnungen hatte sie in den Wind geschlagen. Die Ansteckungsgefahr war hier vielleicht erhöht, aber es kam darauf an, mit wem Benni spielte. Und das Kind war gesund und robust. Es hatte nur ein Problem: Es hatte eine Stunden-Mutter! Auch daß Claudia sich rührend um den Kleinen kümmerte, daß Klaus ihn zum Lieblingsprinzen ernannte, daß man der Michaelis nichts vorwerfen konnte, änderte nichts daran.

Ein Kind, das sich an jeder Fliege entzücken konnte, jeder vorüberziehenden Wolke nachlächelte – welches Versäumnis!

Du mußt es ändern. So viel mußt du ändern.

Im OP drehte Breeken den Kopf. Ob das ihr galt? Muttergefühle waren nicht gefragt. Schon gar nicht Mutterfrustrationen.

Christa trat ein und ließ sich die Maske vor den Mund binden. Dabei sah sie hinüber zum Tisch, und jetzt erst erkannte sie die Gestalt unter dem Leinenlaken. Diese hohe Stirn, die geschwungenen blondgrauen Brauen. Das war doch Berndorf?

Gerade kam auch Römer in den OP. Auch schon mit Maske.

»Was ist denn mit ihm?« Römer fragte Christa. »Wie kam's denn dazu?«

»Das möchte ich auch mal wissen.«

Christa versuchte, sich die Daten ins Bewußtsein zu rufen. Den Unfall hatte Berndorf prima überstanden. Unfälle beim Bau schienen bei ihm zum täglichen Brot zu gehören. Berndorf war ein alter Kunde der Klinik, immer wieder kam er an, mal mit einer Prellung, mal mit einer Verletzung. Vor zwei Jahren hatten sie ihm sogar einen Finger amputieren müssen. Als Besitzer einer Leasingfirma für Baumaschinen schien er ziemlich gefährlich zu leben. Er nahm es mit Humor und ein paar Schnäpsen. Ein netter, ständig gutgelaunter Riesenkerl, den alle mochten.

Vor zwei Wochen war's wieder mal soweit: Drei Rippen! Und das Jochbein hatte er sich eingedrückt. – Und jetzt, jetzt lag er hier mit einem Blutgerinnsel.

»Femoraler Embolus«, erklärte der Internist, und seine Stimme klang, als habe er eine persönliche Beleidigung zu überwinden: »Ich hab das alles noch mal untersucht. Ein halbes dutzendmal habe ich ihn geröntgt. Auch die Lunge schien völlig in Ordnung.«

»Vielleicht ein Mitral-Klappenfehler?«

»Ach, Quatsch! Der? Sein Herz ist prima. Der hat ein Herz wie ein Ochse.«

Römer ging hinüber zu Breeken, sagte irgend etwas. Der Operateur nickte. Christa nahm den Platz an der linken Tischseite ein. Meist war es dieselbe Verteilung, dieselben Blicke, dasselbe Warten – wie bei einem sehr geheimnisvollen, blutigen Spiel, bei dem die Teilnehmer sich mit grünen Masken, grünen Hauben und weiten grünen Mänteln tarnten, ehe sie ihre Position einnahmen. Schwester Ellen gab drüben am Sterilisator halblaute Anweisungen an die Schwesternschülerinnen, die ihr zur Hand gehen sollten. Römer umkreiste noch immer den Operationstisch, ganz so, als erwarte er irgendeine neue, böse Überraschung, der er zuvorkommen müßte. Schließlich ging er zu Wolter und unterhielt sich halblaut über die Infusionstechnik, die angewendet werden sollte.

»Blutdruck?« Breekens Stimme signalisierte den Beginn.

»Hundert zu siebzig«, meldete Wolter. »Nicht sehr regelmäßig.«

Schübel, der die erste Assistenz durchführen würde, schlug das Tuch von den Beinen. Am rechten Oberschenkel zeigte ein blaugrauer Hautton die Sauerstoffnot des Gewebes. Da half auch das Plasma nicht viel, das durch die Ellbogenvene in den Körper floß. Es wurde noch etwas reduziert, tropfenweise gegeben, um das ohnehin überlastete Herz nicht noch mehr anzustrengen.

Die Zyanose schien nicht weit fortgeschritten zu sein. Doch von Sekunde zu Sekunde würde sich die Unterversorgung des Gewebes mit Blut weiter ausbreiten. Auch mit Streptokinase ließ sich diese Gerinnung nicht beeinflussen. Falls sie zur Katastrophe führte, half nur eines – und daran wollte keiner denken: Einem Kerl wie Berndorf das Bein zu amputieren, schon der Gedanke belastete jeden, der hier am Tisch stand.

»Ich glaube, wir sollten anfangen.«

Der Satz war Wolter entschlüpft.

Unter der Last ihrer Probleme hatte Christa plötzlich das Gefühl, gleich einem Studenten hinter der gläsernen Wand der Aula, vom Geschehen getrennt zu sein. Sie beobachtete, wie Breekens Augen schmal und zornig wurden. Doch er sagte kein Wort.

Mit einer weichen Bewegung nahm er die Novocainspritze, die das Operationsfeld betäuben würde, und senkte die Spitze ins Fleisch. Eine zweite, größere Nadel stach tiefer. Die Mischung aus Novocain und Adrenalin würde die Blutäderchen zusammenziehen und so für eine länger andauernde Betäubung sorgen. Die dritte Injektion schließlich schaltete im Oberschenkel die weiterführenden Hauptnervenstränge aus.

»Skalpell!«

Breeken hatte das Wort noch nicht zu Ende gesprochen, als ihm auch schon der Griff der Klinge in die Hand glitt.

Noch immer gefangen in der Rolle des Beobachters, verfolgte Christa, wie das Messer des Operateurs in langen, flüssigen Strichen Fett- und Muskelschichten öffnete. Nun trat der junge Schübel in Aktion. Auch er mit der überraschenden Sicherheit, ja, mit der beweglichen Eleganz des geborenen Chirurgen.

Ein schmales Kunststoffband, das im allgemeinen dazu benutzt wurde, bei der Geburt die Verbindungsschnur zwischen Mutter und Kind zu sperren, wurde von Schübel unter der Hauptarterie durchgezogen.

Breekens Skalpell hatte inzwischen Raum geschaffen. Die Lampe senkte sich, und in der gleißenden Helle, die sie verbreitete, sprach der geöffnete Körper seine eigene Sprache: In der Tiefe der Wunde, wie in einem Röhrenstrang vereint, lagen Vene und Arterie nebeneinander, die Kanäle des Lebens.

Aufwärts leuchtete die Arterie in schimmernder Transparenz. Hier war Blut in Bewegung, hier wurde Sauerstoff transportiert, herrschte Vitalität. Darunter jedoch, in der anderen Richtung, hatte der Pfropfen bereits seine unheilvolle Funktion begonnen. Die Strömung war blockiert. Das Gewebe hatte die Farbe eines anatomischen Präparats.

Christa begegnete Breekens Blick. Nein, das tiefschwarze Zeug, das sich an dieser Stelle der Arterie bemächtigt hatte, benötigte keiner Erklärung.

Breeken arbeitete weiter. Schweigend, umsichtig und präzise. Er hatte keine Eile. Er ging auf Nummer Sicher. Nun wurden von ihm Schlingen gezogen. Die Seidenfäden legten sich auf beiden Seiten des Thrombus um das Gefäß und schnürten es ein.

Klaus, dachte sie, Klaus hätte das schneller gemacht. Aber wie er nun die winzige gebogene Nadel so um die Arterie führte, daß die Seidenfäden dem Embolus keine Möglichkeit mehr ließen, das war schon Können!

Es schien soweit: Christa hatte die kleinen blutenden Gefäße gestillt. Sie blickte auf das Operationsfeld – das Schachbrett, auf dem jeder weitere Zug über Gesundheit und Schicksal eines Mannes entscheiden würde.

Und wieder dachte sie an Klaus. Es war wie ein Zwang. Ausgerechnet hier, in diesem von unerträglicher Helligkeit durchfluteten Raum, zwischen dem Klappern der Instrumente, dem Ticken der Apparate, den gelegentlichen brummenden Kommentaren der anderen schien ihr Klaus anwesend, schien so nah, als blickte er über ihre Schulter, als reagierte er, wie er das immer tat, mit einem Zusammenziehen der Brauen, einem kurzen bestätigenden Nicken oder einem zornigen Wort auf ihre Arbeit.

Er fehlt, dachte sie, und ist doch präsent. Für dich – wie für die anderen...

*

»So.«

Es war das erste und das einzige Wort, das Breeken bei dieser Operation aussprach. Sie alle wußten, was das bedeutete: Schon hatte er ein neues Messer und setzte es vorsichtig, fast hauchzart an die Gefäßwand an, die den Thrombus umschloß.

Und da war er: morastig, zäh, wie dunkler Schlamm.

Die Enden einer kleinen schmalen Zange verschwanden in der Öffnung der Arterie. Alle waren nun ganz ruhig. Keine Nervosität, keine noch so winzige Unruhe – das macht er wirklich phantastisch, dachte Christa. Millimeterarbeit, Beherrschung und Können zugleich.

Zentimeter um Zentimeter, wie eine schwarze bösartige Schlange, erschien der Thrombus unter dem Zugriff des Chirurgen. Eines mußte vor allem verhindert werden: daß das dunkle, gallertartige Gebilde abriß. Er hatte es. Er ließ es in eine bereitgehaltene Emailleschale fallen, richtete sich auf und nickte zufrieden.

Klaus hätte sich jetzt umgeblickt, jeden einzelnen angesehen. Die Überlegung entlockte Christa ein Lächeln.

Was folgte, war das Übliche an eingespielten Handlungen, Griffen und Bewegungen.

Dann war alles vorbei.

Nach jeder Operation, wenn die Spannung abfällt, die Arbeit getan ist, stellte sich die Erleichterung ein. Der Mantel fällt, der Mundschutz baumelt noch unterm Kinn, man nickt sich zu, hat ein bißchen Anerkennung oder nur

Müdigkeit in den Augen. Selbst die Gefühle und auch das Denken laufen auf Parallelbahnen.

Berndorf wurde hinausgerollt. Na, nichts Besonderes, wirklich nichts. Aber Glück hat er gehabt!

In der Rückschau nahm sich alles ganz harmlos aus.

Christa sah der Bahre nach. Halb fünf...

Vielleicht war Klaus inzwischen gekommen? Der Kleine war sicher längst im Spielzimmer im dritten Stock. Und da gab's genug nette Tanten, mit denen er sich verstand. Und Kinder dazu.

Sie wollte gerade den Gang betreten, als sich eine Hand auf ihren Ellbogen legte. Ehe sie sich umdrehte, wußte sie, wem sie gehörte.

Breeken!

»Liebe Frau Brinkmann, haben Sie einen Augenblick Zeit? Darf ich Sie in mein Büro bitten?«

»Wenn Sie mich fragen, ob ich Zeit habe – eigentlich nicht.«

»Nein?«

Sie zögerte. Gut, er war kommissarischer Leiter und sie die Frau des Chefs. Doch was bedeutete das schon? Hatten sich die Gewichte nicht längst verschoben? Breeken war ihr Vorgesetzter, und das anzuerkennen war der ausdrückliche Wunsch von Klaus. Für sie hatte sich nichts verändert. Sie blieb das Rädchen Christa, dem keine andere Aufgabe zugewiesen war als die, zu funktionieren.

»Es ist so, Herr Breeken: Ich habe meinen kleinen Jungen heute mit in die Klinik gebracht. Jetzt weiß ich nicht genau, wo er steckt.«

»Ach nein?«

Was läßt sich auch mit einem Mann anfangen, der auf die Probleme der anderen mit erstauntem »Ach nein?« zu reagieren pflegt? Sie hätte Breeken ebenso erzählen können, daß sie mit einem Elefanten in die Klinik gekommen sei – falls er überhaupt zuhörte, interessierte es ihn nicht. Ihre Sache. Er wollte etwas anderes von ihr.

Was, erfuhr sie, als sie den Aufzug erreichten.

»Liebe Kollegin! Haben Sie schon mal den Namen Schröder gehört?«

Die Türen glitten auf. Er machte eine einladende Handbewegung. Als die Kabine stoppte, kam eine Erklärung: »Ein ehemaliger Patient. Friedrich Schröder. Der Name ist Ihnen wirklich nicht geläufig?«

Sie hatten die Tür des Chefbüros erreicht.

Breeken öffnete sie und ließ Christa eintreten. Und wieder war es wie im OP: Christa hatte den Eindruck, als würden wie auf einer fehlerhaften Filmkopie Sequenzen parallel an ihr vorüberlaufen.

Das Büro. Lena Meis. – Klaus' Büro. Die Tür dort, wie oft war sie einst davorgestanden, mit furchtsamem Herzschlag, dem halb süßen, halb würgendem Gefühl der Erwartung in der Kehle, während später dann der Raum mit seinen grauen Aktenschränken, der zartgelben Tapete, den vielen Pflanzen zu einer Art Zufluchtsort ihres Glücks geworden war.

Vorüber!

Doch die Meis gab es noch. Sie hatte sich sogar erhoben. Rote Flecken der Erregung leuchteten auf ihrer Stirn, und die Augen blickten ihr freudig entgegen.

»Einen Kaffee, Frau Brinkmann?«

»Nein danke, Herr Breeken.«

»Aber Fräulein Meis macht Ihnen sicher gerne einen.«

Fräulein Meis zeigte nun wieder ihr gemessenes Dienstgesicht, noch beherrschter, noch distanzierter als üblich, ganz so, als hätte sie Angst, mit einer einzigen winzigen Unbeherrschtheit die Fassade zu zerstören, die sie vor ihren Gefühlen aufgebaut hatte.

»Na gut«, lächelte Christa. »Das wäre lieb, Lena. So wie früher: Ohne Zucker!«

Und dann saß sie vor Breekens Schreibtisch – nein, Klaus' Schreibtisch. Da war der Blick durchs Fenster, über die Weite des Landes auf einen freien Himmel, der sich von hier immer so dramatisch ausmachte. Und da waren auch noch der Briefbeschwerer aus Marmor, die Messingschale mit den Bleistiften, mit denen nun Breekens Hände spielten. Nichts hatte sich geändert. Die Fotos hingen an der Wand, die medizinische, die pharmazeutische Literaur stand aufgereiht auf den Karteischränken, der alte Brinkmann blickte aus seinem Rahmen, selbst die Vase war an ihrem Platz geblieben. Alles hatte den Anschein, als versuchte Breeken jede persönliche Prägung, ja, jede Spur zu vermeiden, auch noch den geringsten Verdacht zu unterdrücken, das Zimmer sei mehr für ihn als ein Durchgangsraum.

Der Kaffee kam. Lena Meis goß ein, ohne ein einziges Wort zu sagen.

Breeken blickte Christa über die Tasse hinweg an. Und ehe er seinen ersten Schluck nahm, sagte er: »Ich wundere mich ein wenig. Von Ihrem Mann höre ich gar nichts mehr. Wie geht es ihm?«

»Ich glaube, er macht sich sehr gut.«

»Er hatte mich ein- oder zweimal angerufen. Aber das war schon vor Wochen. Und jetzt – Funkstille!«

Was sollte sie antworten? Außerdem, wie er das sagte, nahm ihr die Lust auf lange Erklärungen. So sah sie in das glatte Gesicht mit der fast faltenlosen Haut, über der ein Glanz lag, als würde es ständig eingecremt. Die Augen? Graugrün, sonderbar undurchsichtig, flach.

»Stromlinien-Breeken« und der »chinesische Mandarin« hatten sie ihn früher genannt. Klaus hatte ihr das erzählt. Na gut, Breeken war ein Mandarin. Aber was lief hinter dieser glatten Stirn ab? Seine unbeteiligte Höflichkeit war nicht ernst zu nehmen. Und daß er bedauerte, daß sich Klaus nicht sehen ließ, glaubte sie ihm nicht.

»Ist er mit mir böse?«

»Ich wüßte nicht, wieso.«

»Ich auch nicht.« Damit war das Thema beendet. Nicht zu vergessen ein sehr förmliches: »Ich bitte um die Übermittlung meiner allerherzlichsten Wünsche...«

»Sie wollen aber doch noch etwas anderes von mir, Herr Breeken? Sie sprachen vorhin von einem Patienten namens

Schröder. Mir ist da etwas eingefallen. Ja, ich erinnere mich.«

Sie erinnerte sich tatsächlich. Sehr genau sogar. Und war jetzt auf der Hut.

»Herr Schröder wurde gestern hier eingeliefert. Schon das fand ich sehr bemerkenswert.«

»Und was finden Sie daran bemerkenswert?«

»Bemerkenswert finde ich, daß die Überweisung in die Schwarzwaldklinik auf Betreiben des Patienten selbst erfolgt ist. Der behandelnde Orthopäde, ein Doktor Tönissen, hat das in seinem Begleitbrief noch einmal ausdrücklich hervorgehoben.«

Christa fühlte, wie sich in ihrem Nacken eine Sehne verhärtete.

Ihre Stimme blieb ruhig: »Herr Professor, Sie sind mir doch sicher nicht böse, wenn ich noch immer nicht ganz begreife.«

»Das werden Sie sofort, liebe Frau Kollegin.«

Er stand auf, nun nur noch die Inkarnation des chinesischen Mandarins – undurchdringlich, starr, arrrogant, so stand er vor dem Stahlschrank, zog ein Fach auf, nahm Röntgenbilder heraus, sah sie an.

»Hier, das sind die Aufnahmen! Doktor Tönissen hat sie mitgeschickt. Den Brief will ich Ihnen jetzt gar nicht vorlesen. Schauen Sie sich das selbst an. Die Aufnahmen wurden vor zwei Wochen gemacht. Und hier: diese Aufnahmen kennen Sie ja.«

»Sie meinen, das waren die Aufnahmen vor der ersten Operation vor zwei Jahren?«

»Richtig.«

Was macht man gegen ein solches Nicken, gegen diese Stimme, den Blick, das Lächeln?

Schweigend ging Christa zum Leuchtschirm und schob die Fotografien unter die Metallklemme.

Er hatte recht. Viele Erklärungen brauchte es nicht. Wie auch! Die zarte Filigranstruktur der Röntgenbilder gab sofort preis, was Breeken meinte.

»Schlimm«, hörte sie sich sagen.

»Ja. Sieht nicht sehr gut aus. Die Bruchenden haben sich verschoben. Und nicht nur verschoben, sehen Sie sich den Schenkelhals an. Was meinen Sie, Frau Kollegin?«

»Was soll ich denn meinen?«

»Wieso ist das entstanden, diese Kollagenbildung, diese Verformung?«

Sie gab ihm die Aufnahmen zurück. Wollte er allen Ernstes einen Kommentar? – Von ihr?

»In Dortmund haben sie mit dem Mann alles versucht. Von der Mobilisation angefangen ... Er muß eine Hölle von Schmerzen erlitten haben. Auch Tönissen schreibt das.«

»Wieso kommt er dann hierher?«

»Zur Nachoperation, Frau Brinkmann.«

»Zur Nachoperation«, wiederholte sie mit Betonung. »Aber aus allem, was Sie sagen, kann ich doch entnehmen, daß Sie die Schuld an diesem Zustand meinem Mann zuschreiben? Oder zumindest andeuten, daß damals nicht die richtige Methode angewandt wurde.«

»Ich deute nicht an, Frau Brinkmann. Und es war die verkehrte Methode.«

Vielleicht hatte er recht, dachte sie. Aber auch wenn er recht hätte, zum Teufel, warum sagte er das ihr? Was wollte er überhaupt?

Sie hörte Breekens Bleistift gegen die lederne Schreibtischunterlage klopfen: Ein Tappen wie ein fordernder Kinderfinger. Breeken ist Junggeselle, fiel ihr ein. Trotzdem: Glaubte er im Ernst, daß sie hier gegen Klaus Stellung beziehen würde?

Der Mann hat höllische Schmerzen? Schenkelhalsbruch. Vielleicht hätte Klaus damals eine andere Strategie anwenden müssen. Sie selbst hatte es vorgeschlagen. Sie war ja dabeigewesen. Was das Gedächtnis gespeichert, später vielleicht verdrängt hatte, stieg in ihr auf: Schröder, ein netter, so lieber, so tapferer Patient...

»War das denn nicht zu vermeiden, Frau Brinkmann? Was ist Ihre Meinung?«

Sie holte tief Luft.

Dann richtete sie sich auf: »Ich glaube, Herr Breeken, wir sollten uns derartige Diskussionen ersparen. Ihre Ansicht scheint ja festzustehen. Nur eines: Vorhin fanden Sie es merkwürdig, daß Herr Schröder hierher zurückgekommen ist. Aber vielleicht kann man diesen Entschluß auch anders interpretieren, nämlich daß der Patient Vertrauen hat. Noch immer. Trotz seiner Schmerzen. Vertrauen zu meinem Mann.«

Breeken nickte fast ermunternd. Er lächelte. »Auch ich schätze die Bindung eines Patienten an seinen Arzt. In diesem Fall jedoch können Gefühle keine Rolle mehr spielen.«

Auch damit hatte er recht: Jetzt zählten Realitäten. Und das waren Schmerzen, Leiden und die Notwendigkeit , eine Nachoperation, einen neuen Eingriff durchzuführen. Und dann zu Gott zu beten, daß es einigermaßen gutgehen möge.

Christa stand auf.

»Soll ich das meinem Mann berichten? War es das, weshalb Sie mit mir sprechen wollten?«

»Nein, Sie sollten ihn damit nicht belasten. Nicht in seiner jetzigen Situation. Da sind wir uns einig.«

»Wissen Sie, Herr Breeken, ich glaube, den Satz hat er zu oft gehört. Auch von mir. Es ist der Satz, den er wohl am meisten haßt... Kann ich jetzt gehen?«

Auch er erhob sich. »Eigentlich wollte ich einen anderen Aspekt der Sache mit Ihnen besprechen. Also haben Sie noch ein bißchen Geduld. Ich wollte Sie fragen, warum damals mit dieser Technik operiert wurde?«

»Warum? Weil das Kollegium, mein Mann, Doktor Schäfer und Doktor Udo Brinkmann nach reiflicher Überlegung es so entschieden haben. Die Überlegung war, daß eine Streckung und eine konservative Behandlung zu noch schwerwiegenderen Fehlbildungen führen könnten.«

»Im Ernst?«

»Wieso? Was wollen Sie damit sagen?«

»Nun, schauen Sie, alle modernen Autoren weisen darauf hin, daß ein eingekeilter Schenkelhalsbruch nicht operiert werden sollte. Auch nicht bei einem verhältnismäßig jungen Patienten, und Schröder war damals auch schon vierzig.«

»Aber dazu erwarten Sie doch sicher keinen Kommentar von mir? Wenn wir eine Streckung und keine Nagelung gemacht hätten und die Streckung hätte zu irreparablen Schäden geführt, würden Sie mich wahrscheinlich heute fragen, warum wir nicht genagelt hätten.«

Ihre Ironie konnte ihn nicht erreichen. Auch nicht, wenn sie in dieser Schärfe vorgetragen wurde. Kein Erstaunen, keine Zurückweisung, nichts.

»Was wollen Sie damit sagen?«

»Ich will damit sagen, es war eine reine Ermessensfrage.«

»So? – In meinen Augen war es eine Kompetenzfrage. Und eine Frage des Wissens um moderne Chirurgie. – Nein, jetzt bleiben Sie! Ich bitte Sie, sich zu setzen.«

Und tatsächlich, sie setzte sich wieder auf den Stuhl. Was wollte er ihr noch zumuten?

»Muß ich hierbleiben, um mir anzuhören, daß Sie meinen Mann ...?«

»Sie sollen hierbleiben, um zu lernen, Frau Kollegin. Und das heißt in diesem Fall, eine sachliche Haltung einzunehmen. – Eine sachliche!«

»Ach nein? Und warum bezweifeln Sie meine Sachlichkeit?«

»Das kann ich Ihnen sagen. Das kann ich sogar nachlesen. Im Diagnosebericht von damals, den ich hier herausgesucht habe, ist ausdrücklich erwähnt, daß Sie sich für die Methode aussprachen, die auch ich für richtig gehalten hätte, nämlich für eine spezifische Mobilisation.«

Sie war erschöpft, und so schwieg sie. Eins zu null für Breeken.

Es stimmte ja: Sie hatte sich damals mit ihrer Meinung gegen Klaus gestellt.

»Herr Breeken! Ich war eine ganz junge Ärztin. Was sollte

ich gegen die fünfundzwanzigjährige Erfahrung meines Mannes machen?«

»Das richtige Argument durchsetzen, Frau Kollegin. Dann stünde dem Patienten jetzt nicht eine neue und sehr komplizierte Operation bevor. – So, ich wäre zu Ende. Vielen Dank!«

*

»Gut«, sagte Udo Brinkmann. »Gebucht! Samstag um vier. Claudia wird sich so freuen, daß wir sie wahrscheinlich nicht davon abhalten können, wieder einen ihrer grausamen Kuchen zu backen. Und meinen Bruder bringst du mit!«

Udo legte nachdenklich den Hörer auf die Gabel zurück. Was war nur mit Christa los? Ihre Stimme klang so erschöpft? – Nun, das war in der letzten Zeit oft so.

Immer häufiger lud sie sich selbst ein. Dabei sahen sie sich ohnehin schon den ganzen Tag. Was, zum Teufel, dachte er, läuft eigentlich in deiner Familie?

Unwillkürlich blickte er auf das Foto auf dem Schreibtisch.

Es zeigte Claudia, eine Claudia in einem strengen, fast klösterlichen blauen Kleid mit hochgeschlossenem weißem Kragen. Das dunkle Haar bedeckte die rechte Seite ihres Gesichtes. Sie beugte sich über das kleine Kind, das mit gespreizten Beinchen auf ihrem Schoß saß. Dieses Madonnenlächeln und der verdrossene, aufsässige Blick Bennis! Zu komisch das Bild. Udo liebte es.

Er kontrollierte seine Uhr. Am besten, er rief Claudia sofort an, um ihr die Nachricht durchzugeben und den Vorschlag zu machen, das Gebäck für die Kaffeestunde doch gleich in Offingen zu besorgen. Einen vernünftigen Kuchen, dachte er, das schafft Claudia nun mal nicht, die Arme ...

Er wählte. Sie schien nicht zu Hause zu sein. Seufzend beugte er sich über seine Akten, blickte auf Formblätter und

Aufzeichnungen, nahm das Diktiergerät in die Hand, drückte den roten Knopf, der den Recorder in Marsch zu setzen begann: »Nach Venen-Sectio wurde eine Transfusion angeschlossen ...«

Mit dem Bleistift stocherte er lustlos zwischen den Papieren herum.

Irgendwo aus der Tiefe des Hauses kam eine helle Stimme. Sie sang. Eine Italienerin, die die Station saubermachte. Udo horchte der Melodie nach und fühlte eine große Sehnsucht. Dabei hatten sie doch erst vor sechs Wochen Urlaub gemacht. Nun spürte er bereits, wie der Tagestrott der Arbeit die Reserven anzufressen begann.

Seufzend nahm er den Recorder wieder hoch. Er kam nicht dazu, auf »Aufnahme« zu schalten. Das Telefon läutete.

Es war nicht Claudia – es war die Stimme der Aufnahmeschwester in der Ambulanz: »Ein Glück, daß ich Sie finde! Könnten Sie gleich mal runterkommen?«

»Ich? Wieso denn? Ich hab hier zu tun. Ihr habt doch den Schübel.«

»Aber der Herr Doktor Schübel ist nicht aufzufinden.«

»Was sagen Sie da? Nicht aufzufinden? – Um was geht's denn, verdammt noch mal?«

»Hier ist eine Frau. Eine Frau Gräser. Sie hat ein Kind gebracht. Eine Verletzung an der Hand.«

»Das wird doch nicht so schlimm sein?«

»Der Daumen. Und am Kopf ist auch was. Es blutet ganz schön. Nein, es ist nicht schlimm. Aber Sie wissen doch, wie das ist... Die Frau ist sehr aufgeregt.«

Und ob er das wußte. Schübel? Na, dem wird er noch zeigen, wo's langgeht! Nicht auffindbar? Bei Walter Renz, dachte Udo, hätte es so was nie gegeben. Der gute alte Walter – manchmal fühlte er sich von ihm richtig im Stich gelassen.

Mit seiner kritischen Gelassenheit hatte Renz in den wilden Sturm- und Drangzeiten des Anfangs stets Orientierungshilfe gegeben: Der unverrückbare Nagel an der Wand, an dem sich alles festmachen ließ! Walter – wie hatte er seine gleichmütige, unerschütterliche Kameradschaftlichkeit gebraucht und genossen. Jetzt aber? Dieser Breeken mit der gottgleichen Unnahbarkeit, so, als habe er die Medizin für sich allein gepachtet, über allen Wolken schwebend, während du dich mit einem Schübel rumzuschlagen hast, der die Ambulanz im Stich läßt!

Walter hat seine Oberarztstelle in Konstanz und ist glücklich. Bei Gott, der ist besser dran als ich ... Wenn einer fehlt, dachte er, dann ist es der Alte!

Ehe der völlig in seine Hypochondrie abgleitet, wird er sich wieder fangen, klar. Dann aber, dann wird sich alles ändern ...

»Gut, Schwester«, sagte Udo in den Hörer, »ich komme.«

*

Über den Korridor klapperten Gesundheitslatschen.

Den Kopf brauchte Udo nicht rumzudrehen, um zu wissen, wem sie gehörten. Da vernahm er schon ein keuchendes »Doktor Brinkmann!«

Nun blieb er doch stehen. »Was ist denn los, Mischa?«

Wenn irgendwo auf der Welt ein Mensch die Kunst zur Perfektion gebracht hatte, Grinsen als Waffe gegen üble Laune einzusetzen, dann Mischa.

»Ich wollte mich nur erkundigen, ob Sie nicht zufällig den Schübel in der Manteltasche haben? – Ich war nämlich schon im Kohlenkeller ... jetzt dachte ich, vielleicht ist er im Ärztezimmer?«

»Da war ich, Mischa. Wegen Schübel haben sie mich dort rausgeholt. Was ist los?«

»Eine arme blonde junge Mutter ängstigt sich um ihr blutendes Kind.«

»Hör mal, Mischa! Ich bin ja für Witzchen zu haben, aber manchmal werden sie anstrengend. Vielleicht kriege ich 'ne klar Auskunft?«

»Loch im Kopf und Riß im Daumen«, sagte er. »Beides

nicht schlimm. Bloß die Mammi... Und der Schübel ist nicht da. Dabei wär sie wirklich was für den Rosenkavalier.«

Sie hatten den Aufzug erreicht, lauschten auf das Liftsummen und warteten, daß die Tür sich öffnete. »Wieso denn Rosenkavalier?«

»Ist er doch! Wissen Sie, daß ich den Schübel schon zweimal erwischt habe, wie er auf dem Gang der Wöchnerinnenstation Rosen aus den Vasen klaute?«

»Ehrlich?«

»Ja, sicher. Und neugierig, wie ich bin, bin ich ihm gleich nachgeschlichen. Er brachte die Rosen dieser rassigen Carmen-Kopie auf der Privatstation. Die mit dem Kniegelenk.«

Rosenkavalier?! Udo schwor es sich, als der Aufzug ihn ins Erdgeschoß fuhr: Wenn ich dich erwische, kriegst du was zu hören!

Zu suchen brauchte er nicht.

Schon auf dem Korridor zur Behandlungskabine vernahm er Schübels Stimme: Ein sonor-suggestives, sehr langsames und sehr norddeutsches Näseln: »Was sagst du da? Schon sechs Jahre bist du alt? Na hör mal... Also, jetzt paß auf: die Spritze, die tut dir gar nicht weh... Siehste, hab ich recht gehabt? Ich hab's doch gesagt... Aber wie ist denn das passiert? – Was? Der Werkzeugkasten vom Papi? Und den hast du vom Regal geholt...? Aha, und dann ist er runtergefallen? Na, du bist vielleicht ein Typ! Jetzt nimm den Arm ein bißchen weg hier... So! Gut... Nee, nee, hab keine Angst!«

Udo war stehengeblieben.

Rosenkavalier oder nicht – mit Kindern konnte er's. Mit Kindern und Privatpatientinnen.

Seinen Vorsatz aber, ein paar klärende, sehr deutliche Worte zu sprechen, mußte er auf später verschieben. Ganz vorsichtig zog er den Vorhang der Behandlungskabine zur Seite und blickte hinein: Aha!

Breitbeinig, den Oberkörper nach vorne, beugte sich

Schübel gerade über einen kleinen Jungen, der, nur mit einem blutverschmierten Trainingsanzug bekleidet, vor ihm auf dem Tisch saß.

Nun griff er nach der Schere. Die linke Schädelseite wies am Hinterkopf eine Verletzung auf. Blut rann über den Nacken. Na gut, ein Loch im Kopf bedeutete stets viel Blut, und den Jungen schien's auch nicht besonders zu beeindrucken.

Schübel griff gerade nach einer Klemme, um die Blutung zu stillen. Dabei sah er Udo.

»Sieh mal, Kläuschen! Da kommt der Herr Oberarzt. Eine ganz wichtige Persönlichkeit. Nun sag schön guten Tag!«

»Solche Begrüßungen würde ich mir an Ihrer Stelle sparen, Herr Kollege.«

Dies schien Schübel nicht zu beeindrucken. Schließlich: er war bei der Arbeit. Er hob nur leicht die rechte Braue an: »Böse? Was habe ich denn jetzt schon wieder...«

»Fragen Sie das im Ernst?«

Udo atmete tief durch. Er wollte loslegen, doch da traf ihn ein Blick aus den ängstlichen Augen des Kindes, und er verstummte.

Der Junge war ja wirklich tapfer. Doch nun zogen sich die Mundwinkel kläglich nach unten. Es sah aus, als würde er jeden Moment losheulen.

»Wir lassen's mal fürs erste. – Wie sieht's denn aus? Was hat er denn?«

»Nicht schlimm. Das Loch am Kopf haben wir gleich zu. – Und den Daumen, na, den haben wir ein wenig gespalten.«

Schübel näselte weiter, seine großen Ohren jedoch zeigten verdächtige Röte. So sicher, wie er sich gab, war er also doch nicht.

Die kühn vorspringende Nase und der rotblonde Wikingerbart neigten sich erneut über den Kinderkopf. Udo beobachtete, wie Schübel die Exzision durchführte, reichte Desinfektionsflüssigkeit und Tupfer, und Schübel nickte ihm zu, ganz offensichtlich dankbar – dankbar nicht für die Hilfe, sondern dafür, daß ihm der Rüffel erspart blieb.

Das Gesichtchen des Jungen war blaß geworden. Die Augen schienen tief in die Höhlen zu rutschen. Mit seiner Haltung ging's zu Ende.

»Gib mal 'ne Decke her!« rief Udo der Schwester zu.

Er wickelte den Jungen ein, hielt ihn und beobachtete, wie Schübel den Kopfverband anlegte, geschickt, schnell, perfekt, so wie der ganze Ablauf des Eingriffs. Sein Handwerk verstand er.

»So, Kläuschen, jetzt bist du ein richtiges Paket!« flötete Schübel. »Und so stecken wir dich auch in die Heia. Denn nun müssen wir uns ja noch um deine Mutti kümmern, nicht?«

Udo glaubte sich verhört zu haben: »Wer – wir?«

Schübel grinste. »Na, ich natürlich – als Diensthabender sozusagen.«

»Sozusagen! – Jetzt paß mal auf, Werner Schübel ...«

»Oh, Mann! Ich werd' sogar geduzt?«

»Das wird auch nichts ändern. Manche Leute sind einfach zu schwer von Begriff. Da hilft noch nicht mal der Holzhammer.«

Schübel lächelte freundlich:

»Herr Kollege! Gehn Sie doch mal ins Wartezimmer. Sie werden mich schon verstehen, wenn Sie diese Mutti sehen. Da muß man doch als Mitmensch handeln. So süß, so aufgeregt – und so einen Kirschen-Po!«

*

» ... und so einen Kirschen-Po!«

Udo Brinkmann wiederholte es am Samstagnachmittag auf der Terrasse des kleinen Hauses, das er mit Claudia seit drei Monaten bezogen hatte.

In Udos Gesicht stand eine so hilflose Empörung, daß die Frauen laut auflachten. Udo zuckte die Schultern. »Nehmt mich nur auch noch auf den Arm. Mitgefühl kann ich wohl nicht verlangen. Aber ich sag dir, Claudia, und dir auch, Christa: Dieser Schübel, der schafft mich noch eines Tages!«

In dem nachdenklichen Blick, mit dem Christa Udo musterte, lag milde Nachsicht: »Es soll bei Udo Brinkmann ja auch mal Zeiten gegeben haben, wo in der Klinik kein Rock vor ihm sicher war.«

»Ist das ein Argument? Außerdem übertreibst du maßlos, Christa. Du weißt es am besten. Und überhaupt: ›Rosenkavalier‹ hat mich keiner genannt.«

»Wieso denn Rosenkavalier?«

Udo berichtete auch das: »Aus den Wöchnerinnen-Vasen Blumen zu klauen«, schloß er, »also weißt du! Wo kommen wir denn da hin?«

»Nein«, stichelte Christa, »so was hättest du nicht gemacht. Das wär dir schon viel zuviel Mühe gewesen.«

»Vielleicht hat er kein Geld«, vermutete Claudia gutartig wie stets. »Ich find's eigentlich ganz praktisch. Als Wöchnerin hätte ich überhaupt nichts dagegen, wenn mir einer eine Blume wegnimmt, um sie einer anderen zu bringen.«

»Jetzt hör mal!«

Udo verschluckte sich. Dies war nicht sein Tag, er wußte es nun. »Wenn da so ein Kerl rumsteht, mich anglotzt, als könne er kein Wässerchen trüben, als sei das ganz normal, daß er die Ambulanz im Stich läßt, was soll ich denn da tun? Aber was mich noch viel mehr aufregt, ist mein eigenes Versagen. Warum scheiß ich ihn nicht zusammen ...? Oder besser: Warum, zum Teufel, bring ich nicht genügend Autorität auf, daß so etwas erst gar nicht vorkommt, daß er wenigstens Respekt vor mir zeigt?«

»Vor dem Herrn Oberarzt!«

»Komm, Christa, ist doch wahr. Wen trifft's denn? Wer ist verantwortlich? Ich doch wohl.«

»Nicht ganz. Und außerdem, Autorität ist eine Persönlichkeitsfrage, nicht? Könnte es da bei dem jungen Brinkmann hapern? Ist es das?«

»Verflucht noch mal! Falls es das ist, dann ...«

»Hör mal!« Claudia hob die Hand. »Wenn du weiter so rumschreist, wacht der allerjüngste Brinkmann auf und fängt an zu plärren.«

Der allerjüngste Brinkmann!

Da lag er nun, nuckelnd und wohlversorgt, lag in irgend etwas Dunkelblauem, Klappbarem, furchtbar Praktisch-Modernem, das im wesentlichen aus zusammensteckbaren Chromstäben, Plastikboden und starkem Segeltuch bestand, und war zufrieden mit sich selbst. Ein freundlich anzusehendes rosa Päckchen, wie eine Puppe beinahe!

Mein Bruder! – Während Udo das Wort noch einmal auf der Zunge zergehen ließ, kam das Staunen, daß ein solch winziges Wesen atmen, schreien, plappern, essen und Wünsche, ja, vielleicht Gedanken äußern konnte.

Er konnte Claudia mit ihrem Babywunsch schon verstehen... Aber verstehen heißt noch nicht verwirklichen.

Sein Blick ging zu Christa hinüber. Sie saß am Tisch und hielt zwischen Zeigefinger und Daumen unschlüssig ein Makronentörtchen. Sie wirkte sehr beeindruckend in diesem beige-resedagrün gestreiften eleganten Wollschlauch von Kleid und machte doch ein trauriges Gesicht.

Als fühlte sie seine Augen auf sich gerichtet, drehte sie ihm den Kopf zu.

Nicht nur traurig, dachte Udo: Sie macht sich Sorgen!

»Ich habe mit Breeken gesprochen«, teilte sie ihm mit.

»Na«, kalauerte er, »das soll uns in letzter Zeit ja häufiger passieren. War's was Besonderes?«

Sie lächelte schwach. »Na, daß er mir Kaffee angeboten hat. Sagen wir mal, dies war der Einstieg.«

»Und dann?«

»Dann wurde es unangenehm.«

»Auch das ist nicht neu. Bei ihm wenigstens.«

»Was habt ihr bloß alle mit diesem Breeken?« erkundigte sich Claudia.

»›Mit diesem Breeken‹ ist gut. Wenn's je eine lederne Ordinarienseele gegeben hat, dann besitzt er sie.«

»Ledern?« Christa schüttelte den Kopf. »find ich nicht. Eher hölzern! Nein, der ganze Mann ist aus Stein gehauen.«

»Denkmäler trinken nicht. Sie werden auch nicht schwach. Deshalb kommt unsere liebe Lena Meis nur noch mit Valium über die Runden. Mit Valium und wollenen Unterleibchen. Sie ist nämlich Wärme gewöhnt. – Hat sie mir kürzlich sogar selbst gesagt: ›Ich kann ohne Wärme nicht leben! Ihr Vater, der gab sie mir. Aber bei dem friere ich noch ein!‹«

»Ich wollte mich allerdings nicht über seinen Charakter unterhalten, Udo«, unterbrach Christa. »In einem hat dein Vater recht: Breeken ist ein Könner.«

»Deshalb braucht er sich nicht über alle erhaben zu fühlen.«

»Er tut's nun mal. Du erinnerst dich doch an den Fall Schröder?«

»Schröder heißen viele. Und wieso Fall?«

»Friedrich Schröder. Vor zwei Jahren. Schenkelhalsfraktur.«

Udo nickte. Er hatte sich hochgesetzt. Das Lächeln war aus seinem Gesicht verschwunden. Er wirkte hellwach.

»O ja ... Du meinst die Rehabilitation. Und der Patient ist wieder hier?«

»Ja, er ist wieder hier. Und Rehabilitation? Na ja, Kunstfehler nach Operation wäre wohl der präzisere Ausdruck.«

Udos Augen waren ganz schmal geworden.

Eine Zeitlang sagte er nichts.

Dann kam die Frage: »Hat er das etwa gesagt?«

Sie schüttelte den Kopf. »Er hat mir die Aufnahmen gezeigt. Vorher, nachher. Sieht heute schlimm aus.«

»Kommentarlos?«

»O nein! Wirklich nicht. Er fragte, wieso wir uns damals zu dieser Technik entschieden hätten.«

»Hör mal, die Frage stellt sich doch vor jeder Operation. Von Kunstfehler ist da überhaupt nicht zu reden, eher schon von Entscheidungen, die zu treffen sind. Nach – wie heißt es so schön – bestem Wissen und Gewissen. Das ist kein Spruch, das trifft hier wirklich zu. Natürlich hätten wir's auch auf die andere, auf die konservative Weise versuchen können, unblutig.«

»Das hab ich damals vorgeschlagen.«

»Richtig. Und wir entschieden uns für Nagelung. Die Nagelung ist schiefgegangen. Offensichtlich. Doch wer sagt, daß wir mit deinem Weg Erfolg gehabt hätten? Du etwa? Nur Propheten können das.«

Sie versuchte ihn zu unterbrechen, wollte einwenden, daß eine konservative Therapie vielleicht zu einer Versteifung, aber niemals zu so schmerzhaften Komplikationen geführt hätte, sagte dies auch, doch Udo hörte nicht einmal zu, nein, er wollte es jetzt loswerden: »Wenn Breeken auch nur den Ansatz macht, wenn er mir auch nur mit einer einzigen Bemerkung in der Richtung kommt, wir hätten damals einen Fehler gemacht – dann kann er was erleben! Haben wir ihn je gefragt, ob er immer die richtige Methode anwendet? Sind seine Theorien sakrosankt? Und kann uns allen das nicht jeden Tag passieren, daß wir mal ...«

»Nun beruhig dich doch!«

Claudia war aufgestanden, ging zu ihm und legte ihre Hand auf seine Schulter. Er griff danach, eine rührende, reflexhafte Bewegung – zu Ende aber war er noch nicht, er überschlug sich förmlich, bis ihn Christas Schweigen doch irritierte:

»Nun red doch! Was sagt mein Vater? Hast du mit ihm gesprochen?«

Sie lehnte sich zurück und schloß die Augen.

»Hast du?«

»Ja. Es war schlimm.«

»Warum?«

»Er gibt Breeken völlig recht. Ich konnte ihn mit Mühe davon abhalten, zu Schröder zu gehen.«

»Was wollte er da?«

»Was schon? Das große ›mea culpa‹! Du kennst doch seinen Sinn fürs Dramatische. Hingehen, über den Berufsstand, nein, den Berufsnotstand des Arztes reden, die Gewissensnot, den Konflikt, in den der Chirurg von einem gnadenlosen Schicksal gestürzt wird. Und dann sagen: ›Wir sind alle nur Menschen!‹«

Udo nickte. Sie hatte recht. Das kannte er.

»Und weiter?«

»Nichts weiter. Er würde heute nicht mehr operieren, sagte er. Er würde genauso die Versteifung in Kauf nehmen. Und wenn ihn Breeken deshalb angreife, so beweise das doch nur, daß er die Situation fachlich klar analysiere.«

Udos Augen waren schmal. Sein Gesichtsausdruck war der eines Menschen, der einen Schlag empfängt, den er kommen sah.

Doch er gab nicht auf. »Ich kann's nur wiederholen – und ich werd' zu ihm gehen und es ihm erklären: es war nicht sein Fehler! Es war eine Operationsentscheidung, wie wir sie zu Tausenden zu treffen haben. Er hat die Öffnung vorgezogen. Und er hat damit zumindest den Versuch gemacht, den, wie ich zugeben muß, mit ziemlichem Risiko verbundenen Versuch, dem Patienten den Gebrauch seines Beins wieder zu ermöglichen und damit vor der Verunstaltung und dem ganzen Ärger eines Krüppeldaseins zu bewahren. Gut, das stimmt. Aber er hat das Risiko ja nicht gesucht – er hat gehandelt, wie er immer gehandelt hat: klar und kühn. Bei andern ist es gutgegangen. Bei Hunderten ist es gutgegangen. Aber verdammt nochmal, gerade deshalb darf er doch niemals akzeptieren, daß man seine Qualifikation angreift. Was ist denn nur mit ihm los?«

»Du willst doch zu ihm gehen? – Frag ihn. Sprich mit ihm.«

»Er läßt mich ja nicht an sich ran. Er macht nur Vorwürfe. Ein sachliches Gespräch kommt gar nicht erst zustande. Er hat sich so verändert. Es ist schwer, mit ihm zu reden, ja... Wir alle haben unsere Art, mit Krisen fertig zu werden. Aber seine, das ewige entsagungsvolle, überlegene Lächeln – es ist nicht mehr auszuhalten!«

»Weißt du, was er gesagt hat? ›Siehst du, Christa: Das ist genau der Grund, warum ich meine Arbeit zu hassen beginne.‹«

Bei der Erinnerung wurde ihre Stimme unsicher. Sie drehte den Kopf weg. Nun betupfte sie mit der Serviette ihre Augen.

»Christa, nun laß mal.«

»Was kann ich denn tun? Mich braucht ihr nicht zu trösten. Es geht doch um ihn.«

Udo wußte es auch nicht. Hinübergehen, sie streicheln, in den Arm nehmen? Eine Christa, die so sehr die Nerven verlor, daß sie zu schluchzen begann, nie hatte er geglaubt, daß es so weit kommen könnte. Er verstand sie ja.

»Er will nicht mehr, Udo!«

Die schrecklichen Worte waren ausgesprochen: leise und ruhig.

Sie trafen ihn.

»Das kann nicht dein Ernst sein?«

»Mein Ernst? – Frag doch, ob es sein Ernst ist.«

Sie nahm ein Taschentuch aus der Handtache, entfaltete es, schneuzte sich und versuchte ein klägliches Lächeln.

»Wir machen uns alle Illusionen, Udo. Er sagte mir, daß er nach dem Ersten nach San Franzisko fliegt. Zu Schneider, irgendeinem alten Freund aus seiner Göttinger Zeit, der dort das Conand-Herz-Zentrum leitet. Davon hat er schon die ganze Zeit geredet. Auch zu dir, nicht?«

Udo nickte.

»Wir haben das nicht ernst genommen. Und das ist der Fehler, Udo. Er meint wirklich, was er sagt. Er brauche Übung, Aktivität. In einem halben Jahr wäre er Schrott, behauptet er. Ja, wirklich, das hat er gesagt: ›Schrott bin ich! Und ihr seid daran schuld.‹«

Wieder nickte Udo. Auch das sah seinem Vater ähnlich. »Gestern habe ich noch mit Römer gsprochen, Christa. Und auch Römer meinte …«

»Ist doch egal, was Römer meint. Sieh dir die Werte an! Er ist doch selbst Arzt. Er kann doch auch hingucken. Wir haben noch immer eine ganz eindeutige Q-Zackenreduktion im EKG, und auch die T-Wellen sind nicht symmetrisch. Doch er erkennt das nicht an. Er ackert im Garten rum, macht weite Waldläufe, schleppt im Laufschritt der Michaelis die Kartoffeln ins Haus. Ich sag ja: wie ein Kind!«

Udo versuchte, es sich vorzustellen: Sein Vater im Trainingsanzug mit den Kartoffeln... Waldläufe. Bäume pflanzen. Stets auf der Suche nach dem Beweis, daß er nicht nur so fit war wie eh und je – nein, größer, schneller, stärker...

»Heute kam's raus: nächste Woche Dienstag hat er seinen Termin in San Franzisko. Wir sind ja seine Feinde – aber jetzt hat er einen Freund gefunden! Und der wird uns beweisen, was wir nicht glauben wollen. Das Ticket hat er heute gekauft...«

*

»Das Ticket hab ich schon, Benni. Wirklich! Guck nicht so. Ein wunderschönes blaues Ticket. Linienflug. Ganz normal mit Lufthansa.«

Benni Brinkmann guckte trotzdem. Keinen Ton gab er von sich, plusterte nur die Backen auf.

»Na schön... Mach dir da mal keine Sorgen. Ich komm ja bald wieder!«

Der Kleine verzog den Mund.

»Jetzt werd nicht sauer«, versuchte ihn sein Vater hastig zu beschwichtigen. »Und heulen wirst du mir auch nicht, versprochen? Ich bring dir ja was Schönes mit.«

Er beugte sich über das Bett, schnupperte, dachte: bloß nicht! – und wußte, es war zu spät. Nicht weil er wegfuhr, fing Benni an zu klagen, o nein, es war etwas anderes: die schwere, dampfend-feuchte Geruchswolke verriet ihm die Ursache von Bennis Mißvergnügen.

»Na, das kriegen wir doch hin. Moment... Erledigen wir sofort.«

Klaus Brinkmann nahm seinen strampelnden Sohn aus dem Bett, trug ihn zur Wickelkommode, öffnete den Klebverschluß der Pampers und konnte doch nicht von seinen Überlegungen ablassen.

Wen hatte er schon als Gesprächspartner für seine Probleme?

Einen noch nicht Einjährigen!

»Ganz schön weit gebracht haben wir's«, kommentierte

er diesen Gedanken. »Aber du wenigstens kapierst. Und ich sag dir, wenn ich zurückkomme, wird alles anders! Sowieso wird alles anders«, versicherte er. »Aber jetzt bist du ruhig. – Ruhe, hab ich gesagt!«

Der Kleine starrte vor sich hin.

Graublau waren die Augen, graublau und insistierend. Christa-Blick!

Die müßte mich sehen! Brinkmann dachte es mit grimmiger Genugtuung.

Oder Breeken!

Oder die Weiber von der Säuglingsstation.

Mit der linken Hand versuchte er, seinen Sohn auf das Frotteetuch zurückzudrücken. Es gelang ihm nicht ganz. Die übliche Brinkmannsche Sturheit! Und die war sicher bereits genetisch angelegt.

Brinkmann öffnete die Windel – und hatte die Bescherung vor Augen.

»Scheiße!« stellte Brinkmann fest. »Und ein ganzes halbes Pfund.«

Er sagte es nicht ohne Stolz.

»Also, weißt du«, meinte er, »wer ein solches Produkt vorzuweisen hat, der ist nicht mehr Benni oder Benjamin – der heißt ab jetzt Benno!«

Er nahm die Pampers nebst Inhalt und schmiß sie in den Abfallkübel, putzte, rieb, nahm Babylotion, Creme, betrachtete mit gerunzelter Stirn gerötete Stellen, versicherte sich dann, daß eine solche Rötung ganz normal sei – ein bißchen gereizte Epidermis, was sonst –, und hörte dabei die ganze Zeit, gleich dem Chor einer griechischen Tragödie, die Kommentare der vereinten Klinikweiblichkeit.

Na, die von der Pädiatrie brauchten ihm wirklich nichts mehr vorzujammern, wie schwierig ihre Arbeit sei. Er wußte jetzt Bescheid. Spaß machte es! Und das würde er ihnen eines Tages auch noch sagen ...

Brinkmann verteilte letzte Fettreste auf rosa Speckpölsterchen, lauschte den leisen Genußlauten seines Sohnes und verlor sich in Phantasien über Gottes Wunder. Welch frisches Gewebe, in dem alles gelagert war, was die Natur an kostbaren Stoffen zu erzeugen vermochte: Proteine, Fette, so zart in seinen Zusammenhängen – und wurde dann ganz plötzlich aus seinen Träumen gerissen.

»Muß das eigentlich sein?«

Er drehte sich um.

Laura Michaelis! Da stand sie, die Mundwinkel scharf nach unten gezogen, die Augen zusammengekniffen, auf der Stirn steile Vorwurfsfalten.

»Muß was sein?«

»Daß Sie jetzt auch noch am Nachmittag das Wickeln übernehmen. Hab ich denn wieder mal was falsch gemacht?«

»Das mag Gott wissen. Ich doch nicht. Doch warum wollen Sie mich eigentlich nie mit meinem Sohn allein lassen?«

»So?« Schweratmend stand sie da: »Tu ich das? Wollen Sie mir einen Vorwurf daraus machen, daß ich mich um das Kind kümmere? Müssen wir uns noch streiten, wer wickelt?«

»Nein. Das müssen wir nicht. Ich wickle, wann ich will. – Ist das jetzt klar?«

Gegen sein »Ist das jetzt klar« gab es keine Waffe. Laura Michaelis wußte es aus Hunderten von ähnlichen Situationen. So verdrehte sie noch einmal beleidigt die Augen, schüttelte noch ein letztes Mal den Kopf, ging zur Tür und schloß sie hinter sich. Sogar überraschend leise.

»Na, was sagst du dazu?« fragte Klaus Brinkmann seinen Sohn. »Lange kann ich dich mit der Dame tatsächlich nicht alleinlassen.«

Mit vorgewölbtem Bauch grunste Benni Zustimmung. Brinkmann betrachtete unterdessen sein Hinterteil: Tadellos! Was für ein blanker Po! Also die Windel her.

Während er die Enden zusammenklebte, fiel ihm ein neuer Punkt ein.

»Also, lieber Benjamin, was hältst du von Breeken? Ich

sag dir was: Breeken mag ja ein As sein, aber einseitig ist er, verstehst du? Laß los, verdammt!«

Der Kleine hatte, als Brinkmann mit dem Kopf zu tief geriet, mit hurtigem Griff ein Büschel Haare erwischt. Er ließ nicht los. Er zog.

»Ein Profi der Spitzenklasse«, stöhnte Brinkmann. »Ohne Spaß. Läßt du jetzt... So! Brav! So ist's schon besser.«

Er strich sich die Haare glatt, doch die Breeken-Frage hielt ihn noch immer in ihrem Bann: »Wenn ich so zurückdenke – fast fehlerlos arbeitet der. Mit einer Genauigkeit, da kann man nur den Hut ziehen. Aber Genauigkeit ist in der Chirurgie nicht alles. Chirurgie ist Kunst. Und Kunst verlangt auch Phantasie. Verstehst du das? Nein? Komm jetzt das rechte Bein... Schrei nicht. Die verdammte Hose! Haben wir gleich... Jetzt hat Breeken mich am Wickel. Ich hab da mal einen Fehler gemacht, und Breeken hat recht. Die Vorsichtigen haben immer recht, Benni. Im nachhinein!«

Er hob den Kleinen hoch, näherte seine Nase dem winzigen Fleischknopf in dem runden Gesicht und verkündete: »Wir Brinkmanns, Benni, wir Brinkmanns sind nun mal anders!«

*

Was Heinz Fischer anging, konnte es losgehen.

Rasiercreme, Duftwässerchen, Zeitungen und sogar Bücher hatte er an die Kollegen von Zimmer 234 verteilt. Das Bett war abgezogen. Sein Koffer mit all den Aufklebern aus Mallorca und Dänemark lag darauf.

Nur: Es ging nicht los...

Die anderen beobachteten grinsend, wie Fischer erneut zum Spiegel schritt, sich ein bißchen die Wangen betätschelte und versonnen das Pflaster auf der Nase betastete. Die war zwar noch etwas verschwollen, aber zumindest gerade. Ja, alles tadellos, vom Bruch nichts mehr zu sehen.

Auch sonst war Heinz Fischer zufrieden. Sein Blazer sah

aus wie frisch aus der Reinigung. Und sogar ein Einstecktuch hatte er in der Brusttasche.

Na, wenn jetzt die Kleine mit ihrem fabrikneuen Wagen anbrauste, dann wollte er ihr auch etwas bieten.

»Wie 'n Filmstar! Also Herr Fischer! Wo wollen Sie denn hin so direkt vom Krankenhaus? In 'ne Disco?«

Mischa natürlich! Die schärfste Klappe der ganzen Klinik.

»Geht dich doch nichts an, mein Junge.«

»Richtig. Aber wissen Sie, Herr Fischer, was wäre, wenn ich mich da dran halten würde? Dann würde nicht nur ich, dann würde die ganze Belegschaft vor Langeweile sterben.«

Drüben, in Bett zwei, lachte jemand. Ein kurzes Lachen, das in einem Stöhnen versackte. Das war Schröder, der arme Kerl. Den Schröder hatte Fischer auf Anhieb gemocht, obwohl er erst seit einigen Tagen im Zimmer war. Und morgen, morgen wird er wohl drankommen...

»Schade, Herr Schröder.« Heinz Fischer drehte sich um, ein großer, schwerer Mann mit einer verschwollenen Nase zwischen zwei blauen freundlichen Augen. »Morgen hätt ich Ihnen ja ganz gern das Händchen gehalten. Aber nun bin ich ja nicht mehr da, wenn Sie aufwachen. Ich denk trotzdem dran. Wissen Sie was? Dann drück ich Ihnen den Daumen.«

Das blasse Gesicht im Kissen versuchte ein Lächeln. Fischer nickte ihm zu. Der alte Eckert aber im Nachbarbett nahm seinen ewigen kalten, durchgekauten Stumpen aus dem Mund. »Ein Lokführer«, sagte er beinahe ehrfürchtig, »ein Lokführer mit 'ner Krawatte. Gibt's denn so was? Wie der Bundesbahn-Direktor siehst du aus, Fischer!«

»So fühl ich mich auch. Was glaubt ihr, was passiert, wenn die Beate hier ist? Rauf auf die Hornisgrinde! Und erst mal ein frisches Bier und 'ne richtige Zigarre. Nicht so 'n Stumpenzeug wie deines, Eckert. Und die brauch ich auch nicht kalt zu rauchen.«

»Na, ob die's schafft?«

»Ob wer was schafft?«

»Deine Tochter. Heute morgen den Führerschein. Und jetzt schon auf die Hornisgrinde?«

»Die? Die schafft noch viel mehr. Die schafft alles. Ihr ganzes Leben lang war das so. Ja, die Beate... Zuerst Mittelschule, dann in Abendkursen das Abitur, danach die Dolmetscherprüfung und jetzt der Führerschein. Keiner hat's geglaubt. Nicht mal ich... Im letzten Moment kriegt sie immer die Kurve. Und wißt ihr noch was?«

Fischer sagte es nicht. Er zog die Kofferriemen zu. Er fühlte sich wie ein alter Krankenhausveteran. War er nicht dreimal in den letzten Jahren in der Schwarzwaldklinik gelandet? Leistenbruch, ein Magengeschwür und dann schließlich diese gebrochene Nase. Jedesmal war es dasselbe: Man wurde zu irgendwelchen wildfremden Menschen ins Zimmer gesteckt, sah sich plötzlich der Situation ausgeliefert, Leben, Ängste, Schmerzen, Meinungen mit anderen zu teilen, wie in einer Familie, ja, eine Art verrückte Männerfamilie. Man half und tröstete sich, sprach über Probleme, die man so hatte, spielte Karten, oder wenn's nicht so hinhaute, kapselte man sich in seiner Ecke ein. Gut. Aber Wichtiges behielt man doch besser für sich.

Der Eckert hier zum Beispiel. Kamerad war er gewesen, prima hatte er sich mit ihm verstanden. Doch wenn Beate auftauchte, wie hatte er da reagiert? Verklemmt. Mit dummen Sprüchen, bestenfalls mit verlegenem Grinsen. Beates Unbefangenheit, ihre Küsse, die Zärtlichkeit, die sie ihm entgegenbrachte, ihre ganze Art ging wohl über seinen Horizont. Und daß er allein mit seiner Tochter zusammenlebte, daß sie sich mochten und zusammen reden konnten, kein, aber auch kein einziges Geheimnis voreinander kannten, wie sollte das auch in seinen Kopf? In einer Welt, in der die Jungen mit den Alten nur noch Schwierigkeiten hatten, wirkte das wohl schon komisch...

Beate, mein Sonnenschein! Das ist sie und bleibt sie – so blöd dieses »Sonnenschein« für Leute klingen mochte, die nie eine ähnliche Erfahrung gemacht haben.

Fischer lächelte seinem Spiegelbild zu.

Sein Hochgefühl hätte ihn beinahe verführt, den alten Eckert zu einer Probefahrt mit Beate einzuladen.

Gott sei Dank kam's nicht dazu.

Da waren Stimmen draußen im Korridor. Dann das Klappen einer Tür. Fußgetrappel. Und wieder eine Tür. War schon ganz nahe: entweder 244 oder 245.

Sie sahen sich an. Jeder wußte, was die Geräusche bedeuteten.

Chefvisite!

Schon hatte Eckert den Stumpen im Nachttisch verstaut. Schröder drüben strich die Bettdecke glatt. Alle blickten sie nun zur Tür. Und alle trugen dieselbe ergebene Miene im Gesicht.

Wie ein Pfadfindervogel, der den anderen den Weg weist, so schoß Hildegard dem Schwarm der weißen Mäntel voran.

Und ihren Augen entging nichts.

»Aber Herr Fischer! Was soll denn der Koffer auf dem Bett?«

»Was der soll? Mich nach Hause begleiten, Schwester Hildegard. Ich bin entlassen. Sie als Oberschwester müßten das schließlich wissen.«

»So, meinen Sie? Vielen Dank. – Wissen Sie, was ich finde, Herr Fischer? Als Entlassener ist es auch für Sie möglich, während der Visite den Aufenthaltsraum aufzusuchen.«

Doch dazu war es bereits zu spät.

Da standen sie nun, voran der neue Chef. Den Kragen hatte er wie immer hochgestellt, so, als ziehe es ihn in den Nacken, die Hände waren in den Taschen vergraben, und im Gesicht stand nichts als Professorenernst. Dahinter Christa Brinkmann. Dann dieser lange Blonde aus dem Norden, dieser Dr. Schübel.

»Guten Tag«, sagte Fischer und war benommen vor lauter Glück: Dies alles hast du hinter dir! Fürs erste.

Der Chef nickte ihm nur zu.

Er ging zu Schröder.

Was jetzt?

Natürlich: Röntgenaufnahmen... Schübel schob sie ihm diensteifrig in die Hand.

Große dunkle Rechtecke wurden gegen das Licht gehalten, bedeutsame Blicke gewechselt.

Fischer registrierte es mit angenehmer, fast heiterer Gelassenheit.

Warum bloß schaffte dieser Breeken nicht ein einziges vernünftiges Wort? Immer dieses dämliche Lateingemurmel?

»Na, Herr Schröder, wie fühlen wir uns denn so?«

Wie wohl? dachte Fischer. Und was heißt eigentlich »wir«?

Er wußte nicht, was ihn an Breeken so störte. Daß er raunzig war, nie lächelte, daß er es so wichtig hatte oder zumindest so tat? Vielleicht...

Oder war es sein Gesicht? Eine rosarote, wie polierte Oberfläche, an der jede Regung abzuprallen schien.

Wie 'ne Maschine, dachte Fischer. Eine Supermaschine! Springt auf Knopfdruck an, macht alles perfekt – aber bleibt Maschine.

Alle konzentrierten sich auf Bett zwei.

»Sie wissen ja, Herr Schröder – ich nehme wenigstens an, die Frau Doktor hat Sie aufgeklärt: Die Operation morgen wird etwas länger dauern.«

Schröder nickte furchtsam.

»Aber Sie machen sich doch hoffentlich keine Sorgen? Sie sind doch mit sich selbst zufrieden?«

»Die Schmerzen...«

»Ja, das ist es. Gerade deshalb werden wir uns ja morgen im OP treffen, nicht wahr?«

Im OP treffen! – Vielleicht war es diese Formulierung, vielleicht seine übermütige Erleichterung – Fischer machte eine Bewegung und spürte im selben Augenblick, wie sein Ellbogen etwas berührte. Dann – ein ekelhafter, klirrender Krach!

Er stand wie versteinert.

Da lag nun, zwischen armseligen weißen Scherben im Wasser schwimmend, Beates letzter Blumenstrauß: Tulpen. Rote Tulpen...

»Entschuldigung.« Mehr brachte Fischer nicht heraus. Überhaupt: Wieso entschuldigte er sich? Und was starrten ihn die anderen denn so blöde an?

An seinen Hosen waren Wasserspritzer, seine Ohren färbten sich rot; er wußte nicht, sollte er nun grinsen oder sich bücken?

Dieser Breeken aber! Starrte noch immer. Schüttelte den Kopf. Marschierte zur Tür. Nur von Christa, die als letzte das Zimmer verließ, erntete Fischer ein Lächeln und ein leises »Viel Glück!«

»Uff!« Er fuhr mit dem Zeigefinger über die Stirn und dachte: Was bist du schon für so 'nen Professor? Ein Patient. Und was heißt das? Ein Idiot! Bestenfalls ein Stück Fleisch...

Er wollte sich nun doch nach Beates Tulpen bücken. Doch die Oberschwester war schneller gewesen. Sie hatte sie schon in der Hand.

»Na ja, Herr Fischer, Scherben bringen ja Glück. Aber ein großer Abgang war das nicht gerade.«

»Tut mir leid.«

»Sie können sich doch denken, daß unser Chefarzt es nicht mag, wenn bei der Visite Leute rumstehen, die gar nicht ins Zimmer gehören und dann auch noch mit Vasen um sich schmeißen.«

»Ich mag auch manches nicht, Schwester Hildegard.«

»So?«

»Den Professor zum Beispiel. Soll ich Ihnen mal was sagen? Ich schenk ihn Ihnen! Mein Gott, wenn ich daran denke, ich müßte hier sterben und der wär der letzte, den ich im Leben seh... nein danke. Da war der Brinkmann ein anderer Kerl. Der war einfach menschlich... Aber das? Das ist ja ein Eisbrocken!«

»Haben Sie gesagt, Herr Fischer.«

»Und ob! Ich wiederhol's auch. Wann wird er denn endlich wieder gesund?«

»Wer?«

»Der Brinkmann.«

Bisher hatte Schwester Hildegard durchgehalten, immer mit der eisernen Aufsichtsmiene eines Bahnhofvorstehers, der sich einer schwierigen Verkehrslage gegenübersieht. Nun zitterten ihre Lider. Ihr Gesicht wirkte plötzlich müde. »Fragen Sie mich bloß das nicht.«

*

Na gut, die haben eben auch ihre Probleme...

Heinz Fischer empfand Mitgefühl, als er, den Koffer in der Hand, der Eingangshalle zuging. Durch die Verglasung sah er draußen auf dem Platz ein Mädchen. Ihr Haar, das offen über die Schultern fiel, leuchtete. Sie stand neben einem schneeweißen kleinen Wagen. Und weiß waren auch ihre Jeans, und weiß war der Pullover.

»Ein Cabrio!« Heinz Fischer begann zu rennen. »Mensch, ein Cabrio!«

Beate kam ihm entgegen. Sie wollte ihm den Koffer abnehmen. Er ließ es zu. Er war viel zu aufgeregt, um es überhaupt zu bemerken. Er streichelte die flache, schnittige, wie zum Kilometerfressen geschaffene Motorhaube. Er war ganz andächtig.

»Mein Gott, Beatchen!«

»Nun gib mir doch 'nen Kuß.«

»Ja, auch... Klar!«

»Weißt du«, sagte Beate, als sie sich aus seinem Arm löste, »eigentlich wollte ich den Dingo ja rot. Dingo heißt er. Ist doch ein guter Name? Sieht aus wie ein richtiger Dingo.«

Fischer konnte sich zwar nicht vorstellen, was ein richtiger Dingo war – doch rot?

»Ich finde Weiß schön.«

»Ich ja auch. – Nur war ich ganz verrückt auf das Rot und hab dem Garagenfritzen noch einen Riesenkrach gemacht, weil er es mir doch versprochen hatte, weißt du. Aber die Farbe war nun mal nicht lieferbar. Na ja, und jetzt bin ich eigentlich ganz zufrieden.«

Sie lächelte. »Und hier!« In ihrer Hand blitzte ein Lederetui: »Sieh mal, Fahrausweis!«

Er nickte nur. Er war beinahe verstört vor Glück. Was für ein Auto. – Und alles offen!

Er warf den Koffer auf die weißen Kunststoffsitze der Rückbank, kletterte hinein, lehnte sich zurück, drehte noch einmal den Kopf und blickte zur Klinik hoch. Dann schloß er die Augen und lauschte verklärt dem kraftvollen Aufbrummen des Motors.

»Na, los schon, Beatchen! – Bloß weg von hier! Gib Gas!«

Der kleine Wagen rollte. Sie umkreisten das Rondell, die Straße schwang ab zum Hang. Beate lachte ihm zu, gab Gas. Und so tauchten sie ein in diese goldgrün durchflossene, nach frischem Wiesengras und in der Sonne sich wärmenden Tannennadeln duftende Welt.

Beate hatte das Radio eingeschaltet. Irgendein Evergreen, etwas Uralt-Lustiges klang aus dem Lautsprecher. Tatsächlich, das war ein Tango.

Blauumschleiert, dann wieder sonnengleißend schoben sich im Rhythmus von Kuppe und Tal, von Kurve und Geraden die Bilder an ihnen vorbei. Der kleine Wagen nahm das Land, als wäre es lebendig und gehörte ihm.

O ja, Heinz Fischer war glücklich!

Er ließ sich den Wind um die Nase und Stirn streichen, lächelte wie ein Kind. Das war was anderes als im Stand einer Lok!

Manchmal dreht er den Kopf Beate zu, meist aber sah er geradeaus, und oft auch schloß er überwältigt von Zufriedenheit einfach die Augen.

So war es auch, als der Lkw kam...

Nein, Fischer wurde nicht bewußt, was geschah. Zu keiner Sekunde hatte er es realisiert. Er erfuhr nie, wie alles endete, und blieb wohl zufrieden bis zuletzt...

*

Dr. Werner Schübel hatte sich zwei freie Stunden ausgerechnet.

Nach Hause? Nein, lieber hinauf zum Café »Wielandsruh« – dort ein paar Briefe schreiben, Kaffee trinken, Ruhe haben. Vor allem aber mal nachdenken. Nicht nur über die Probleme, in die er sich in letzter Zeit wie in einem Netz verstrickt fühlte, auch und vor allem über den Brief, den er nach Berlin senden wollte.

Und der war wichtig.

Doch was bedeutete hier schon wichtig? Andere hatten wieder mal die Probleme. Und die gingen vor.

Zornig griff sich Schübel die beiden Pfefferminzbonbons, die er in der Bleistiftschale seines Schreibtischs gefunden hatte, steckte sich eines in den Mund, das andere in die Tasche und lief Christa Brinkmann nach, die gerade mit dem Ruf »Notfall – OP eins!« zur Tür hereingestürzt war.

Wieso, Herrgott noch mal, hatte er sich nach Dienstschluß nicht sofort verdrückt?! Was mußte er auch noch mit der kleinen Anja rumtelefonieren?

Nun war's zu spät.

Nun vergaß der Dr. Werner Schübel den Brief, seine Sorgen und all die Dinge, die er verkehrt gemacht hatte. Erschrecken – ja, manchmal gibt es so etwas selbst nach achtjährigem chirurgischem Dienst, ein Erschrecken, das plötzlich an allem zweifeln läßt, was man gesehen, erfahren und gelernt hat, das nur einen einzigen Gedanken läßt: Himmelherrgott, auch das noch? Wie stehst du das durch?

Und dann nur noch Aktion! Die absolut notwendigsten Handgriffe der Operationshygiene, peitschende Hektik, irgend jemand, der dir in den Mantel hilft. Ein anderer, der eine Schere reicht – und die Blicke voll Zweifel und Hilflosigkeit. Und die halblauten und fast immer ziellosen Kommandos. Endlich – der Chef!

Es waren zwei Verkehrsopfer, die der Rettungswagen herangekarrt hatte: Der etwa fünfzigjährig Mann dort auf dem Tisch, nur noch blutüberströmtes, von der Blässe des nahenden Endes gezeichnetes Fleisch. Und eine junge Frau, die im anderen OP vom zweiten Team versorgt wurde. Ihr gehe es ganz passabel. Ina, die zweite Instrumentenschwester, hatte es gerade gemeldet. Nichts Schlimmes, ein paar Brüche und eine Gehirnerschütterung. Na gut, aber dieser arme Kerl hier? Was war da noch viel zu machen?

Wolter schüttelte den Kopf: »Schöne Bescherung, was? Die haben ihn mit Blutersatz vollgepumpt, wußten noch nicht mal genau, wieviel das war, und vor allem nicht, wo es geblieben ist.«

Wo es geblieben ist? Na, wo wohl?

»Akutes Abdomen. Puls kaum tastbar. Bauchdecke gespannt. Schock. Die Milz. Wahrscheinlich Beckenfrakturen, fünfte, sechste, siebte Rippe. Verdacht auf Perforation. Ganz zweifellos ein stumpfes, unteres Brustkorbtrauma rechts. Flankendämpfung rechts.«

Flankendämpfung rechts? Schübel bewegte die Finger in den Handschuhen. Und die Frakturen? Das Beste, was das noch verhieß, war ein Abriß der Bänderansätze. Aber ein Leberriß mit Öffnung in die Bauchhöhle... Na, gute Nacht! Bei dem Zustand...

»Das Herz!« Christa meldete es wieder, und die Worte tropften in den von Blaulicht und Kachelglanz strahlenden, vom gedämpften Klirren der Geräteschalen und Instrumente erfüllten Raum. Verdammt, dachte Schübel, hat erst seit drei Jahren das Staatsexamen, dazwischen noch ein Kind gemacht, und nun spricht sie so sachlich kühl, als diktiere sie fürs Protokoll.

»Blutdruck kaum meßbar...« Gut, dann bekam der arme Kerl wenigstens nicht mehr mit, was ihm geschah. Warum gab Breeken nicht auf? Da konnten sie doch unternehmen, was sie wollten: der hatte keine Chance! Doch Breeken wird nicht aufgeben, Schübel war voll Erbitterung, während er bereits nach dem Kabel des Defibrillators griff, den Schwester Ella herangeschoben hatte.

Es bedurfte keiner Worte. Ella handelte auf Kopfnicken, auf einen Blick.

Die Situation war zum Verzweifeln. Die Funktionen der Organe in dem armen verunstalteten Körper drohten zu erlöschen, der Zellstoffwechsel war gestört. Was nützte der reine Sauerstoff, den Wolter bereithielt, wenn das Herz, der Zentralmuskel, seinen Dienst verweigerte?

»Schübel! Jetzt Natriumbikarbonat, 8,4 Prozent.«

Werner Schübel nickte. Klar doch, Herr Professor!

Breeken würde ihm die Kanüle intrakardial vorschieben, direkt ins Herz unter dem Rippenbogen hindurch, er tat es bereits, dann floß Adrenalin durch die Spritze, vielleicht nahm er auch Procain – ja, »Procain«, sagte er nun, während Schübel selbst das Natriumbikarbonat durch die Vene zu geben hatte. Und finde eine Vene! Finde sie, verdammt – und schwitz nicht nur ... Da! Tatsächlich: es klappte!

Sie sahen sich über den von schweren Blutergüssen verschwollenen Körper an. Sie blickten hoch zum Monitor. Nichts. Noch immer diese schreckliche grüne oszillierende Linie, die gerdezu auf das Ende zuzustürzen schien.

Immer noch besser, als wenn das Herz ganz aussetzen würde.

»Ich versuche es mit Lidocain«, sagte Breeken.

Auch die neue schwere Medikamentendosis brachte keinen Erfolg.

»Wir defibrillieren!«

Zum Bestreichen mit Elektrodenpaste war keine Zeit. Die beiden Stellen über der Basis und unter der Spitze des Herzens wurden einfach naß gemacht, ehe Schübel die großflächigen Elektroden aufsetzte. Die Gummibänder waren befestigt. Breeken nickte Wolter zu.

Sie traten vom Tisch zurück. Sie mußten sich selbst vor dem Strom schützen, der nur für den winzigen Bruchteil von ein bis zwei Millisekunden durch den Körper des Verletzten jagte: Ein Gleichstromstoß von einigen hundert Watt!

»Aufpassen, Wolter!«

Wolter nickte.

Breeken hatte nun die Wange auf dem Brustkorb des Verletzten, ganz so, als mißtraue er der Genauigkeit der elektronischen Anzeige dort oben.

Und da – ein erstes Plipp! Und wieder …

Es gab keinen Jubelschrei, nicht einmal einen Seufzer der Erleichterung. Nur ein Nicken.

Das wenigstens war geschafft.

»Na, also!« Breeken richtete sich auf.

*

Na, also? – Es war, als habe das Herz Heinz Fischers all die Hoffnungen aufgenommen, die die Ärzte am Tisch vereinten, die Hoffnung, das Unwahrscheinliche zu bewältigen, Hoffnungen auf das eigene Können, auf die Potenz der Technik, die ihnen zur Verfügung stand, die Medikamente. Und es gab eine letzte, die wichtigste Hoffnung: daß ein Körper, daß das Leben selbst solchen Verstümmelungen gewachsen sein möge …

Und so arbeiteten sie, versuchten es wenigsten, versuchten das Unmögliche …

Irgendwann, Dr. Werner Schübel hatte längst aufgegeben, den Blick zur Uhr zu richten, irgendwann in diesem absurd anmutenden Kampf gegen den Tod überfiel ihn die Erkenntnis: Das ist nicht mehr gut, was du machst! Sicher, der arme Fischer spürt es nicht, aber das ist nicht mehr Operation, das ist Selbstbestätigung. Hier geht es nicht mehr um einen Menschen, der ohnehin nicht zu retten ist, hier geht es darum, daß einer nicht aufgeben will, weil ihm »aufgeben« längst zum Fremdwort geworden ist.

Er hatte die schlimmsten Blutungen gestillt. Neue Konserven sorgten für Nachschub. Er sah Breekens Händen zu, suchte nach einer Klammer, hörte, wie Breeken nach einer Netztamponade verlangte.

Die Milz hatten sie so gut es ging reseziert. Nun also das Leber-Trauma – ja, sicher! Schon war der Chef dabei, den rechten Leberlappen anzuheben. Das abgestorbene Gewebe sollte hier entfernt werden, doch zu einer ordentlichen Abbindung des Gallengangs war nicht mehr die Zeit.

Schübel hielt dagegen, und während er den Wundhaken einsetzte, fühlte er, wie ihm der Schweiß gleich in Bächen über den Rücken schoß.

Mein Gott, dachte er, das Herz schlägt immer noch...

Es schlug nicht.

»Exitus.«

Sie hatten es nicht einmal gehört. Doch dann blickten sie hoch, und nun vernahmen sie dieses schreckliche Summen, die konsequente Begleitung des geradlinigen Pfeils, der dort oben über den Schirm flog und das Ende aller Bemühungen anzeigte.

Breeken richtete sich auf.

Schübel sah, wie sich seine Schultern unter einem resignierenden Atemzug hochhoben und dann, dem Nachlassen der Spannung folgend, zu schrumpfen schienen, müde wurden, nach unten hingen.

Über den Toten hinweg sahen sie sich an.

Etwas Bittendes schien Schübel in den graugrünen Augen des Chefs aufzusteigen, etwas wie ein Flehen um Verstehen.

»So ist es halt.«

Schübel vermochte nur zu nicken.

»Na ja, probiert haben wir's... Sie waren sehr gut, Herr Schübel. Ich danke Ihnen...«

*

Sie waren sehr gut, Herr Schübel...

Schübel ging den Korridor hinab, halb erdrückt von jener sonderbaren Müdigkeit, die mit keiner anderen zu vergleichen war, so, als wehrten sich alle Nervenzellen gegen die Zumutung, die Reize einer dreist und unberührt weiterfunktionierenden Welt ins Gehirn zu leiten.

Lieber Gott!

Wie der arme alte Fischer noch gekämpft hat.

Warum ließen sie ihn nicht in Ruhe sterben?

Schwestern kamen ihm entgegen, grüßten. Zwei Elektriker zogen ein Kabel vom Treppenhaus, und Schübel wäre beinahe darüber gestolpert.

Das arme Schwein! War das denn wirklich notwendig?

Mehr konnte er nicht denken, und auch diese Überlegungen waren von den Nebeln der Erschöpfung begleitet, einer Erschöpfung, die gleichzeitig einen Zustand überreizter Spannung beinhaltete.

Er kannte diesen Zustand, er kannte ihn zur Genüge. Wie oft hatte er ihn schon nach einem Operationstag erlebt.

Aber heute? Das war etwas anderes...

Vater und Tochter. Ausgerechnet der nette Fischer, dem er vor einer Woche selbst noch das gebrochene Nasenbein gerichtet hatte. Nun ja, der hat's hinter sich... Und daß die Tochter dich in den Graben fährt, in den letzten, endgültigen Graben – warum soll so was nicht mal passieren?

Pech!

Auch dies nichts als Sprüche. Den Zweck, ihn aus den Erregungen der letzten zwei Stunden wieder in die Normallage zu steuern, erfüllten sie nicht. Hunger hatte er jetzt, ja, einen kaum zu kontrollierenden Appetit. Eine Tasse Kaffee wenigstens? Und den Brief wolltest du doch auch noch schreiben? Aber das hatte Zeit.

»He! Herr Schübel! – Ich hab Sie vorhin schon gesucht.«

Am Rande seines Blickfeldes tauchte das schwammige Oval eines Gesichtes auf: massives Kinn, Äderchen auf der Nase und dazu eine dicke Hornbrille, hinter der blaue Augen jovial blinzelten: Mühlmann. – Auch das noch!

»Ich hab jetzt keine Zeit.«

»Wann haben Sie die denn überhaupt, Herr Schübel? Also so geht's nicht weiter, das kann ich Ihnen sagen.

Ich hab meine Zeit auch nicht gestohlen. Und das ist jetzt schon der dritte Anlauf, den ich nehme, um mit Ihnen mal zu einem Gespräch zu kommen. Da liegt so viel an.«

»Ich weiß... meine Personalunterlagen. Sagen wir morgen? Nach dem Essen?«

Mühlmann verzog das Gesicht und ging.

Verwaltungsdirektoren können nicht anders, Schübel wußte es. Die redeten und reagierten immer und überall auf die gleiche Tour. Und das war es wohl auch: immer und überall das gleiche. Nein, es gab Unterschiede! Und die würde er sich jetzt überlegen: Wenn er sich zum Beispiel um den Posten in Berlin bewarb, dann schrumpfte er endgültig zur Nummer, während es hier immerhin Lichtblicke gab.

SIE WAREN SEHR GUT, HERR SCHÜBEL. ICH DANKE IHNEN.

Warum beeindruckt dich der Satz so? Die Antwort wurde ihm nun klar:

Dieser Haufen hier, so bescheuert er sein mochte, und so klein, so provinziell der Rahmen – Chirurgie wurde doch geboten! Er würde mit dem Alten reden. Der ist zwar nur kommissarischer Leiter, aber vielleicht konnte er Christa Brinkmann auf seine Seite bekommen? Ihr konnte er ja sagen, daß er mit dem Gehalt nicht durchkam. Zwei Kinder, die Zweitwohnung in Augsburg, Rosmaries ewiges Geheul am Telefon... Wie war das auch zu schaffen?

Seine Finger trommelten einen nervösen Marschrhythmus auf die Stahlfläche der Aufzugstür. Die Gedanken verschlangen sich, die Ebenen der Überlegungen wechselten, und immer wieder wurde alles überdeckt von dem Bild, das ihn nicht losließ: die letzte Operation. Breekens Hände. Die Nuschel-Kommandos. Sein scharfer, dann sein verzweifelter Blick...

Endlich – der Aufzug! Heraus trat schlaksig, mager, in seinem unmöglichen, viel zu langen Mantel, Mischa.

»Wie ging's denn, Herr Doktor?«

»Frag mich nicht, Mischa.«

»Ist der Fischer...?«

»Er ist tot.«

»Und das Mädchen?«

»Keine Ahnung. War anscheinend nicht so schlimm.«

Mischa starrte ihn nur an. Er schwieg.

Schübel war froh, als sich die Tür vor dem betroffenen Gesicht schloß und er allein in der Kabine stand.

Nach Hause? Jetzt? In diesem Zustand...

Er nahm den Finger von der Taste »E« und drückte »TG«, das Kommando, das den Lift in das Tiefgeschoß steuerte.

Dreizehn Uhr war es nun. Mittagszeit. Aber das Labor war rund um die Uhr besetzt...

*

Sie saß am Arbeitstisch, den Kopf über das Mikroskop gebeugt.

Ein Wasserhahn tropfte. Durch den schmalen Lichtschacht fielen fünf goldene Sonnenflecke auf den Linoleumboden und ließen seine goldbraune Maserung aufglühen. Doch die Neonleuchten brannten hier den ganzen Tag.

Schübel kannte Anja nur vier Monate, eine Beziehung, die er in jenem Schwebezustand zu halten versuchte, der ihm ein Minimum an Risiko bei einem Maximum an Möglichkeiten versprach. Dies war nicht immer einfach, doch darin hatte er Routine.

Nun war das Unglaubliche geschehen: Zum ersten Mal war Werner Schübel froh, daß es sie gab, die Anja!

Ja, Anjas Anblick rührte ihn nicht nur, er erfüllte ihn mit sanfter Freude, er löste alles, was ihn belastet hatte.

Sie war ja so vertieft, die Kleine. Und sah so süß aus.

Auf den Gummisohlen seiner Tennisschuhe brauchte sich Schübel nicht viel Mühe zu geben, leise zu gehen. Nun stand er bereits hinter ihr, ohne daß sie ihn bemerkte. Er legte beide Arme um ihre Schultern, ließ die Hände über den Arbeitskittel gleiten und fühlte unter dieser warmen Glätte ihre festen Brüste. Und dann zog er die ganze Anja an sich.

Ihr Kopf schnellte zurück.

»Sag mal, du hast wohl nicht mehr alle! Wenn uns jemand sieht?«

»Uns sieht aber niemand.«

»Trotzdem... Das geht doch nicht.«

»Und ob es geht.« Er beugte sich weit nach vorn und versuchte sie zu küssen.

»Werner! Laß mich.«

»Diesmal nicht. Gelegentlich braucht man so was.«

»Du? Du brauchst das doch immer! Das ist es ja...«

»Manchmal mehr und manchmal weniger.« Er massierte sanft ihre Knospen: »Jetzt gerade mehr, fürchte ich.«

Da blickte sie hoch. Sie hatte blattförmige, fast hellgrüne Augen. Sie waren das erste, was ihm an Anja aufgefallen war: Die Form, die Transparenz und die beiden exakten runden Halbbögen, die ihre Brauen zogen. Doch jetzt waren die Augen schmal, und was darin blitzte, schien tatsächlich Zorn zu sein.

Er aber lächelte diesem Zorn besänftigend entgegen: »Weißt du, manchmal ist einem wirklich nach ein bißchen Liebe. Wie einem kleinen Jungen. Kannst du das verstehen?«

»Du, ein kleiner Junge? Hat noch gefehlt. Was redest du für einen Blödsinn?«

»Frag ich mich auch. Und noch was frage ich mich: Was ist das eigentlich für ein Quatsch, das Leben?«

Doch die Anwandlung von Bitterkeit war schnell vorüber, als sie sich erhob. Sie war wirklich süß anzusehen, so, wie sie den Gürtel ihres Mantels zuzerrte. Diese Taille, diese Hüften! Ein Bonbon war sie.

»Bist schon ein Bonbon!«

»Wenn – dann gewesen. Und jetzt raus! Jeden Moment kann die Hildegard hier reinkommen. Oder der Chef.«

»Der ist beim Futtern. So wie die anderen Chefs auch.«

»Ach du, mit deinen Sprüchen.«

Auch das konnte ihn nicht erschüttern. Er wollte ihr über das Haar streichen, doch sie schüttelte seine Hand mit einer heftigen, trotzigen Bewegung ab.

»Ich hab's dir doch gesagt: Das ist vorbei! Ich hab genug.«

»Ach nein?« Noch immer befand sich Schübel in einem Zustand fast heiterer Distanz zu den Dingen, die ihm begegneten. Noch immer lächelte er.

»Was ist denn vorbei? Und wovon hast du genug?«

»Daß du mit jeder Patientin rumflirtest. Jawohl, die Erika hat's auch gesagt. Und die anderen Schwestern. Sie wissen alle, daß du hier auf jede ein Auge hast. In Zukunft werde ich mit dir vorsichtig sein, das sag ich dir.«

»Auf jede ein Auge? Wie macht man das denn?«

Ja, lächeln – ihren Zorn weglächeln, sie spüren!

»Wußtest du das nicht: Freundlichkeit gehört zur Therapie!«

Als er sie jetzt an sich ziehen wollte, wehrte sie sich nicht. Doch ihr Körper war verspannt und ihr Mund bitter.

»Komm, sei doch kein Schaf, Anjalein.«

»Anjalein! Wenn ich das schon höre... Da laufen noch ganz andere Gerüchte rum.«

»Wirklich? Zum Beispiel?«

»Zum Beispiel, daß du verheiratet bist.«

Schübel behielt seine amüsierte Gelassenheit, es bereitete ihm nicht die geringste Schwierigkeit. Auch die Antwort kam leicht. Schließlich hatte er die Frage schon längst erwartet.

»War, Anja! Ich bin geschieden. – Hab ich's dir nicht erzählt?«

»Du? Wann redest denn du je von dir?«

»Vielleicht – vielleicht weil ich so bescheiden bin? Könnte es das nicht sein?«

Sein angewinkelter Zeigefinger hob ihr Kinn hoch. »Nun guck mich mal an. Soll ich dir den wahren Grund sagen? Es ist ganz einfach: So verrückt wie auf dich war ich noch auf keine Frau!«

»Ein echter Schübel-Grund.«

»An den du wohl nicht glaubst? Ich kann's dir beweisen. Vielleicht nicht hier, da hast du recht, aber was hältst du von heute abend? Was ist, sehn wir uns?«

»O nein! Außerdem – mein Verlobter kommt.«

»Sag ihm ab. Sag, du hast Nachtdienst. Sag, du mußt Überstunden machen.« Dann fiel ihm noch etwas ein: »Sag, den Ärzten hier sterben die Patienten weg. Und deshalb brauchen sie Trost. – Sag irgendwas.«

»Den Teufel werd ich tun! Wenn er kommt, läuft nichts mehr. Das heißt ...«

Ihr Gesichtsausdruck änderte sich. Er verfiel in diesen kindlichen Ernst, den Werner Schübel anfangs so entzükkend fand, bis er ihm auf die Nerven zu gehen begann.

»Ich würd schon was sagen. Ja, wenn's offiziell wäre zwischen mir und dir.«

»Was soll denn das heißen? Offiziell?«

»Wenn's richtig klar ist, und zwar ganz offen. Dann sag ich ihm sofort, woran er ist. Aber du, das ist es doch, du willst immer alles hintenrum, heimlich. Wie soll ich denn da Vertrauen haben?«

»O Gott! Vertrauen ... Ist das die Sprache der Liebe? Wer liebt, der hat Vertrauen.«

Jetzt konnte er lachen, wirklich herzlich lachen.

»So einfach ist das, Anjalein«, lachte Doktor Werner Schübel, »so einfach!«

*

Er saß am Klavier, als sie an diesem Abend nach Hause kam. Das Fenster im ersten Stock war geöffnet. Die Töne schienen mit dem Abendnebel zusammenzufließen.

Christa blieb stehen.

Es war ein Rondo – langsam, getragen, unsicher, nein, schlecht gespielt.

Früher hätte sie darüber gelächelt. Doch wie so oft in letzter Zeit wurde Christa Brinkmann bewußt, daß es auch zu einem Lächeln Stärke bedarf, zumindest Bereitschaft – und beides war ihr abhanden gekommen.

In der Halle brannte Licht. Manchmal nahm Laura Michaelis den Kleinen mit in die Küche, und das war dann mit Geräuschen verbunden, mit Geplärr, Geschrei, Lachen oder Juchzen. Diesmal regte sich nichts.

Bis auf die Töne dort oben, bis auf das nachdenkliche, zögernde Spiel schien das Haus ausgestorben.

Langsam, bei jedem Schritt nicht nur ihre Erschöpfung, nein, der ganzen Last dieses Tages, vor allem der beiden schrecklichen Stunden bewußt, in denen sie im OP-I um Fischers Leben gekämpft hatten, stieg sie nach oben.

Auf der Empore blieb sie stehen.

Durch die geöffnete Tür konnte sie Klaus sehen, vornübergebeugt, den Kopf zurückgelegt, im Gesicht einen halb schläfrigen, nach innen gekehrten Ausdruck.

Sie stellte ihre kleine Koffertasche auf die Kommode. Vielleicht geschah das härter, als sie es beabsichtigt hatte, vielleicht auch klang es wie Protest – seine Arme sanken herab, und er wandte den Kopf. Ein Lächeln aus halb bittenden, halb enttäuschten Augen, die sie kaum wahrzunehmen schienen. Zusammengekniffene Brauen. Ein nachdenklicher Mund.

»Armer Mozart! Den nehm ich ganz schön her, findest du nicht, Christa?«

»Vielleicht.«

»Was ist?«

Ja, was war? – »Ich bin müde.« Es klang matt, nein, schäbig, dachte sie. Müde war sie nicht. Warum sagte sie nicht, was sie beschäftigte? Warum verschwieg sie, wie sie heute Fischers Tod auf Raten miterlebte? Wo war das Verständnis von früher? Stundenlange Gespräche, in denen sie alles nochmals durchgingen, Zug um Zug eine Therapie oder einen Eingriff besprachen, diskutierten. – Und jetzt? Nichts als nachsichtiges, stilles Sich-anlächeln … Wie sie es kannte!

»Hast du Hunger? Ich glaube, Laura hat irgendeinen Geflügelauflauf im Rohr.«

»Nein.«

»Nein, was?«

»Ich weiß auch nicht«, sagte sie hilflos. »Ich nehme jetzt

erst mal eine Dusche. Und vielleicht wird mir unter dem Wasser klar, ob ich Hunger habe.«

»Na gut, wie du willst.«

Gut, wie du willst! ... Im Badezimmer gab sich Christa nicht mehr die Mühe, die Gefühle unter ihre Kontrolle zu zwingen. Sie schmetterte die Türe zu. Und dann riß sie sich die Kleider vom Körper, schlüpfte, ohne die Temperatur des Wassers zu prüfen, unter die Dusche, schauerte erschrocken unter dem kalten peitschenden Strahl zusammen, rührte sich aber nicht von der Stelle, so als könnten die Wasserschnüre, die auf ihre Haut prallten, alle Sorgen wegspülen.

Und das Wasser tat gut. Zumindest half es, daß sie wieder denken konnte. Und nun dachte sie rasch und klar und war sich zur selben Zeit bewußt, daß es immer die gleichen Fragen waren, die auf sie einstürmten.

Was war mit ihm? Was war mit Klaus, Himmelherrgott?!

Kann man sein Verhalten, diesen höflichen Abstand zu jedem und allem, wirklich noch mit den psychischen Auswirkungen seines Infarkts erklären? Belog sie sich damit nicht selbst?

Die dramatischen Änderungen sind es nie, dachte sie. – Sie trocknete sich jetzt ab und betrachtete ihr Gesicht im Spiegel. Es sind die kleinen Dinge: Ein Schweigen, wo man eine Antwort verlangen kann. Oder umgekehrt, eine Frage, die man spürt und die doch nicht gestellt wird. Man geht nebeneinander her, in dieselbe Richtung, und weiß nicht einmal mehr warum.

Die Feuchtigkeit stand in winzigen Perlen auf ihrer Haut. Das Haar hing naß herunter, und die Augen wirkten so hilflos, daß es weh tat. War das noch sie selbst? Was war nur geschehen?

»Weißt du: Plötzlich ist er dir völlig fremd. So was passiert einfach. Und so was passiert wohl überall. Du kannst nichts mit ihm anfangen. Es ist, als wäre ein Mensch um dich, mit dem du gar nichts zu tun hast, ja, den du noch nie gekannt hast ...«

Ihre Mutter hatte das gesagt. Christa erinnerte sich mit einer bedrängenden, quälenden Genauigkeit. Kurz nach ihrem neunzehnten Geburtstag war es gewesen. Abitur und der Auszug aus der düsteren Wohnung der Eltern lagen hinter ihr, und als sie noch einmal zurückkam, um zu packen, was sie in dem Zimmer im siebzehnten Stock des Schwesternheims in Münster so brauchte, waren ihr die schweren Möbel, die hohen Wände mit den verschossenen Gardinen noch drückender als zuvor erschienen. Selbst der Geruch ihres Zimmers schien ihr fremd, fremd und nah zugleich – eine verwelkte Haut, die man sich unter Schmerzen abzustreifen versucht.

Auch ihr Vater war weggezogen. Sein »Hallo, Kleines!«, das Lächeln in den tiefliegenden, warmen Augen fehlten ihr. Er hatte einen neuen Job angenommen. »Drei Wochen macht er das«, sagte ihre Mutter, »dann schmeißt er den Krempel hin. Aber jetzt läuft er als Vertreter in der Gegend rum und hält sich für weiß Gott was.«

Sie saßen bei einer Flasche Wein im Erker des Wohnzimmers. Der Tag war grau und lang. Ihre Mutter machte das Licht nicht an. Als Christa die Hand nach dem Schalter streckte, schüttelte sie nur den Kopf und sagte: »Laß das. Mir gefällt es so.«

Und redete weiter. Es war das erste und einzige Mal, daß ihre Mutter den Versuch gemacht hatte zu erklären, warum ihr Leben und ihre Ehe ein einziges Scheitern war.

Und Christa hatte sie dafür gehaßt, für diese Sätze, vor allem für die leise, wehleidige Stimme, die nichts heraufbeschwor als die ganze Banalität der Vergeblichkeit.

»Im Grunde war keiner schuld, Christa. Und keiner hat's gewollt. Vielleicht haben wir uns nicht genügend gekannt. Vielleicht hatte er zu viele Träume und war der Wirklichkeit nicht gewachsen. Es war halt so schwer, zu schwer vielleicht... Er wollte mich ja lieben. Das bestreite ich gar nicht. Und nach dir war er verrückt vom ersten Augenblick an, als du auf die Welt kamst. Aber er hatte so viele Flausen in seinem Hirn. Seine gottverdammten großspurigen Vorstellungen! Ein Haus hatte er sich eingebildet. Später einen Garten, in dem er das Gemüse für uns pflanzen wollte. Nächtelang hat er Pläne gezeichnet. Und als er merkte, daß man vom Plänemachen nicht leben kann, da fing er an zu saufen und hing in den Kneipen rum. Na ja, nun – du siehst ja – nun hilft bei mir auch langsam der Wein. Das ist es, Christa: Flausen im Kopf, all die Dinge, die man sich vorstellt... Man hält sich immer für besser, als man ist. Das ist es... Und dann kommt der Alltag, und daran brichst du dir die Zähne aus. Und am Ende – tja – hast du einen fremden Menschen...«

Sie hatte ihren Vater in Schutz genommen. Daß Zerstörung das Resultat eines blinden Abnutzungsmechanismus sein sollte, das konnte, wollte sie nicht glauben. Einer hat die Schuld. Immer! Ihr Vater – das war der unverstandene, sensible Held ihrer Jugend, der Mann, der unter allen Verletzungen noch lächeln konnte. Und daß seine Träume nicht zur Wirklichkeit aufblühten, war es ihm vorzuwerfen? – O nein!

So hatte sie ihn gesehen und die Frau abgelehnt, die mit ihrer ewigen schlechten Laune, ihrem Hohn, ihren genau gezielten bösartigen Bemerkungen jedes Projekt wie einen Luftballon abschoß.

Doch nun war sie soweit, ihre Mutter zu verstehen. Und sie erschrak davor. Denn auch sie sah, wie die Gefühle in der Monotonie des Alltags ihre Farben verloren, wie das Leben vorüberfloß, wie sie sich selbst, wenn auch unmerklich, verändert hatte, wie die Hoffnung die dunkle Farbe der Trauer anzunehmen drohte.

Benni war zu ihrem einzigen realen Beziehungspunkt geworden. Doch selbst der Kleine, sein Lachen, seine rosige, hilflose Wirklichkeit, hatten sie noch Platz in ihrem Leben?

Sie hob ihn hoch, sie wollte zärtlich zu ihm sein und ertappte sich, wie sie beim Spiel schon auf die Uhr schielte.

Ein neuer Termin. Wieder jemand, der sie hetzte. Und

dann kam auch schon Claudia oder die Michaelis und nahm ihr Benni ab.

Oder Klaus? Sie saß ihm beim Essen gegenüber, wartete auf eine seiner nächsten Bemerkungen, auf seine hinter mildem Lächeln versteckte Bitterkeit, um sie dann mit den ewig gleichbleibenden Leerformeln zu entschärfen.

Und so waren ihr beide entrückt. Klaus, dachte sie wieder: Er hat sich verschanzt. Er verkriecht sich hinter seinen Mauern und hat alle Brücken hochgezogen.

Du siehst nicht mehr durch, dachte sie. Und das Schlimmste: Es gibt keine Hoffnung, daß sich etwas ändern wird.

*

»Klaus!«

Christa fuhr aus ihren Kissen hoch.

»Klaus!« Sie wuße nicht, hatte sie es geschrien, gemurmelt oder nur gedacht.

Die Fenster waren zwei Vierecke im Dunkeln, erfüllt von dem flimmernden bläulichen Licht einer anderen Welt. Schwarz und drohend, wie die Kontur eines Galgens, zeichnete sich die Stehlampe davor ab.

In Christas Bewußtsein war die letzte Sequenz ihres Traums. Sie träumte zuviel in der letzten Zeit, Alpträume, in denen schreckliche Dinge passierten: Flugzeuge öffneten sich wie von Geisterhand, und sie stürzte ab, tief, tief, tief... sie sah Benni auf einer Mauer stehen, dann, wie sich das Kind lächelnd umdrehte, das Gleichgewicht verlor...

Sie richtete sich auf. Die Leuchtziffern der Uhr zeigten kurz nach Mitternacht. Ihre Hand tastete über das Leinentuch: »Klaus?«

Das Bett neben ihr war leer.

Was bedeutete es schon? Daß er nachts aufstand, um sich drüben in seinem Arbeitszimmer in den Liegestuhl zu setzen und irgendwas zu lesen, war in letzter Zeit so etwas wie eine Gewohnheit geworden. Er schlief viel am Tag. Er wird auch jetzt wieder ein Buch genommen haben.

Draußen knisterte der Wind in der alten Buche. Irgendwo klappte ein loser Laden, und in die erneut einsetzende Stille drang ein leises, hohes, flehendes Geräusch. Es war Molli.

Christa stand auf. Sie warf sich den Bademantel um und öffnete die Tür. An den Wänden leuchteten die rosa Wandschirme der Flurlampen. Molli kam auf sie zu, den Schwanz traurig zwischen die Beine gekniffen, die runden Augen flehend auf Christa gerichtet.

Als Christa die Augen des Hundes sah, bekam sie Angst. Klaus! dachte sie und sprach den Namen aus. Ein Rückfall? schoß es ihr durch den Kopf. Den ganzen Tag kramte er herum, was wußte sie noch von ihm? Was wußte sie, was er tat? Holz hacken. Gartensträucher rausreißen. Bäume pflanzen. Waldläufe sogar – all diesen gottverdammten Unsinn, der ihm verboten worden war und den er »meine persönliche Antwort an Römer« nannte.

Sie ging schneller. Sie lief dorthin, wo sich der Korridor verbreiterte und die Tür zu seinem Arbeitszimmer war. Sie war in Panik. Sie riß die Tür auf.

Neben dem großen Diwan in der Ecke lagen Manuskriptseiten auf dem Boden. Auf dem Schreibtisch stapelten sich Bücherberge. Eine heillose Unordnung herrschte hier.

Das Zimmer war leer.

Sie ging hinüber ins Bad. Auch hier brannte Licht. Vielleicht war er unten in der Hallle? Dann hätte er sie doch gehört?

Du lieber Gott! Laß ihm nichts passiert sein! Das kannst du doch nicht zulassen! Das doch nicht...

Doch Gott war nicht die richtige Adresse, das Gefühl hämmernder Furcht konnte er nicht nehmen und nicht das Erwachen von Reue und Selbstvorwürfen, dieses: Im Grunde bist du schuld! Warum hast du ihn nicht ernst genommen? Warum hast du nicht ein einziges Mal vernünftig mit ihm gesprochen?

In ihrer Panik tastete sie nach allen Lichtschaltern, die sie erreichen konnte: Hallenbeleuchtung. Außenbeleuchtung. Die Treppe.

Und dann hielt sich Christa am Geländer fest. Molli starrte sie an. Christa mußte alle ihre Sinne zusammennehmen, um einen klaren Gedanken zu fassen. Sie hastete die Treppe hinab.

Als sie unten angekommen war, hörte sie Molli leise fiepen.

Der Hund wedelte mit dem Schwanz, als wollte er sagen: Ja, kapierst du denn nicht? Was tust du da unten?

Es war lächerlich, wie sie sich benahm. Christa wurde es klar, als sie wieder hochrannte. Nun mal ruhig. Was wollte Molli?

Der Hund setzte sich auf seinen kurzen krummen Beinen in Bewegung, flitzte an Klaus' Arbeitszimmer vorbei hinüber zur Rücktreppe, die zum Speicher führte. Hier blieb er stehen.

Christa drückte die Klinke. Unverschlossen.

Sollte sich Klaus tatsächlich auf den Speicher verkrochen haben?

Auf der Treppe lag Staub. Die einzelnen Stufen waren mit Kartons verstellt, in denen seit jeher irgendwelcher Kram lagerte, den niemand brauchte.

Dort oben? – Ja, es brannte Licht: Ein heller, warmer Schimmer auf den Rauhputzwänden und dem zersprungenen Holz eines alten Schrankes.

Langsam und vorsichtig stieg sie hoch. Molli fiepte zum Gotterbarmen, die Pfoten mit den Krallen scharrten hilflos, zu steil die Stufen, sie fanden keinen Halt. Molli hatte Angst.

»Komm! – Komm, Kleines, sei vernünftig!«

Christa bückte sich, zog den Hund am Genick, und so erreichten sie gemeinsam den Speicherraum. Vom Firstbalken baumelte eine nackte Glühbirne. Die Kammertür dort drüben war verschlossen.

Christa blieb stehen.

»Klaus?« Sie kämpfte die Angst nieder und drückte die Klinke. Sie brachte keinen Ton heraus. Selbst Molli erstarrte vor diesem Anblick.

Kein Klaus mit Kollaps, kein neuer Infarkt, kein Zusammenbruch – ein Mann in einem weiß-blau gestreiften Bademantel, gemütlich hingelagert auf einem großen Bettgestell, dessen Messingrohre die Jahre mit Grünspan überzogen hatten. Und anscheinend ein rundherum zufriedener Mann! Die Beine hatte er gekreuzt, das Haar stand wirr vom Kopf, doch das Lächeln war das glückliche Lächeln eines Jungen, der endlich Zeit für sich und seine Lieblingsbeschäftigung gefunden hat.

Dazu dieser Blick! Nicht einen Funken Überraschung, geschweige denn schlechten Gewissens darin.

»Könntest du mir vilelleicht verraten, was du hier treibst?«

Brinkmann legte das Bündel Papier, das er in der Hand hielt, auf die alte gehäkelte blaurosa Decke, die die Bettmatratze umhüllte.

»Und du? Was tust du denn hier mitten in der Nacht?«

»Ich? Was soll ich schon tun? Ich suche meinen Mann… Ich hab mir schon das Schlimmste vorgestellt. Und jetzt bin ich dabei, meinen Schrecken zu verdauen.«

»Siehst du«, sagte er.

»Was soll ich sehn?«

»Das ist es! Das ist genau auch mein Problem. Und wahrscheinlich das der meisten Menschen: Wir stellen uns immer viel zuviel vor.«

»O Klaus!«

Sie setzte sich neben ihn und nahm seine Hand, wie betäubt von Hilflosigkeit und Erleichterung, einer so ausschließlichen und alles umfassenden Erleichterung, die sie als Glückswoge von den Fußspitzen bis zum Nacken durchlief.

Der Traum! Jetzt erinnerte sie sich: Durch den Wald war sie gerannt. Klaus auf dem Arm. Einen sterbenden Klaus, der wie eine schmelzende Wachskerze immer kleiner wurde.

Und was macht der Kerl? dachte sie erbittert: Sitzt auf dem Speicher, kramt in alten Papieren und sehnt sich nach den Sünden seiner Vergangenheit. – »Was hast du denn da für Zeug?«

Verlegenheit breitete sich über sein Gesicht: »Oh, nichts Besonderes. Alte Bücher. Kolleghefte. Aufzeichnungen. Du weißt doch, wie das ist: Man schleppt diese Sachen von Haus zu Haus und wundert sich, wieso man eigentlich nicht den Mut findet, sie endlich in den Ofen zu schmeißen.«

Sie griff nach einem schmalen Bändchen. Der Einband war eingedrückt und verschrammt. Eine alte Insel-Ausgabe von Hesses *Steppenwolf*.

Sie schlug den Buchdeckel auf und erblickte auf dem Vorsatzblatt prompt eine Widmung.

Sie konnte nur die Unterschrift entziffern: »Barbara«.

»Wer ist denn Barbara?«

Er zeigte ihr zwei leere Hände: »Das sind so Fragen. Ein nettes Mädchen, soweit ich mich erinnere. Was ist schon nett? Gebildet muß man wohl dazu sagen. Sensibel. Schließlich, wer schenkt sonst den Steppenwolf, nicht wahr? Etwas Blondes, das schöne Aquarelle gezeichnet hat. Etwas Blondes aus meiner Göttinger Zeit mit viel Anlage zur Melancholie. Ein Hauch von Frau. Eine Poetin.«

»Aha – ein Hauch von Frau!«

Noch immer sein Lächeln. Sein Blick ruhte nun auf ihren bloßen Knien und den Schenkeln, die der hochgerutschte Saum ihres Nachthemdes freigab.

»Du meditierst also über alte Liebesaffären? Mitten in der Nacht?«

»Ist das schlimm?«

»Vielleicht. Aber wieso? Konntest du nicht schlafen? Oder hast du jetzt deine romantische Phase?«

Lächeln, Worte, Fragen, die keine Antwort wollten, Konversation unter einer nackten Glühbirne auf einem wackligen alten Bett.

»Einen Liebesbrief habe ich auch gefunden. – Hier!«

»Von Barbara.«

»Nein, Stefanie hieß sie. Die war schon gemütlicher, so

ein richtig rundes, gesundes Mädchen aus dem Elsaß. Damals wollte ich dort hinfahren. Bloß, ich hatte kein Geld. Die war schon sehr rührend, die Stefanie. Weißt du, was die da geschrieben hat? Sie würde das Geld von ihrem Postsparkonto abheben und es mir telegraphisch schicken. Ich müßte ihr aber schwören, daß ich wirklich am Samstag käme. Und Sauerbraten wollte sie mir auch machen.«

»So, Sauerbraten?«

Sie lächelte nicht mehr.

Seine Hand legte sich auf ihr Knie, die andere umschloß ihre Schulter. Sie begrüßte die Berührung wie etwas, das ihr gehörte und so selbstverständlich geworden war, daß der Verlust nichts hinterließ als Betäubung und Leere. Nun war es wieder da. Und der vertraute Ton: Wir zwei! Du und dich.

»Oh, mein Kleines!«

Sie lehnte sich gegen ihn.

»Mach das Licht aus«, verlangte er. »Oder schieß die Lampe ab. Ich ertrag nicht so viel Helligkeit.«

Seine Hand streichelte ihren Nacken.

Sie wollte sich dieser Hand überlassen. Es gelang nicht. Ganz plötzlich richtete sie sich auf. Warum sie es sagte, warum Angst und Hemmung sie plötzlich überwältigten, ob es ein blinder Reflex oder die Spiegelung all der vergangenen Ängste um ihn war, sie wußte es nicht.

»Bitte, Klaus...«

»Was bitte...«

»Bitte, nein. Nicht... Du kannst doch nicht... das geht nicht...«

»Nein? – Hast du was gegen den Dachboden? Ist doch romantisch.«

»Aber Klaus. Später, wenn du wieder völlig auf dem Damm...«

Sie wußte selbst nicht, was später sein würde. Wenn du auf dem Damm bist? Wenn es dir wieder gutgeht? Wenn dein Herz hergestellt und deine Beziehung klar und ehrlich ist, so wie früher, ja dann...

War es wirklich das, was sie sagen wollte? Und würde es jemals wieder wie früher sein?

Er hatte sich erhoben. Er zog den Bademantel eng um sich, als bringe er eine Rüstung in Ordnung. Und blickte auf sie herab, die Augen dunkel voll verständnislosem Schmerz.

Sie brachte keinen Ton heraus.

Er dreht sich um und zog die Tür hinter sich zu. Sie horchte seinen Schritten auf der Treppe nach. Dann war es still. Nur der Hund drückte seinen Kopf gegen ihre Knie.

*

Udo fuhr den Wagen unter den Apfelbaum, dicht an den Stamm, so, als suche er die Nähe eines alten, zuverlässigen Freundes. Viel Schatten gab die Baumkrone nicht, zu zart die Blätter noch, zu jung, aber dieses Grün – einfach hinreißend.

Sie stiegen aus. Ein Uhr. Mittag ... Eine Stille, als würde sich diese uralte Welt, die Jahr für Jahr ihr Kleid wechselte, nun auf sich selbst besinnen. Noch hatte der Auftritt der Libellen nicht stattgefunden, aber Udo konnte die vielen winzigen Ringe beobachten, die die Wasserflöhe in die öliggraue Oberfläche des Weihers stanzten, spürte Sonne auf der Haut, sah Sperlinge, vier, fünf, dann oben bei den Nußbäumen einen ganzen Schwarm und weiter drüben über dem Wald zwei einsame Habichte.

Er griff nach dem Lederfutteral, das er auf den Rücksitz geworfen hatte.

»Was soll denn das?«

»Was, Claudia? – Na, angeln.«

»Angelzeug? Ja, spinnst du denn? Hier gibt's kaum Fische. Erst gestern hat mir das der alte Niefer gesagt.«

Niefer war ihr Nachbar. Er wohnte in einem kleinen Haus, etwas abgesetzt von ihrem. Niefer half, wo er konnte. Ob es um Salatpflänzchen, Geranien oder irgendwelche wundersame Techniken der Holunderkonservierung ging, um Schneckengefahr, Beschneidung der Buchsbaumhekken, Feldmäuse oder einfach nur um Claudia, stets war Niefer mit seinen Ratschlägen zur Stelle. In die Rentnereinsamkeit des alten Mannes hatte sie Aufgaben, Freude, Leben gebracht, und seitdem wich er nicht von ihrer Seite. Kein Schatten, nein äußerst vital, mit Ansprüchen, unerbetenen Ratschlägen und Parolen sie bedrängend.

Manchmal machte Claudia schwache Versuche, sich gegen Niefers ewiges Das-macht-man-nicht-so und Jetzt-hören-Sie-mal-zu, In-Ihrem-Alter-sollten-Sie-eigentlich-schon-wissen... zur Wehr zu setzen. Es half nichts. Das einzige, was ihr übrigblieb, war, Niefer zu akzeptieren. Resigniert sprach sie von ihrem »Hausfreund«. Und hatte, verdammt noch mal, auch noch recht damit.

Udo sah sie an.

An diesem Tag, bei diesem Licht mußte man es einfach. Daß sich selbst Fünfundsiebzigjährige in ihrer Gegenwart wie junge Männer aufführten, war es ein Wunder?

»Du, ich geh ins Wasser.«

»Kommt überhaupt nicht in Frage. Das verbiete ich.«

»Du verbietest mir gar nichts!«

Mit der unglaublichen Fingerfertigkeit, die ihn immer wieder erstaunte, hatte sie bereits die Bluse geöffnet. Nun waren die Hände mit dem Reißverschluß der Hose beschäftigt, und sie begann sich mit den drehenden, komischen, kindlichen und doch aufregenden Bewegungen aller Frauen dieses Kleidungsstücks zu entledigen.

Molli kläffte am Hang.

Claudia! dachte er. Und der Himmel und die Wolken, die darin nach Süden zogen! Und der Weiher mit dem winzigen Glucksen seiner Wellen. Und wieder Molli, die nun um sich selbst wirbelnd in einer langen Serie verrückter Pirouetten zu ihnen heruntertobte.

Ach, Claudia, sein Mädchen. Ihr schimmernder Körper. Das kleine Höschendreieck, die langen Schenkel, das Haar, das sie hochgebunden hatte und aus dem das Licht Kränze wob.

Es war Udo, als sei ihm alles und in einem einzigen Augenblick geschenkt.

»Wickel dich wenigstens in die Decke. Schließlich: ich bin dein Arzt!«

»Ja, von wegen!«

»Dann dein Chef.«

»Auch noch. – Ja, was denn sonst?«

Sie lachte: »Laß mich los!«

Doch seine Hände waren zu sehr beschäftigt, sie führten ihr eigenes Leben, bekamen nicht genug von dem Spiel mit der warmen, sonnendurchtränkten Haut.

»Ich wüßte etwas viel Besseres.«

Er sagte, nein, flüsterte es, ein Hauch von Verführung in der Stimme, der ihn amüsierte, irgendwo aus dem Unterbewußtsein heraufgeholt, aus den kleinen, so schrecklich aufregenden und doch so unbedeutenden Abenteuern, die für ihn mit dieser winzigen Ecke Welt verbunden waren: mit dem See, dem grauen Holzgeviert des Bootshauses, den silbergrauen Holzwänden und dem sanften Teergeruch.

»Ach nein! Du wüßtest ...?«

Eine Sekunde war er unaufmerksam, und schon gab sie ihm einen Stoß gegen die Brust und rannte, von einer hysterisch kläffenden Molli verfolgt, dem Wasser entgegen.

Noch einmal holte er sie ein, noch einmal bekam er ihre Hand zu fassen. Sie riß sich energisch los.

»Claudia! Also ehrlich: das ist Blödsinn! Der Weiher ist viel zu kalt. Vielleicht ...«

»Vielleicht was?«

»Vielleicht bist du schwanger!«

Sie war bereits auf den Stufen des Stegs. Er schrie es ihr aus tiefem, inbrünstigem Ernst hinterher. Mit Grund, dachte er grimmig. Hatte sie nicht seit Wochen die Pille abgesetzt? Und gab's deshalb nicht ständig Krach und Diskussion über die Alternativen zwischen Freiheit, Inseln im blauen Meer und Windelwickeln und Nachtwachen? Hatten sie das alles nicht schon mit Benni durchgetestet?

»Und wenn!« schrie sie genauso laut zurück.

Ehe Udo irgendeine Chance bekam einzugreifen, federte Claudia in einem flachen Sprung ins Wasser, kam prustend hoch, schlug weiße Schaumsignale und schrie ihm, von einer keuchenden, planschenden Molli umkreist, unverständliche Worte zu.

Es gibt eine Hilflosigkeit, die mit zufriedener Dankbarkeit verschwistert ist: Ein solches Mädchen, ein solcher Mensch, eine solche Frau! Mann, so ein Glück! War gerade noch mal gutgegangen mit dir ... Hast du's verdient? Wieso eigentlich nicht? Ein bißchen Massel darf schließlich jeder haben ...

Udo kauerte sich auf dem Steg nieder, zog seine Schuhe aus, schlang die Arme um die Knie und schloß die Augen.

Irgendwo – so weit, unendlich weit weg – war Plätschern und ab und zu das fröhliche Geblaffe des Hundes.

Laß die beiden! dachte er.

Selten hatte er sich so wohl, so sicher gefühlt.

Wie die kleinen Wolken, die dort oben durch den Himmel zogen und ihre dunklen Schattenflecke auf das Land warfen, so flossen die Gedanken über den Horizont der Jahre: Katharina ... die kleine Angie ... und zuvor die anderen: Eine Girlande von Namen, die sich nun in der Rückschau zu dem verklärten, was man so »Affären« nennt. Ja, die ganze, sonderbare Verwirrung dieser Jahre.

Und die, die nicht mehr sind: Seine Mutter ... Elena Bach ... Käte. – Käte vor allem. Sie hatte Claudia immer so sehr gemocht.

Ja, Käti! dachte er. Liebste Käti ... Du schaust zu und paßt auf, daß alles seine Ordnung hat.

Claudia kam herangeschwommen, mit langen, zügigen Kraulschlägen. Sie hielt sich am Steg fest und rief irgend etwas. Als er mit der Hand einen Trichter am Ohr formte, wiederholte sie es: »Jawohl«, trompetete Claudia, »ich will ein Kind!«

Er lief zu ihr. Sie versuchte nach seinen Füßen zu angeln, um ihn ins Wasser zu ziehen. Beinahe hätte sie das auch noch geschafft.

Aber schließlich saß sie ganz friedlich neben ihm, das Haar zu schwarznassen Strähnen verklebt, die sich um ihre Schultern schlangen.

Er brachte ihr ein Handtuch und hüllte sie ein.

»Was hast du vorhin gesagt?«

»Oh, nichts. Wenn du's nicht verstanden hast... Schließlich hab ich gebrüllt.«

Er schwieg.

»Freust du dich nicht?«

»Hör mal, das ist so einfach hingesagt. Oder gebrüllt. Freuen? Mit sich freuen ist da nichts getan. In der Praxis...«

»Praxis? Jetzt fang bloß nicht wieder mit deiner beschissenen Praxis an! Welt-, Fisch- und Waldsterben. Aufrüstung. Raketen. Krieg der Sterne. Der ganze Quatsch, was geht mich das an? Ich bin eine Frau. Frauen können, dürfen nicht so denken. Für Frauen hat die Welt sich weiterzudrehen!«

»Ehrlich? Hab ich damit angefangen?«

»Und damit du gleich noch was weißt: Als erstes Kind möchte ich einen Sohn.«

»Aha? Mal was ganz Neues. Wieso denn als erstes? Soll das etwa heißen, du willst zwei?«

»Drei.«

»Na klar doch, drei! Nicht kleckern, klotzen. Wenn schon, dann richtig.«

Ihre Augen wurden ganz schmal und ihr Mund ernst. »Du, da gibt's nun echt nichts zu witzeln. Ich mein das wirklich.«

Er sah sie an. Er versuchte es sich vorzustellen: Claudia mit drei, vier, sechs – so viel Kindern, daß der ganze Steg hier zusammenbrechen würde, morsch wie er sowieso schon war.

»Und darf ich mich erkundigen, wie das dann aussieht? Schiebe ich dann nur noch Nachtschicht?«

»Aha! Wir sind wieder bei der Praxis? Also: In der Praxis bedeutet das, daß man später über um so mehr Enkelkinder verfügt«, erklärte sie unerschütterlich.

Der Mund blieb ihm offen.

»In dreißig Jahren«, fuhr sie fort, »sitzen wir dann hier mit – sagen wir achtzehn Enkelkindern.«

»Doch ein neuer Steg?«

»Und wenn dann jedes dieser Kinder auch noch mindestens drei Kinder kriegt und die Zukunft hält, und zwar nicht das, was sie verspricht – sondern sie hält wirklich durch...« Sie verhedderte sich, lachte strahlend, griff in ihr Haar und wrang es aus, so daß die Tropfen auf ihrem Bauch einen kleinen Bach bildeten.

»Was dann?«

»Dann? Dann können wir überall anbauen. Dann brauchen wir die Schwarzwaldklinik für uns alle als Wohn- und Haupthaus. Die Nebengebäude mit eingeschlossen. – Sag bloß, du hast was dagegen?«

Er grinste. »Nein. Wirklich nicht. Wie auch? Ganz im Gegenteil...«

Molli kam angetappt. Sie triefte.

Udo sah auf die Uhr: »Ich glaube, wir müssen langsam einpacken.«

»Dein Vater?«

»Ja.«

»Wie lange will er denn in San Franzisko bleiben?«

Er rieb ihr die Haare trocken. »Keine Ahnung. Das Ganze ist ohnehin Wahnsinn. Der arme Römer ist zutiefst beleidigt. Jedenfalls will er so lange bleiben, bis er uns mit allen Stempeln und Siegeln der American Medical Association nachweisen kann, daß er fit, nein – so topfit ist, wie all die jungen und unbedarften Sprinter hier. Und dann, dann geht's natürlich rund.«

»Ach, du sagst das so leichthin. Mir macht er Kummer.«

»Dir? Da bist du nicht allein. Also, komm! Vielleicht legt er nicht allzuviel Wert darauf, sich von mir zu verabschieden. Aber wenn ich ihm die Molli nicht anschleppe, ist er wirklich echt beleidigt.«

*

Es wurde Ernst.

Widerstrebend hatte sich Klaus Brinkmann aus der Geborgenheit des Taxis gelöst, bezahlt – nun stand er in einem Irrwitz aus Hinweis- und Richtungsschildern, Lautsprecherstimmen, Menschenrudeln, Uniformen, endlosen Hallen, Rolltreppen, Förderbändern und fühlte sich verloren.

Verloren wie selten, jawohl!

Kaum zu glauben, was die im Frankfurter Flughafen alles hingestellt hatten. Nicht nur Koffer, auch Passagiere wurden automatisch weiterbefördert. Was brauchte da einer noch nach Amerika zu fliegen?

Ziemlich angeschlagen und doch irgendwie erfüllt vom distanzierten, heiteren Staunen eines Kindes, so schob der Professor Klaus Brinkmann aus Offingen im Schwarzwald den Gepäckkarren mit seinen beiden Koffern zur Abflughalle. Irgendwann bekam das analytische Denken des Chirurgen wieder die Oberhand: Wo geht's denn hier nach San Franzisko, Himmelherrgott?

»Der Lufthansa-Flug nach San Franzisko?« kümmerte sich ein nettes, weibliches Uniformwesen um ihn. »Ja, Herr Professor! Da sind Sie hier schon richtig. Nur, der ist noch nicht aufgerufen. Ein bißchen früh, was? Aber macht nichts. Das Gepäck können wir bereits abfertigen. Ist das alles hier?«

Es war alles. Seine Koffer kamen ihm plötzlich schmächtig vor. Köfferchen …

Das selbstsichere, routinierte Strahlen der jungen Dame in der blauen Uniform ging ihm leicht auf den Nerv.

Vielleicht bist du tatsächlich Provinzler geworden? dachte er erschrocken. Oder als Provinzler geboren? Hat dir deine Vielfliegerzeit damals, als du Woche um Woche zwischen Paris und Basel oder Zürich gependelt bist (von den Transatlantik-Routen ganz abgesehen, denn auch sie hatte es gegeben, zweimal New York, einmal Los Angeles), hat dies alles keinerlei Prägung hinterlassen? Wieso nur kommst du dir so blöd vor?

»So, hier wären wir, Herr Professor! Darf ich Ihnen die Gepäckscheine reichen? Insoweit sind wir nun klar.«

Insoweit?

Insoweit war überhaupt nichts klar!

Doch die Koffer war er los. Was ihm blieb, wog schwerer: ein schmales rechteckiges Behältnis. Ein Dokumentenköfferchen, so sagt man wohl? Und Dokumente waren drin: die Dokumente seines Zusammenbruchs, seiner Niederlage! Fein säuberlich dargestellt in Tabellenkurven, Protokollen, Diagnosen, Laborwerten, von Römer vor der Abfahrt noch mit einem entsagungsvollen Lächeln übergeben. »Na, dann mach's mal gut!«

Er würde es versuchen.

Diese schwerwiegende Papierfracht in der Hand, steuerte Brinkmann die nächste Bar an.

Vier Hocker gab's und auf dem ersten einen dicken Mann mit Strohhut und einem aus der Hose hängenden, wild bedruckten fuchsienroten Hemd.

»Einen Cognac!« sagte Brinkmann. »Vielleicht einen Asbach? Und wenn's geht...« Einen Doppelten, wollte er sagen, doch er biß sich erschrocken auf die Unterlippe.

Zehn Stunden Flug standen ihm bevor. Sollte er sich schon vor dem Start besaufen?

»Also Cognac kann ich nicht mehr sehen!« verkündete der Fuchsienrote. »Nicht mal mehr hören kann ich das. Und riechen schon gar nicht.

Der Cognac kam. Klaus Brinkmann griff mit Entschlossenheit danach.

»Prost, Nachbar!« vernahm er.

Der Mann war ein Riese. Ein Riese mit einem Gesicht, das Brinkmann an ein frischverbranntes Schweinskotelett erinnerte. Auf der eingedrückten Nase schälte sich die Haut. Der Sonnenbrand auf seiner Stirn war nicht zu sehen. Ein Stohhut hielt ihn bedeckt. »Mallorca« stand in grüner Schrift darauf. Auch die Blümchen, die den Namen der Insel zierten, waren grün.

»Prost!« – Brinkmann fixierte die Hautfetzen, die sich von

dieser eingedrückten Nase lösten. »Ein bißchen vorsichtig wäre ich ja schon damit«, sagte er.

»Ich? Ich und vorsichtig? Is nich meine Kiste. Ne, bin ich nich dafür. Wieso?«

»Na ja, zweiten Grades ist das ja schon beinahe.«

»Was?«

»Sonnenbrand. Verbrennungen...«

»Oh? – Na und?« Eine mächtige Hand umklammerte Brinkmanns Schulter und rüttelte ihn, so daß er beinahe vom Stuhl kippte: »Jetzt sag ich dir mal was, Kumpel? Solange ich mir noch den Kolben verbrennen lassen kann, geht's mir doch gut, findest du nicht? Allerdings, wenn das mal nicht mehr drin ist, wenn ich nicht nach Mallorca kann – soll ich dir sagen, was dann passiert?«

Er kam nicht mehr dazu.

Brinkmann war geflohen.

Gott sei Dank, auch in der Abflughalle gab es einen Tresen, und in Gedanken an das halbleere Glas von zuvor bestellte er sich gleich einen neuen Cognac, um seinen Entschluß zu besiegeln, alle Aufmerksamkeit nun der Zukunft zuzuwenden.

Vergiß endlich Offingen! dachte Brinkmann und musterte von der Höhe des Barhockers die Köpfe seiner Mitpassagiere. Vergiß, daß du einen ungehaltenen Sohn und ein ziemlich verstörtes Team zurückläßt. Vergiß selbst Christas leidendes Gesicht. Alle Menschen unterliegen einem Verwandlungsprozeß. Leben ist Verwandlung – Verwandlung und Neubeginn!

Andere waren hier versammelt: Mitgefährten, Mitpassagiere, Mitmenschen. In weichen Lederbänken saßen sie, Langeweile, Müdigkeit, Nervosität oder das Bewußtsein ihrer Bedeutung in den Gesichtern. Was waren schon seine EKG-Kurven gegen die Unterlagen, in denen die beiden Hornbrillenträger dort drüben herumblätterten? Da wurde nicht nur über das Schicksal eines einzelnen, sondern über das Wohl und Gedeihen ganzer Firmen entschieden.

Am Ende des Platzes, unter tiefen, schweren Gewitterwolken, startete eine Maschine. Der Anblick von so viel Kraft tat Brinkmann gut. Wie sie jetzt Geschwindigkeit zulegte, wie die silberne Röhre über die Startbahn schoß, das Licht zu zerteilen schien, bis sie im plötzlichen, ihm stets unbegreiflichen Schwung der Jets nach oben pfeilte.

Es war begeisternd!

Aufbruch, dachte er, Start! Und vielleicht war diese Euphorie daran schuld: Brinkmann machte eine unbeherrschte Armbewegung, streifte dabei einen Gegenstand, irgend etwas fiel und lag zu seinen Füßen.

Was nun in Brinkmanns Blickfeld geriet, war eine Tasche: Solides, naturbelassenes starkes Kalbsleder. Sie hatte sich geöffnet und ihren Inhalt verstreut.

Da lagen ein Kamm, ein Taschenbuch, ein Schlüsselbund und daneben – tatsächlich – eine Art Minifernglas.

Schuldbewußt rutschte Brinkmann vom Hocker.

Er kauerte sich nieder, um die Bescherung einzusammeln, und als er nun den Blick wieder nach oben richtete, begegnete er zwei aufmerksamen grünbraunen Augen, in denen ein amüsiertes Lächeln blitzte. Sehr eindrucksvolle Augen, fand er. Das ganze Gesicht war es: Eine hohe, von dunklem Haar umrahmte Stirn, die Nase gerade, ein breitgeschnittener Frauenmund, der Anerkennung und amüsiertes Mitleid ausdrückte.

»Sieht mir ähnlich«, schnaufte Brinkmann.

»Wirklich?«

»So bin ich halt. In öffentlichen Lokalen oder auf Flughäfen schmeiße ich immer mit fremden Damentaschen um mich. – Wirklich!«

»So sehen Sie aber gar nicht aus«, lächelte sie.

»Sie kennen mich noch nicht.«

Brinkmann stellte die Tasche sorgsam neben ein halbausgetrunkenes Glas Tee, wollte irgend etwas sagen, doch die Menschen standen nun überall auf, denn an der Stirnseite hatte sich eine Tür geöffnet. Während sie bezahlte, nickte sie ihm noch einmal zu.

Brinkmann sah ihr nach, wie sie durch den Raum ging,

die Tasche geschultert wie ein Soldat seinen Proviantbeutel, sehr groß, das Kreuz durchgedrückt, olivgrüner Gabardine am schlanken Körper, weitgeschnittene Hose und diese Art von schicken Cowboystiefeletten mit den kleinen zuverlässig breiten Absätzen.

Tolles Mädchen!

Brinkmann fragte sich, woran es wohl lag, daß er schon wieder einen fürchterlichen Drang nach Cognac verspürte.

Ja: Was ist eigentlich mit dir geschehen? Zuvor noch hat dir diese Ansammlung wartender, schicksalsergebener Menschen Beklemmung eingeflößt, nun sind es deine Freunde.

Alle waren sie seine Freunde. Der Barmann mit dem gleichgültig verdrossenen Gesicht. Die Passagiere, die Polizisten, die Beamten, die Lufthansamädchen, die die Bordkarten einsammelten, die Piloten dort hinter den Glasscheiben, die sich lachend auf die Schulter klopften und weitergingen – alle. Trossen los! dachte Klaus Brinkmann: Amerika – ich komme!

*

Der Wind kam von vorne: Ein eisiger Wind, der über Dächer, Fernsehantennen und Fabriken heranfauchte und Beate das Kleid gegen den Körper drückte.

»Vierundfünfzig Stufen«, sagte eine Stimme, »was sind das schon?«

Sie begann zu klettern. Ihre Hände wurden kalt, so schrecklich kalt von den Eisenrohren.

Nun fing der Kran dort oben an, sich wieder zu drehen. Der Motor summte, und der gewaltige Ausleger kreiste langsam und knarrend wie ein riesiger schwarzer Schatten über sie hinweg.

»Heinz!« rief Beate und fragte sich: Warum sieht er mich nicht? Warum hört er nicht auf zu arbeiten? Und sagte sich: Er kann mich ja gar nicht sehen ...

Sie kletterte weiter.

Ihr linker Fuß rutschte aus. Sie hielt sich fest. Das Gerüst, das in die eisige Kälte hinaufführte, fing an zu zittern.

Ich kann nicht... Meine Füße rutschen... meine Hände erfrieren... Warum sieht er mich nicht?! Er würde sich freuen, wenn du es schaffen würdest, ja – aber wie sollst du...? Der Wind...

Du wirst fallen! Deine Hand hält dich nicht mehr fest, dein Körper wird so schwer – du wirst fallen! Sie dachte es, und das Wort »fallen« breitete sich in ihr aus wie eine riesige schreckliche giftige Blume, die sich öffnete.

Fallen – fallen – fallen...

Und sie fiel. Fiel noch immer. Es hörte nicht auf, sie wollte schreien, auch das gelang nicht, bis endlich eine Stimme in das Entsetzen eindrang und es löste.

»Gleich, gleich, Fräulein Fischer... Ist ja gleich vorüber. Hören Sie mich denn, Fräulein Fischer?«

Die Hand, die sie hielt, gehörte einer Krankenschwester. Sie fühlte einen feinen Stich. Doch der Körper, der ihn registrierte, hatte nichts mit ihr zu tun. Es war der Körper einer anderen...

»So? – Geht's besser?«

Geht's besser.

Sie lauschte der Frage nach.

Sie öffnete die Augen und blickte in das Gesicht einer jungen Frau: Blaue freundliche Augen, blondes Haar, ein weißer Kragen und ein Mund, der sich öffnete und schloß.

Was er sagte, verstand sie nicht. Es war wohl auch nicht wichtig. Ein Rascheln von Bettlaken... Eine helle Wand und davor dieses Gesicht: Ein Schwesterngesicht. Es war von der Lampe angestrahlt, so daß die Haare um die Stirn aufleuchteten wie eine goldene Lichtwolke. Ein Gesicht wie aus einem Bilderbuch, dachte sie.

»Tut's weh? Schmerzen?«

Sie schüttelte nur den Kopf.

»Das haben wir auch bald... Ist ja nur das Schlüsselbein... Das wird schon... Doch schreien dürfen Sie nicht,

Fräulein Fischer... Sich nicht aufregen... Ich weiß ja, jetzt wird die Spritze gleich wieder wirken.«

Natürlich wird die Spritze wirken. Spritzen wirken immer. Dazu sind sie da. So wie die Schwester, mit ihren freundlichen Sprüchen. Sie schloß die Augen.

»Ich kann nicht.«

»Was können Sie nicht?«

»Heinz...«, sagte sie.

»Heinz?«

»Mein Vater...«

»Jetzt müssen Sie schlafen. Beate. – Wirklich.«

Sie sah wieder hoch: auf den weißen Kragen, den Mund, der sich öffnete und schloß.

»Was ist mit Heinz?« fragte sie. »Wo ist er?«

Noch verstand sie nicht, noch war nichts in ihr als diese Frage...

Es war etwas passiert.

Etwas Furchtbares!

Sie lag im Krankenhaus. Und ihr Kopf war verbunden. Schmerzen? Ja, Schmerzen... Sie ließen sich ertragen.

Aber wo war er? Warum ist er nicht bei mir? Er muß doch! Er saß doch neben mir...?

Die Erkenntnis kam ohne Übergang. Und ohne ihr die Möglichkeit zu geben, sich gegen sie zu wappnen.

»Wo ist er?«

Sie preßte die Worte aus sich heraus. Ihre Stimme vibrierte.

Und dann schrie sie: »Was habt ihr mit ihm gemacht? Ich will es wissen! Was habt ihr mit ihm gemacht? Nun sagt's mir doch!«

Das Gesicht lächelte nicht mehr. »Später. Jetzt ruhig sein, ganz ruhig...«

Später?

Beate versuchte zu denken.

Wir sind gefahren... Er. – Ich... ich bin gefahren. Er saß neben mir...

Gefahren? – Der neue Wagen. Die Straße durch den

Wald. Die Kurve ... Die Erinnerung entzog sich ihr. Müdigkeit stieg in ihr auf, ergriff Besitz von ihren Beinen, dem Rücken, der Brust.

Sie wollte sich dagegen wehren. Sie vermochte die Worte nicht mehr aneinanderzusetzen. Nur ein einziges hatte sich festgehakt: Wir fahren ...

Ihre Müdigkeit löschte die Angst.

*

Elke Sawitzky beobachtete erleichtert die Veränderung im Ausdruck der jungen Patientin. Sie sah, wie aus Protest und Aufruhr die tranceartige Maske des Schlafes wurde.

An der Tür des kleinen Raumes stand Christa Brinkmann und wartete.

Zu den Pflegeregeln gehörte es, an der Umgebung eines psychisch gefährdeten Patienten so wenig wie möglich zu verändern. Die wesentlichsten Veränderungen aber waren Menschen. Ihre Stimme, ihre Fragen, ihre Zuwendung – es mußte das gleiche bleiben.

»Hast du gesehen?« Elke flüsterte: »So war das schon einmal. Sie hat um sich geschlagen. Sie hat geschrien.«

»Ja. Das glaub ich. Im Unterbewußtsein weiß sie sicher, was geschehen ist. Sie will es verdrängen. Sie wehrt sich dagegen.«

»Aber wenn sie nun wieder in einen solchen Zustand gerät, was meinst du, Christa, soll ich dann mit den Schlaftabletten weitermachen?«

Christa nahm ihre Hand und zog sie aus dem Zimmer. Sie überlegte. »Man müßte mit ihr reden. Sie tut mir so leid. Gib ihr in Zukunft Dalmadorm, das ist nicht so stark. Ich glaube, wir sollten auf Tranquilizer umsteigen. Aber irgendwann muß sie es erfahren. Die Medikamente helfen da nicht weiter. Wir können sie ja nicht in einen ewigen Dämmerzustand schicken, oder?«

»Vielleicht wär's das beste. Da kann's einem schon schlecht werden, wenn man denkt, was so alles passiert.«

Christa betrachtete das schmale Gesicht unter dem weißen Verband.

Die Kopfverletzung heilte rasch ab. Sie hatten Beate Fischer durchgeröntgt. Die Erinnerungslücke nach dem Unfall deutete auf eine Gehirnerschütterung, doch der Notarzt hatte darauf bestanden: »Sie war die ganze Zeit bei Bewußtsein.« Und auch die Diagnostik bestätigte seine Aussage. Ein psychischer Schock also? Beates Bewußtsein verdrängte, was es erlebt hatte. Der seelische Anprall der Ereignisse erwies sich stärker als die physische Gewalt. Und ihre Psyche kannte nur eine Waffe dagegen: Vergessen!

Heute aber hatte sie zum ersten Mal gefragt: Wo ist er? Was ist mit meinem Vater?

»Ich habe sie einmal hier gesehen, als sie ihren Vater besuchte. Die mochten sich vielleicht. So was findest du selten. Aber der Fischer war auch ein so netter Kerl, nicht? Und was war er stolz auf Beate. Und nun das ...«

»Das ist erst der Anfang, Elke. Da kommt noch was auf uns zu.«

Elke blickte fragend. Christa blieb die Antwort schuldig. Alles war noch im Bereich der Spekulation. Sie mußten abwarten.

»Was macht dein Harry?« fragte sie, um das Thema zu beenden.

»Der? Der fliegt irgendwo in Portugal herum. Ein neuer Film. Mensch, was hab ich mich darüber gefreut, hier mit ihm ein bißchen Ruhe zu finden. Aber nein – ohne Film geht's ja nicht! Du kennst ihn doch, der ist schlimmer als ein Sack Flöhe. Zum Teufel mit Harry!«

Elke lächelte und blickte auf ihre Armbanduhr: »Wenn wir schon dabei sind – und deiner? Wann startet die Maschine?«

»Deiner«, das Wort tat Christa wohl. So lächerlich es ihr schien.

»Ich glaube«, sagte sie, »der ist schon in der Luft.«

*

Er war nicht in der Luft.

In der sanft erleuchteten Aluminiumröhre des Jumbos warteten die Sesselreihen noch auf ihre Benutzer. Brinkmann lauschte leiser, suggestiv-sanfter Musik und achtete gleichzeitig auf das Klopfen seines Pulses. Er überlegte, was nun besser wäre, Valium oder ein zweiter Cognac, und gelangte endlich an seinen Platz.

Nur: da saß schon einer. Schräge Augen lächelten ihm aus einem sanften teefarbenen Gesicht entgegen. Die Sprache war wohllautend, doch fremd.

Ein Japaner.

»I believe, Sir, you are occupying my seat!« Brinkmann stocherte in seinem weltmännischen Englisch herum.

Dem Herrn schien es egal. Er strahlte weiter. – Und blieb sitzen.

Brinkmann drehte sich hilfesuchend um. Da war noch jemand: Olivgrüner Gabardine über geschwungenen Hüften. Untadelige Bügelfalten an langen Beinen. Eine Kalbsledertasche. Dunkle Augen, dunkle Haare, ein leuchtender Mund ...

»Oh, hallo!«

Brinkmann verbeugte sich stumm.

»Na, da sind Sie ja wieder!«

Was sagt man darauf? Verbeugungen wirkten in einem Jumbo überdies fehl am Platz. Ja: Da war er wieder! Und sie waren zusammen. Zufälle gab's! Zusammen – und einen Japaner in der Mitte ...

Das Klicken der Anschnallgurte verstummte. Die große Maschine begann ihre schaukelnde Taxifahrt zum Startplatz. Nun wurde es leise in dem riesigen Fahrgastraum des Jumbos.

Brinkmann lehnte sich zurück.

Wie oft hatte er sich in den letzten Tagen genau diese Situation ausgemalt. Und stets mit Sorgen. Herrgott noch mal: In wenigen Minuten auf beinahe zehntausend Meter Höhe hochgeschossen zu werden wie eine Rakete! Gut, auch wenn in diesen Flugzeugen der Druckausgleich zur

Überwindung der Höhe automatisch geregelt wird, wer garantiert dir, daß sie dies richtig machen? Und hatte man in letzter Zeit nicht davon gehört, daß die Luftfahrtgesellschaften aus Spargründen den Sauerstoffverbrauch reduzieren? Wie würde, wie mußte es auf den sensiblen Steuerungsmechanismus eines angeknacksten Herzens wirken, wenn man wie ein Champagnerpfropf in den Himmel schoß, von mächtigen Motoren an den Rand der Stratosphäre gerissen wurde?

Das dachte Brinkmann. Und hatte Angst. Und schloß die Augen, als der Andruck der startenden Maschine ihn in den Sitz preßte. Und betete. Und dachte, als die gefürchteten Extrasystolen ausblieben: Himmel, Arsch und Zwirn! Wie führst du dich bloß auf? Bist du früher nicht jede Woche hin- und hergedüst? Jede Woche!

Die Maschine stieg. Sie stieg mit dem summenden, zuverlässigen, triumphierenden Fauchen ihrer Turbinen.

Ein letztes Rumpeln, das Fahrwerk war eingezogen. Die Schräglage in der Kurve: Frankfurt läßt grüßen! Und feuchte Hände...

Die Reisehöhe sei nun erreicht, meldete eine freundliche Stimme aus dem Lautsprecher. Der Herr neben ihm – wie fleißig diese Japse doch sind – hantierte bereits an seinem Plastikkoffer, schaukelte ihn auf den Knien, lächelte nach links, lächelte nach rechts, öffnete den Deckel weit und gab Brinkmann den Blick auf Korrespondenzen, Tabellen, Karteikarten und geheimnisvolle graphische Kurven frei.

Imponierend!

Das »Bitte anschnallen«-Zeichen war erloschen. Nun auch das »No smoking«.

Mit der wehmütigen Erbitterung des Ex-Rauchers registrierte Brinkmann: Die Dame rechts von ihm rauchte.

Auch der Japaner hatte es mit Mißbilligung festgestellt. Eine Idee schien von ihm Besitz zu nehmen.

»Me!« Ein heftiges Deuten auf sich selbst, ein flehender Blick nach nebenan.

Und da begriff Brinkmann: Platzwechsel!

Mit genußvollem Grinsen begann er, während er seinen Sitz räumte, zu erklären: »Er ist der Ansicht, es wäre so besser und wir könnten uns auch ein wenig verständigen.«

»So? Und das haben Sie tatsächlich verstanden? Sprechen Sie auch Japanisch?«

»Ich bin nun einmal ein Mensch mit Intuitionen«, behauptete Klaus Brinkmann und dachte: Verdammt hübsche Augen, alles was recht ist! Und ein verdammt selbstbewußtes Lächeln. Die langen dunklen Wimpern zitterten ein wenig. Ziemlich blaß um die Nase war sie. »Sie doch auch! Raten Sie mal, was ich jetzt gerne hätte.«

»Einen Cognac!«

Das kam so prompt, daß er lachte. »Sie mögen ihn also auch ganz gern, nicht wahr? War es der erste Start?«

»Um Himmels willen! Seh ich so aus? Schon mal was von Flugangst gehört? Ich habe nicht nur Flugangst, ich habe eine richtige Flugneurose. Es gibt da einen klugen Satz: Erst in der Beschäftigung mit Neurosen erkennt man, was normal ist.«

»Stimmt. Stammt von Freud.« Er winkte der Stewardeß, die gerade vorbeiging, und bestellte zwei Asbach: »Doppelte, bitte!«

Dann wandte er sich ihr zu: »Wie ist das? Sind Sie Psychologin?«

»Aber nein. Wenn schon, dann beschäftige ich mich mit dem Seelenleben von Pflanzen und Tieren. Ich bin Landwirtin. Ich arbeite an der Hochschule.«

Brinkmann nickte und lehnte sich zufrieden zurück. Alles schien ihm mehr und mehr eine Art Wunder – ein Wunder von der untergeordneten, gebräuchlichen Sorte, die man noch verdauen konnte. Da flog er über den Atlantik, Amerika entgegen, zusammen mit einem netten Japaner, der obwohl er nichts sprach als Japanisch, ihn neben eine nette Dame komplimentiert hatte, die aus dem Stegreif Sigmund Freud zu zitieren imstande war.

Wunder war vielleicht doch zuviel? – Aber wie sollte man es sonst nennen...?

*

Bisweilen, wenn die beruhigende Wirkung der Medikamente den Sieg über ihre gereizten Nerven davontrug, erlosch Beates Entsetzen wie hinter einer grauen Wolkenwand. Es waren die Augenblicke, in denen sie sich der Hoffnung hingeben konnte: Alles ist nur ein Traum, ein Alptraum, der sich ständig wiederholt! Doch dann, mit der schrecklichen, klärenden Gewalt einer Explosion, standen die Bilder wieder auf. Dann sah sie ihren Vater aus dem Portal der Klinik kommen, der blaue Blazer hing schräg über seinen Schultern, sie sah, wie er den Kopf in den Nacken legte, sah den hellen Fleck des Pflasters auf der Nase, die leuchtenden Zähne und in seinen Augen all die Freude darüber, daß sie ihn abgeholt hatte.

»Ein Cabrio! Mensch, ein Cabrio! – Auf geht's! Du, wir zwei.«

Ja: Wir zwei!

Es war immer so gewesen, solange sich Beate erinnern konnte: dieses glückliche, jeden Widerstand hinwegfegende »Wir zwei!« Er hatte geholfen, die Schwierigkeiten ihres jungen Lebens zu überwinden. Ihre Krankheiten. – Jahrelang hatte sie an einer eitrigen Mittelohrentzündung gelitten – die kleinen Katastrophen ihrer Kindheit und die ganz große, als die Ehe ihrer Eltern in die Brüche ging.

Damals hatte er Tante Elsi ins Haus genommen, eine schweigsame bäuerliche Frau aus dem Hunsrück. Beate hatte nie gefragt, warum es denn mit Mama schiefgegangen war. Später erfuhr sie: Ein anderer Mann steckte dahinter, der Steueranwalt, bei dem ihre Mutter manchmal als Sekretärin aushalf. Doch ihr Vater brachte es fertig, daß sie nicht darunter litt, obwohl ihn sein Dienst bei der Bundesbahn tagelang von zu Hause fernhielt und Beate niemanden hatte als die Tante und ihre Bücher. Wenn er nach Hause kam, war alles vergessen, er verkörperte die unbekümmerte Kraft, die wie ein Generator ihr Leben speiste.

Als Beate die Schule verlassen wollte, hatte ihr Vater sie

in ein Internat gebracht: »Tut mir leid, Kleines! Das mußt du schon durchstehen. Und diesmal allein.«

Sie hatte es nicht durchgestanden. Sie war zurückgekommen, um dann in Abendkursen das Abitur nachzuholen. Und nicht, weil er Druck oder Krach gemacht hätte, nein, weil sein ewig vertrauendes Lächeln es von ihr erwartet hatte.

Ein positiver Mensch, sagt man wohl. Und die Freundinnen, die sie insgeheim beneideten, spotteten: »Was ist los? Bist du eigentlich mit ihm verheiratet?«

Nichts war los. Es war der normalste und der schönste Zustand der Welt. Die Schwierigkeiten begannen, als sich Beate für Jungens interessierte. Und Andreas Oberhofer, damals ihre große Liebe, sprach es als erster aus: »Wenn du ihn hast, was brauchst du eigentlich noch mich?«

Dies stimmte sogar bis zu einem gewissen Grad. Sie konnte Andreas verstehen, obwohl sie schrecklich unglücklich war. Doch eines hatte Andreas nicht begriffen: Ihr Vater hatte nie Besitzansprüche angemeldet! Aber da war das andere, und das beunruhigte sie, war vielleicht die Grundlinie einer gewissen Melancholie, die sie nie verließ – die Frage, nein, die Angst: Wer würde sich schon um mich kümmern, wenn es nicht ihn geben würde? IHN, ihren Vater...

Dabei konnte er so herrlich komisch sein. Und er verstand sie so gut. Mit ihm machte alles so viel Spaß.

»Na, los schon, Beatchen! – Bloß weg von hier! Gib Gas...«

Bis hierhin reichten Beates Gedanken, bis zu diesem schrecklichen: Gib Gas! Von diesem Punkt an war das Band der Erinnerung wie abgeschnitten.

Ja, sie hatte Gas gegeben. Und dieses letzte Bild hielt sie noch fest: Die gerade Straße, kühle Waldluft, goldgrüne Dämmerung. Am Ende die Kurve... Sie war nicht schnell gefahren, o nein, durchaus nicht.

Alles war wie immer gewesen. Sein Lachen, seine Stimme, das von Schatten und Licht gemaserte Aspaltband.

Rechts, da gab es ein Warnzeichen. Auch dies bewahrte ihr Gedächtnis. Doch dann...

Was, um Himmels willen, war passiert?

Warum sagte es ihr niemand? Warum lächelten sie sie nur an?

*

Beate drehte den Kopf. Da stand ihr alter Reisewecker. Dort lag auch das Nachthemd, doch es gehörte ihr nicht. Dieser rote Streifen am Ausschnitt? Es war ein Krankenhaushemd.

Krankenhaus? Du bist in der Klinik...

Beate war aufgestanden. Sie spürte die Kühle der Fliesen an ihren Sohlen und wußte noch immer nicht recht, was sie eigentlich tat.

Was war geschehen?

Sie nahm ihren Morgenmantel, schlüpfte hinein und band den Gürtel zu. Sie ging zur Tür. Draußen auf dem Gang kam ihr eine alte Frau entgegen. Beate wollte an ihr vorbei, doch die Frau hob die Hand und lächelte. Schrecklich sah das aus: der Mund ein dunkles Loch. Ein Lächeln ohne Zähne. Und diese grauen wirren Haare...

Sie müssen es mir sagen, das konnte sie denken. Nicht mehr. Nur dieses eine: Irgend jemand muß es mir endlich sagen!

An der Wand stand eine Rollbahre. Sie hielt sich daran fest. Die Schwäche kam wieder – und der Schmerz in ihrer Schulter. Ein Schmerz wie ein Anruf. Beate achtete nicht darauf.

Wo ist er?!... Was mach ich ohne ihn? Kapiert denn niemand: Ich kann doch ohne ihn nicht leben! Ich bin doch viel zu jung, um ohne ihn zu leben...

Von irgendwo kam eine Stimme.

Beate blieb stehen. Im weißgestrichenen Rahmen einer Tür stand eine Frau in Schwesterntracht. Sie hielt einen Notizblock in der einen und ein Glas in der anderen Hand.

Durch die Tür sah man in einen kleinen Raum. Tabletts standen dort, und es gab auch eine Spüle.

Die Schwester kam auf sie zu.

»Was machen Sie denn hier, Beate, um Gottes willen?«

Vielleicht war es dieser Satz, vielleicht der hilflosohnmächtige Zorn gegen etwas, das sie nicht benennen und nicht verstehen konnte – ihr Arm hob sich, in einer wilden Bewegung schlug sie zu. Das Glas fiel zu Boden. Es zersplitterte nicht. Es rollte über Linoleum und blieb in einer kleinen hellen Lache liegen.

»Aber Beate!«

Sie kannte die Frau. Blaue Augen, blonde Wimpern, gesunde Gesichtsfarbe. Auch die Haare blond. Aber die hatte sie unter ihrer Haube versteckt: die Schwester, die immer zu ihr ins Zimmer kam.

Elke Sawitzky bückte sich, um das Glas aufzuheben. Was nun? dachte sie. Himmel, was sag ich ihr? Als sie sich erhob, sah sie Christa den Gang entlangkommen. Selten war sie so erleichtert. »Frau Doktor, haben Sie einen Augenblick Zeit?«

Christa erfaßte die Situation mit einem Blick und machte sich Sorgen. Seit die Patientin eingeliefert worden war, schien sie sich in einem psychischen Ausnahmezustand zu befinden. Auch die bläulichen Lippen, die blassen Nasenflügel, dieser Augenausdruck hatten nichts mit der Verletzung zu tun.

Sie nickte Elke zu, schob Beate einen Stuhl heran und setzte sie sachte darauf. Auch am Hals war die Haut kalt und feucht. Und wie in einem Reflex zog Beate Fischer die Arme zurück.

»Reden Sie ... da sind Sie ja ... jetzt können Sie doch was sagen.«

Die Worte waren kaum zu verstehen, das Murmeln eines Menschen, dessen Wille gegen die Wirkung der Beruhigungsmittel ringt, schläfrig, fast ohne Konsonanten. Doch dieser Wille war stärker als alles andere.

»Fräulein Fischer«, Christa sprach so sanft und vorsichtig,

wie es ihr möglich war, »sehen Sie, ich verstehe Ihre Sorgen. Aber die Verletzungen Ihres Vaters waren wirklich zu schwer. Und das Ärzteteam hat ja alles versucht.«

»Schwer … hat … Sie waren schwer? Heißt das …?«

»Beate, Sie wissen, Sie müssen jetzt ins Bett. Sie vertragen wirklich keine Aufregung. Wir werden uns später über alles unterhalten.«

»Später? Nein … es gibt kein Später …«

»Beate, bitte?«

»Lebt er oder ist er tot?«

Christa schwieg.

Und dann, in dieses lange, schlimme Schweigen drang Beates Stimme, glasklar und erschreckend präzise: »Er ist tot, nicht wahr? – Ich weiß: Er ist tot!«

»Hören Sie …«

»Ich … ich hab ihn umgebracht.«

Beate Fischer machte den hilflosen Versuch aufzustehen, doch ihre Beine gaben nach. Und ehe Christa oder Elke zugreifen konnten, sank sie neben dem Stuhl zusammen.

Christa fühlte den Puls. Elke griff zum Telefon: »Doktor Wolter, bitte!« Und der kam auch schon angerannt, während Christa sich noch über das Mädchen beugte. Ich hab's ja kommen sehen, dachte sie zornig. Und du hast dich blöd benommen! Wieso hast du es nicht fertiggebracht, dieses Gespräch auf später zu verschieben? Irgend etwas hätte dir doch einfallen können …

Sie fühlte die kühle, schweißfeuchte Stirn. Sie blickte hoch.

»Bloß ins Bett mir ihr!« hörte sie Wolter.

Sie hoben sie vom Boden auf. Elke wollte die Bahre heranschieben, doch der dicke Wolter schüttelte nur den Kopf: »Das schaff ich schon. Die wiegt ja nichts.«

Und wirklich, seine Arme schienen das Gewicht nicht zu spüren. Während er den Gang entlangging, wandte er das Gesicht Christa zu: »Sie müssen doch heute zu dieser Konferenz ins Gesundheitsamt, nicht wahr?«

Christa nickte.

»Na also! Und machen Sie sich keine Sorgen, Kollegin, ich übernehme das schon. Ich bring sie wieder in Schwung. Ich habe heute sowieso Nachtdienst.«

Christas Lächeln war matt: Bring sie wieder in Schwung! Na, in Gottes Namen... Doch wie wollte er das schaffen? Er sollte einen Psychiater hinzuziehen, einen Pfarrer oder einen Freund vielleicht.

Falls das etwas half.

Es ist so schwer, dachte sie. Und du hast nur Fehler gemacht. Aber es gibt nun mal Verletzungen, die sind durch niemanden zu kurieren. Und sie wiegen schwerer als all die anderen, die Krankheit oder Gewalt verursachen.

Klaus hatte das gesagt. Und nicht nur einmal.

Zum ersten Mal seit seiner Abreise überfiel sie das Alleinsein mit aller Kraft. Und es war mehr als das Gefühl, einen Verlust zu erleiden, es war wie eine Amputation, ja so, als sei sie von einem Teil ihres Seins getrennt, ohne den es kein Überleben geben konnte.

Was geschieht eigentlich? Was ist aus deinem Leben geworden? Und was ist mit Klaus? Wohin führt dies alles noch?

*

Ihre Fingernägel waren rot lackiert: ein leuchtendes Tizianrot! Brinkmann beobachtete, wie das Messer, das sie führte, mit ruhigen, präzisen Bewegungen die Orangenschale zerteilte.

Eine Blume wurde daraus. Orangerot – Tizian.

Und Offingen, dachte er, Offingen kennt sie also auch? – Gut. Aber seit wann haben Agrar-Wissenschaftlerinnen solche Fingernägel? Assistentin an der Landwirtschaftlichen Hochschule in Hohenheim, zur Zeit auf einem Versuchsgut in Villingen – das alles hörte sich ja ganz plausibel an, doch wo waren die drallen, festen, ungemein gesunden Bauerntöchter geblieben, die nach seinen Vorstellungen Versuchsgüter zu bevölkern hatten? Die Haare trugen sie zum Zopf hochgebunden. Und an den Füßen hatten sie Haferlschuhe!

Brinkmann trank hastig einen Schluck, um mit seiner Verwirrung fertig zu werden. Noch immer schoben die Stewardessen ihre Servierwagen zwischen den Sitzreihen hindurch. Das Essen war zu Ende: Gefüllte Avokados, Spargelcremesuppe, Filet Mignon, Obst. Selbst der Japaner neben ihm schien zufrieden. Die Hände hatte er über dem Bauch verschränkt und die Augen in seliger, kindhafter Entrückung geschlossen.

Das einzig Merkwürdige an solchen Situationen, stellte Brinkmann in derselben Art gedanklicher Abwesenheit fest, ist, wie rasch man sich an sie gewöhnt.

Maria Rotenburg, Agrar-Wissenschaftlerin?

Sie in Villingen, er in Offingen. – Und in zehntausend Meter Höhe, in diesem Transatlantikgeschoß, umweht von künstlichem Sauerstoff, Essensdünsten und Popmusik, empfindet man dann landsmannschaftliche Rührung?

»Da hätten wir ja außer Japan den halben Schwarzwald hier in der Sitzreihe. Wir sind Nachbarn. Wenn ich mir das genau überlege, sollten wir darauf anstoßen, finden Sie nicht?«

»Und ob!«

Brinkmann beäugte melancholisch die kleine leere Mineralwasserflasche auf seinem Tablett.

»Ich könnte Ihnen ja aushelfen«, meinte sie.

Das konnte Maria Rotenburg auch. Bei ihr stand eine Halbliterflasche französischen Landweins. Provencewein. Zypressen und rote Weinberghügel. Und das Zeug soff man im Jumbo, während sie noch Tannenduft in den Kleidern trugen. Die Wunder dieser Welt!

»Salut!«

Zweimal erhobene Gläser, zweimal liebes Lächeln. Es klingelte.

»Was treibt denn einen Arzt nach Amerika?« wollte sie wissen. »Wird dies ein beruflicher Besuch?«

»Gewissermaßen.« Der Rote schmeckte zwar köstlich, doch Brinkmann hatte sich prompt verschluckt. Nun brauchte er eine Serviette. Sie reichte sie ihm. Er tupfte Mundwinkel und Augen ab.

»Da wollte ich ›auf Ihr Wohl‹ sagen – und weine Tränen!«

»Wie hübsch«, erwiderte sie sachlich und fragte, ob die Amerikaner in der Medizin so gut seien.

»Schon.« Brinkmann erinnerte sich seines alten Spruchs: Die kochen auch nur mit Wasser. Im Augenblick schien er ihm ziemlich deplaziert.

»Wie ist es denn in der Agrar-Wissenschaft? Haben die Amis da die Nase vorn?«

Sie warf ihm einen skeptischen Blick zu: »Ach, wissen Sie, die kochen auch nur mit Wasser.«

Na also! dachte Brinkmann und griff zum Glas.

»Sind Sie praktischer Arzt in Offingen?«

»Nein, Chirurg.«

Nun wurden Maria Rotenburgs Augen richtig neugierig. »Im Krankenhaus von Offingen? Sind Sie vielleicht... heißen Sie etwa Brinkmann?«

Er wußte nicht, ob er geschmeichelt oder mit Wachsamkeit reagieren sollte. »Ist mein Ruf etwa über die Gemeindegrenzen hinausgedrungen?«

»Wüßte ich denn sonst Ihren Namen?«

»Haben Sie vielleicht Bekannte oder Kollegen, die mal bei uns in der Klinik...?«

»Nein. Den Namen Brinkmann kenne ich aus der Zeitung.«

»Wieso denn das?«

«Ja, sehen Sie: Meine Mutter hatte Krebs. Es war eine sehr, sehr schwere Zeit für mich. Ich möchte nicht darüber reden. Aber ich dachte oft an Sterbehilfe. Und da las ich von diesem Prozeß...«

Brinkmann nickte: Der Fall Marker! – Und wann hast du zuletzt an Marker gedacht? Wie die Zeit doch jagt, wie sie unter ihrem Tempo Gefühle und Erinnerungen begräbt. Er wurde so nachdenklich, daß er sie beinahe vergaß.

Doch da meldete sich ihre Stimme zurück: »Und noch etwas anderes habe ich gelesen. Da gab's mal 'nen Riesenwirbel, weil Sie irgendeinen Häftling operierten.«

»Ach ja!« Brinkmann seufzte traurig: »Das ist ja nun alles schon ziemlich lange her...«

*

San Franzisko. Kalifornien. USA.

Mein Gott, er hatte es geschafft!

Klaus Brinkmann lehnte sich in den zerschlissenen Kunstlederpolstern eines riesigen verbeulten Taxi-Schiffs zurück. So richtig konnte er das alles noch nicht glauben. Die warme, feuchtigkeitsgesättigte Brise, die über sein Gesicht strich, trug mit den Autoabgasen auch den Duft des Pazifischen Ozeans heran. Bildete er sich das nur ein? Nein, drüben, hinter den Linien des Highways, neben einer schimmernden Gruppe von Wolkenkratzern, öffnete sich die Bucht: Häuser, Berghänge – und dazwischen diese blauglitzernde zungenförmige Wasserfläche, über die wie ein zartes Spinnwebengebilde die Brücke lief.

Die alte Golden Gate! dachte er. Und du, du bist noch immer der alte Brinkmann, ziemlich schlapp. Kein Wunder nach einem Endlosflug um die halbe Welt, den du nur dank der Gespräche mit einer netten jungen Dame einigermaßen anständig hinter dich gebracht hast.

Wirklich, schon eine sehr nette junge Dame...

Maria Rotenburg, Agrar-Wissenschaftlerin aus Villingen – die Spezialistin für unkrautresistente Kartoffeln!

»Vielleicht sehen wir uns in diesem verrückten Land mal wieder?« Sie hatte es ohne viel Hoffnung gesagt, mit unverbindlichem Lächeln. Doch dann plötzlich wurde sie hartnäckig: »Moment mal!« Sie habe auch eine Visitenkarte. – Die hatte sie, und darauf schrieb sie dann mit energischer, steiler Schrift Telefonnummer und Adresse, ehe sie mit einem letzten Winken im Durcheinander der Zoll- und Paßabfertigung verschwand.

Auch Maria Rotenburg war nun wohl zur Anekdote geworden...

Was blieb, war ein dröhnender Kopf und ein noch immer tapfer funktionierender Pumpmechanismus in seiner Brust – und das Wiedersehen mit Wolfgang Schneider!

Er schloß halb die Augen und betrachtete die Schultern des dunklen Mannes, der das Taxi fuhr. Die Mütze hing ihm schräg übers Ohr. Seine kehlige, hohe Stimme begleitete irgendeinen Schnulzensong, der aus dem Autoradio quoll. Aufwärts ging es, die Hügel hoch, an Häusern und Tankstellen vorbei. Dann Bäume, riesige Bäume, Schwarzwaldtannen mußten sich neben ihnen wie Zwerge ausnehmen. Rot leuchteten die Stämme in der Sonne.

Warum sollten die Amerikaner auch nicht die höchsten Bäume haben? »Alles Heil kommt ja von drüben, nicht wahr, Klaus?« Römer hatte das gesagt bei der letzten Untersuchung, ein melancholischer, resignierter Gerd Römer, der sich kaum mehr die Mühe gab, höflich zu bleiben: »Wir sind die kleinen Knülche und sie die großen Kanonen!«

Guter alter Gerd... Sicher hatte er recht gehabt, daß die Amis in der Diagnostik auch nicht viel mehr auf der Pfanne haben können. Aber gib ihnen eine Chance, das Gegenteil zu beweisen – Brinkmann dachte es mit selbstzufriedener Genugtuung. Und dazulernen kann jeder, auch ein Gerd Römer...

Der Neger-Sänger drehte den Kopf: »Here we are!«

Brinkmann beugte sich nach vorne. Seine Müdigkeit war wie weggefegt. Eine blumenübersäte Bergkuppe erkannte er, weitläufige Hecken, Mauern und dahinter, zwischen Eukalyptusbäumen und Palmen, eine Ansammlung flacher weißer Gebäude. Ein bißchen sah das alles aus wie eine Barackensiedlung. Sollte das etwa die Klinik sein?

Da stand es schon.

»CONAND HEART RESEARCH CENTER«.

Der gelbe Wagen umkreiste forsch das Blumenrondell, in dessen Mitte sich die Tafel erhob.

Brinkmann stieg mit ungläubigem Blick aus dem Taxi. Ein

berühmter Name. Wie oft schon hatte er ihn in Fachzeitschriften gelesen! – Und nun? Holzbungalows und ein einziger zweistöckiger weißgestrichener Backsteinbau. Amerikanische Kasernen in deutschen Provinzstädten sahen so aus.

Er bezahlte, gab ein viel zu hohes Trinkgeld und stand nun zwischen seinem Gepäck, hielt das Köfferchen mit den Akten umklammert und versuchte mit der aufschießenden Panik fertig zu werden. Niemand, der die Tür aufreißt, »Hallo, Klaus!« sagt. Keine Schwester. Kein Pförtner. Kein Schwein, das sich um dich kümmert.

Er stieß eine breite Glastüre auf, und nun war es endlich so, wie es sich gehörte: Eine junge Dame in Weiß kam auf ihn zu. Ihr Häubchen sah ein wenig anders aus, als er es kannte, weiße Strümpfe trugen sie zu Hause auch nicht, aber immerhin, sie schien gewillt, von seiner Existenz Kenntnis zu nehmen.

»May I help you, Sir?«

Brinkmann nickte.

Er legte seinen Paß auf die graue Stahltheke, die den Empfangsraum teilte, und beobachtete, wie die Schwester seinen Namen auf Einträgen und Listen verglich. Anscheinend suchte sie etwas. Aber was? Hatte sie es noch nicht gefunden? Ein richtig bekümmertes Gesicht machte sie: »Brinkmann?«

Es klang wie »Bränkmänn«.

Dazu konnte Brinkmann nur nicken. »Dein Platz wartet auf dich. Dienstag ...«

Es war Dienstag. Wolfgang Schneider hatte den Mund wohl ziemlich voll genommen.

So ein Saftladen!

Der kleine Adrenalinstoß ließ ihn mit seiner Erschöpfung fertig werden. Und sauer war er auch schon wieder.

»Brinkmann – und nicht Bränkmänn! Wie mit einem englischen Doppel-e! In Deutschland wird das ›Brinkmann‹ ausgesprochen.«

Die englischen Sprachkenntnisse flogen ihm nur so zu.

Kurse würde er hier halten! Und sein Aufstand bewirkte überdies, daß eine zweite Dame in Weiß der Kleinen zu Hilfe eilte. Die hatte anscheinend das Kommando. Auch sie betrachtete den Paß. Na, wenigstens älter war sie, erfahrener – und siehe da: Sie sprach sogar deutsch!

»Ach, Herr Professor! Wollen Sie sich nicht setzen? Sie hatten ja einen weiten Flug, was?«

»Einen langen«, korrigierte Brinkmann erbarmungslos.

Er ließ sich in einen der großen Kunstledersessel fallen, während die Empfangsschwester ein Mikrophon zur Hand nahm und hineinsprach.

Er blickte sich um. Die niedrige Decke mit den Leuchtrastern, dieser ganz auf Funktionalität getrimmte, in seiner Nüchternheit so völlig unsentimentale Raum hätte gut in eine Fabrik gepaßt. Keine Heiligenbildchen, weder Maria noch Jesus Christus an der Wand, ein armseliges Aquarell von Stadt und Pazifik und Leuten, die es auf ihren Gummisohlen schrecklich eilig zu haben schienen. – Aber dann endlich, in der Perspektive des Ganges, eine schmale Figur, die ihm bekannt erschien.

Tatsächlich: Das war Wolfgang! Und streckte schon aus der Ferne beide Arme hoch und ruderte mit ihnen in der Luft herum.

Er hatte ihn also erkannt. Und das nach fünfzehn Jahren! Brinkmann fühlte Dankbarkeit.

»Mann, o Mann!« Schneiders Brillengläser blitzten. »Viel verändert hast du dich nicht.«

»Na, hör mal, wieso auch?«

»Sagen wir so: Wie ein schwerer Fall siehst du nicht aus.«

»Wie dann?«

»Na, mit deiner Hautfarbe, wie ein Golf spielender Versicherungsdirektor. Die kenn ich. Solche laufen hier zu Dutzenden rum. Um die Nasenspitze zwar ein bißchen blaß, aber das war wohl der Flug, was, King?«

»King?«

»King« hatten sie ihn damals in Göttingen genannt. Auch in Zürich, als er die Chefarztstelle angetreten hatte. Ach, wie lange war das her? Irgendwo und irgendwann war der Ausdruck wohl in einer Assistenten- oder Schwesternphantasie erblüht, um sich ihm dann wie ein Etikett anzukleben und überall hinzubegleiten.

Nun empfand er ihn wie Hohn.

Dem Herzspezialisten Schneider allerdings schien das »King« noch immer selbstverständlich. Sein breitestes Lächeln hatte er aufgesetzt. Und wenn man Wolfgang so ansah, in diesem merkwürdigen, schattenlosen, von Neonlicht erhellten Raum, hager und lässig, mit offenem Hemdkragen, noch etwas krummer nach vorne gebeugt, als Brinkmann ihn in Erinnerung hatte, die Rechte in der Hosentasche, mit der linken Hand seine Worte begleitend oder irgendwelche Grüße beantwortend, als halte er einen Schwarm Fliegen von sich, dann wurde offensichtlich, auf wen heute »King« zutraf.

Wolfgang Schneider! – Internationale Kapazität. Department-Chef im Conand Heart Research Center.

Und du? Brinkmann konnte den Gedanken nicht abwehren. Hilflos fühlte er sich dabei. Was ist aus dir geworden mit deiner Klinik im Land der sterbenden Tannen? Eine Schwarzwald-Idylle bestenfalls... Nicht mal ein Provinzfürst. Für einen Wolfgang Schneider wohl eine Art Bauerndoktor! Der strahlte ihn mit seinen blauen Augen an, hielt ihn an den Schultern fest, als habe er den seit Jahrzehnten entbehrten Bruder gefunden.

»Nu komm schon! Jetzt schläfst du dich erst mal aus. Ich habe dir drüben im ›Oasis‹ das schönste Zimmer reservieren lassen!«

»Oasis?«

»Ja. Mit denen haben wir einen Vertrag. Patientenbetten gibt's hier nicht. Unsere Leute bringen wir irgendwo in der Gegend unter.«

Irgendwo in der Gegend...? Auch das war Kalifornien, USA.

Was immer sie taten, die Amerikaner, atemberaubend schnell lief es ab. Schon war ein anderes Mädchen da: »Hör mal, Liz, das ist der Mann, von dem ich dir erzählt habe. Und hier, Klaus: Liz Tansin, meine Assistentin. Paß mir bloß auf ihn auf, Liz! He is a doctor!«

Höflich und benommen lächelte Brinkmann einem fast überirdisch hübschen Suzi-Wong-Gesicht mit schrägen Jet-Augen und perlmatter Haut zu.

Wolfgang Schneiders Mantel aber flatterte schon einige Schritte entfernt.

Im Weggehen rief er ihm zu: »Weißt du, ich habe noch zwei Bypass-Operationen da oben! Aber am Abend, wenn du ausgeschlafen hast, reden wir zusammen, ja? Am besten, du kommst zu mir nach Hause. Und dann wirst du sehen: Wir in Kalifornien machen auch einen ganz ordentlichen Wein!«

*

Wir in Kalifornien...

Dies war der erste Satz, an den Brinkmann sich erinnerte, als er nach Stunden eines tiefen, todähnlichen Schlafes sich in die Wirklichkeit zurückkämpfte: die kalifornische Wirklichkeit!

Mühsam blinzelnd versuchte er sie in sich aufzunehmen: Ein großer, weiß verputzter Raum im spanischen Stil. Schwere Vorhänge an den Fenstern. Schmiedeeisen selbst die Stehlampen, rot die Fliesen, schwarz die Möbel, exotisch-großzügig dies alles und doch irgendwie überhaucht vom billigen Nostalgie-Eindruck irgendwelcher Hollywoodfilme der fünfziger Jahre.

Oasis? dachte er. Der Name ist ja auch danach.

Er blickte auf die Uhr: Siebzehn Uhr zwanzig. Dann hatte also die nette Miss Adams an der Rezeption den Hörer doch nicht in die Hand genommen, um ihn zu wecken. Er hatte es selbst geschafft. Brinkmann war stolz: Langstreckenflug und Zeitverschiebung – seinen eingebauten Wecker vermochte das nicht zu erschüttern.

Er schob die Beine übers Bett. Die Kachelfliesen waren

angenehm kühl an den nackten Sohlen. Zusammen mit diesem ganzen spanischen Kitsch vermittelten sie ein Gefühl von Urlaub und lustbetonter Erwartung.

Die erste Enttäuschung brachte das Fenster. Nicht zu öffnen, das verdammte Ding! Die Klimaanlage lief, draußen im Garten spielte der Wind mit Palmwedeln, und dort drüben, diese mächtige grüne Krone, das war wohl ein Brotfruchtbaum? Unter einem mit Gold lasierten Himmel funkelte auf dem Parkplatz der Lack der großen amerikanischen Limousinen.

Heute abend setzen wir uns zusammen, hatte Wolfgang Schneider gesagt. Okay! Wie war das noch? War Schneider eigentlich verheiratet? War da nicht mal irgendeine Amerikanerin gewesen? Richtig. Was aber bringt ein armer Europäer einer amerikanischen Hausfrau als Gastgeschenk mit? Blumen? Rosen? Das heißt, falls es diese amerikanische Hausfrau überhaupt noch gab...

Wieder mal, schon beim Gedanken, was man bei einer kalifornischen Einladung wohl anzieht, fühlte sich Brinkmann restlos überfordert. Schon zielten die Fingerspitzen zum Puls am Handgelenk: eine Art bedingter Reflex, durch nichts zu steuern, sich immer wiederholend, jawohl, ein Tick bereits. Verdammt noch mal, zürnte er sich: Laß das Theater! Die Pumpe funktioniert. Nichts. Kein Stolpern, nicht ein Anzeichen von Irregularität. Ein wahrer Kamerad.

So ging er nun frohen Herzens ins Bad zurück, drückte aus einer bereitliegenden Tube einen grünen Strang duftenden Schaumbads in die Wanne, ließ Wasser darüber rauschen, beobachtete mit abwesendem Entzücken das Entstehen gewaltiger duftender Schaumberge und kehrte ins Zimmer zurück, um sein Necessaire zu holen.

Da lag seine Jacke auf dem Boden, hingeworfen wie ein Lappen. Er verstaute sie sehr sorgsam.

Erledigt!

Entschlossen griff Brinkmann zum Telefon, entsann sich aber plötzlich all des duftenden Schaums in seiner Wanne, rannte ins Bad, um den Wasserhahn zuzudrehen – und war dann endlich soweit: Mit steifem Zeigefinger drückte er all die Nummern, die ihn mit der Schwarzwaldklinik verbanden.

Das Freizeichen.

Die Wunder dieser Welt. Nun waren die Satelliten dran. Und wie so oft, wenn Brinkmann irgendwo auf Reisen die Klinik anrief, zeichnete ihm seine Phantasie wie mit Silberstiften ihre Kontur: Die beiden Giebel, die dunklen Querlinien der Balkone im vierten und fünften Stock, dann der runde Vorbau mit seinen Spiegelfenstern, die Waldkuppe im Hintergrund …

Dies alles sah er klar und mit einem Gefühl sehnsüchtiger Zärtlichkeit vor sich.

Und er wartete. Er wartete lange. Herrgott noch mal, was war denn jetzt schon wieder los?

Wer wohl in der Zentrale saß? Die Gebhard wahrscheinlich, schußlig wie immer.

Er wickelte die Telefonschnur um den Finger. Ging denn da keiner ran?

Endlich: »Hier ist die Schwarzwaldklinik.« Eine lange Pause. Dann schläfrig, verquollen: »Hallo, hallo … Ist denn da jemand? Melden Sie sich doch.«

Brinkmann hielt den Hörer nicht länger am Ohr.

Melden Sie sich doch? … Und diese überanstrengte, erschöpfte Stimme.

»Hallo?« quakte es noch immer aus der Muschel.

Vorsichtig, ganz zart legte Brinkmann auf.

Du Rindvieh!

Ja, Himmel: wie blöd kann einer noch werden? In Offingen ist es jetzt tiefste Nacht! In diesem Offingen, in irgendeiner Bergfalte an der anderen Seite der Welt versteckt, liegen die Leute in ihren Betten und schlafen.

Wer war hier schußlig? Die von Müdigkeit verquollene Stimme einer Nachtschwester mußte dich darauf bringen, daß man Menschen, die den ganzen Tag gearbeitet haben, besser in Ruhe läßt.

Morgen, Christa! nahm er sich vor. Aber morgen ganz bestimmt...

*

Der Nebel hatte von Hang und Park Besitz genommen, unmerklich, mit stillen, sanften Händen. In der Dämmerung waren es zarte, durchsichtige Schleier, die sich zwischen den nassen Ästen der Bäume hielten, den Berg aber hüllte ein sanfter, wehender Vorhang ein, schmolz die Konturen des großen Hauses zu blasser, formloser Dunkelheit und ließ den erleuchteten Fensterreihen nur noch einen undeutlichen gelblichen Lichtstreifen, so daß die Klinik einem im Dunst dahintreibenden Ozeandampfer glich.

Auch die Geräusche waren gedämpft. Im Waschhaus sprang einer der Motoren an: Ein fernes, wie in Watte gepacktes Summen. Oben im vierten Stock klapperte eine Jalousie. Ein Stockwerk tiefer, auf dem Flur der »II. Chirurgischen«, schob die Stationsschwester den Fensterriegel zu.

Elke Sawitzky handelte mit grimmiger Entschlossenheit. Bei einem solchen Wetter verlor man jede Lust an frischer Luft. Und überhaupt: Was für ein Tag! Die Diäteintragungen lagen unfertig herum. Keiner der Dienste hatte sich darum gekümmert. Und da war der alte Mann mit der Kropfoperation. Eine Strumektomie ist in den ersten Tagen nach der Operation ein Fall für die Intensivstation: Rundumbewachung. Eine genaue Einstimmung der Substitutionstherapie, der T3- und T4-Werte auf seinen Zustand. Und die Krischle im Labor war noch immer nicht mit der Arbeit fertig.

Einen schönen Dienst hatte sie sich da eingehandelt.

Die reflektierende Scheibe als Spiegel benutzend, setzte sich Elke ihre Haube zurecht. Dann ging sie weiter, hinüber ins Stationszimmer, um noch einmal die langen, detaillierten Anweisungen durchzulesen, die ihr Römer für den Schilddrüsenfall hinterlassen hatte – was bei Römers Medizinerklaue bei Gott auch nicht gerade ein Vergnügen war.

Bis auf den hellen Lichtkreis der Schreibtischlampe lag das Zimmer im Dunkeln. Ein schmaler Rücken zeichnete sich ab. Ein wenig helles Haar, dessen Locken nach vorne fielen. Auf der Platte dampfte eine Tasse Tee.

»Mensch, Christa! Was machst du denn noch hier?«

Christa Brinkmann drehte sich um. Die Haut ihres Gesichtes wirkte bei dem grellen Licht der Lampe beinahe weiß, die Augen müde und nachdenklich.

»Tee trinken. Arbeiten. Siehst du doch. – Und du, Elke? Du hast doch längst frei?«

»Denkste! Der Bruder von der Ute Beck hat heute Hochzeit. Da mußte sie natürlich hin. Und einen anderen Idioten, der für sie einsprang, gab's ja nicht.«

Sie zog einen Stuhl heran und ließ sich vorsichtig auf der Kante nieder. Sie lächelten sich an, lächelten über die Jahre ihres gemeinsamen Erlebens hinweg, über Erinnerung und Wiederholung, den fast ungestümen Anfang, damals, als es noch eine Stationsschwester Christa und eine Lernschwester Elke Sawitzky gab – ja, lächelten über das, was sie voneinander wußten, und mehr noch über das, was nicht ausgesprochen zu werden brauchte.

»Ach, meine Elke!«

Elke nickte.

»Du wolltest wohl nicht nach Hause? Was, Christa?«

»Weißt du, diese Woche bei dem Wahnsinnsbetrieb, da dachte ich . . .«

«Daß sich Claudia mal um den Kleinen kümmern soll?«

»Ja. Sie und Udo haben Benni für ein paar Tage zu sich genommen.«

Elke sagte nichts. Wieso auch? Das Thema hatte sie schon einige Male angeschnitten, mit kurzen, vorsichtigen Fragen, und es hatte zu keinem Ergebnis geführt: Jeder lebt sein eigenes Leben.

Elke hatte kein Kind. Nicht, daß sie keines bekommen konnte, nein, sie wollte keines. Harry Poser, ihr Mann, dieser verrückte Ex-Artist, aus dessen narbengezeichnetem Schädel die Stuntman-Mentalität nicht herauszukratzen war, würde vielleicht nicht mal einen schlechten Vater abgeben. Harry zeigte eine rührende Begeisterung für alles, was klein war, sich bewegte und runde Augen hatte. Mit Entzücken würde er sich auf ein Kind stürzen, Säugling oder Dreijähriger, Grimassen schneiden, Zauberkünste vorführen, Theater spielen, um dann genauso plötzlich alles Interesse zu verlieren, weil er sich wieder seinem nächsten Filmjob widmen mußte. Er war nun mal ein Verrückter! Der Verrückte, den sie liebte. Aber ein Vater war er nicht...

Vater zu sein, dachte Elke, das heißt, einen Sinn für Kontinuität und Verantwortung zu entwickeln. Doch Harry? Hier in der Klinik hatte sie noch niemand Frau Poser genannt, sie blieb Elke Sawitzky, und das entsprach im Grund der Realität. Oder nehmen wir Brinkmann. Hat er das Zeug dazu? Auch da schien's nicht zu klappen. Und warum? Was ist mit der Brinkmann-Ehe? Sie waren doch so glücklich. Was für eine verrückte Rolle fühlt sich Christa verpflichtet zu spielen? Der Mann, den sie liebt, ist am Infarkt beinahe draufgegangen, ist zur Kur in die USA – sie aber gibt ihr Baby in andere Hände, hat Angst vor dem eigenen Zuhause und redet sich ein, daß sie hier für den Professor die Stellung halten müsse.

Das ließ sich nicht aussprechen. Das konnte man nur denken. Und sich dabei anlächeln.

Elke aber widerstand der Versuchung nicht: »Lieber die Klinik, was, Christa? Allein in dem großen Haus mit der Michaelis, das ist nichts für dich?«

Christa schraubte die Kappe des Füllfederhalters zu. Vor ihr lag ein Stoß Blätter: Fotokopien, Unterlagen für den wissenschaftlichen Beitrag, den Vollmers bereits vor drei Wochen angefordert hatte und der im Mitteilungsblatt des Instituts veröffentlicht werden sollte.

Vollmers – noch ein Dilemma! Sie hatte die Lust verloren, sich an diesem Abend mit Problemen auseinanderzusetzen. Auch mit denen, die sie hinter Elkes leiser Ironie vermutete.

»Ach, Elke... Ich bin in letzter Zeit ziemlich fertig.«

»Glaub ich. Meiner hat wenigstens seinen Filmrummel um die Ohren. Mehr will er ja nicht.«

»Elke, laß uns nicht von ›meinem‹ und nicht von ›deinem‹ reden. Ich habe andere Sorgen. Die kleine Fischer, war sie heute ruhig?«

»Wolter hat bei ihr vorbeigesehen. Später auch Römer. Hier kümmert sich nun wirklich jeder um sie. Die wird noch eine Art Negativstar der Station.«

»Ist sie denn ansprechbar?«

»Vorhin war ich drin. Sie schien ganz klar zu sein. Sie wollte einen Tee und behauptete, mit ihr sei alles in Ordnung.«

»Hat sie lange geredet?«

»Nur ein paar Worte.«

»Hältst du's für richtig, daß ich rübergehe?«

»Na, wenn es dir Spaß macht. Wieso nicht? Einen Versuch ist es immer wert. Wie sagt dein großer Klaus so schön in seinen ›Instruktionen an das Pflegepersonal‹? Vergessen Sie nicht: Wer sich in ein Krankenhausbett begibt, hat nicht nur ein körperliches, er hat auch ein psychisches Problem. Und dieses verlangt Ihren ganzen Respekt!«

Feierlich schloß sie: »Punkt sieben der Hausanleitung für Schwestern! – Selbst das weiß ich noch. Übrigens habe ich den Punkt sieben der kleinen Benningsen um die Ohren gehauen, als sie wieder bei einer Patientin mit ihrem blöden ›Omalein‹ anfing. Die Frau hat sich beschwert... Er hat so recht, dein Mann. Er ist schon ein Supertyp! Herrgott, wenn Klaus Brinkmann erst mal wieder auf der Brücke steht, sieht's hier anders aus, was?«

Christa schwieg. Sie hatte es zu oft gehört. Dazu gab's nichts mehr zu sagen.

Als Christa das Zimmer betrat, überfiel sie sofort die merkwürdige Empfindung, in fremdes Terrain eingedrungen zu sein, in einen Bereich, der ihr eigentlich verschlossen bleiben müßte. Wie eine dunkle Höhle, dachte sie, eine dunkle, von einer winzigen Flamme erleuchtete Urwaldhöhle. Die Pflanzen sind es. Ihre verschlungenen Schatten an der Wand. Und der Nebel dort draußen vor den Fenstern. Und dieses weiße Gesicht. Wie winzig, wie rührend es erschien. Das Gesicht eines Kindes.

»Hallo! – Störe ich?«

Christa registrierte, wie die Wimpern Beate Fischers von einem krampfhaften Zittern befallen wurden, als sie näher trat. Unverwandt blieb ihr Blick.

Im Grunde hatte Römer ja vollkommen recht: Bei einer so starken Depression – und die Frage nach den Hintergründen war dabei nicht länger relevant –, bei einem solchen Zustand wäre es Zeit, einen Psychologen hinzuzuziehen. Warum war das nicht längst veranlaßt worden? Was maßten sie sich in der Klinik immer an, auf berufsfremdem Gebiet herumzupfuschen? Der Stil des Hauses. Klaus hatte ihn eingeführt. Ein Klaus Brinkmann braucht keinen Psychologen! Für ihn sind das Scharlatane. Er verläßt sich auf seine berühmte menschliche Intuition. Ob er bei Beate Fischer weitergekommen wäre?

Christa griff nach der Hand, die auf dem Bett lag. Sie hatte eine Abwehrreaktion erwartet. Nichts. – Kühl war die Haut. Kühl wie Stein. Und die Finger ohne jeden Druck.

Es war ein Fehler, hierherzukommen.

»Na, der Doktor Römer war heute nachmittag auch schon bei Ihnen, nicht wahr? Beate, ich wollte Sie nicht stören, das können Sie mir glauben. Aber ich dachte, falls es Ihnen wichtig sein würde, jemanden bei sich zu haben, mit dem Sie reden können ...«

Schweigen. Beate Fischers Augen schlossen sich.

Ja, dachte Christa: Ein Fehler, wenn du nicht mal weißt, was du selbst reden willst. Kommunizieren, eine Brücke schlagen, Beziehung aufnehmen – aber wie? Jedes falsche Wort konnte Unheil anrichten.

Christa versuchte nachzuvollziehen, was hinter der Stirn des Mädchens vorging. Sie versuchte sich in das düstere Labyrinth hineinzufühlen, in dem sie lebte.

Und da begann Beate Fischer plötzlich zu sprechen.

»Was glauben Sie denn?«

»Was soll ich glauben?«

»Wie soll ich denn damit leben?«

»Indem Sie aufhören, sich selbst die Schuld zu geben, Beate. Das geht doch nicht.«

»Wem dann? – Dem Prüfer vielleicht?« Ein leiser, rauher, gequälter Laut kam aus ihrem Mund. Es klang, als zerschneide sie ihn mit ihren Zähnen: »O ja, da haben Sie recht: der Prüfer ist schuld! Der hätte mir den Führerschein niemals geben dürfen, nicht wahr? Fahrerlaubnis heißt so was. Und wer gibt die Erlaubnis? Ein Herr Prüfer. Dabei war ich eine Flasche! Zweimal durchgefallen, jawohl: Zweimal hab ich's schon probiert, und sie haben mir diesen verdammten Schein nicht gegeben. Und jetzt, jetzt hat's funktioniert. Und ich konnte gar nicht fahren. Hab einen viel zu blöden Kopf dazu. Nichts konnte ich... nichts! Wissen Sie, daß ich rechts ranfuhr, wenn der Fahrlehrer das wollte. – Rechts, direkt unters Halteverbot. Ja, da stand's: Halteverbot! Ich aber parkte darunter!«

Die Worte steigerten sich zu einem schrecklichen hohen, hysterischen Lachen: »Und der Prüfer auf dem Rücksitz! Beate Fischer aber fährt mit dem Prüfer ins Halteverbot. Das schafft keiner! Und so was wie ich kriegt dann ein Jahr später den Stempel.«

»Hören Sie zu, Beate!«

»Hören? Was anderes fällt euch nicht ein. Ich soll immer zuhören. Jetzt hören Sie mal zu: Da gibt's nichts herumzudeuten. Ich hab die Schuld! Ich ganz allein.«

»Das stimmt doch nicht.«

»Doch, das stimmt. Wollen Sie den Grund wissen? Ich denk die ganze Zeit schon daran. Nur das eine denk ich! Warum hab ich ihm nicht gesagt, schnall dich an? Heinz, hätt ich sagen sollen, schnall dich verdammt noch mal an! Auch wenn's etwas drückt. Er hatte doch noch die eine Rippe angeknackst und den Verband um den Körper. Aber das wäre hundertmal besser gewesen...«

»Bitte, Beate!«

Es gab keine Bitte, die Beate Fischer erreichte.

Ihre Hand zuckte hoch. Sie ballte sich zur Faust, und diese Faust vollführte kreisende, sinnlose Bewegungen, wirbelte in der Luft, dann vor ihren Augen. So schrecklich war es anzusehen, daß Christa zugriff.

Sie hätte es nicht tun sollen.

Das Mädchen schrie auf: »Lassen Sie mich! Herrgott, Sie haben kein Recht, mich anzurühren. Lassen Sie mich!«

»Ich lasse Sie ja.«

Christa versuchte die Hand auf die Bettdecke zu drücken. Es gelang ihr nicht. Die Muskeln des Unterarmes waren eisenhart angespannt. »Lassen Sie mich! Herrgott noch mal – loslassen!«

»Beate!« Christa stand auf. »Ich komme nachher wieder.«

»Nein, nein ... Ich weiß schon: mit 'ner Spritze! Nein, jetzt bleiben Sie. Jetzt hören Sie mir zu. Mein Vater war glücklich, hören Sie ... Er konnte so unheimlich glücklich sein. Nie habe ich einen Menschen gesehen, der sich so freuen konnte. Und ich, ich wollte ihm imponieren. Ich war doch angeschnallt. Und er, er sollte es bequem haben. Er sollte sehen, wie ich fahren kann. Gib Gas, Kleine, hat er gesagt.«

Wieder dieses Lachen.

»Gib Gas! Und dann kam das Auto ... Ich seh's! ... Jetzt sehe ich es ... Es war ein großes Auto. Ein Lastwagen mit so einem weißen Kasten drauf. Wenn ich nur wüßte ...«

»Beate! Bitte ...«

»Ich hätte mehr rechts fahren sollen. Der Kerl kam in der Mitte. Ich glaube rechts, rechts wäre noch Platz gewesen. Nur ich ...«

»Beate! Hinterher finden sich immer Erklärungen, wie sich etwas hätte vermeiden lassen können.«

»Erklärungen? – Ich brauche nur eine Erklärung: Warum lebe ich? Warum ich?«

Sie hatte beide Arme ins Kissen verkrampft. Sie riß sie hoch. Sie beugte den Oberkörper nach vorne, die Augen wirkten schrecklich groß. Wie schwarze Scheiben.

»Gehen Sie!«

Christa ging zur Tür. Beate Fischer hatte vollkommen recht: Sie würde gehen, um zurückzukommen. Oder Elke zu schicken – mit einer Spritze.

Sie blieb stehen.

»Versuchen Sie diesen Schock zu überwinden, Beate.«

»Schock überwinden... was heißt das denn? Und wenn ich's könnte, ich will es nicht. Aber das verstehen Sie nicht. Eine wie Sie nicht. Damit kann ich nie leben, mit Ihrem Rat. So ein Blödsinn... Schock überwinden! Das können Sie leicht sagen...«

»Es gibt keine andere Lösung.«

»Als was?« Wieder das leise, automatenhafte Sprechen: »Sie haben ja den Führerschein, Fräulein Fischer... Weiterleben, weiterfahren... Sprüche! Sie können sich so was nicht vorstellen. Das ist es. Sie können sich's nicht vorstellen. Sie versuchen es ja gar nicht. Wissen Sie, was das heißt? Sie tun so, als könnten Sie ein Auto beherrschen... Sie spielen die große Fahrerin. Sie machen auch noch den anderen was vor. Ja, denken Sie doch mal mit! Malen Sie sich doch aus, was das heißt: Der andere ist Ihr Vater, Ihr Mann oder Ihr Kind. Und er kommt ums Leben, während Sie ganz gemütlich im Krankenhaus liegen.«

»Es ist doch niemandem geholfen, wenn Sie sich in diese Geschichte hineinsteigern... Sie gefährden sich ja nur selbst damit. Sich, Beate, den Heilungsprozeß, Ihre Psyche, alles.«

»Sie verstehen nichts. Sie wollen nicht. Wer sind Sie schon? Was maßen Sie sich überhaupt an? Sind Sie der liebe Gott, der die Absolution erteilt? Sind Sie der Pfarrer, der freispricht?«

»Nein, das bin ich nicht. Das kann ich auch nicht. Aber ich weiß, daß man sich nicht selbst verurteilen darf. Auch Sie haben eine Verantwortung, Beate. Nicht nur einem Toten gegenüber – sondern auch sich selbst gegenüber. Sie sind jung. Sie haben das Leben vor sich. Und das ist keine Phrase, kein blöder Spruch... das ist Realität. Jawohl: Sie haben eine Verantwortung gegenüber Ihrem Leben, Beate. Sie können es nicht zerstören.«

»Mein Leben?«

Das Wort kam fast unhörbar. Ihr Gesicht wurde weich. Die Augen schlossen sich. Beate sank in ihr Kissen zurück.

»Bitte«, murmelte sie, »bitte, gehen Sie.«

*

Eingehüllt in eine von Wärme, fernen Küchendünsten und Blütendurft durchströmte Mittagsruhe, saß Brinkmann in einem bequemen Plastiksessel auf der Aussichtsterrasse des »Oasis«.

Nicht ganz allein, wie er es sich eigentlich gewünscht und wie es auch der Stunde entsprochen hätte. Nein, dort drüben in der Hollywoodschaukel war ein junges Pärchen mit heftigem Flirt beschäftigt. Die rührende Eindringlichkeit, mit der sie sich ansahen, ansprachen, um sich dann ganz plötzlich und unvermittelt um den Hals zu fallen und zu streicheln, steigerte noch Brinkmanns mittäglichen Hang zur Meditation und Selbstbetrachtung.

Die Fragen waren gestellt.

Um so besser.

Vielleicht hatte es den Abend gestern mit Wolfgang Schneider gar nicht dazu gebraucht, aber daß sie so klar, so verdammt, ja, so schneidend präzise gekommen waren, war Wolfgangs Verdienst: »Was soll es denn eigentlich, Klaus? Da können wir noch stundenlang über die Q-Zacke in deinem EKG debattieren. Eine leichte Perikarditis. Hat ja auch dein Kollege Römer festgestellt. Tüchtiger Arzt! Ich hab das alles durchgeackert. Wirklich hervorragende Arbeit. Aber es ändert, es hilft doch nichts, Klaus, wir kommen einfach nicht drum herum. Du nicht, ich nicht. Wir müssen ab und zu ›halt‹ sagen können. Und wenn's soweit ist, sollten wir uns das Drehbuch überlegen, uns fragen, ob es uns noch gefällt, ob es die Rolle ist, die wir spielen wollen.«

»Das Drehbuch?«

»Weißt du, unter meinen Patienten befinden sich eine Menge Schauspieler. Das ist schon ein besonders streßanfälliger Haufen, kann ich dir sagen. Und so habe ich mir schließlich dieses Argument zugelegt. Es gilt nicht nur für sie, finde ich – es ist universal. Es betrifft uns alle.«

Wolfgang Schneiders aufmunterndes Lächeln, das Feuer im Kamin – und wieder Wolfgangs Augen, als er sich etwas aus seinem Sessel heraus nach vorne beugte, um die Hand auf seinen Arm zu legen. Es war, als sähe sich Brinkmann im Spiegel: Jede Bewegung, jede Schwingung der Stimme, der Ton, der Blick – genauso würde er sich gegenüber einem Herzkranken verhalten! Die »Rolle«? Er hatte ja recht... Dies war sein eigener Film. Nur von einem anderen gespielt.

Brinkmann nahm einen Schluck Bourbon. Drei Finger, nicht mehr! Das hatte er sich selbst verordnet.

Sie hatten in Schneiders großem Haus auf der Bergkuppe gesessen, gar nicht weit weg von hier. Rosen hatte Brinkmann mitgebracht. Ein Dutzend, zu einem absurden, exorbitanten Preis. Für die Rosen fand sich schließlich in dem Chaos einer unaufgeräumten Küche ein längst vergessener, nicht gebrauchter Sektkübel. Brinkmann hatte ihn in die Mitte eines gewaltigen, aus Natursteinquadern, rotschimmernden Fichtenhölzern und viel Glas erbauten Raumes gestellt. Ein wunderschöner Raum. Und auch die Rosen, dieses strahlende Orange, hatte sich eingefügt, als sei es von einem Innenarchitekten oder Blumendekorateur besonders liebevoll so arrangiert.

»Anne hätte sich riesig gefreut, wenn sie das gesehen hätte. Sicher hätte sie auch mit dir Spaß gehabt, Klaus. Oft genug hab ich ihr von dir erzählt.«

Gut. Mochte sein. Doch Anne gab es nicht mehr. »Wir haben uns schon vor vier Jahren scheiden lassen. Sie haust jetzt mit der neuen ›Liebe ihres Lebens‹ irgendwo an der Küste südlich von San Franzisko. Sie ist Psychologin, weißt du. Sie haben so eine Art Encounter-Center. Und er, er macht den großen Guru in Bio-Energetik und Gestalt-Therapie. Du weißt doch, wie so was zu laufen pflegt. Schließlich, nichts ist so gefährdet wie eine Chirurgenehe.«

Noch ein Drehbuch! Brinkmann dachte es und zuckte zusammen, als eine Fliege auf seiner Unterlippe landete und mit kribbelnder Aufdringlichkeit zum Mundwinkel wollte.

Er scheuchte sie fort. Drehbuch? ... Jawohl, auch Anne war wohl für Schneider ein mißratenes Drehbuch geworden. Oder die Rolle war ihm mißglückt. Jedenfalls, Wolfgang hatte das Drehbuch weggelegt. Wieso aber sein: »Nichts ist so gefährdet wie eine Chirurgenehe?« Auf was sollte das hinaus? ...

Brinkmann fragte es sich auch jetzt wieder, hier im Hotelgarten. Das Gespräch von gestern abend ließ ihn nicht los. Die innere Unruhe, die er seit Tagen zurückdrängte – nun brach sie durch. Er ertappte sich, wie er, die Hände auf dem Rücken, auf der Terrasse hin und her stapfte, ohne einen Blick für das, was ihn umgab.

Er ging zum Weg zurück. Da war das Pärchen. Der junge Mann hatte den Arm um die Schultern des Mädchens gelegt, nackte Schultern, sie trug nur ein grünes T-Shirt. Sie sahen ihn an, und in diesen beiden klaren, frischen Gesichtern stand dieselbe lächelnde Unbefangenheit. Der junge Mann streckte die Finger der rechten Hand, die sein Mädchen umfangen hielt, wie zu einem Gruß: »Hi!«

Brinkmann lächelte zurück. Warum fühlte er sich plötzlich alt, im Stich gelassen? Nur weil ein Wolfgang Schneider über »Drehbücher« und »Rollen« spricht, sich darüber den Kopf zerbricht? Nicht nur aus Pflichtgefühl, nein, als Mitmensch, als Freund, als jemand, der für sich in Anspruch nimmt, dich zu kennen ...

NICHTS IST SO GEFÄHRDET WIE EINE CHIRURGENEHE! – Als ob er das nicht selbst wüßte! Brinkmann bestätigte es sich mit grimmiger Wut, als er, begleitet vom leisen Knirschen des Sandes unter seinen Sohlen, zwischen Palmen und Oleanderbäumen dahinstapfte. Als ob wir es nicht beide gewußt hätten! Seine Ehe jedoch, auch das Problem seiner Ehe (war es wirklich schon so weit, daß man von einem Problem sprechen sollte?), war mit soviel anderen Dingen verknüpft, die er nicht werten wollte, weil er sie noch nie durchdacht hatte, ja, zum Teil nicht einmal kannte. Was es auch sein mochte, es lief immer auf das gleiche hinaus, endete bei dem einen Punkt:

»Ich kann dir nur sagen, Klaus: Ein Infarkt ist keine gewöhnliche Krankheit. Er hat eine hohe Symbolkraft. Er bedeutet die Schrift an der Wand: So nicht! So geht's nicht weiter.«

»Und wie soll's denn weitergehen, Wolfgang, deiner Meinung nach?«

»Du mußt einiges ändern.«

»Was denn?«

»Das Wichtigste: dich selbst! Und dann vielleicht manches in deinem Leben... Mach nicht so ein komisches Gesicht. Wie heißt das in Deutschland? TÜV, nicht wahr? TÜV-Plakette?«

»Ja.«

»Ich könnte sie dir aufkleben. Allerdings, ein gutes Gewissen hätte ich dabei nicht.«

»Was soll das denn heißen? Nun komm schon raus damit.«

Die Augen über Schneiders Halbbrille – die funkelnde helle Iris, der amüsierte Glanz darin.

»Was willst du hören? Wir waren uns doch schon vorher einig: An sich hast du noch gute Chancen. – Aber nur...«

»Wenn ich mein Leben ändere?«

»Dein Leben, Klaus? Vielleicht ist es die Pose, die du dir ausgesucht hast. Und vielleicht beharrst du auf ihr. Aber sie taugt nichts. Ich will dich damit nicht angreifen. Wir leiden ja alle an derselben Berufsdeformierung, sobald uns zugemutet wird, nicht mehr den Heiler und Helden, sondern den Part des Patienten zu spielen. Stimmt's?«

»Bisher hattest du es mehr mit meinem Persönlichkeits-Drehbuch.«

»Nun, das gehört dazu. Nehmen wir die Hypertonie – gehen wir davon aus, daß bei einem Hinterwand-Myokard die Prognosen an sich günstig verlaufen. Und gehen wir davon aus, daß eine Hypertonie weniger von deiner Freude an altem Rotwein...«

»...sondern streßbedingt ist?«

»Ja. Und wie ich aus den Papieren deines Freundes Römer ersehe, hat sich daran nicht viel geändert. Soweit ich das überblicken kann, ist alles, was bisher mit dir gemacht wurde, therapeutisch in Ordnung: Früh-Mobilisation. – Bewegung.«

»War vor allem meine Idee...«

Schneider lächelte: »Wieso auch nicht? Schließlich bis du genauso Fachmann wie ich. Was erzähl ich dir schon Neues?«

»Gegen dich bin ich doch ein Banause, Wolfgang.«

»Na gut. Danke für das Kompliment. Aber nehmen wir an, es wäre so, dann kann ich dir nur eines erklären: Das Sonderbare ist, je mehr ich mich damit beschäftige, je technisch perfekter wir hier alle werden, je mehr offene Herzen ich sehe, je öfter ich künstlich beatme, das Ding herausnehme, mir überlege, wie's weitergehen soll, desto klarer zeigt sich mir, daß das Herz tatsächlich ein besonderer Muskel ist.

Erinnerst du dich noch, damals in Göttingen? Du der Ober, wir die Assistenten. Wie haben wir dich genannt? Damals kam das doch auf: der King! Und wie ich dann hörte, bist du das später geblieben. In Zürich, in Paris – der King!«

»Ich habe mich nicht so genannt.«

»Nein. Aber vielleicht hast du die anderen dazu gezwungen. So ein Name ist mehr als ein Spitzname. Das ist eine Art Standart, ein Symbol, ein Symbol dafür, daß einer sich alles auflädt, dessen er habhaft werden kann. Und daß er das mit Genuß und Spaß macht: Verantwortung zeigen, nicht wahr?«

»Ist das so schlimm?«

»O nein. Aber du hast das Herz eines Kings. Darüber solltest du dir im klaren sein.«

»Vielleicht. Doch wenn du mir jetzt diese ›Rolle‹ unterschieben willst, dann übertreibst du, Wolfgang.«

»Meinst du? Aber macht es dir nicht Spaß, wenn andere zu dir aufblicken, wenn deine Schultern getätschelt werden, wenn Bewunderung dich umgibt, wenn du's zu jeder Sekunde jedem zeigen kannst, wo's langgeht? Das Nummer-Eins-Syndrom! Du, Klaus, ich lebe hier in Amerika. Und hier wird das Spiel von einem ganzen Volk gespielt.«

»Wieso willst du ausgerechnet mir irgendwelche Allmacht-Phantasien in die Schuhe schieben?«

»In die Schuhe schieben? Auch diese Wortwahl ist doch bezeichnend. Du wehrst dich, weil du keine Schwäche zeigen willst. Wie sagen die Italiener: Che figura faccio? Eine schlechte Figur willst du nicht machen. Aber du kennst die Kehrseite der Rolle: Immer das Beste zu geben, geht aufs Vegetativum. Immer der Beste zu sein, bedeutet ständige Anspannung.«

»Will ich aber nicht, verdammt noch mal! Bin ich ja auch gar nicht. Ich kenne doch meine Grenzen. Ich tu doch ...«

»Nur deine Pflicht, nicht?«

»Nenn es, wie du willst.«

An dieser Stelle des Gesprächs gestern abend war das Glas von ihm leer gewesen. Und er hätte so gerne noch einen Schluck getrunken. Resignierend hatte er es in die Hand genommen, hochgehalten, hoch vor die Augen, so daß das hagere Gesicht dort drüben zu einem welligen, weichen, rosafarbenen Fleck verschwamm. Doch die Stimme blieb. Auch sie war weich, doch eine Stimme, die mit unerschütterlicher Konsequenz ihrem Ziel zustrebte.

»Bist du dir eigentlich klar darüber, daß die Ich-tu-nur-meine-Pflicht-Formel so viele Leute auf den Friedhof bringt wie der Krebs? Ich könnte darüber eine Statistik erstellen.«

»Wie soll ich mich denn sonst verhalten?«

»Selbstverständlicher. Deinem Alter angepaßt. Lässiger ... Dann erreichst du auch mehr, selbst beruflich ...«

»Wolfgang, ich habe ein kleines Krankenhaus. Und einen kleinen Stab. Die Leute brauchen mich. Das kann man nicht lässig betreiben. Und für die Leute steh ich ein.«

»Als King! Als der, zu dem sie alle springen und sagen: Papi, hilf uns! Nicht wahr?«

»Und wenn es so wäre – was kann ich daran ändern?«

»Du kannst etwas ändern: dich nicht verrückt zu machen, wenn was schiefgeht. Gelassen bleiben. Das kannst du nicht nur, das mußt du sogar. Das verlangt nicht nur dein Organismus, das verlangt eigentlich auch die Einsicht, die du dir in diesem Alter erworben haben solltest. Und ich sag dir noch etwas: Ich laß dich hier nicht eher weg, bis ich weiß, daß du das begriffen hast...«

*

Ob ich jetzt springe – gleich, oder in zwanzig Sekunden oder in einer Minute, was macht es noch aus?

Die Tauben dort! Drei sind es – und die große, weiße läßt sich jetzt fallen, fällt vom Kamin, breitet die Flügel aus, schwingt sich in den Himmel. Wie schön... Tauben habe ich immer so sehr gemocht. Auch in Donaueschingen im Garten hatten wir sie...

Nun ist es nicht allein die weiße, eine zweite folgt ihr, sie fliegen zu den Buchen, über die Rosen hinweg, den Hang hoch. Dort sind die Wolken und die Bäume und die Berge... Ich muß dies alles sehen. Ich werde es Heinz erzählen... Jetzt will ich es noch einmal sehen, mit seinen Augen, damit ich ihm das ganz genau berichten kann... Denn bald bin ich bei dir, Heinz! Es wird ganz einfach sein. Auch wenn ich hinabblicke, es macht nichts aus. Ich spüre es ja gar nicht... Wie auch? Nein, ich werde fliegen, niemand kann mich abhalten. Nein, nein. – Doch nun kommen sie. Sie sind schon im Zimmer. Sie reden durcheinander. Sie sagen: »Beate... Um Himmels willen, Beate...«

»Beate?«

»Lassen Sie mich.«

»Komm doch, Beate...«
»Ich werde nicht kommen.«
»Bitte, Beate...«
Sie rührte sich nicht.

*

Der erste, der sie dort oben am Fenster stehen sah, allein, in ihrem weißen Nachthemd, das Haar offen, so starr, als wäre sie Statist irgendeines merkwürdigen Theaterstückes, war ein Elektrolehrling.

Berti Hofer war gerade dabei gewesen, das Gehäuse des neuen Verteilerkastens an die Betonmauer des Waschhauses zu setzen. Nur zufällig hatte er aufgesehen. Dann wurden seine Augen ganz weit, und die Kombizange entglitt seiner Hand.

Berti richtete sich auf. Ganz vorsichtig tat er das. Sie konnte, sie mußte ihn sehen, so weit war das ja gar nicht.

Sie? Eine Frau. Ein Mädchen... Eine Patientin.

Da stand sie auf dem Fensterbrett, hielt sich nicht einmal fest, hatte den rechten Arm so komisch hochgehoben, als würde sie träumen, stand nur Zentimeter von der Hauskante entfernt, und jede unvorsichtige, ja, jede kleinste Bewegung mußte doch bedeuten, daß sie dort unten auf dem Stein tödlich aufprallte.

Ein Witz!... Das war das erste, was Berti dachte. Und dann: Die spinnt ja!

Tausend Gedanken flogen durch seinen Kopf: Er mußte die Klinik alarmieren! Oder zumindest den Meister. Man müßte dort rauf... Wenn es wenigstens jemanden geben würde, der sie festhielt!

Aber da war niemand.

Berti hatte solche Szenen schon im Fernsehen gesehen. Doch im Fernsehen war es anders: Da gab's Polizisten, die absperrten, Feuerwehrleute, die ein Sprungtuch ausbreiteten und eine Leiter hochschoben. Und vielleicht irgendeinen Pfarrer oder einen Psychologen, der dann auf den Selbstmordkandidaten einredete ...

Aber dies?

So still, so friedlich war der Garten. Kein Patient zu sehen. Amseln hüpften über den Rasen. Irgendwo drüben im Waschhaus lachte ein Frau.

Und da – da wollte sich doch ganz offensichtlich eine umbringen!

»Herr Köhler!« Er rief es halblaut. Dann lief er hinüber zur Tür, stieß sie auf, und, Gott sei Dank, da war der Chef gerade dabei, die Arbeitsstunden zu zählen.

»Was ist denn?«

»Kommen Sie schnell raus! Da steht eine ganz oben am Fenster.«

»Wer steht am Fenster?«

»Kommen Sie! Sehen Sie sich das an. Die will sich umbringen!«

»Umbringen?« Köhler tippte sich mit dem Finger gegen die Stirn. Aber dann hob er doch sein Gewicht vom Stuhl und trat ins Freie. Er sah Berti an.

»Scheiße! Du hast recht. Mann, warum hast du nicht telefoniert?«

»Wo denn?«

»Hier muß es doch ein Telefon geben. Mensch, drüben in der Bügelei, da hab ich eins gesehen. Na, los schon!«

»Aber ... aber, wenn sie jetzt springt? ...«

*

Sie ließen die Tür des Stationszimmers offen, gingen den Gang entlang, Christa mit stürmischen Schritten voraus. Doch dann wurde sie langsam, blieb plötzlich stehen: »Wollen Sie einen Augenblick auf mich warten, Mischa? Ich will noch etwas holen. Ich bring das jetzt hinter mich ...«

Als sie wieder auftauchte, hielt sie einen der großen braunen Umschläge in der Hand, in denen in der Klinik die Röntgenaufnahmen der Patienten aufbewahrt wurden.

»Sie meinen, es war ein echter Suizidversuch, Mischa?«

Der junge Pfleger hob die mageren Schultern. »Echt, was heißt denn echt? Das Zimmer liegt im dritten Stock, oder? Und genau drunter haben Sie den Beton von der Küchenanfahrt. Also, wenn da einer runtersegelt, dann ist er aus dem Schneider, meinen Sie nicht?«

»Aber wäre sie gesprungen?«

»Auf dem Fensterbrett stand sie schon. Ich hab's Ihnen doch erzählt.«

»War das Fenster offen?«

»Halb. Einen Fuß hatte sie draußen. Ich kann Ihnen sagen, mir wurde vielleicht komisch, als ich das sah. Ich hab mich nicht gerührt. Ich hab nur ihren Namen gesagt, so ganz leise, ganz lieb. Mir fiel nichts anderes ein, aber vielleicht war's doch das richtige. Sie guckte mich an – und ich immer: Beatchen! Beate … Beatchen.«

»Und dann?«

»Kam die Hildegard angerast. Ich konnte sie gerade noch bremsen. Ich hab sie einfach weggeschubst.«

»Kehrte sie selbst ins Zimmer zurück?«

»O nein! Sie blieb oben, den einen Fuß zwischen den Blumen, ein Fensterflügel offen. Ich bin ganz langsam näher, Zentimeter um Zentimeter, leise wie ein Indianer. Ob sie's glauben oder nicht: Ich hab mich noch nicht mal getraut, den Arm hochzunehmen. Wahrscheinlich hätte ich ihn auch gar nicht hochgebracht. Richtig gelähmt war er. Können Sie sich so was vorstellen?«

Christa konnte. Und ob!

»Und dann!«

»Genau weiß ich es auch nicht. Oder kann es nicht erzählen. Sie kippte plötzlich nach hinten. Ich fing sie gerade noch auf. Ich war ja selbst so durcheinander. Ja, und dann kam die Oberschwester …«

»Und wer ist jetzt bei ihr drin?«

»Keine Ahnung.« er rieb sich das Kinn und machte unglückliche Augen. »Ich möchte nur eines wissen, und vielleicht können Sie mir das sagen, Frau Doktor: Wie kommt ein junges Mädchen dazu, sich so aufzuführen? Die redet sich das doch richtiggehend ein, daß sie ihren Vater auf dem Gewissen hat.«

»Ob es so ist oder sie es sich einredet, das Resultat ist dasselbe, Mischa. Für sie ist es eine Tatsache.«

»Und was wollen Sie gegen solche Tatsachen unternehmen? Klapsmühle? Zwangsjacke oder was?«

Christa gab keine Antwort. Er hatte, wenn auch etwas grob, das Thema angeschnitten, mit dem sie sich seit Tagen beschäftigte: Einer so tiefsitzenden Depression therapeutisch zu begegnen, war nicht ihre Sache. Ganz abgesehen davon, daß ihr nicht nur das Fachwissen abging, in der Klinik fehlte wohl auch die geeignete Medikation.

»Ich werde jetzt mit ihr reden. Vielleicht fällt mir etwas ein.«

»Na, viel Glück!« Mischa machte eine halb komische, halb verzweifelte Verbeugung.

Vielleicht fällt dir was ein? – Es war Christa schon etwas eingefallen. Während der Konferenz am Nachmittag hatte sie darüber gebrütet und sich gefragt, ob es nicht besser sei, mit Breeken ihr Vorhaben zu besprechen. Und warum hatte sie es am Ende doch nicht getan? Weil Römer darauf bestanden hatte, noch einmal die letzte Serie von Knochenmarkbiopsien durchzusehen. Irgend jemand hatte da Mist gebaut, Breeken nahm das mit seinem üblichen unwirschen und undurchdringlichen Gesicht zur Kenntnis, alle redeten plötzlich durcheinander, und Breeken verschwand wieder einmal, ohne eine klare Stellung zu beziehen, im Büro.

Sauer war er. Man konnte es ihm nicht mal verdenken. Aber mit Sicherheit war es nicht der Zeitpunkt, ihm mit einem so abenteuerlichen Plan zu kommen, wie Christa ihn sich ausgedacht hatte.

Na gut, dachte sie resigniert, dann nehm ich's halt auf meine Kappe!

Es war beinahe wie das letzte Mal: ein Zimmer voller dunkler Pflanzenschatten. Im Bett dieses Gesicht mit den großen dunklen, alles beherrschenden Augen, Augen, die wirkten, als seien sie mit Kohlestift auf blasses Papier gezeichnet.

Beate Fischer war nicht allein. An der Terrassentür blitzte Schwester Hildegards Halbbrille, am Medikamententisch machte sich die junge Iris Benningsen zu schaffen. Niemand sprach ein Wort.

»Wie geht es denn?«

Die alte dumme Frage, die keiner Antwort bedurfte, diese ewige hilflose, zögernde Einleitung. Nicht einmal von der kleinen Benningsen kam eine Reaktion.

»Könnten wir vielleicht einen Augenblick allein gelassen werden?«

Es klang überraschend entschlossen, und Hildegard wie der Schwesternhelferin war anzumerken, wie gern sie dieser Aufforderung folgten.

Christa setzte sich auf das Bett. »Beate«, begann sie behutsam. »Fühlen Sie sich gut genug, um mit mir zu sprechen?«

»Ich red nicht. Wieso auch?«

»Aber ich muß. Das können Sie sich doch denken, nach allem, was vorgefallen ist. Ich bin nun mal für die Station verantwortlich.«

Beate Fischer drehte ein wenig den Kopf. Die Bewegung war unendlich langsam und müde. »Ich kann mich nicht wehren. Sie haben mir schon wieder eine dieser Spritzen verpaßt. Das ist alles, was ihr könnt: spritzen!«

»Das ist alles, was Sie uns zu tun übriglassen. Sie zwingen uns ja dazu, Beate. Versuchen Sie sich doch mal in meine Situation zu versetzen.«

»Ich bin aber nicht in Ihrer Situation.«

Christa faßte nicht nach ihrer Hand. Beate hätte sie ja doch weggezogen. Sie beugte sich weit nach vorne, als könne sie so den Weg ihres Blicks verkürzen und ihm die Kraft geben, eine Brücke zu schlagen, über die er Beate aus der dunklen Welt ihrer Verstörung zurückholen konnte.

»Beate! Ich muß Ihnen etwas sagen. Ich halte das für

sehr wichtig. Ich hab's mir lange überlegt, ob ich es tun soll... Aber nach dem, was geschah, ist es wohl besser so.«

»Was für Sie gut oder besser ist, ist für mich nicht wichtig.«

»Ich glaube doch.«

Sie nahm den Umschlag und zog die Röntgenaufnahmen heraus. Sie drehte die kleine Lampe auf dem Nachttisch so, daß das Licht die Strukturen darauf erhellte.

»Ich möchte Sie jetzt bitten, sich einmal diese Röntgenaufnahme anzusehen.«

»Wieso? Was interessieren mich meine Verletzungen?«

»Es sind nicht Ihre Verletzungen. Die Aufnahmen wurden von Ihrem Vater gemacht, und zwar einige Tage vor seiner Entlassung.«

Beate Fischers Gesicht veränderte sich so plötzlich, als wäre es von den Auswirkungen einer inneren Erschütterung getroffen. Vor Erregung öffnete sich ihr Mund, ihre Augenlider zitterten.

»Lassen Sie mich in Frieden!«

»Beate – bitte! Versuchen Sie jetzt mal nachzudenken. Und das müssen Sie, wenn Sie diese Aufnahme ansehen. Sehen Sie die Schatten? Und hier wieder... Es sind Metastasen. So heißt das.«

»Und?!«

»Metastasen sind Tochtergeschwülste, die Aussaat eines Primärtumors. Es sind Zellen, die sich aus einem Krebsherd lösen. Sie wandern durch den Organismus und siedeln sich an anderen Stellen wieder an. Wir haben im Körper Ihres Vaters viele solcher kleiner Metastasen gefunden.«

Das Gewicht des Schweigens, das nun entstand, war beinahe unerträglich.

Christa benötigte alle ihre Kraft. Dann sagte sie es: »Beate, es wäre unmöglich gewesen, sie alle operativ zu entfernen.«

Hörte sie überhaupt zu? Und wenn, würde, könnte sie

begreifen? Was zählten alle Argumente vor dieser Form von Schmerz, der nichts zuließ, nichts aufnehmen wollte und sich damit jeder Folgerung entzog.

»Beate! Sie haben mich doch verstanden? Sie wissen, was das bedeutet?«

Die Augen wurden etwas klarer.

Endlich: Ein Nicken, eine kleine, fast unmerkliche Bewegung. Und die Frage: »Warum sagen Sie mir das? Was soll das?«

»Ich möchte, daß Sie verstehen, daß sein Tod ihm geholfen hat.«

»Ihm geholfen?« Nur ein Flüstern, kaum verständlich.

Doch dann ballte sich die Verzweiflung in dem schmalen Körper zu einer Bewegung wilder Abwehr: »Das ist eine Lüge, Unsinn! Quatsch! Sie wollen mich ja nur beruhigen. Das ist es doch, was Sie wollen!«

Christa hatte das Gefühl, als würde sie sich auf Eis bewegen, hauchdünnem Eis, das knisternd unter ihren Sohlen die ersten Sprünge zeigte. Doch nun hatte sie einmal begonnen, jetzt ging sie auch tapfer weiter.

»Warum soll ich es nicht wollen? Wieso soll ich nicht versuchen, Sie zu beruhigen? Haben Sie schon einmal Krebskranke gesehen? Ich habe jeden Tag mit ihnen zu tun. Wissen Sie, was das heißt, diese Schmerzen? Dieses wochenlange Leiden, das Dahinsiechen. Die Hoffnung, die immer wieder betrogen wird?«

Der Blick der dunklen Augen war nur schwer zu ertragen. Beate bewegte den Mund, doch sie blieb stumm. Und das ermutigte Christa weiterzusprechen: »Ich will nicht, daß Sie nun alles anders betrachten. Das würde mir wahrscheinlich auch gar nicht gelingen. Aber etwas möchte ich doch erreichen: daß Sie, was geschehen ist, neu sehen, von einer anderen Warte beurteilen...«

Aber da war nur Verzweiflung und blinde Abwehr. Eine torlose Mauer, die nichts zuließ. Uneinnehmbar!

»Beate!« Christa versuchte ihrer Stimme Kraft zu geben. »Beate, Sie können sich doch vorstellen, was das bedeutet?«

Beates Augen blickten zur Decke. Ein Schimmer stand darin, der ihre Transparenz noch verstärkte.

»Hören Sie mich, Beate?«

»Hören Sie mich, hören Sie mich … Die ganze Zeit höre ich Sie. Und warum sagen Sie das?«

»Ich sage es, weil ich es für sehr wichtig halte. Ich will Ihnen zeigen, daß man die Sache auch anders betrachten kann: daß nämlich sein Tod ein gnadenvoller Tod gewesen ist.«

»Gnadenvoll? Auch das noch! Und ich? Ich hab mit der Kirche nichts am Hut. Und mit Sprüchen schon gar nicht. Gnadenvoll, wenn ich so was schon höre …«

»Mit Religiosität hat es nichts zu tun. Aber es gibt Situationen, in denen man von einem gnadenvollen Tod sprechen kann. Sie müssen es mir glauben, Beate: Durch diesen Tod, der Sie so trifft, ist Ihrem Vater vieles und Schlimmeres erspart geblieben.«

Ein kurzes, fast unmerkliches ruckartiges Anheben des Kinns. Nun wendete sich ihr Gesicht Christa zu. Die Bresche war geschlagen. Christa wußte es. Ja, jetzt hast du sie.

Nun hatte Christa auch den Mut, sie zu berühren. Ganz vorsichtig fuhr sie mit ihrer Hand über Beates Schulter, so als wolle sie ein von Schmerzen geschütteltes Kind in den Schlaf streicheln. Und es kam kein Widerstand.

»Warum nur …? Er hat es doch wirklich nicht verdient. So gemein ist das alles … das Leben, so gemein ist es.«

»Vielleicht. Doch können wir es ändern? Und können wir es beurteilen?«

»Wenn er … nun, ich meine, wenn er tatsächlich gewußt hat, wie es um ihn steht …«

»Er hat es nicht gewußt, Beate. Ich machte einige Andeutungen, versuchte mit ihm darüber zu sprechen. Aber er nahm es nicht auf. Er wollte es nicht hören.«

Wieder geglückt. Und sie redete und redete immer weiter. Wie auf einem dieser mittelalterlichen Bilder von Leprakranken oder Blinden zog eine Lüge die nächste hinter sich her, unaufhaltsam, dem Abgrund oder der Rettung entgegen.

»Wir haben in der Klinik miteinander darüber gesprochen und wurden uns einig, daß es vielleicht besser ist, noch zu warten. Er hat es wahrscheinlich geahnt. Sicher sogar. Davon bin ich überzeugt. Was hätte die Wahrheit schon geändert? Und was alles noch schwerer gemacht: Er liebte Sie doch so, Beate. Hätte er Ihnen jetzt sagen sollen: Ich habe Krebs? Das hätte er bestimmt nicht fertiggebracht.«

Beates Augen füllten sich nun mit Tränen, und eine lief schon über ihre rechte Wange.

Christas Hand blieb still auf Beate Fischers Arm liegen.

»Ja«, flüsterte Beate, »das hätte er nie gesagt.«

»Aber ich muß es Ihnen sagen.«

Der Satz hing seltsam feierlich in der Stille. Und Christa litt unter ihm. War das notwendig gewesen? War es nicht schrecklich, beinahe widerwärtig? Gab es keine andere Möglichkeit?

Doch dann geschah, was sie noch nicht einmal zu hoffen gewagt hatte und ihr nun wie ein Freispruch erschien: Beates Fingerspitzen berührten sie, machten eine kleine hilflose Bewegung und griffen schließlich nach ihrer Hand.

»Ich kann jetzt nichts denken, Frau Doktor.«

»Das ist ja auch nicht nötig. Sie sollten schlafen.«

»Ja, ich sollte schlafen. Aber es ist gut, daß Sie es gesagt haben. Es ist so schrecklich ... Aber ich glaube, es ist auch gut.«

*

Drei Stunden später fuhr Christa die Südschleife hoch, hinauf zum Lueg-ins-Land, an der Aussichtsplattform vorbei.

An der Abzweigung, die zur Waldkirchner Straße führte und damit zu dem kleinen Haus, das Udo und Claudia vor drei Monaten bezogen hatten, stoppte sie den Wagen.

Als sie die Klinik verließ, hatte die Dunkelheit bereits eingesetzt; unmerklich, fast ohne Abstufung war ein grauer Tag zur Nacht geworden. Und auch die Nacht hatte keine

Konturen. Der feine Nieselregen bestand aus winzigen sprühenden Tröpfchen, so zart, daß sie geräuschlos die Karosserie einhüllten wie Nebel. Selbst die Umrisse der nächsten Bäume löste er auf.

Irgendwo dort unten, dieser warme Lichtschleier, das war wohl die Stadt. Am Hang brannte eine Lichterkette. Die Waldkirchner Straße. Dort war jetzt auch Benni. Christa aber, gepeinigt von Furcht vor einem leeren Haus, in dem eine schweigsame Laura Michaelis mit dem Abendessen wartete, und in dem sie dann dem Geklapper ihres eigenen Löffels zuhören konnte, starrte mit brennenden Augen durch die Feuchtigkeitsschleier in die Nacht und versuchte unter den vielen Lichtern das eine, das richtige, auszumachen: Udos und Claudias Haus. Benni würde dort irgendwo herumkrabbeln, oder sie hatten ihn schon ins Bett gesteckt.

Bisher hatte Christa einfach nur gehandelt, ohne Überlegung: Sie brauchte ihr Kind. Sie mußte es sehen. Das Gespräch mit Beate Fischer hatte sie so aufgewühlt, daß kein anderer Gedanke mehr Raum hatte.

Doch nun fragte sie sich: Und? Ist es eigentlich nicht immer so? Nicht das Kind braucht dich – du brauchst das Kind. Als Trostpflaster, als Verband für eine schmerzende Wunde, als etwas, das für dich da zu sein hat, dann, wenn du dich so mies fühlst wie jetzt.

Sie stellte den Motor ab und versuchte nachzudenken. Sie würden beim Abendessen sitzen. Wie auf einem Reklamefoto sah sie die Idylle vor sich: Die Hängelampe aus Korbgeflecht über dem runden Tisch. Der Kleine im Bettchen in der Ecke. Udo hatte es selbst gekauft und stolzgeschwellt nach Hause geschleppt, damals, als sie sich zu »Vize-Eltern« erklärt hatten: »So 'ne Halbwaise wie der Benni? Der kann gar nicht genug Eltern haben!«

Du hast noch dazu gelacht, dachte Christa. Mehr noch, du warst dankbar für diesen Satz. Was du nicht schaffst, übernehmenn im Brinkmann-Clan die anderen! So ein Kind kommt auch mal ohne dich durch – und wie die frommen Sprüche alle heißen. Vor allem: Was kannst du schon ändern? Du bist Ärztin. Sie brauchen dich in der Klinik!

Und wenn es mal ganz dick kommt wie heute, dachte sie, dann fällt es dir ein: Mein Kind möchte mich sehen!

Eine Art Mutterglück auf Knopfdruck, genauso als würde man einen Schalter anknipsen: Mir geht's so schlecht, bitte, gebt mir meinen Kleinen! Ist er nicht süß? Ich brauch ihn heute so – seinen Atem, den Duft seiner Haare, den kleinen Körper, einfach alles, was mir gehört!

Der Regen wurde stärker. Sie war müde, so schrecklich müde. Und so verdammt allein. Sie kam sich in dieser Blechhülle vor wie ein Astronaut in seiner Kapsel: Lichtjahre von den anderen entfernt, ohne Möglichkeit, zu ihnen zu gelangen. Sie glaubte das Bröckeln der Zeit zu vernehmen, das Alter, das ihr zuwuchs, die Jugend, die entschwand, und mit ihr die Illusion des Glücks. Klaus – irgendwo in Amerika. Freunde, für die man keine Zeit hatte. Vollmers zum Beispiel…

»Warum kommst du mich nicht mal besuchen?« Fast flehend klang es am Telefon. »Ich hätte dir so viel zu erzählen.«

»Ich hab doch keine Zeit, Herbert«, lautete die Antwort. die endlose Hindernisstrecke der Pflicht, gesäumt von den Ketten der Zugeständnisse. – Ein plötzlich aufkommender Wind schüttelte die Zweige. Ganze Wolken großer Tropfen prasselten aufs Dach herab, und es klang, als trommelten tausend Fingerspitzen gegen ihre Schädeldecke. Ja, müde war sie, schrecklich müde. Zu müde, um gegen ein Leben zu rebellieren, das ihr zu leerer Form erstarrt schien, der Hülle eines Lebens…

Christa ließ den Motor wieder an. Sie würde nicht in die Waldkirchner Straße fahren. Benni schlief. Sollte er schlafen. Was bedeutete Benni schon diese Frau, die ihn plötzlich nachts überfiel, um ihn abzuknutschen? Mochte er sowieso nicht. Benni haßte es, abgeknutscht zu werden.

Christa schaltete die Scheinwerfer an. Dann versuchte

sie, den Wagen auf die Gegenfahrbahn zu steuern. Bei der Sache war sie nicht, auch die Straße war so verdammt eng, und da war das Wasser, das plötzlich vom Himmel herabdrosch, so stark, daß sie die Seitenfenster schließen mußte.

Sie legte den Rückwärtsgang ein. Der Motor rotierte, die Räder drehten durch. Und dann ging alles schief: Ein schmetternder Krach, Christas Oberkörper pendelte nach vorne. Ihre Ellbogen, die gegen das Steuerrad prallten, antworteten mit einem kurzen, stichartigen Schmerz. Sie rieb die brennenden Stellen, schloß die Augen und versuchte zu überlegen: Verdammt noch mal, da bist du irgendwo reingedonnert! Eine Mauer vielleicht? Und draußen dieser grausige Regen! Den Schaden konnte sie auch in der Garage feststellen. Nein, sie hatte keine Lust, jetzt auch noch naß zu werden. So ließ sie den Motor zum dritten Mal an, legte zum dritten Mal den Gang ein, gab Gas, hörte den Rädern zu, die durchdrehten, bis der Gummi Halt fand – und erlitt eine erneute Niederlage.

Irgend etwas mußte sich an der Karosserie gelöst haben: Ein schrecklich lautes, klapperndes Blechgeräusch verkündete, daß der Ford in Bewegung war.

Christa hielt, nahm aus dem Handschuhfach die Taschenlampe, holte tief Luft und stieg aus.

Der Regen traf sie ins Gesicht, rann ihr in den Nacken. Sie ging um den Wagen herum und spürte, wie das Wasser die leichten Sohlen ihrer Sandaletten durchnäßte und die Feuchtigkeit sich an den Zehen ausbreitete.

Ja: Die Stoßstange! Eine schräge blinkende Linie, die im hohen Gras endete. Der Kofferraum war in einer fast komisch wirkenden Kurve eingedrückt vom Zusammenstoß mit einem ein Meter hohen Stein, auf dem zu Lesen stand: OFFINGEN – 5 km.

Es war zum Heulen – und ein Witz! Sie versuchte es noch einmal. Nicht aufgeben! Die harte Kante der Stoßstange schnitt in ihre Hände, als sie daran zerrte, doch sie hielt.

Herrgott: Irgendein Schraubenschlüssel? Der Wagenheber vielleicht? Die Resignation, in die sie versank, war so tief, daß sie keinen vernünftigen Gedanken fassen konnte, auch das Herannahen der Scheinwerfer nicht bemerkte und erst aufblickte, als sie das grelle Quietschen einer Bremse vernahm.

Sie richtete sich auf.

Es war ein kleiner Wagen. Jemand stieg aus. Lang und dunkel, eine Art überdimensionale Zapfsäulenform, denn der Oberkörper schien in einer Parka zu stecken, und die dazugehörende Kapuze verhüllte den Kopf. Die Gestalt setzte sich in Bewegung, kam herübergestapft, die Hände in den Taschen.

»Hallo – hallo!« ertönte es. – Schübel? Na, Gott sei Dank!

»Wie kommen Sie denn hierher bei dem Wetter?«

»Ich?« Er fuhr sich mit dem Handrücken über die Nase, um einige Tropfen fortzuwischen. »Ich bin doch immer dort, wo Kollegen Probleme haben! Blitzschnell. Schübels Totalservice. Ist Ihnen das nie aufgefallen?«

»Nein.«

»Na, macht nichts. Steigen Sie bloß schnell wieder in den Wagen. Sie werden ja klitschnaß.«

»Bin ich schon«, sagte sie kläglich und dankbar.

»Trotzdem. Noch nasser hilft auch nichts. Kann ich mal die Taschenlampe haben?«

Sie vernahm den Protest gequälten Blechs und einen Schübel, der irgendwelche Flüche in die Nacht ausstieß. Dann knallte es, und er streckte das grinsende Gesicht zum Fenster herein. Tropfen fielen ihm von Nase und Bart.

»Wollen Sie die Stoßstange gleich mitnehmen? Ist vielleicht besser so. Ich lege sie Ihnen hier auf den Rücksitz, ja? Vielleicht biegt Ihnen die wieder einer hin.«

»Sie haben schon 'ne ganze Menge hingebogen.«

»Na, sehen Sie?« Schübel rieb die Hände an seiner Parka. »Ob man's glaubt oder nicht: Es gibt ein paar Dinge auf dieser Welt, in denen Männer besser sind als Frauen!«

»Nicht nur ein paar.« Sie wollte ihm entgegenkommen und überlegte, ob sie nun verpflichtet war, ihn zu einem Glas Wein einzuladen. Womöglich erwartete er es?

»Also dann«, sagte Schübel da draußen im Regen.

»Wie ist es«, begann Christa eine unlustige, halbherzige Einladung: »Hätten Sie Lust auf...«

»Ich muß weiter.« Er schnitt ihr das Wort ab. »Leider. Anderes Mal. Heute hab ich's eilig. Dann tschüs!«

Er winkte, verschwand winkend im Wagen, und Christa verfolgte das Geräusch des VW-Motors, das sich langsam im Geplätscher des Regens verlor...

*

Frau des Chefs, Mutter des Kronprinzen, tüchtige Medizinerin obendrein...

Werner Schübel dachte es, während er den Wagen noch immer mit viel zu hoher Geschwindigkeit durch Nässe und Nebelschleier über die laubbedeckten Kurven jagte, die zur Waldkirchner Straße führten.

An der Kreuzung ließ das bläuliche Licht der Straßenbeleuchtung Gartenmauern, Einfahrtstore und Hausdächer der kleinen Villen aufschimmern, die am Hang verstreut bis zum Wald gebaut waren.

Schübel fuhr nun langsamer. Udo Brinkmann hatte ihm hier oben unter dem Dach eines großen Wohnblocks zwei Zimmer mit Küche besorgt. Sobald Schübel in die Nähe seiner Wohnung kam, verloren Motor und Fahrer erheblich an Schwung.

Schübel brachte seinen Kopf näher an die Windschutzscheibe: Bei Udo war Festbeleuchtung! Vielleicht hatte er Besuch? ... Die Begegnung im Regen auf der einsamen Straße beschäftigte ihn noch immer, und mit der Erinnerung an das blasse, überanstrengte Gesicht Christa Brinkmanns verband sich nun der Kliniktratsch, den er schon so oft gehört hatte: Udo und Christa? Der Sohn und die Stiefmutter? Früher sollen sie es ja ganz heftig miteinander getrieben haben, wurde da behauptet, bis dann der Alte kam und dem Jungen die Christa ausspannte und es einen riesigen Aufstand gab.

Ja, Christa! Schon eine merkwürdige, eine bemerkenswerte Frau.

Es gab Tage, da sie in ihrer sachlichen, ungeschminkten Strenge fast geschlechtslos auf ihn wirkte. Eine Art wertneutrale, unfaßbare, in jedem Fall übergeordnete und fachlich unantastbare Instanz: die göttliche Karbolmaus gewissermaßen. Dann wieder – vielleicht war es eine Laune, vielleicht setzte sie ihre Mittel auch ganz bewußt ein, war sie umwerfend. Ganz Frau! Nicht aber das Gesicht bestimmte diesen Eindruck, die breiten Backenknochen mit diesen tiefliegenden, rätselhaften Augen, auch nicht ihre Figur, die sich wirklich sehen lassen konnte, nein, es war etwas anderes: eine Verhaltenheit, die Provokation in sich trug.

Ja, die Kühlen! dachte Schübel. Und: Das kennst du doch längst. Wenn die mal losgelassen werden! Der Mann mit einem Herzinfarkt in Amerika? Ob sie dich vorhin wirklich einladen wollte? Und wenn's so war? Sie hat dich doch so angeguckt? – Und du, du gibst ihr einen Korb ...

Trottel! Er beschloß rasch und aus langer Erfahrung gewitzt: du läßt gefälligst die Finger von Christa Brinkmann! Das hätte noch gefehlt.

Als er seinen Wagen in die Einfahrt fuhr, hatte der Regen aufgehört. Er blickte an der kalten, glatten, abweisenden Betonfläche der Hausfassade hoch und bemerkte unterm Dach, wo seine beiden Fenster zwei kupferne Dachreiterhauben umrahmten, Licht.

Anja?

Wer sonst? Die auch noch ... Was für eine Scheißidee, Anja den Schlüssel zu lassen.

Schübel hatte die Tasche aus dem Wagen genommen, und während ihn der Lift nach oben trug, verstärkte sich sein Unbehagen. Samstag hatte er stets ein Ferngespräch mit Rosmarie und den Kindern. Acht Uhr war Anrufzeit – nun war es bereits neun. Doch oft ließ Rosmarie es bei einem einzigen Anruf nicht bewenden. Wenn sie mieser Laune war oder einer der Zwillinge etwas ausgefressen hatte, wenn's irgendwelche Geldprobleme gab – und wann gab's die nicht? –, konnte sie das Telefon die ganze Nacht klingeln lassen, ja, ihn am nächsten Morgen noch in der Klinik fertigmachen, falls sie ihn zu Hause mal wieder nicht angetroffen hatte.

Anja wiederum sah es durchaus ähnlich, daß sie einfach abhob, falls es klingelte. Dann aber: Nicht auszudenken!

Auch das gehörte wohl zur Ehe, besser, zu der Variante von Ehe, die sich Schübel in den letzten Jahren seiner Assistentenvertretung und des Wartens auf die »große Chance« angewöhnt hatte: Vom Marktplatz zu Marktplatz, von Kirmes zu Kirmes, von OP zu OP – der fahrende Chirurg Werner Schübel, allseits belobigt und nirgendwo recht gewollt.

Man konnte sich daran gewöhnen. Das Schlechteste war's nicht.

Jetzt zum Beispiel: Vom Schwarzwald nach Berlin?

Er würde sich's noch überlegen. Aber die arme Rosmarie! Unerschütterlich wartete sie in Flensburg darauf, die Zelte ihrer Mütterlichkeit einmal an irgendeinem Ort festzurren zu können.

Nun, die Waldkirchner Straße hier würde es wohl auch nicht werden.

Das nahm er sich vor, als er den Schlüssel in das Schloß steckte. Er hätte es sich sparen können. Die Tür war bereits offen.

Schübel legte die Tasche auf die Ablage, zog die Parka aus, schüttelte Tropfen auf den roten Läufer und blickte dabei wie immer durch die geöffnete Tür ins Wohnzimmer, das einen geheimnisvollen goldenen Glanz ausstrahlte. Kerzen. Selbst der Schleiflack des Rahmens bekam etwas davon ab.

Kerzen! – Typisch Anja. Sie mag's feierlich. Sie haben alle ihre Rituale – er registrierte es mit dem milden Wohlwollen und dem nachsichtigen Vergnügen des wahren Frauenkenners, für den er sich hielt. Bei Anja waren's Kerzen und die Häppchen, die sie mitbrachte. War das geregelt, lief der Rest von allein. Stets wartete sie auf die große Aussprache – doch die Kerzen und Häppchen blieben stärker.

Wo steckte sie bloß?

In der Küche natürlich.

Vielleicht hatte sie auch eine Flasche von diesem scheußlich-süßen Kaufhaussekt mitgebracht, so wie das letzte Mal?

Doch Anja war nicht in der Küche. Sie stand im Bad. Und auch in einem anderen Punkt hatte sich Werner Schübel getäuscht: Es lief nicht von allein.

Im Gegenteil.

Anja hatte die Haare frisch gekämmt. Sie flossen in weichen seidenen Wellen um den zarten Schulmädchenhals, der ihn von Anfang an so fasziniert und gerührt hatte. Auch die schmalen, blanken Schultern, die aus einem apfelgrünen engen T-Shirt herausschauten, hatten etwas ungemein Kindliches. Die ganze Anja hatte es, einschließlich Schmollflunsch und runden Kirschenaugen.

»Oh!« sagte er leichthin und lächelte. »Wen haben wir denn da? Kerzen nebst Garnierung. Finde ich aber sehr stark. Schon lange hier?«

Sie schüttelte nur den Kopf. Die Mundwinkel blieben nach unten gezogen. Irgend etwas stimmte nicht mit ihr.

»War da ein Anruf für mich?« erkundigte sich Schübel vorsichtig.

»Nee.«

»Und 'n Kuß, ist das heute nicht drin?«

»Nee.«

»Aha.«

Er lächelte noch immer, hakte die beiden Daumen in den Gürtel seiner Jeans und ging ins Wohnzimmer. Der fünfarmige Holzleuchter – Anja hatte ihn zu seinem Geburtstag vor drei Monaten angeschleppt – funkelte auf dem runden Tisch wie ein Christbaum. Häppchen allerdings sah er keine. Und auch von Sekt nicht die Spur. Irgend etwas stimmte wirklich nicht.

Schübels in tausend ähnlichen Situationen gewitzter Instinkt schlug Alarm. Dort drüben, die Schublade der Kommode stand halb offen.

Er brauchte nicht zu fragen, sie war seinem Blick gefolgt.

»Da hab ich das Scheißfoto wieder reingesteckt – falls du's suchen solltest.«

»Welches Foto?«

»Welches Foto, welches Foto ... Das ist typisch für dich! Obwohl du es genau weißt, spielst du noch immer den Harmlosen. Der liebe Werner, der's ja immer mit allen so gut meint. Und keine Suppe anbrennen läßt!«

Sie hatte sich auf einem Sessel niedergelassen. Sie hielt das Gesicht mit beiden Händen bedeckt, und die schmalen Schultern, die er gerade noch zärtlich betrachtet hatte, zuckten in würgenden Schluchzen: »Ich hab genug! Ich hab so genug von dir ... Es ist eine solche Gemeinheit. Ich halt das einfach nicht mehr aus ...«

»Was ist eine Gemeinheit, gottverdammt? Und wieso hältst du was nicht mehr aus? Hättest du die Güte, mal ein paar vernünftige Worte von dir zu geben, Himmelherrgott noch mal: Ich komm nach Hause, halb tot vom Dienst – und was treff ich an?«

Ein hysterisches Weib, hatte er eigentlich sagen wollen, doch der Ausdruck schmeckte ihm nicht. Zu oft hatte er ihn schon verwendet.

Das Foto? fragte er sich. Klar doch: Rosmarie und die Zwillinge am Langeooger Strand! Letztes Jahr aufgenommen. Meist lag es in seinem schon etwas abgeschabten Lederrähmchen in der Nachttischschublade, denn es gab Momente, in denen Schübel eine so unwiderstehliche Welle von Sehnsucht und sentimentalem Selbstmitleid überfiel, daß er es herausholte, daraufstarrte, ausgebrannt, ja, leer von zu vielen Versprechungen, Hoffnungen und Schwüren, die keine Wiederholung mehr zuließen. Doch dazu mußte es ihm schon schlechtgehen, sehr schlecht.

Heute hingegen war er guter Laune gewesen. Und jetzt ...

»Und jetzt also kommt die große Schau: Anja Krischle in ihrer Glanzrolle als Detektiv! Ist es das? Muß ich wieder mal auf die Anklagebank? Willst du den Großinquisitor spielen?«

»Ich will gar nichts«, schluchzte es aus dem Sessel. »Nur eines: dich nie mehr reden hören! Dich nie mehr sehen!«

»Nun komm schon.« Er kauerte sich neben sie, wollte sie streicheln, und sie ließ es zu, erlaubte es auch, daß er nach ihrer Hand griff, doch er spürte, wie sich die Sehnen hart wie Klavierdrähte spannten, wie der ganze Körper zu einer einzigen steifen Abwehr wurde.

»So geht das doch nicht, Kleines. Wirklich nicht... Laß uns doch mal vernünftig reden.«

»Mit dir? Wie denn?« Die nächsten Worte konnte er nicht verstehen, dann hatte sie die Stimme wieder in der Gewalt, und was nun kam, war zwar leise, doch klar, fast sachlich ausgesprochen: »Nie hast du mir die Wahrheit gesagt... von Anfang an nicht... Was ich erfuhr, mußte ich dir wie Würmer aus der Nase ziehen. Stückweise. Sag nichts. Jetzt rede ich. Wenn du es doch nur ein einziges Mal fertigbringen würdest, nicht zu lügen, hätte ich ja schon gewonnen. Aber du? Zuerst hieß es: Ich, verheiratet? Nee! Ja, wieso denn? – Und dann: Mag ja sein, schon... Aber ich leb in Scheidung! Und was ist wirklich los? Daddy Schübel kann ohne Fotos nicht existieren! Und sicher kommt... kommt wieder so 'ne blöde Lüge!«

Sie stotterte, sie konnte einfach nicht mehr.

Er ließ ihre Hand los und stand auf. Sag was, laß dir was einfallen! Sie hatte ja recht: Es war bereits zuviel gesagt worden. Er hatte die Lust an weiteren Lügen verloren.

Und trotzdem fiel ihm noch was ein: »Sei nicht komisch, Anja. Komm wieder auf den Teppich. Hab ich vielleicht getobt, als wir neulich bei dir waren? Da stand das Foto deines Verlobten sogar im Bücherregal.«

Sie wandte ihm ein tränenüberströmtes Gesicht zu: »Das ist es ja! Dich stört so was nicht! Es müßte dich aber stören.«

Nun fühlte er wieder Boden unter den Füßen. »Dich müßte es aber auch stören, Anja, na? Und hast du es weggestellt?«

Sie kam mit Mühe auf die Beine. Das Make-up hatte sich aufgelöst. Es zog dunkle Streifen über ihr rundes Gesicht.

»Hast du – oder nicht?« wiederholte er.

Sie griff nach der Jeansjacke, die über einer Stuhllehne hing, und warf sie sich über die Schultern. »Das war unser letztes Beisammensein, Werner.«

»Ach, Kleines! Das hast du schon beim letzten Mal gesagt. Wieso mußt du immer alles problematisieren, hm?«

»Auch typisch Schübel! Ich problematisiere gar nichts. Aber du verharmlost alles. Und wenn du's genau wissen willst...«

Was sollte er wissen? Sie rannte im Zimmer auf und ab, dann ging sie zur Tür. Er folgte ihr. Er griff nach ihrem Arm. Sie riß sich los.

»Also was?«

Sie wirbelte herum. »Ich muß weg von dir. Das ist es! Weg von dir, ehe es zu spät ist.«

Das gab Schübel nun sein Lächeln wieder und die Ruhe: Die arme Kleine! Süße, dumme, kleine Anja... »Warum willst du denn von mir loskommen? Ich will doch auch von dir nicht loskommen.«

»Gewäsch!« sagte sie hart. »Bla-bla-bla... Alles nur Kacke!«

Und dann hatte sie die Tür geöffnet. Ein letzter Blick. Sie war draußen.

Schübel wartete auf dem Treppenabsatz, bis das Summen und das Klicken der Liftkabine verstummt war. Unten Schritte. Hastig. Hektisch. Und das Schlagen der Tür.

Er ging in die Wohnung zurück. Er suchte nach einer Zigarette. Er fand keine. Auch kein Schnaps mehr im Eisschrank. Nur die halbvolle Milchflasche...

Er trank sie im Stehen aus, wischte sich über den Mund, ging zum Telefon und tippte die Nummer ein.

Endlich: Rosmaries Stimme!

»Wollt nur wissen, wie's so geht. Was machen die beiden?«

»Sag bloß, das interessiert dich tatsächlich?« Sie lachte. Es war ein leises, mißtrauisches Lachen. »Wo steckst du denn die ganze Zeit?«

»Hast du schon angerufen?«

»Ja, um sieben. War natürlich wieder niemand da.«

Er atmete erleichtert auf. »Ich hatte vielleicht 'nen Tag! Konferenz bis jetzt. Und wieder ein paar Fälle – ich kann dir sagen, hier ist der Teufel los!«

»Der scheint bei dir immer los zu sein«, sagte Rosmarie.

*

Kühler war es geworden. Brinkmann ging schneller. Den Pulli würde er nicht anziehen, es war ja nicht weit. Er hatte ihn lässig über die Schultern geworfen, so wie die jungen Mexikaner, die in den Abendstunden mit ihren Mädchen auf den Hügel kamen, um drüben an den Terrassen ihre Kofferradios anzustellen, Bier zu trinken und zu flirten.

Die Luft schien schwerer, so als nehme sie Substanz an. Sie drückte gegen seine Schultern. Und drüben, auf der anderen Seite des Hügels, wo eine weiße Mauer ein Villen-Areal abgegrenzt hatte, bogen sich die schlanken Zungen der Zypressen vor einem schiefergrauen Himmel.

Vielleicht würde es regnen? Und wenn ... Er fühlte dem Abrollen der Gummisohlen seiner Turnschuhe nach, atmete gleichsam im Schwung, legte den Kopf in den Nacken und nahm dennoch mit einer fast schmerzlichen, übergenauen Klarheit das Bild in sich auf: ein Meer von der stumpfen Farbe oxydierenden Metalls. Die kahlbraunen Hänge, auf denen einzelne Häuserzeilen standen. Ein einziges Mal auch hatte er bis jetzt die berühmte Brücke gesehen. Er fühlte keine Sehnsucht nach der Stadt. Warum auch? Dies hier oben war eine Welt für sich, und sie war ihm genug.

Philosophische Genügsamkeit, tröstliche Gedanken. Ja, aber an sich wollte er noch zur Tankstelle hinunter. Ein langer Weg, bei Gott! Brinkmann hatte ihn schon dreimal zurückgelegt. Das erste Mal in der absurden Hoffnung, im Drugstore bei der Tankstelle eine deutsche Zeitung zu finden. Dann hatte er sich mit den amerikanischen begnügt, einem ganzen Packen, von der *Washington Post* bis zur *San*

Francisco Sun, um dabei fasziniert festzustellen, daß sich in diesen pfundschweren Nachrichtenwüsten kaum Meldungen über Europa und nur wenige Zeilen über das Land befanden, aus dem er kam.

Alles ist wohl eine Frage der Perspektive – Brinkmann überlegte es mit neugewonnenem Abstand: Aber eine sonderbare Rasse sind sie schon, die Amis. Sie haben nur eine einzige Welt, nur einen einzigen Horizont. Es gibt nur sie! Er sagte es sich, um sich dann im gleichen Atemzug einzugestehen: Und du? Wie steht's denn mit dir? Bist nicht auch du auf dem besten Weg, zum Egozentriker zu werden? Verhält es sich mit dir nicht ähnlich?

Er spürte die Steigung an der Spannung der Oberschenkel. Eines Tages wirst du hier runterjoggen, nahm er sich vor. Und wieder hoch!

Eines Tages... Jetzt jedoch hatte er nur Lust zu schlafen oder im Bett über die Fragen nachzudenken, die ihm Miss Eileen, seine neue Therapeutin, so ans Herz gelegt hatte, die Frage: »Wer sind wir eigentlich? Und was sind wir?« Die Frage: »Wovor haben wir Angst? Dem Tod? Dieser Zellverband, den wir darstellen, was belebt ihn? Das Ich. – Was ist es?«

Fragen und Antworten, aneinandergereiht wie eine Kette. Brinkmann war wieder zum Schüler geworden, und Eileen Walters hielt den Anfang der Kette bereits in der Hand, wenn er morgens Punkt zehn Uhr die rosarote, trotz des hellen Sonnenlichts draußen dämmrig abgedunkelte Höhle ihres Studios betrat.

Dann blickte Brinkmann in zwei wissende und falls nicht wissende, zumindest verstehende Augen. Mandelförmig waren die und dunkel, eingerahmt wie in einem Spitzenplissee von ungezählten Fältchen, die die gelblichbraune Haut schraffierten. Und die Hände: lang, sehnig, Knotengelenke! Trotzdem, nie hatte Brinkmann so ausdrucksvolle Hände gesehen.

Eileen Walters war Psychologin. Seit zehn Jahren arbeitete sie mit Wolfgang Schneider zusammen. Und sie machte ihre Sache gut.

Schließlich: Dies war Amerika, das Land der ewigen Aufbruchstimmung und der Seelenärzte, deren es dazu wohl bedurfte. Und dennoch: Eileen Walters war in dieser Landschaft schon was Einmaliges!

»Wir werden jeden Tag neu geboren, mein Freund. Nehmen Sie Ihren Schultergürtel – was drücken die verkrampften Muskeln aus? Protest. Wir werden ihn also lockern. – So, sehen Sie ... Er wird schon weicher. Er beginnt zu leben. Ja, auch dies ist Neuanfang – Geburt.«

Aha? – Brinkmann dachte es benommen und hörte weiteres leises Murmeln wie etwa:

»Denken sie, mein Freund, die ganze Welt ist Veränderung. Das Ich – nur eine Illusion. In Wirklichkeit existiert es gar nicht. Was wir für das Ich halten, müssen wir auflösen, nur so kommen wir an den Kern des wahren Selbst, nur so gewinnen wir, was das Wichtigste ist: eine gelöste, liebende, heitere Ruhe.«

Brinkmann fühlte sie, die »gelöste, liebende, heitere Ruhe«, als er nun um die Ecke bog, um das Gelände des Instituts zu betreten.

Der Samen war am Aufgehen, den Eileen Walters so freigiebig jeden Morgen in seine Seele säte – jawohl!

Eines hatte Eileen wirklich fertiggebracht: Er hatte sich »angenommen«, wie sie es ausdrückte. Er beschäftigte sich mit dem Selbst – und nicht mit den Sorgen.

»Hallo, Doc!«

Der kleine mexikanische Hausbursche mit dem spitzen gelben Kindergesicht winkte ihm fröhlich zu. Brinkmann winkte fröhlich zurück. Noch vor ein paar Tagen hatte er bei jedem »Hallo, Doc!« in den Hosentaschen gewühlt, sich nicht ganz so sicher, ob nun ein halber oder gar ein ganzer Dollar fällig sei. Jetzt beließen sie es beide bei gegenseitigem Strahlen. Auch dies ein Erfolg Eileens ...

Brinkmann betrat die Halle des »Oasis«.

Irgendwo in der Ecke flüsterte der Fernsehapparat. Das

tat er den ganzen Tag. Die Tür, die hinter ihm zuschlug, schnitt wie ein Messer die schweißtreibende Schwüle ab, die draußen herrschte. Kühl war es hier, eine künstliche, klimagesteuerte Frische, die sich wie ein Hauch von Frost auf seine Stimmung legte.

Doch es gab ja Miss Adams. Miss Adams in der roten Bluse, Miss Adams, die die schweren grauen Haarflechten stets mit einem imposanten spanischen Kamm am Hinterkopf bändigte und aus ihren schwarzgeschminkten Augen jedem Ankömmling ein fröhliches Lachen entgegenwarf. Miss Adams – ein Therapie-Programm für sich!

»Oh, Mister Brinkmann! Da sind Sie ja endlich.«

»Was heißt denn hier endlich?«

Sie beugte ihre Fülle über die Theke und blinzelte in die Ecke am Fenster: »Endlich heißt endlich. Sie werden erwartet. Seit einer halben Stunde. Ich sagte der Dame immer wieder: Nun bleiben Sie doch noch ein bißchen. Länger als zehn, zwanzig Minuten ist er nie aus dem Haus.«

Der Dame? Was redete die Adams da? – Brinkmann drehte sich um.

Und dort – tatsächlich – hinter diesem hohen Fries aus Plastik-Papyrus bewegte sich etwas, trat nun in die Lichtsäule eines der in der Decke eingelassenen Tiefstrahlers, materialisierte sich gewissermaßen vom Schatten zur Frau, zu einer sehr hübschen Frau mit dunklem Haar, in dem ein wenig Kupferglanz funkelte.

Brinkmann schluckte.

»Hallo, Herr Professor!«

»Sie?!«

Das war alles, was er herausbrachte. Es war nicht viel, und es klang ziemlich blöd.

»Sind Sie wirklich so überrascht?«

Diesmal hatte Maria Rotenburg Wert auf Eleganz gelegt. Ein stahlblaues Kleid mit den breiten Schultern eines Baseballspielers, der lange Körper, ihre flüssigen Bewegungen, das alles paßte schon zusammen. Nichts mehr war an ihr von der sachlichen Entschlossenheit der in Khaki gehüllten

Agronomin, die ihn während des Fluges so beeindruckt hatte.

»Sie gucken so komisch!« Sie gab ihm die Hand und lächelte. »Ist etwas?«

»O ja!« Brinkmanns Blick blieb an der Perlenkette hängen, die um ihren Hals lag. Er fühlte die Wärme in der Stirn. Er dachte: Jetzt läufst du wirklich rot an wie der letzte Abiturient! Und noch schlimmer, du benimmst dich auch noch so.

»O ja – wenn ich komisch gucke, dann deshalb, weil ich mir Cowgirls immer etwas anders vorgestellt habe.«

»So? Wie denn?«

»Na, mit Stiefeln. Und ein bißchen Mist an den Hosen.«

»Ein solches Cowgirl können Sie auch haben. Sie brauchen ja nur auf die Ranch zu kommen. Aber das haben Sie ja nicht geschafft. Und da ich heute in die Stadt mußte, dachte ich mir: Fahr doch zum Conand Center!«

Brinkmann nickte nur, und dabei wurde ihm bewußt, daß er noch immer ihre Hand hielt. Warum? War es diese jäh aufschießende Freude, mit der er nichts anzufangen wußte?

»Kommen Sie!« Sie lächelte ihn an. »Ich habe einen riesigen Einkauf hinter mir. Den ganzen Morgen bin ich durch die Stadt gedüst. Jetzt bin ich total fertig. Wie wär's denn! Ich könnte einen Drink gebrauchen. Wollen wir? Ich hab den Wagen draußen.«

Und so saß Brinkmann einige Minuten später schon in einem großen, verbeulten, lehmfarbenen und ungemein tüchtig wirkenden Allradfahrzeug, das er zuvor schon auf dem Parkplatz stehen gesehen hatte. Maria Rotenburg hatte die Hand am Zündschlüssel. Jetzt drehte sie sich plötzlich um, blickte ihm in die Augen und sagte: »Guten Tag, Sie Lügner!«

»Lügner? – Wieso Lügner?«

»Wieso? Wollen Sie weiterlügen? Wie ist das eigentlich: Sie wollten sich doch im Conand Center über den neuesten Stand der Medizin informieren? So lautete wenigstens meine letzte Information.«

»Na ja...« Brinkmanns Grinsen wurde etwas schief. »Will ich auch. Nur – eben als Patient.«

Sie ließ den Motor an. »Was darf's denn sein? Alkoholisches. Anti-Alkoholisches? – Was trinkt man so in Ihren Kreisen?«

»Hören sie mal, Maria, werden Sie bloß nicht ironisch!«

»Verzeihung!« Es klang weich. »Weiß Gott nicht. Wissen Sie eigentlich, daß ich Sie schon dreimal angerufen habe?«

»Wirklich?«

»Ja, wirklich. Ich komme ja oft nach San Franzisko rein. Hat man es Ihnen nicht ausgerichtet?«

»Nein.«

Der Wagen hatte die Ausfahrt verlassen. Der Himmel war dunkel geworden, und nun setzte Regen ein. Die Scheibenwischer kämpften gegen die gelbe Brühe an, die vom Dach über das Glas herabfloß.

»Auf Ihrer Ranch scheint es ziemlich staubig zu sein.«

»Vielleicht. Aber es macht Spaß.«

Er sah sie an. Das blaue Kleid schimmerte im Licht eines entgegenkommenden Wagens, der die Scheinwerfer eingeschaltet hatte, um gegen die Dunkelheit anzukämpfen. Ihr Gesicht wirkte hell, fein, klar geschnitten, beinahe zerbrechlich.

WIR WERDEN JEDEN TAG NEU GEBOREN! – Richtig, Eileen, dachte er und sagte: »Wissen Sie, das ist eine sehr gute Idee, daß Sie gekommen sind.«

»Freut mich zu hören. Meinen Sie's im Ernst? Bisher hatte ich nämlich nicht den Eindruck.«

»Doch, doch! Ich war nur zu überrascht. Aber jetzt geht es mir schon bedeutend besser.«

Sie lachte. »Soll's Ihnen auch. Da wollen wir alle zusammenhelfen.«

»Sagt auch der Onkel Doktor zum Onkel Doktor.«

»Eine richtiggehende Verschwörung, nicht? Und wenn Sie in Ihrem Programm noch einen Besuch auf der Ranch einfügen können, ich garantiere Ihnen, es tut gut.«

Er nickte.

»Heißt das, daß Sie kommen?«

Er nickte wieder. Die Bereitschaft, ihre Freundlichkeit, er wußte nicht, wie er sie deuten sollte. Sie überraschte, ja sie überwältigte ihn ein wenig, doch er empfand nicht Furcht davor, eher Dankbarkeit.

Verdammt noch mal, soweit kam es noch, daß er gegenüber jedem dankbar wurde! Aber schließlich waren sie Nachbarn: Offingen – Villingen.

»Nachbarn müssen sich helfen, nicht?«

»Genau! – Dort drüben, das Lokal, gehen wir da rein? An sich hätte ich gerne mit Ihnen einen Spaziergang gemacht – aber so wie das Wetter aussieht! Und ich habe meinen Staatsfummel angezogen.«

Sie erreichten den großen, niederen, mit roten Kunststoffsesseln bestückten Raum unter einem von Gummipflanzen flankierten Baldachin, der Brinkmann irgendwie an den Tigerlaufgang eines Zirkus erinnerte. Hier roch es dumpf und sauer nach kaltem Tabakrauch und vergossenem Whisky. Auf der erhöhten leeren Tanzfläche im Hintergrund standen ein paar in Segeltuch verpackte Instrumente. Ein Mann kam auf sie zu: schwarze Lederjeans, ein fahles olivbraunes Gesicht über einem roten weitärmeligen, offenstehenden Hemd. Er beäugte sie mit zusammengekniffenen Augen, nickte wortlos, als Maria Rotenburg Tee bestellte, und verschwand wieder.

»Nicht besonders erhebend. Sollen wir uns was anderes ...?«

Brinkmann schüttelte den Kopf. »Warum? – Es gibt ja uns.«

Da strahlte sie ihn an und nickte heftig. Und er fragte sich, wieso er zu diesem »Es-gibt-ja-uns« gekommen war. Aber es war die Wahrheit, und er war froh um sie, froh um diesen Besuch.

»Vor allem gibt es Sie! Und wie ein Patient sehen Sie überhaupt nicht aus.«

»So fühle ich mich auch nicht«, sagte er. »Nicht länger ...«

*

Das Telefon! – Da stand es, sich selbst genug, grünschimmernd mit den schwarzen Zahlen der Tastatur: Ein kleiner, perfekter, selbstzufriedener und unbeteiligter Apparat, der nichts, aber auch wirklich nichts als seine Pflicht tat.

Christa hatte Mühe, sich davon abzubringen, ihn an die Wand zu werfen.

Sie schloß die Augen.

Nerven, Frau Kollegin, die Nerven! Frauen sind in den meisten Punkten zwar belastbarer als Männer, nur leider gibt es einen Schwachpunkt: ihre zu ausgeprägte Emotionalität. Werden sie darin überstrapaziert, rennt die Laufmasche los, und der ganze Strumpf ist ruiniert. – Was glauben Sie, Frau Kollegin, warum ein Mann wie ich nie geheiratet hat?

Breeken! Den hätte sowieso keine genommen. Was bildet der Kerl sich überhaupt ein!

Doch so geschmacklos, wie Christa der Vergleich mit der Laufmasche vorgekommen war, nun gestand sie sich ein, daß er einen Kern von Wahrheit enthielt: Gestern, im OP, hatte sie versagt, kläglich herumgezittert. Die zu ausgeprägte »Emotionalität«? Richtig, Herr Breeken. Sie haben es mit einer Frau zu tun, die nicht mehr so recht weiß, wo es langgeht, die Tag für Tag auf ein lächerliches Telefonat wartet, das nicht kommt, die nach Hause rennt, in einer leeren, kalten Villa herumsitzt und sich nicht einmal mehr an ihrem Kind freuen kann, weil sie wartet, auf einen Anruf, ein Lebenszeichen, ein Signal – auf was eigentlich?

Ja, auf was?

Es war Christa, als spüre sie das Gewicht der Mauern auf sich lasten. Die Stehlampe am Ende des Raumes reichte nicht aus, die Wände zu erhellen. Die Schatten waren fließend geworden. Nur die Decke war zu spüren und das Dach. Ein Haus – nein, ein Mauseleum.

In diesen Tagen war ihr zum ersten Mal bewußt: Das Haus, ja, alles war auf einen Mann wie Klaus zugeschnitten, mit ihr hatte es wenig, nein, nichts zu tun. Die dunklen alten Möbel. Die Bilder. Die vergilbten Fotografien. Der Flügel dort drüben, der seiner ersten Frau gehört hatte und auf dessen schwarzer geschwungener Fläche noch immer ihre Fotografie stand. Einmal hatte er sie verschämt in eine Schublade legen wollen. Doch sie hatte darauf bestanden, daß sie an ihrem Platz blieb.

Nun aber, wenn sie in das Musikzimmer ging, das Knakken der Dielen in den Ohren, war es ihr manchmal, als verfolge der Blick dieser Frau ihre Bewegungen, als existiere ihr Lächeln nur für sie, ganz so, als würde die längst Verstorbene sie beobachten.

Christa stand auf. Hinter dem schweren Holz des Nußbaumschranks war, wie sie wußte, die Flasche Cognac. Jawohl, Herr Breeken! Soweit sind wir also: Überemotionalisiert, drehen Frauen durch. Und was fällt ihnen ein? Nach der Flasche zu greifen. Oder zu heulen. Oder zu dem Kleinen ins Bett zu schlüpfen, ihn neben sich zu fühlen, zu riechen, seinem Atem zu lauschen – und schlaflos darauf zu warten, daß irgendwo in einer Stadt namens San Franzisko ein Mann sich ihrer erinnert, ein paar Nummern drückt und mit ihr spricht.

Falls er das nicht tut, was dann? Dann rennt sie am nächsten Tag in die Zentrale und fragt: Hat er angerufen? Er hat nicht angerufen. Wieso auch. Aber sie, sie hat sich wieder einmal lächerlich gemacht. Was erntet sie? Mitleidige Blicke.

Christa ließ den Cognac.

Als sie zusammen Cognac tranken, waren sie stets guter Laune gewesen. Sie hatten etwas zu feiern oder etwas zu besprechen.

Sie zwang sich, von dem Warmhalter, den die fürsorgliche Michaelis auf dem Tisch aufgebaut hatte, die Haube zu nehmen, aß ein paar Löffel Suppe, brach ein Brötchen dazu und schob alles wieder zurück aufs Tablett.

Drüben, im Kinderzimmer, schlief Benni. Christa beugte sich über ihn. Ihr Atem streichelte seine Wange. Sein

Gesicht war selig und entspannt. Ein schlafender Engel. Ja, wenn ein Kind im Traum so lächeln konnte, dann ging es ihm gut. Doch nicht einmal dies war ihr Verdienst.

Und nun?

Neun Uhr dreißig...

In San Franzisko – wie spät? Wie viele Stunden Unterschied lagen dazwischen?

Vielleicht ging es Klaus schlecht? Oder er hatte zu tun? Oder Wolfgang Schneider drehte ihn wirklich so schrecklich durch die Mangel, wie er bei seinem letzten Anruf erzählt hatte.

Sie konnte ihm ein Telegramm schicken. Irgend etwas furchtbar wichtiges Dienstliches vielleicht. Oder einfach nur: »Gibt's dich noch?«

Nein.

Nein – sie würde ein Buch nehmen, besser noch ihren Notizblock, und versuchen, den Artikel zu schreiben, den Vollmers angemahnt hatte. Sie sollte, müßte, würde...

Nichts!

So nahm Christa schließlich ihren Mantel, ging die Treppe hinab und öffnete leise die Haustüre, um nicht die Aufmerksamkeit der Michaelis auf sich zu lenken. Sie blickte hoch. Der Himmel war rein und klar. Die Figurenlinien der Sternbilder hingen wie ein Schmuck aus Eiskristallen zwischen den Baumkronen.

»Du solltest das hier sehen«, hatte Klaus bei seinem ersten und einzigen Anruf gesagt. »Der reine Sommer! Zypressen. Eukalyptus. Ein Garten voller Blüten.«

Sie ging zur Garage, überlegte sich, ob sie den Wagen nehmen oder nicht besser zu Fuß gehen sollte.

Molli winselte irgendwo im Haus, ein kläglicher dünner Laut, der sie verfolgte, als sie dann doch die Straße hinabging.

Sie erreichte die Kurve, von der aus man die Klinik sehen konnte. Und von dort blickte sie zurück. Oben im

Eßzimmer brannte Licht. Was willst du in diesem Haus noch? Und was willst du in der Klinik? Mit jemandem sprechen, ist es das?

Selten hatte Christa so den Wunsch verspürt, sich mitzuteilen. Ihre Gemeinsamkeit war wie ein Gehäuse gewesen, etwas, das kein Außen benötigte. Doch nun …

Einen Freund, irgend jemand, mit dem sie reden konnte. Römer, nein, der war zu distanziert. Herbert Vollmers vielleicht. Ich könnte ihn anrufen. Aber ich hätte keine Antwort auf seine Frage, auf sein ewiges: »Wie geht's, Christa, ist alles in Ordnung? Was macht Klaus?«

Keine Antwort, nur Floskeln. Zu sehr war Herberts Leben mit ihrem eigenen verwoben, seit das Unglück passierte, seit damals, als Klaus ihm das Leben rettete. Er würde bald mal aus Freiburg herkommen, hatte er geschrieben. Jetzt wünschte sie, er hätte es getan.

Ein Auto fuhr vorbei. Schnell, mit quietschenden Reifen, bog es in die Kurve, und sie hörte die betrunkenen jungen Stimmen der Insassen.

Als sie die Klinikauffahrt erreichte, blieb sie stehen. Jemand grüßte. Schichtwechsel? Nein, dazu war es zu spät. Ein Pärchen, das an ihr vorüberging. Sicher eine der Lernschwestern. Als Christa die helle Halle betrat, schob sich das überraschte Gesicht des Nachtdienstes an das Fenster der Aufnahme. »Oh, Frau Doktor. Ja, guten Abend.«

Es war die alte Frau Schonheimer, eine der Veteraninnen der Klinik. Zwanzig Jahre im Dienst.

»Ich wollte mich nur nach einer Patientin umgucken.« Die Ausrede kam leicht über Christas Lippen. Doch während sie sie aussprach, fiel ihr Beate Fischer ein.

Sie fuhr hoch zur Frauenstation. Sie hatte gehofft, Elke anzutreffen. Doch was konnte sie Elke schon erklären. Außerdem: die kleine Benningsen hatte Dienst.

»Na, gibt's was?«

»Nichts. Alles ruhig.«

»Wie geht's dem Fräulein Fischer? Ich wollte mal nach ihr sehen.«

»Warum?«

»Warum was?«

»Ich mein, Frau Doktor, ihr geht's doch prima. Der geht's wirklich gut. Heute hat sie nicht mal Schlaftabletten verlangt. Und als ich vorhin so reinguckte, lag sie ganz friedlich da.«

Christa nickte. Sie kam sich überflüssig vor.

*

Dreihundertsechzehn.

Three hundred and sixteen.

Wir nennen das unsere Tagesnummer. Es ist eine Art Passierschein. Do you understand? Your daily number will be 316.«

Er war zur Nummer geworden – zur daily number! Brinkmann hielt das kleine verdammte weiße Teufelsding mit dem Computercode in der Hand, zeigte es auf Anruf vor, schob es über Stahltische, legte es in unzählige Hände, schmale und kräftige, braune und weiße, hörte das: »Oh, yes, three hundred and sixteen! Come over here now«, öffnete Türen und schloß sie wieder, trabte durch neonerleuchtete Korridore oder ging vorbei an anderen »Nummern«, die ihm mit dem unsicheren Mitgefühl der Patientengemeinschaft dieser Welt zulächelten, lief über blütengesäumte Plattenwege zwischen Bungalows, wurde schon wieder aufgerufen: »316, please!«, sah sich einem jungen Mann in Jeanshemd gegenüber, dessen ovales olivfarbenes Gesicht ihn freundlich anlächelte, während er mit der rechten Hand bereits die Elektroden ordnete, deren Saugnäpfe Brinkmann in den nächsten Minuten an irgendeiner Stelle seines Körpers spüren würde.

»Sie sind?«

»Three hundred and sixteen«, hörte er sich mit bitterem Hohn antworten. Auf englisch. Aber hatte der Kerl nicht deutsch gefragt? Brinkmann ließ sich in einen Sessel sinken. Sollte er sich seine Elektroden in den Hintern, in die Haare oder sonstwohin stecken!

»Professor Brinkmann, nicht wahr?«

Beinahe hätte er vergessen, daß er einen Namen hatte. Und der gab ihm sogar einen Titel. Er nickte schwach.

»Der Freund von Doktor Schneider?«

»Ja.«

»Ich hab auch mal in Göttingen studiert. Und später in Hamburg«, sagte der Mann und setzte hinzu, er stamme eigentlich aus Pakistan, aber aller Anfang wäre ja nun doch Europa. Und wenn er an Hamburg zurückdenke... »Mein Gott, der Fischmarkt! Ach ja, und wissen Sie, diese Abende draußen in Finkenwerder...«

Brinkmann nickte wieder. Er war lieb. Ein freundlicher Pakistani. Warum auch nicht? Alle möglichen Nationalitäten hatte Brinkmann hier in den ersten drei Tagen kennengelernt: Japaner. Koreaner. Auch einen Physiologen aus Kolumbien. Jung-Genies, die in den Startlöchern scharrten, von berühmten Universitäten zu noch berühmteren und noch spezialisierteren Instituten pendelten, bis dann irgendwann ihre Namen ehrfurchtsvoll in den europäischen Mediziner-Journalen zitiert wurden.

Mochte sein. Brinkmann hatte genug!

»Ganz schön anstrengend die erste Zeit«, sagte der Pakistani.

»Anstrengend?« erwiderte Brinkmann. »Alptraumhaft!«

»Ja, so ist das nun, hier werden Alpträume ›efficiency‹ genannt.«

Efficiency? – Leistung... Und das war es wohl auch. Wenn Brinkmann an sein gemütliches Offingen dachte, oder an Freiburg und all die Kritiker, die ihm schon mit menschenfeindlicher Apparatemedizin gekommen waren!

»Also?« sagte der Pakistani nun und schob den Schwenkgalgen über die Liege, der ein Sensorenbündel hielt: »Können wir anfangen?«

Brinkmann schüttelte den Kopf. »Nein, das können wir nicht.«

»Wie bitte?« Die bläulich schimmernden Lippen behielten ihr Lächeln bei.

»Ich steige aus. Ich will nicht mehr. – Für heute«, setzte Brinkmann rasch hinzu.

»Natürlich. Fühlen sie sich nicht gut?«

Die schweren dunklen Augenbrauen zogen sich in die Höhe. Er schien besorgt.

»Nein, mir geht's prächtig. Zu prächtig, um den Tag noch weiterhin als Nummer zu verbringen. Außerdem, ich habe etwas Dringendes zu tun. Sie entschuldigen ...«

»Moment mal! – Hallo, Herr Professor!«

»Später.« Brinkmann winkte, ohne sich umzudrehen. »Morgen. Gleich in der Früh. Ich erschein' als Nummer eins, wenn Sie wollen.«

Brinkmann ließ ihn stehen mit seinen Elektroden und dem Ausdruck von Fassungslosigkeit auf dem Gesicht.

Beschwingt lief er durch den Garten zur »Oasis«, beschwingt betrat er sein Zimmer, zögerte keine Sekunde, machte sich noch nicht einmal die Mühe, einen Sessel heranzuziehen, nein, griff sich den Telefonapparat und wählte die Nummer der Zentrale zu Hause. Tuten. Na, jetzt waren sie an der Arbeit. Fünf Uhr nachmittags in Offingen. Zeitverschiebung hin oder her, jetzt klingelte es.

Tatsächlich: »Schwarzwaldklinik!«

»Meine Frau!« schnappte er. »Es kostet viel, schnell!«

»Sofort, Herr Professor.«

Na, einmal wenigstens hatte die geschaltet. Und da war sie auch schon, verschlafen, nein, so rührend winzigklein die Stimme: »Hallo, Brinkmann.« Sie brachte es kaum heraus. Siebzehn Uhr in Offingen? Nicht verschlafen, erschlagen ist meine Christa!

»Wer spricht denn da? – Hallo!«

»Hier spricht die Nummer dreihundertsechzehn.«

»Wie bitte? ... Hören Sie, falls Sie das witzig finden ...«

»Tu ich eigentlich nicht. Nein, so witzig ist es wirklich nicht.«

»Klaus?!«

Ein Seufzen, ein Verhalten, ein Ruf, und dann war es schiere Freude: »Klaus! Ich hab schon ein paarmal ...«

»Ich auch! Dich erwischt man ja nicht.«

»Kein Wunder. Mich haben sie in der Mangel. – Was soll das denn, dreihundertsechzehn?«

Er erklärte es ihr. Sie schien nicht recht zu begreifen. Aber das war schließlich kein Wunder. Und wichtig war's auch nicht. Wichtig war nur eines: »Was glaubst du, wie froh ich bin, deine Stimme zu hören! Wer wickelt denn zur Zeit den Benni?«

Als er ihren stockenden Worten lauschte, wurde ihm schmerzhaft deutlich, wie wenig sie in letzter Zeit voneinander wußten. Seine Gespräche mit seinem Sohn, die tausend Varianten von Namen, die er ihm gegeben hatte, der Zeigefinger auf seinem kleinen runden Bauch, ihre Spiele, das Kieksen, wenn der Kleine in zappelnde Begeisterung geriet – nicht einmal davon hatte er ihr erzählt!«

»Also der Reihe nach. Erstens du! Geht's dir einigermaßen?«

»Nein, erstens Benni. Claudia hat ihn pausenlos bei sich. Der ist jetzt richtig braun geworden. Schon zweimal waren sie am Bodensee.«

»Na, scheint ja das reinste Ferienleben bei den Brinkmann-Junioren.«

»Bei Claudia. Und an den Bodensee sind sie mit ihrem Bruder gefahren. Udo schuftet rund um die Uhr wie immer.«

»Du auch?«

»Das brauchst du doch gar nicht zu fragen.« Ihre Stimme klang flacher, so, als habe sie den ersten Ausbruch von Emotionen wieder unter die Herrschaft ihres ordnenden Verstandes gezwungen. Und er, mit jeder Nervenfaser über die ungeheure Distanz hinweg nach ihren Reaktionen tastend, empfand etwas wie Ernüchterung.

Den Laden hatten sie also wieder voll. Vierzehn Neueingänge. Zwei Todesfälle. Krebs und Pneumothorax. Eine abenteuerliche Ileus-Operation, die Breeken zum Anlaß genommen hatte, die Konferenz in eine Art Schwurgerichtsverhandlung umzugestalten, bei der das ganze Team den Platz auf der Anklagebank einnehmen mußte ... Brinkmann versuchte das alles nachzuvollziehen, sagte sich, daß Breeken vielleicht tatsächlich zu weit gegangen war, wie Christa behauptete, denn so wichtig Kritik sein mochte, so lebenswichtig war es auch, das Selbstvertrauen des Teams zu erhalten.

»Ich langweile dich nur, Klaus. Kostet ja einen Haufen Geld, nicht wahr?«

»Du langweilst mich überhaupt nicht. Aber ich kann dazu nichts sagen. Mußt du verstehen. Ich bin zu lange ...«

»Ja, natürlich. Und ich rede die ganze Zeit nur von mir. Was haben sie denn mit dir angestellt?«

»Alles! Buchstäblich alles. Hier kommst du dir vor wie auf dem Montageband von General Motors. Ein unglaublicher Verein! Lernen kann man schon. Und weißt du ...«

Er hörte es ticken. Sie hatte ja recht: Ein Vermögen wurde hier vertelefoniert! Es gab doch so viel zu sagen, alle Gefühle in ihm drängten nach Worten, und er fühlte sich hilflos, weil er sie nicht zu disziplinieren vermochte.

»Hör mal! Weißt du eigentlich, wie sehr du mir fehlst? Und weißt du, daß mir dies erst hier so richtig zu Bewußtsein kam? Weißt du, Kleines, in letzter Zeit ...«

»Nicht jetzt!« bat sie. »Laß uns darüber später reden. Jetzt sind wir ja zusammen. Einmal am Telefon.«

»Ja.« Es kam bitterer, als er beabsichtigte: »Jetzt! Ich in San Franzisko – und du in Offingen! Über ein Stück Draht. Zu Hause hätten wir's einfacher.«

»Soll das ein Vorwurf sein?«

»Natürlich nicht.«

»Ach, Klaus ... du, ehe du auflegst, noch etwas anderes. Ich wollte deinen Rat. Ich erzähl's nur ganz kurz. In Stichworten ...«

Sie kamen, die Stichworte: Der Suizidversuch einer Patientin, die anscheinend aus ihrer Depression nicht herauskam, weil sie sich einredete, am Tod ihres Vaters schuldig zu sein. Dieser Vater war Fischer. Sehr tragisch! Natürlich erinnerte er sich.

»Wie?« fragte er ungläubig. »Was hast du gemacht? Röntgenbilder? Du hast ihr eingeredet ...?«

»Ich hatte Erfolg damit, Klaus. Darauf kam's an. Ich wußte mir wirklich nicht mehr zu helfen. – Hallo! Bist du noch da?«

»Ja.«

»Du findest das also nicht richtig?«

»Nein.«

Wieder diese schreckliche Pause.

Dann ihre Stimme: »Du! Ihr Zustand war besorgniserregend. Wirklich, sie war völlig fertig. Mischa hat sie im letzten Augenblick daran gehindert, sich aus dem Fenster zu stürzen. Sie wurde mit ihren Schuldgefühlen einfach nicht fertig. Da habe ich ihr die Röntgenaufnahmen gezeigt: Metastasen, die gar nicht drauf waren.«

»Das habe ich schon begriffen.«

»Wenn ich dich damals telefonisch erreicht hätte, und das wollte ich ja, was hättest du mir geraten?«

»Es bleiben zu lassen.«

»Und warum?«

»Aber Christa! Stell dir doch vor: Wenn sie nun die Röntgenaufnahmen einem anderen Arzt vorlegt, was dann?«

Alles Zögern, alle Zweifel waren aus ihrer Stimme gewichen. Sie war die alte Christa, die zu ihren Entschlüssen stand, was immer sie auch für Konsequenzen haben mochten.

»Dann werde ich ihr sagen«, erklärte diese Christa, die er so gut kannte, »daß sie einem Zusammenbruch nahe war, den sie vielleicht nicht überlebt hätte. Und daß ich keine andere Wahl hatte, als schnell zu entscheiden. Emotional zu entscheiden, jawohl, aus meinem Gefühl heraus und auf den Augenblick bezogen, aber immerhin so, daß sie wieder in Ordnung kam. Das wenigstens wirst du doch verstehen.«

»Verstehen – verstehen ... Das ist doch nicht die Frage.«

»Was dann?«

»Wie du diese Lüge auf die Dauer am Leben halten willst? Und ob sie dann noch hilft, wenn sie sie erfährt? Und überhaupt, was passiert, wenn Breeken sie darauf anspricht?«

»Ist das alles, was du mir zu sagen hast?«

»In diesem Fall, ja.«

Er verstand kaum mehr, was sie erwiderte. Sie sprach so leise.

Vielleicht war es die Entfernung? Ein Knacken. Hatte sie aufgelegt? Er konnte es nicht glauben. Er starrte auf den Hörer, und in diesem Augenblick spürte er seit langem zum ersten Mal wieder sein Herz.

*

»Hallo! Sie! Hätten Sie vielleicht einen Augenblick Zeit? Könnten Sie mir helfen?«

Elke hatte die dunkle Silhouette am Ende des Ganges für einen der Elektriker gehalten, die seit Tagen im Hause Arbeiten durchführten. Der Mann kam ihr gerade recht. Von den Hilfsschwestern war keine zu sehen, sie aber wollte bis Mittag die Zimmer umräumen. Mühlmann jammerte zwar ständig über die »katastrophale Klinik-Auslastung«, doch die rückläufige Belegungszahl hatte wenigstens den Vorteil, daß es die verbliebenen Patienten endlich mal gemütlich haben konnten. Drei Betten in diesen kleinen Zimmern hier waren ohnehin unzumutbar.

Elke öffnete die Tür zu dem Zimmer 314 und wartete.

Da kam er: ein riesiger Typ, lang, breitschultrig und jung, mit schlenkernden Armen und einem offenen Grinsen. »Na, was soll's denn sein, Schwester?«

Ein Elektriker war das nicht. Seit wann trugen Elektriker Krawatten bei der Arbeit?

»Was wollten Sie denn hier auf der Station?«

»Einen Besuch machen.«

»Jetzt ist aber keine Besuchszeit.«

»Mag ja sein.« Er kaute auf seiner Unterlippe. Er war rot

geworden. Sie fand es rührend. Er sagte: »Ich finde das blöd mit den Besuchszeiten.«

»Ich auch.«

»Na, sehen Sie! Außerdem: ich wollte ja nur jemanden abholen. Eine Bekannte. Die wird heute entlassen.«

Elke nahm die Hand von der Flügelschraube, die den Metallrohrrahmen eines der Betten befestigte. Sie sah hoch: »Beate Fischer?«

Der junge Mann nickte.

»Ach nein?« Nun sah sie sich ihn genauer an: Ein Blonder in schwarzer Lederjacke, schwarz-weiß kariertes Hemd, rote Lederkrawatte, ein durchaus nettes Gesicht. Richtig lieb, wenn auch ein bißchen naiv. Zumindest wie er sie jetzt so anlächelte.

Da haben sie sich nun wochenlang den Kopf zerbrochen, warum Beate Fischer nie Besuch bekam. Nun war er da.

»Dann nehmen Sie sie bloß mit – unsere Beate. Wer will Ihnen das verbieten? Besuchszeit oder nicht.«

»Da war eine Frau vorhin. So eine mit 'ner Art Kneifer – so 'ner komischen Brille.«

»Aha! Die Oberschwester. Nun, alte Häuser haben ihre Gespenster und Kliniken ihre Drachen. Das ist nun mal so. Aber Schwester Hildegard ist gar nicht so übel, wie sie tut.«

Elke überlegte: »Ich hätte noch einen Vorschlag: Lassen wir mal die Betten hier. Kommen Sie bitte mit, ehe Sie zu Beate gehen.«

Er nickte nur und folgte.

Andreas Oberhofer hatte es längst aufgegeben, sich zu wundern. In seinem Leben hatte Andreas nur ein einziges Mal ein Krankenhaus von innen gesehen, und ein richtiges war das auch nicht gewesen: dieses Lazarett beim Bund, wo sie ihm seine beiden beim Boxen gebrochenen Finger wieder gerichtet hatten. Dort ging's schon eher zu wie in einer Kaserne.

Nun aber saß er vor einem Schreibtisch und blickte in das aufmerksame, lächelnde Gesicht einer jungen Frau.

Eine Ärztin war das. Auf dem weißen Kittel steckte die Namensplakette. Und da stand zu lesen: Doktor Brinkmann.

Vielleicht sei er ein wenig erstaunt, sagte diese Doktor Brinkmann, daß ihn die Schwester zu ihr gebracht habe, und sie wolle auch ganz offen sein: Beate sei es in der letzten Zeit ziemlich schlecht gegangen. Nicht der Unfall, o nein, körperlich sei Beate vollkommen wiederhergestellt – aber ihre psychische Verfassung... Ihr Problem war, daß sie sich von dem seelischen Schock nur schwer erholte.

»Und deshalb wollte ich Sie sehen. Ich freue mich, daß Sie helfen, Beate einigermaßen zurück in die Welt zu holen, Herr...«

»Andreas Oberhofer.«

»Herr Oberhofer, ja. Wissen Sie, was uns ziemlich belastet hat: Es meldete sich niemand. Wir haben Beate so oft gefragt, ob sie nicht irgendwelche Verwandte oder Freunde hätte. Sie hat immer nur den Kopf geschüttelt.«

»Das kann ich verstehen.«

»Wieso?«

Andreas zögerte. Ja, er glaubte die Gründe zu kennen, doch wie sollte er sie erklären? Aber diese Frau Doktor Brinkmann hatte ein so nettes Lächeln. Er brauchte sie nur anzusehen, um zu wissen, daß sie es ernst meinte.

»Wissen Sie, der Heinz, ich meine der Herr Fischer – war ein Kollege meines Vaters. Beide waren sie bei der Bundesbahn. In Donaueschingen. Deshalb kannten wir uns schon als Kinder.«

Christa nickte ihm ermunternd zu.

»Wir sind miteinander aufgewachsen. Für mich war die Beate immer etwas Besonderes. Disco, Sport oder Jugendheim und was es sonst noch alles gibt, damit hatte sie nie was am Hut. Vielleicht lag's daran, daß ihre Mutter so früh weg war. Jedenfalls hatte sie nur noch Augen für ihren Vater. Ich mochte sie schon unheimlich gerne. Und als wir dann von Donaueschingen nach Karlsruhe weggezogen sind, mein Vater ist versetzt worden, habe ich ihr Briefe geschrieben. Auch vom Bund. Sie hat mir geantwortet und Bücher geschickt.«

»Aber Sie haben sie nicht mehr gesehen?«

»Manchmal. Ich bin immer wieder hingefahren. Und ich habe davon geträumt, daß wir vielleicht wieder nach Donaueschingen zurückkehren. Jedenfalls, ich hab sie besucht, wann ich konnte. Und dann haben wir immer lange gequatscht. Sie hat mich verstanden. Sie war einfach anders.«

Er unterbrach sich. Rot war er geworden, rot und verlegen – ein riesiger großer Junge, der wohl zum ersten Mal versuchte, gegenüber einem Fremden Worte für seine Gefühle zu finden, obwohl er nicht so recht einsah, warum er sich hier äußern sollte.

»Und wie haben Sie erfahren...«

»Mein Vater wußte gleich vom Unfall. Von anderen Kollegen. Er war ja auch hier, bei der Beerdigung. Und dann hat er sich immer wieder erkundigt, wann Beate entlassen würde. Er fühlte sich – wie soll man sagen – ein bißchen verantwortlich, denn mit ihrer Tante versteht sie sich nicht so gut.«

»Und so hat er Sie jetzt geschickt?«

»O nein! Der braucht mich nicht zu schicken. Ich habe jeden Tag gefragt, wann Beate entlassen würde. Und jetzt bin ich gekommen, um sie abzuholen.«

»Nach Donaueschingen?«

Wieder dieses Schweigen, wieder das hilflose Schulterzucken. »Dahin, wo sie will natürlich.«

Natürlich – dachte Christa. Sie hörte die Gelenke seiner Finger knacken, die er unaufhörlich ineinander verschlang. Sie stand auf, ging um ihren Schreibtisch herum auf dieses große Stück Mensch zu, mußte sich sogar ein wenig strekken, um die Schultern zu erreichen, wußte nicht so recht, warum sie dies alles tat, warum sie ihn sogar an sich zog, und sagte: »Hören Sie, Andreas! Ich bin sehr froh. Ich find's einfach toll, daß Sie gekommen sind. Und ich halte Ihnen ganz fest die Daumen!«

Auch mit dieser Eröffnung wußte er nicht viel anzufangen. Er schwieg und nickte. Und dann gingen sie gemeinsam durch den Korridor zu Beates Zimmer. Dort vor der Tür hielt sie an, lächelte ihm noch einmal zu, lauschte, als sich die Tür schloß, und hörte den erstickten Ruf.

»Mensch, du? – Andreas! Ja, was machst denn du hier?«

Ganz leise, ziemlich nachdenklich ging Christa zurück. Eine halbe Stunde später beobachtete sie vom Fenster neben dem OP-Trakt, wie dieser blonde Riesenlulatsch von Andreas Beate über den Hof zum Parkplatz führte.

Ganz vorsichtig ging er, Schritt um Schritt, mit der rechten Hand stützte er ihren Ellenbogen, als sei sie noch immer krank, als führe er etwas ganz Zartes, Zerbrechliches.

Doch nun blieb Beate jäh stehen, bewegte den Kopf, lachte ihn an und wandte dann den Blick der Klinikfassade zu.

Hatte sie sie gesehen? Wartete sie auf etwas?

Christa öffnete das Fenster.

»Adieu!« rief sie.

»Vielen Dank, Frau Doktor!«

»Alles Gute!«

Ihre Stimmen hingen dünn wie Vogelschreie über dem Platz, und Christa fragte sich, warum sie eigentlich nicht gekommen war, ihr auf Wiedersehen zu sagen. Dankesworte, Händeschütteln, die richtungweisenden Lebensdevisen – das alles war nicht gefallen. Beate hatte es vermieden. Christa glaubte zu verstehen: Es war einfach zuviel geschehen.

Beate hat recht, dachte Christa. Sie kannten sich zu gut. Jedes Gespräch hätte nur mit Verlegenheit geendet.

Ihr »vielen Dank« war alles, was zu sagen war.

Christa schloß den Fensterflügel.

Sie ging zurück in das Ärztezimmer und rief Mühlmann in seinem Büro an, um die Vorbesprechung der Krankenhausträger-Konferenz abzusagen.

»Aber hören Sie!« plusterte sich der Verwaltungsdirektor auf: »Das ist doch unheimlich wichtig, daß wir uns darüber zuvor verständigen. Schon im Namen Ihres Mannes. Schließlich sind Sie die einzige, die ihn hier vertreten kann.«

»Ob ich das kann, wage ich zu bezweifeln, Herr Mühlmann. Aber die wichtigen Punkte können wir auch noch nächste Woche besprechen.«

»Nächste Woche? – Was glauben Sie, Frau Doktor: ich hab den ganzen Terminkalender voll!« machte sich der Dicke wichtig. »Ich kann doch nicht laufend meine Dispositionen umwerfen.«

»Aber Herr Mühlmann! Klar können Sie das, so flexibel wie Sie sind. Ich hab nun mal auch Dispositionen. Und auch die ändern sich bisweilen. – Also, bis nächste Woche.«

Ja, bis nächste Woche! wiederholte sie für sich mit vergnügter Entschiedenheit. Das Pflichttier Christa würde sie heute auf der Weide lassen. Herrgott noch mal, alles hatte seine Grenzen!

Sie schrieb eine Notiz für Elke, legte sie auf den Tisch, sandte ihren Vormittagsbericht hinauf zu Breeken, steckte den Piepser in das Fach und verließ beschwingt die Klinik.

Draußen neben der Treppe, die vom Parkplatz zum Garten führte, bewegte sich etwas, das aussah wie eine dunkle schwankende Säule.

Christa zögerte. Dachte zunächst an Flucht. Aber dann ging sie doch hinüber. Daß Oma Johannsen, die Mutter des Hausmeister, auch an Sonnentagen wie diesem ihre schwarze Regenhaut über den mageren Körper streifte, daran hatte man sich in der Schwarzwaldklinik längst gewöhnt. Schließlich rannte Oma Johannsen manchmal auch bei Regen in Sommerkleidern herum. Ein den Himmel herausfordernder Trotz schien sie zu beseelen. Und er hatte der alten Dame bisher merkwürdigerweise weder Lungenentzündung noch Hitzschlag eingebracht. Sie ist putzmunter, dachte Christa: putzmunter, lieb und so herrlich verrückt!

Auch jetzt wieder hielt sie einen Arm voll Blumensträußchen. Die Blumen pflückte sie meist hinter der Gärtnerei, und weder Karl Johannsen, ihr Sohn, noch der Gärtner konnten sie davon abhalten, ganze Sträuße von Tulpen, Stiefmütterchen, Nelken, manchmal sogar Rosen den anmarschierenden Besucherkolonnen zu präsentieren: »Wollen Sie nicht eines...?« Darauf schreckten viele zurück – denn die porzellanblauen Augen Oma Johannsens hatten schon eine sonderbare Art zu gucken. Doch da waren die Preise!

»Für fünfzig Pfennig, Madamchen? Überlegen Sie doch! Ein so schönes Geschenk für die Lieben. – Und nur fünfzig Pfennig!«

So wurde man doch handelseinig. Schließlich, fünfzig Pfennig für Rosen, wo gab's noch so was? Auch wenn die Alte 'ne Meise hatte – da mußte man zugreifen!

Vor einem Jahr hatte Karl Johannsen seine Mutter aus dem Pflegeheim geholt. Seither wohnte sie mit ihm in der Hausmeisterwohnung im Garagenbau, plünderte den Garten, war von Mühlmann bereits zu einem »Punkt« geworden, der »unbedingt auf die Tagesordnung mußte«, und wurde von Christa mit langsam nachlassendem Eifer, doch noch immer erfolgreich verteidigt.

Nun, als sie Christa sah, schob Oma Johannsen ihre Sträußchen rasch unter die Fliederhecke. »Ach, is'n dad nich nett, all die schöne Sonne heute, nich?«

Unschuldig rieb sie die altersfleckigen, erdverkrusteten Hände an der schwarzen Regenhaut.

»Und die schönen Stiefmütterchen!« Christa konnte es nicht lassen.

»Och ja! Wird ein guter Tag – vielleicht. Die paar Stiefmütterchen! – Also der Karl meint auch immer... aber die paar Stiefmütterchen, die sollen doch die Leute freuen. Die wachsen doch sonst nur so dumm rum.«

Darüber war Christa zwar anderer Ansicht, doch sie nickte.

»Heute ist 'ne Katze überfahren worden.« Die Stimme der alten Frau senkte sich zu einem bedeutungsvollen Murmeln: »Sehen Sie, so ist es... zu Hause, da hatten wir auch immer Katzen. Drei Stück. Ich hab sie so gemocht. Und der

Karl hat als Junge mit ihnen gespielt. Und jetzt sag ich ihm: Gib mir 'ne Katze! 'ne Katze, wie wir in Vierow hatten, wo wir herkommen. Und er schüttelt den Kopf. Sagt ja nie was. Schüttelt immer nur den Kopf. Ich krieg die Katze nich. Und heute, auf der Straße, da seh ich eine liegen, wie Messing oder Honig. Und 'n bißchen weiß... Und da sag ich dem Karl: Siehste, hätte ich sie haben können, wär sie nich überfahren worden. Dann hätt ich sie immer bei mir, auf dem Schoß. Und im Haus. Und Mäuse würde sie auch noch fangen.«

Und dann plötzlich, völlig unvermittelt: »Sie sollten aber nicht gehen.«

»Wie bitte?«

»Ich meine, wenn Sie jetzt fortgehen... Sie gehen doch fort?«

Christa nickte. Über ihnen sangen die Vögel. Andere raschelten im Laub. Und auch die Stimme der alten Frau war nun wie ein leises, zartes Rascheln.

»Sie war tot, die Katze... Aber sie hat ausgesehen, als würd sie noch leben. So, als würd sie schlafen, verstehen Sie? Manchmal kann man das auch bei den Menschen nicht unterscheiden. Deshalb sage ich: Sie sollten nicht gehen!«

»Also, Oma...«

»Nein, bleiben Sie! Es ist der Blick.«

»Welcher Blick?«

»Da hat jemand einen bösen Blick. Der hat das gemacht mit der Katze. Der macht so vieles hier...«

»Aha?« Christa schielte sehnsüchtig zu ihrem Wagen. Die Oma Johannsen mochte noch so nett sein, jetzt ging sie ihr auf die Nerven.

»Aber Ihnen macht er nichts. Sie brauchen keine Angst zu haben. Sie sind nämlich unter Schutz. Jawohl, das weiß ich: Sie haben den janz jroßen Beschietzer! Und der will, daß es Ihnen gutgeht.«

*

Wer immer der »ganz große Beschützer« sein mochte, Christa empfand es als durchaus angenehm, daß wenigstens Oma Johannsen an ihn glaubte.

Sie dachte noch einmal an ihn, als sie am Marktplatz über vier mit einem grünen Rasenteppich belegte Stufen den Salon »Lisette« betrat. Wenn er schon will, daß es dir heute gutgeht, der große Beschützer, solltest du ihm die Arbeit ein wenig leichter machen. Sie bat die herbeieilende Chefin, ihr die Haare neu zu legen. Vielleicht ein kleiner Schnitt, falls es erforderlich sei, und dann waschen und legen, bitte.

Die Straßenbeleuchtung war eingeschaltet und der alte mächtige Fachwerkbau des Rathauses schob sich, von Tiefstrahlern erhellt, wie ein gewaltiger Eisblock in die Dämmerung, als Christa wieder ins Freie trat. SIE HABEN DEN GANZ GROSSEN BESCHÜTZER! UND ER WILL, DASS ES IHNEN GUTGEHT . . .

»Ich hoffe, ich sehe Sie bald wieder, Frau Professor?«

»Lisette, Sie wissen doch: Ich kann meine Besuche nicht vorausplanen.«

»Aber Frau Professor, Sie schieben wir doch immer dazwischen.«

»Lisette!« Christa drehte sich zu ihr um: »Lisette, darf ich Ihnen etwas sagen und Sie bitten, es nicht zu vergessen: Mein Mann ist der Professor – nicht ich!«

Es war notwendig. Auch wenn Lisette schmerzlich betroffen das Gesicht verzog. Die Deutschen und ihre Titel! Kopfschüttelnd steuerte Christa das Einkaufszentrum an.

Den Gummitraktor für Benni hatte sie gleich gefunden. Aber jetzt noch drüben in der Konditorei ein paar Sahneschnitten! Sie ließ sich vier Stück einpacken. Zitronensahne. Laura Michaelis bekam verklärte Augen, wenn auch nur die Rede davon war. Zitronensahneschnitten waren die einzige Schwachstelle in ihrem sonst so spartanischen Lebenskonzept, der Punkt, an dem sie korrumpierbar und damit menschlich war.

Ein Paket Sahneschnitten, Schinken, Spielzeug für Benni und einen Packen Zeitungen neben sich – denn vor allem wollte sie sich's heute selbst gutgehen lassen–, steuerte Christa den Wagen zur Villa hoch, fuhr ihn schwungvoll in die Einfahrt und parkte vor der Garagentür.

Oben im zweiten Stock war Licht. Festbeleuchtung. Und vom zweiten Stock herab klang auch Mollis stürmisches Gekläff. Dann hörte man das Rutschen ihrer Pfoten auf der steilen Treppe und schließlich ein dumpfes Wimmern, als sie ihren kleinen Körper gegen die Türe warf.

Christa öffnete. Es kostete sie Mühe, ihre Einkäufe gegen Mollis Begeisterungssprünge zu verteidigen. Und die Frisur war ohnehin schon wieder flötengegangen.

Im Haus war es ruhig.

»Laura!«

Keine Antwort.

Christa ging zur Küche. Der Eisschrank summte, weiße Kacheln und die übliche peinliche Ordnung funkelten sie an. Niemand...

Als sie in die Halle zurückkam, vernahm sie wenigstens Benni: »Wr-wr-wr!« Das dunkle, zufriedene Gurren, das sie so gut kannte. Dann ein hoher, kieksender Laut, an den sich eine ganze Spirale von Jubelschreien anschloß.

»Benni!« Und wie guter Laune er war! Diesmal schien sich Laura wirklich Mühe zu geben.

Sie lief hinauf, legte Zeitungen, Kuchenpaket und Einkaufstaschen auf die große flämische Truhe im Musikzimmer und ging auf Zehenspitzen hinüber zu der grüngestrichenen Tür, die den Korridor mit dem Kinderzimmer verband.

Sie öffnete sie vorsichtig und holte erst mal tief Luft. Da saß ein Mensch, ein Mann, auf dem kleinen weißgestrichenen Hocker, hielt mit dem linken Arm Benni fest und fuchtelte gleichzeitig mit der rechten Hand, in der er eine Kinderrassel hatte, vor dem von Begeisterung geröteten Gesicht des Kleinen herum!

Benni war es, der sie entdeckte. Die Augen wurden kreisrund, das Gebrüll erstarb ganz plötzlich. Doch Herbert Vollmers, zu sehr vertieft in sein Spiel, hatte noch immer nichts gemerkt, rasselte weiter, ließ nun langsam den Arm sinken und drehte sich um.

»Oh!«

Christa hatte Mühe, mit ihrer Rührung fertig zu werden. Nicht nur mit Rührung, mit diesem Bündel von Gefühlen, die sich wie ein Fächer in ihr ausbreiten wollten. All die Erinnerungen, die sich mit dem Anblick dieses hageren Menschen, dem knochigen, halb störrischen, halb schüchternen Gesicht verbanden: Die Schmerzen unter der Steinlawine... die possenhafte Rivalität, die Klaus entwickelt hatte, derselbe Klaus, der Vollmers damals in einem vierstündigen Bravoureingriff das Leben rettete – der ganze Vollmers mit einem Wort, dessen zarte, unbeholfene Werbung immer wie eine leise Frage gewesen war, die keine Antwort suchte.

Er sah sie an. Er hatte sich erhoben und hielt ihren Sohn wie ein kleines rosa Äffchen an die Brust gepreßt. Und nun blickte auch Benni sie so beharrlich an, daß ihr nichts blieb als ein lautes, befreiendes Lachen.

»Mann! Ihr seid vielleicht ein Paar!«

»Nicht wahr?« Vollmers nickte stolz.

»Mensch, Herbert! Wo kommst denn du her?«

Sie ging zu ihm. Sie hatten das Kind zwischen sich, und sie mußte den Kopf ein wenig beugen, um Vollmers die Wange für einen Kuß hinzuhalten.

Er war glühendrot geworden. Das war bei ihm in solchen Situationen immer so, erinnerte sie sich. Wie hatte er ihr einmal in Freiburg bei einem Glas Wein gestanden: »Was Frauen angeht, bin ich ewig in der Tanzstunde. Ich bleib der Kerl, der ständig über die eigenen Füße stolpert und immer das Gegenteil von dem sagt, was er meint. Ich komme, verdammt noch mal, aus der Pubertät nie raus!«

Nun, dachte sie flüchtig, diese Eigenschaft scheint er mit Klaus zu teilen. Wenn auch in einer erheblich anderen Variante...

»Sag mal, wo kommst du denn her?«

»Na, von wo schon?« erwiderte er und gab ihr einen

strampelnden, glücklichen Sohn in die Hand. »Von meiner Schwester natürlich!«

»Komm, Herbert! Laß sie in Frieden ruhen, die Arme.«

»Aber war doch ein ganz hübsches Spiel gewesen?«

»Ja, gewesen. Und jetzt? Die Wahrheit?«

»Die Wahrheit... Die Menschen fragen immer nach der Wahrheit. Und meistens stellt sich heraus, du kannst darauf nicht antworten. Die Wahrheit ist komplex – wer weiß das besser als wir Naturwissenschaftler?«

»Laß die Sprüche!« lächelte sie.

»Werd ich auch«, versprach er. »Jetzt bring du mal deinen Sohn ins Bett. Und dann? Vielleicht findet sich in diesem gastlichen Haus noch ein Glas Wein? Dann können wir über die Wahrheit reden.«

Sie nickte ihm zu, legte Benni ins Bett, dachte noch an das Geschenkpaket auf der Kommode, aber da fielen schon die Lider über Bennis Augen, sein winziger Karpfenmund öffnete sich zwei-, dreimal, so als verschwende er ein letztes Quentchen Energie an einen bereits im Traum erlöschenden Wunsch. Sie zog die Decke über ihn.

»Nicht mal den Schnuller wollte er. Was hast du bloß mit ihm angestellt?«

»Ja nun, jeder hat so seine Talente! Ich zum Beispiel wäre der ideale Babysitter, findest du nicht? Wenn mal alles schiefgeht, damit verdien ich mir mein Brot.«

Er sah ihr über die Schulter, und sein Lächeln geriet zu einer sanften Form der Anbetung.

Diskret wie er nun einmal war, verzog er sich aus dem Kinderzimmer.

*

»Du, Herbert! Der Wein ist in dem Einbauschrank neben dem Kamin. Gläser sind auch dort. Machst du mal eine Flasche auf?«

»Aber sicher.«

Vollmers ging durch den Flur zum Wohnzimmer. Er kam nicht weit.

Das Telefon auf der Empore läutete. »Bist du so nett und gehst ran, ja? Hoffentlich ist's nicht die Klinik«, rief Christa ihm aus dem Kinderzimmer zu.

Vollmers hob den Hörer ab.

Es war nicht die Klinik. Dieser sonderbar auf und ab schwingende, kaum wahrnehmbare Pfeifton? Nun ein Knistern – aber niemand, der sich meldete.

»Hallo?« rief Vollmers. »Hier bei Brinkmann. Ist da jemand?«

Nichts. Nur dieses Knistern und Pfeifen, das sich verstärkte.

»Hallo! Melden Sie sich doch!«

Niemand meldete sich.

Er legte den Hörer auf, ging an einem dunklen Flügel vorbei und schaltete die Stehlampe an. Er drehte sich um und musterte in einem plötzlichen, ihm selbst nicht ganz verständlichen Anflug von Unbehagen, ja schlechtem Gewissen die alte Fotografie, die da an der Wand hing. Die Ränder waren bereits vergilbt, und das Passepartout wies Flecken auf.

Die Klinik war darauf zu sehen. Im Vordergrund eine Treppe. Drei Schwestern in gestärkten knöchellangen Röcken blickten starr in die Kamera. Neben ihnen, etwas abgesetzt, ein Herr, der die rechte Hand an der Hüfte hielt. Kneifer und Virchow-Bart? Der alte Brinkmann wahrscheinlich. Von wann stammte die Aufnahme wohl? Aus den dreißiger Jahren vielleicht... Das Auto im Hintergrund hatte hohe Speichenräder und ein aufgeschnalltes Reserverad. All dies wirkte sehr imponierend – und ein wenig surreal. Tradition wohl? Das Bild verkörperte die Geschichte einer ganzen Dynastie.

Und sie machten weiter, dachte er. Du aber spielst den netten Onkel, kitzelst dem Kronprinzen den Bauch, bringst ihn pflichtgemäß zum Lachen, zeigst Haltung, wo's dir elend geht – der ewige aufrecht-dankbare Freund! Wie auch nicht dankbar? Wer hat es dir schließlich mit seiner ärztlichen Kunst ermöglicht, daß du dich noch immer an Illusionen und Träume verlieren kannst? – Klaus Brinkmann, der Alleskönner!

Nun lag der Meister selbst auf der Nase...

Vollmers wog die Flasche in der Hand. Cabernet. Jahrgang 1976. Er hielt sie gegen die kleine Lampe und beobachtete, wie sich das Licht darin rubinrot brach.

Für einige Herzschläge wurde der Wunsch, auf Zehenspitzen dieses Haus zu verlassen, fast unwiderstehlich. Dann aber sagte er sich: Wieso eigentlich? Warum bist du schon hier? Wenn es je einen noblen Grund gegeben hat, abends eine verheiratete Dame zu besuchen, dann wohl meiner.

Und noch etwas dachte er: Benni – was für ein süßer Junge! Ein Glück hat dieser Brinkmann...

*

Sie saß wieder in ihrem Sessel, eingehüllt in rosige Zufriedenheit, so hübsch, so verdammt hübsch anzusehen! Hübscher sogar noch, als Vollmers sie in Erinnerung hatte.

»Heut habe ich wirklich das Gefühl, mir mein Glas verdient zu haben. – Prost, Herbert!«

»Auf dich«, lächelte er.

»Auf uns!« entgegnete sie. – Was sonst...?

Ihr Haar knisterte leicht, als sie es zurückwarf, ihr Blick war klar und leuchtend, und er fühlte wieder die alte verfluchte Anwandlung von Schwäche und Unsicherheit.

»Wer hat denn da vorhin angerufen? War's die Klinik?«

»Nein. Wahrscheinlich eine falsche Verbindung. Ich habe pausenlos ›hallo‹ gebrüllt, aber da war niemand.«

Sie nickte. »Hast du Hunger? Soll ich in die Küche runter? Wo ist überhaupt die Michaelis? Ach ja, die hat ihren Volkshochschulabend heute. Hab ich ganz vergessen. Macht ja nichts, im Eisschrank steht immer was. Verhungern sollst du bei uns nicht.«

Bei uns! dachte er und sagte: »Wein ist mir lieber.«

Er versuchte ihr Lächeln mit derselben Unbefangenheit zu erwidern. Jetzt konnte er es. Dies war ohnehin das Ende... Er merkte auch, daß der Gedanke daran an Gewicht verlor. Er brauchte nur noch das Zeichen zu setzen, die Erklärung abzugeben, die sie von ihm erwartete, falls sie überhaupt etwas erwartete.

»Ich gehe nach Afrika«, sagte er.

Ihre Augen wurden fragend, das Lächeln blieb.

»Nach Afrika?«

»Ja. Nigeria. Deshalb bin ich gekommen. Ich wollte es dir persönlich sagen.«

Seine Worte erschienen ihm von einer sentimentalen, fast peinlichen Dramatik.

»Sieh mal«, fuhr er deshalb hastig fort, »ich habe immer noch die Unterlagen unserer Versuchsreihe. Ich könnte mir vorstellen, daß sie für dich interessant sind. Deine ganzen Artikel, deine ganzen Arbeiten beruhen darauf. Ich wollte sie dir eigentlich schicken – aber jetzt habe ich sie dir doch selbst gebracht. Wenn du wissenschaftlich auf diesem Gebiet weitermachen willst – schließlich hast du so viel dafür geopfert –, könntest du...« Er hörte sich sprechen, nach Worten suchen, die fast nach einer Rechtfertigung klangen, so, als benötigte er ein Alibi dafür, daß er mitten in der Nacht bei ihr saß und Cabernet trank.

»Ich kapier nicht.«

Da war es wieder, dieses Knistern. Nun lehnte sie sich vor: »Nach Afrika? Wieso denn nach Afrika? Und die Unterlagen...?«

»Sie sind unten in der Halle. Ein ganzer Koffer voll.« Es klang nicht nur hilflos, es klang töricht.

»Was willst du in Nigeria?«

»Die Weltgesundheitsorganisation will dort, unterstützt vom IRK, ein Institut für Immun-Biologie aufbauen. Sie haben alle meine Bedingungen erfüllt. Es ist unglaublich.«

»Das ist wirklich unglaublich!« Sie stand plötzlich auf. Er sah an ihr hoch, und in ihrem Gesicht war ein freudiges

Strahlen – die letzte, endgültige Antwort, mehr noch, die kühle Bestätigung dafür, daß es wirklich nichts anderes gegeben hatte als einen Traum …

Und wie sie sich freute! Keine Spur von Betroffenheit. Glücklich war sie, daß er fortging.

»Gratuliere, Herbert! Mein Gott, gib mir deine Hand. O Mann, ›gratuliere‹ ist nicht das richtige Wort dafür – das ist die Chance für dich!«

Vollmers nickte. Sie hatte ja recht: Es war die Chance – die Chance, alles hinter sich zu bringen …

Draußen ertönte noch einmal das Telefon. »Laß es läuten«, sagte Christa.

*

Den Telefonhörer in der Hand, stand Brinkmann vor einer bizarren Urlandschaft.

Türme, Säulen, Festungszinnen, ja sogar gewaltige Fliegenpilze – alles aus wildgezacktem Stein! Dazu in ein Abendlicht getaucht, das jede denkbare Variante von Ocker, Rot und Gold leuchten ließ.

»THINK IT OVER«, stand auf dem Poster, das an der Wand des Telefonraums im »Oasis« prangte, »NEVADA WANTS TO SEE YOU!«

Vielleicht wollte auch er Nevada sehen, doch wie die Dinge lagen, befanden sich bei ihm die Sehnerven im Streik, hatte sein Wahrnehmungsvermögen den Dienst gekündigt: Nichts war real außer dem Hörer in seiner Hand. Und die Stimme, die sich in sein Bewußtsein gebrannt hatte, diese Stimme, die, über das halbe Erdballrund weitergeleitet, aus dem Hörer gequollen war.

»Hallo! … Ist da jemand? – Hallo!«

Vollmers!

Kein Zweifel: Vollmers …

Er hatte sich nicht getäuscht.

Wie auch?

Er kannte doch Vollmers Stimme.

Einige Minuten hatte es gedauert, bis Brinkmann sich von seinem Schock erholte. Dann hatte sein Finger noch einmal die Zahlen eingegeben. Und wieder hatte er auf das Leerzeichen gelauscht, um dann doch in der letzten Sekunde aufzulegen, bevor dort drüben, wo es Nacht war und dunkel, wo sich ein durch nichts abzuhaltender Verehrer bei seiner Frau eingefunden hatte und sich bereits so zu Hause fühlte, daß er ans Telefon ging, wo ein Herbert Vollmers, der alles verstehende Seelentröster, mit dem Christa schließlich unter anderem auch Todesnähe geteilt hatte – wo Vollmers also ...

Nicht daran denken!

Aber wie stellte man das an? Brinkmann wußte es nicht. All die weisen, entspannenden Lehrsätze Eileen Walters', die er in den letzten Tagen verinnerlicht hatte, halfen nicht weiter.

»Wie ein Fluß ist das Leben ...«

Na schön.

»Nur wer sich des Flusses Kraft überläßt, wer sich von seiner Bewegung tragen läßt, ist in Harmonie mit sich selbst, ist jeden Tag neu.«

Mochte ja sein ... Aber wie stellte man das an, wenn sich aus einem dämlichen Telefon plötzlich die Geister der Vergangenheit auf dich stürzen, wenn du dir vorstellst, nein, geradezu siehst, wie ausgerechnet ein Virologe, der schüchterne, introvertierte Naturwissenschaftler Vollmers, der Immunologie-Experte, dieser ...

Brinkmann suchte nach Namen, Worten, die eine solche Ungeheuerlichkeit bezeichnen könnten, und stolperte dabei über einen der farbenprächtigen mexikanischen Teppiche, die Miss Adams so kunstvoll auf dem Redwood-Boden der Empfangshalle ausgelegt hatte.

»Na, hör mal!«

Das war Wolfgang Schneider. Selbst ihn hatte er bereits vergessen. Dabei war er doch vorhin herübergekommen, um ihm »etwas ganz besonders Wichtiges« mitzuteilen.

Was Wolfgang Schneider besonders Wichtiges zu verkünden hatte, Brinkmann wußte es nicht, und er fragte sich, ob es überhaupt noch wichtig sein konnte.

»Du, was ist denn mit dir los? Hast du etwa ...?«

»Hab ich was?«

»Hast du dir beim Telefonieren ein paar hinter die Binde gegossen?«

»Ich? Wie kommst du denn da drauf?«

»Du schwankst ja richtig.«

»O nein!« Brinkmann versuchte, ein gleichgültiges Lächeln aufzusetzen. »Nur ein kleiner Anruf.«

»Und der hat dich so aus dem Konzept gebracht?«

»Konnte er gar nicht. War ja niemand am Apparat.«

»Hm«, machte Schneider.

Doch Brinkmann nickte sich innerlich zu: Richtig! Die einzig mögliche Perspektive. Und das Konzept wirst du auch in Zukunft durchhalten: Eine Null, ein Nichts, ein Niemand ...

Was sonst?

Wie willst du sonst einen Kerl bewerten, den du, nachdem er ausgerechnet bei einem Flirt mit deiner Frau verunglückt, in stundenlanger Schinderei wieder zusammenflicktest, und der dir dafür, daß du ihn vom absoluten Todeskandidaten in ein Mitglied der menschlichen Gemeinschaft zurückverwandelt hast, auch noch ...

»Jetzt würde ich ganz gerne was trinken«, hörte er sich sagen.

»Na, los schon! Was darf's denn sein?«

»Dieses Zeug, das ich da gestern abend ...«

»Ach ja, klar! Gute Idee.« Schneider reckte seinen Kopf. »Miss Adams! Hätten Sie vielleicht einen Moment Zeit und die Güte, uns einen ihrer einzigartigen Drinks zu bringen?«

»Aber sicher, Herr Doktor!« Miss Anne Adams gluckste vor Glück und schwang sich mit wiegenden Hüften durch den Raum. Brinkmann registrierte es nicht, nahm nichts wahr, war noch immer weit, weit weg von allem – hörte sich zwar sprechen, doch es war ein fremder, entfernter Teil seines Selbst, der wieder mit Wolfgang Schneider Kontakt suchte. Schneider wiederum war bei seinem Lieblingsthema. Brinkmann hatte Mühe zu folgen.

»Seien wir uns doch darüber klar, Klaus, früher bedeutete für uns Ärzte der Infarkt doch so eine Art natürliche Auslese: Schafft er's – oder schafft er's nicht? Gewissermaßen unter einer darwinistischen Perspektive.«

»O ja«, nickte Brinkmann, »die darwinistische Perspektive.«

»Steinzeit-Kardiologie!« fuhr Schneider fort. »Und das ging bis in die sechziger, ja Anfang der siebziger Jahre. Da hast du rumgesessen, Puls gefühlt, beobachtet, gabst deine Streptokinase und wartetest darauf, was nun passieren würde: Wird er überleben oder nicht? Hilft das TLC, das Gerinnsel aufzulösen, oder jagt es ihm gleich auch noch eine Magenblutung oder sonst was auf den Hals?«

»Ja, ja, Wolfgang.«

»Was gab's schon außer zwei Elektroden, um ein Herz wieder in Gang zu setzen? Nichts.«

»Nichts.«

»Aber wir haben dazugelernt in den letzten zehn Jahren. Wir haben da mehr gelernt als in all den Jahrhunderten vorher. Wir haben zwar bestätigt bekommen, was wir bereits wußten: Die Zerstörungen, die ein Infarkt anrichtet, lassen sich nicht mehr flicken. Doch wenn einer überlebt, kann man viel tun. Hast du ja auch...«

»Hab ich auch!« sagte Brinkmann und setzte schnell hinzu: »Ich hoffe wenigstens.«

»Sonst ging es dir ja nicht so gut, oder?«

Ein milchiger Hauch lag auf dem runden Glas, über dessen Rand Wolfgang Schneiders blaue Augen Brinkmann voll Zuneigung musterten.

»Cheerio, alter Freund!«

»Cheerio, Wolfgang!«

»Aber jetzt hat sich doch eine ganze Menge geändert. Vielleicht können wir die Uhr nicht zurückdrehen, aber wir können wenigstens dafür sorgen, daß sie möglichst gut und unbeeinflußt schlägt. Ich sag dir, die neuen Entwicklungen sind eine solche Sensation, daß selbst die Börse an der Wallstreet kopfsteht. Von der ›Gentech-Inc.‹ hast du sicher schon gehört?«

Brinkmann hatte.

»Na, siehst du! Wir könnten uns das anschauen. Die Firma liegt zehn Meilen südlich von hier. Ich kenn die Jungens.«

»Und was ist mit den Jungens der Gentech-Inc.?« Brinkmann versuchte, sich Wolfgang Schneiders Ausdrucksweise anzupassen.

»Was mit denen ist? Die haben das TPA entwickelt.«

»TPA?«

»Ja. Das steht für ›Tissue Plasminogen Activator‹, ein Medikament, das die Enzymwirkung beim Auflösen von Gerinnseln vervielfacht. Ich sag dir, das ist unglaublich! Wenn ich dich bei deinem Infarkt hier gehabt hätte und sofort... Aber wann klappt so was schon, nicht wahr? Jedenfalls, das Laboratoriumsprodukt ist eine Originalkopie des menschlichen Enzyms. Das Wichtigste aber ist, es tut seine Arbeit, ohne all die Nebenfolgen hervorzurufen, die die Anwendung von Streptokinase problematisch machten. Keine anderen Blutungen, keine Nachwirkungen, nichts! Es löst auf und stoppt, wie du's willst.«

»Aha?«

»In diesem Jahr soll es auf den Markt. Die gesetzliche Zustimmung ist bereits gesichert. Und ich kann dir sagen, Klaus, die Jungs von der Gentech arbeiten sieben Tage in der Woche rund um die Uhr, um das Zeug auf Lager zu legen. Denn wenn der Tag X kommt, werden sie gestürmt.«

Brinkmann nickte. Die »Jungs von der Gentech...« Wolfgang Schneider war für ihn in diesem Moment eine Art Sprechmaschine, die irgendwelche Laute absonderte... Neun Uhr dreißig. Christa und Vollmers? ... Vielleicht war er nur auf einen Sprung vorbeigekommen? Ein harmloser Besucher. Konnte ja auch sein. Vielleicht war Udo ebenfalls im Haus. Was regte er sich eigentlich auf?

Und hatte ihm, gerade im Fall Vollmers, seine Phantasie

nicht schon oft genug einen Streich gespielt? Wollte er sich noch einmal lächerlich machen?!

»Klaus! Ich kann dir eine Ärztepackung mitgeben. Im Moment leider nur für den persönlichen Gebrauch.«

»Das ist sehr freundlich.«

»Versteh mich richtig: Das Zeug wirst du nicht brauchen. Dir geht's um so viel besser, man muß dich ja nur ansehen.«

»So?« – Nur ansehen? Hatte er sich eigentlich seit seiner Ankunft in San Franzisko je so mies gefühlt wie in diesem Augenblick? – Nein. Nie!

»Auch Eileen ist zufrieden. Heute morgen habe ich mit ihr gesprochen. Sie meinte, du hättest jetzt begriffen.«

Das Gute ist so wichtig wie das Böse... Brinkmann dachte es, und er hörte, wie Eileens leise, rollende Stimme sich Zugang zu seinem Unterbewußtsein suchte: Eine Art metaphysischer Zahnarztbohrer.

»Sie sagte, du siehst die Welt jetzt wieder ganz anders. Stimmt das wirklich?«

»Also, ich weiß nicht... Ich hoffe.«

»Na, deine Laborwerte jedenfalls bestätigen es. Sie haben sich um siebzig Prozent gebessert. Und deshalb...«, Schneider beugte sich weit nach vorne, um mit der Hand Brinkmanns Knie zu erreichen und es liebevoll betätscheln zu können, »ist dein Bleiben eigentlich nicht mehr notwendig. Jeden weiteren Amerika-Aufenthalt kannst du dir sparen. Aus meiner Sicht bist du geheilt. Und wenn's irgendwelche Probleme gibt, ich steh dir jederzeit zur Verfügung.«

»Das ist sehr nett. Wirklich.«

Brinkmann hätte sich jetzt so sehr einen freudig-gerührten Gesichtsausdruck gewünscht. Sie waren auch alle so verdammt nett zu ihm. Jeder! Auch Miss Adams, die gelegentlich von ihren Illustrierten aufsah, um die Sonne ihres Wohlwollens auf die beiden Männer in der Ecke scheinen zu lassen.

Zehn Uhr nun in Offingen!

Ob sich Vollmers verabschiedet hatte?

»Weißt du, mir ist gar nicht so klar, ob ich jetzt schon zurückgehen soll«, sagte er.

»So?«

»Ja, nun, ich hätte eigentlich ganz gerne ...«

NEVADA WANTS TO SEE YOU! fiel ihm ein. Nevada – aus der Tiefe seines Bewußtseins schnellte das Bild hoch wie ein unter Wasser getauchter Sektkorken. »Nevada! Rumfahren. Einfach sich treiben lassen, weißt du. Gucken!«

»So? – Superidee. Lohnt sich. Da könnte ich dir vieles empfehlen.«

Er empfahl. Auch das bekam Brinkmann kaum mit. Sein Plan stand fest. Er brauchte keine Details, er trug sie bereits im Herzen ...

»Ein Wohnwagen zum Beispiel!« steigerte sich Wolfgang Schneider immer mehr in das Vorhaben seines Freundes hinein. »Kannst du mieten. Gibt's auch mit Klimaanlage. In einem solchen Camping-Car erlebst du wirklich die Gegend. Da macht es Spaß!«

*

»We are rolling back, sweetheart,
rolling, rolling back at home ...«

Banjo und Mundharmonika. Der Rhythmus eines sich im Trab wiegenden Mustangs. Und die Stimme – na, klar doch, die Stimme eines Cowboys, dessen Herz der Weite der Prärie gehörte.

Was sich vor Brinkmanns Augen entfaltete, war zwar gewaltig wie die Prärie, nur Gras war nirgends auszumachen, von einzelnen verdorrten Büschen mal abgesehen, die auf Geröll- und Steinhalden ein heroisches Leben führten. Nein: dies war nicht das Land der Büffel. Schon eher das der Klapperschlangen und Sandvipern.

Genau das hatte er ja sehen wollen.

Nevada!

»... and rolling, rolling back at home!«

Ja, von wegen!

Der Wind trug einen schweren, dunklen Geruch heran, wie von verbranntem Ginster. Doch Ginster gibt's hier nicht, wo soll der auch wachsen? Brinkmann empfand ein unbestimmtes Gefühl von Trauer, leicht und substanzlos wie der warme Wind, der ihm um die Nase blies – und doch unverkennbar Heimweh!

Schwarzwald ... Das Rauschen dunkler Bäume ... Gelbe Blüten ... Spaziergänge. Die Blockhütte. Wenn ich Maria die mal zeigen könnte!

Werde ich, nahm er sich vor.

Maria aber steuerte weiter. Richtung Südosten. Highway Nummer 402.

»Hast du Hunger?«

Brinkmann schreckte hoch. »Ich? Wie kommst du denn da drauf?«

»Wieso? Ist doch menschlich, wenn einer Hunger hat, oder?«

»Kann ja sein. So vieles ist menschlich. – Zu vieles«, setzte er dunkel hinzu.

Sie lachte und griff nach seiner Hand. Die leichte, verständnisbekundende Geste eines Kumpels, kameradschaftlich, o ja, das war sie, das Khaki-Mädchen neben ihm, das dieses allradgetriebene feuerwehrrote, mit Hupen, Lampen, Alarmlichtern, Hackebeilen, Baumsägen, Campingkochern, Spaten, Duscheinrichtung und Notfallseiltrommel bestückte amerikanische Campingmonster so leicht durch die Gegend knüppelte, als habe sie einen VW unter dem hübschen Hintern. Der Highway schwang sich einen neuen Hang hoch, der ins Endlose führte. Wo zuvor noch Konturen hart und klar wie mit dem Messer geschnitten schienen, vermählten sich Sand, Stein und Luft zu spiegelnden Wellenlinien, die die Sicht verzerrten, so als wäre in dieser Trockenheit der Himmel zu Wasser geworden, so als vereinigte sich an diesem dunstigen Sommertag am Horizont das Meer mit den Wolken.

»When we see the green pastures
and all the trees around ...«

sang der Cowboy.

»Ist es noch weit?«

»Weit wohin?« lächelte sie.

Eine gute Antwort, dachte er.

»Willst du halten? Wäre schon ganz hübsch, wenn wir ein wenig Schatten hätten, meinst du nicht?«

Er meinte es auch.

Er lehnte den Kopf an das Polster, rückte die Sonnenbrille zurecht und spürte, wie unter dem Zugriff des Lichts seine Nase langsam zu prickeln begann. Wie lange fuhren sie schon? Wann waren sie losgefahren? Stunden? ... Ihm erschienen es Tage!

*

Sechseinhalb Stunden waren sie gefahren, als Brinkmann rechts voraus einen grellflimmernden Punkt ausmachte.

»Siehst du das dort drüben?«

Sie nickte nur.

»Was ist das wohl?«

»Keine Ahnung!«

Es war ein Flugzeugwrack, und nur der Rumpf war davon übriggeblieben. Wie das Beil im Hackklotz steckte er, den Motor voraus, im sandigen Geröll. Büsche wuchsen dort, und am Seitenleitwerk war noch immer, im blauen Kreis, der weißgezackte Fünfstern der amerikanischen Luftwaffe zu erkennen.

»Mensch, da ist einer abgestürzt...»

»Ach Quatsch, Klaus! Niemand ist da abgestürzt. Da hat nur irgendeiner wieder mal 'ne Idee gehabt. Sieh doch, da vorne – wir sind da!«

Da – das war ein Ort namens Hawk Point, eine Art Basislager für all die Ausflügler, die es in den Nationalpark Death Valley zog. Und es mußten ziemlich viele sein. Drei

Motels gab's hier, Coca-Cola-Reklame, rechts ein riesiges Schild: »Wenn Sie heiraten wollen, warum nicht in Las Vegas?« Und daneben zur Aufmunterung gleich noch die Silhouette des Stardust Hotels »Las Vegas«, geformt aus eidechsengrünen Glasrohren.

Maria steuerte »Otto« (den Namen hatten sie inzwischen als den passendsten für ihr Wüstenschiff ausgemacht) unter das Sonnendach einer Tankstelle.

Brinkmann linste sehnsüchtig hinüber zur Bar, wo eine ganze Reihe abenteuerlicher Typen mit Baseballmützen oder breiten Stetsonhüten die Theke belagerten, Bier tranken und riesige Berge Hamburger und Pommes chips mit Ketchup verschlangen.

»O Gott!« seufzte er. »Sieh dir das an.«

Sie hörte gar nicht hin, sie verhandelte mit einem langen, schlaksigen Burschen in einer Art Khakiuniform, auf der alle möglichen Ordensschnallen zu bewundern waren. Er war kahlköpfig und trug auf dem breiten Gesicht mit dem schweren Kinn eine Pilotenbrille. Harry hieß er. »War auch bei der Air Force in Vietnam dabei. Wenn Sie Probleme haben, Madam, Harry regelt das für Sie!«

Harry regelte anscheinend alles. Er scheuchte Tankwarte herum, kassierte das Nationalpark-Ticket, schickte einen Jungen zur Bar hinüber, um eine Flasche Bier zu holen – »Schmeckt doch besser, als das Canned-Zeug, das ihr im Eisschrank habt!« –, erklärte Maria, den Zeigefinger auf der Karte, die Route nach Razors Edge: »Der beste und einsamste Platz im ganzen Park, Madame«, hatte Ratschläge für Klapperschlangenbisse und ein besonders preiswertes und gut zu applizierendes Serum.

Brinkmann aber, der die ganze Zeit ebenso schüchtern wie beeindruckt neben ihm stand, befiel plötzlich das Gefühl, er sei völlig überflüssig. Die beiden, die kannten sich aus! Was tat er eigentlich hier? So ein Harry würde doch viel besser zu Maria passen. Aber schließlich: Wollte er ihr daraus einen Vorwurf machen? Sie war die »Amerikanerin« mit den Verwandten auf der Darkborn-Ranch.

Als hätte sie seine Gedanken erraten, lächelte sie ihm zu: »Na, Herr Professor? – Angst vor Schlangen?«

Sich nicht zu ärgern – das war zu Brinkmanns Lebensprinzip geworden. Er hatte auch diesmal keine Schwierigkeiten. Aber nach dieser ganzen Schwitzerei im Auto dachte er voll Sehnsucht an ein weiches Motelbett, und leichtes Grauen beschlich ihn bei dem Gedanken, irgendwo dort, wo es nach Harrys Auskunft nur Schakale und Adler gab und man sich fühlen konnte »wie richtig im Westen, als der Westen noch Westen war«, die Nacht zu verbringen.

Die Sonne stand schon tief. Sie mußten sich beeilen. Und plötzlich kam es über ihn: der Duft des Abenteuers, die Aufbruchstimmung, das Packt-den-Wagen-zusammen-wir-fahren!

Was für eine Frau! dachte er. Was für ein Superkumpel! – So sagt man doch wohl? Wie locker Maria das alles nimmt, wie sicher sie ist, wie sie mit Harrys umgeht wie mit ihresgleichen.

Brinkmann ging zu »Otto« zurück, holte die Plastiktüte mit den schlangensicheren, kniehohen, hochhackigen Lederstiefeln, zog sie über seine Popelinhose, steckte die Hände in die Taschen und stiefelte zu Maria zurück.

»Oha!« sagte sie.

Ja, dachte er: Oha! Jetzt fehlt bloß noch die Zigarette. Aber die wirst du dir ganz schön verkneifen...

*

Der Mond war ein Silberamulett auf grüner Seide, als sie Razors Edge erreichten. Doch vom Westen lieh der Brand der untergehenden Sonne noch genügend Helligkeit. Brinkmann sah sich um. Das Plateau hing wie ein Adlernest über der Felsschlucht. Unten sammelte sich tintige Schwärze, schoben sich violette Schattenarme die Berge hoch, und der Fels war von demselben intensiven Rot, wie er es auf dem Plakat im »Oasis« gesehen hatte.

Miss Adams, dachte er. Wolfgang Schneider. Die »daily

number 316« – wie weit lag das zurück, wie lange war das alles her?

»Ich nehm mal 'ne Dusche!« Maria Rotenburg lachte ihn an. »Wie fühlst du dich?«

»Richtig zum Holzsammeln.«

»Na, dann los! Wir braten uns ein Steak.«

Drinnen, im Innern von »Otto«, hörte er Wasser rauschen. Brinkmann stellte sich ihren nackten Körper vor und empfand noch nicht einmal Verlegenheit dabei. Wieso erscheint mir dies alles plötzlich selbstverständlich? Für was, Herrgott noch mal, hältst du dich?

Er riß sich den Finger an einem Dorn auf. Na gut, so was bedeutete kein Unglück. Weiter... Tatsächlich: Er fand trockenes Holz. Genügend für eine Kompanie! Einen ganzen Arm davon schleppe er zu dem kleinen Platz, neben dem sich, aus Zement gefertigt und mit einem Abfallkorb verziert, als letzter Gruß der Zivilisation, eine Touristen-Toilette erhob.

Brinkmann besah sie sich und haßte sie gründlich.

Um sie nur Stille. Am Himmel ein großer Vogel, der einsam seine Kreise drehte. Ein Adler? dachte Brinkmann. Oder ein Falke? Vielleicht auch ein Geier oder so was...

Er hob die Hand und winkte ihm zu.

Und als Maria nun aus dem Wagen zurückkam, in frischen Jeans und frischer Bluse, um den Kopf ein blaues Tuch gebunden, als sie sogar mit einem anerkennenden Nicken seinen Holzhaufen zur Kenntnis nahm, erfüllte Brinkmann richtiggehend Männerstolz. So rasch, so unbändig kam dieses Gefühl, daß er sich amüsierte: Warum eigentlich nicht? Den ewigen Beobachter in ihm würde es ausschalten. Sich treiben lassen, hatte Eileen Walters gesagt, das Leben ist Veränderung. Jeden Tag werden wir neu geboren. Jawohl, Eileen – und wie!

Er richtete sich auf. Auch unter die Dusche? O nein, später. Jetzt war er stolz auf seinen Männerschweiß. Das Feuer brannte, er hatte alles spielend geschafft. Und daran würde sich auch in Zukunft nichts ändern!

Sie lächelte: »Prima, Herr Professor!«

Er legte ihr die rechte Hand auf die Schulter, vorsichtig, ohne zu wissen, was diese Geste umschloß, doch mit der Ahnung, daß auch diese Nacht ein Erfolg sein würde.

»An was denkst du?«

»Die alte Frauenfrage«, sagte er.

»Warum wollen Frauen eigentlich immer wissen, was der Mann denkt?«

»Umgekehrt wird doch auch ein Schuh daraus, oder?«

»Ja. Wahrscheinlich.«

»Also?«

»Was ich gedacht habe?« Gar nichts hatte er gedacht. Die Worte kamen ihm einfach über die Lippen: »Daß wir die einzigen Menschen auf der Welt sind, daß es nichts mehr gibt, nur ...«

»... dich und mich?«

Oje! Jetzt erst war ihm die Folgerung bewußt, und er erschrak davor.

»Zumindest könnte man das doch mal träumen«, meinte Brinkmann vorsichtig.

Später, als ihm der angenehme Geruch brutzelnden Fleisches in die Nase stieg und Maria die Chilibohnen vorbereitete, dachte es Brinkmann wieder: Eine Frau und ein Mann an einem Feuer, unter hohem, sternenflimmerndem Himmel, umgeben von den Schatten der Felsen. Die beiden einzigen Menschen. – Da waren sie nun, verloren, Punkte, nein, Pünktchen, nicht mal das, viel, viel weniger, auf einem langsam sich drehenden, im Weltall treibenden Planeten. Und auch dieser Planet wiederum war doch nichts als ...

»An was denkst du jetzt?«

Sie kam zurück. Ihr Gesicht leuchtete warm im Widerschein der Flammen.

»An nichts«, sagte er.

»Wirklich? – An deine Frau?«

Das Wort lag für einen Herzschlag schwer und knisternd zwischen ihnen.

Er hatte an Christa gedacht, es war wahr.

Zuvor...

*

Christa beobachtete, wie er über den Hof ging, in den Händen ein Plastiksäckchen mit dem grünen Aufdruck der Klinikapotheke.

»He, Udo!« Er blieb stehen. Sein Gesicht verzog sich erfreut: »Gut, daß ich dich sehe. Ich wollte dich was fragen. Die ganze Zeit schon habe ich nach dir rumtelefoniert. Könntest du heute nachmittag den Unterricht für mich übernehmen?«

»Aber klar doch... Was ist denn?«

»Oh, nichts. Nur – na, ich habe meine ganzen Termine geschmissen. Weißt du, Claudia geht's nicht gut. Ziemlich hohes Fieber.«

»Fieber?«

»Nichts Besonderes. Irgendein grippaler Infekt. Aber du weißt ja...«

»Wie man die Dinge dramatisiert, wenn's um die eigene Wurst geht, meinst du das?«

»So ungefähr.« Er grinste etwas mühsam. »Schade, sie wollte eigentlich mit Benni morgen zum Weiher. Aber das fällt wohl flach.«

»Sieht so aus.«

»Also, bis dann...«

»Gib mir gleich Bescheid, wenn ich etwas für Claudia tun kann!«

Sie winkte ihm nach. Dieser Udo! Wo war er geblieben, der lockere, lässige Udo von einst, den nichts so leicht erschüttern konnte? Zu einem überbetulichen Ehemann hatte er sich gemausert, der jeden Schnupfen, jede Unpäßlichkeit der ihm Angetrauten mit panikartiger Sorge verfolgte. Doch was hieß Sorge? Und was hieß »überbesorgter Ehemann«? Wahrscheinlich war das Liebe...

Sie sah mit einem leichten Neidgefühl dem Wagen nach, wie er mit quietschenden Reifen die Kurven der Einfahrt hinunterjagte und zur Hauptstraße schoß: Den Schwung wenigstens hatte er nicht verloren...

Ja, er fuhr zu schnell. Und er wußte es. Und es war lächerlich, sich überhaupt Gedanken zu machen. Im Grunde war's ja nicht allein die Grippe, sondern auch die Freude auf einen Nachmittag mit Claudia, diese Genugtuung, eine Entschuldigung gefunden zu haben, um die Schulstunden zu schwänzen.

Udo schloß den Wagen ab und ging auf das Haus zu: ein kleines, ein altes Haus. Die braunverwitterte Schindelverkleidung wirkte wie ein Schuppenpanzer, aus dem mit weißen Rahmen lustige Fensteraugen heraussahen.

»Hallo!«

Nichts. Er war alarmiert. Auch wenn's ihr mal schlechtging, irgendeine Antwort gab Claudia immer. Oder sie pfiff ihr Erkennungssignal, sobald das Quietschen der Gartentür ankündigte, daß er kam. Auch im Haus war es still.

»Claudia!« Keine Antwort.

Er stieg die steile, enge Treppe hinauf, wollte ins Bad, um sich die Hände zu waschen, aber seine Unruhe war stärker. Jetzt ging er noch schneller, stieß die Tür auf: Sie lag auf der Seite unter einem Berg von Kissen und der erste Blick schon signalisierte ihm, daß das Fieber weiter gestiegen war. Knallrot die Stirn, das Haar schweißverklebt. Die offenen Augen glänzten. Sie blickte ihm entgegen, und für eine Sekunde war ihm, als würde sie ihn gar nicht erkennen.

Aber dann kicherte sie, ein lustiger, leiser, etwas heiserer Laut.

»Mensch!« Er setzte sich neben sie und nahm ihre Hand. Der Puls schien zu rasen. »Hast du mich denn nicht gehört?«

Der beiläufige Ton von Vorwurf sollte sie ablenken.

»Nee. Oder vielleicht doch... Irgendwas hab ich schon gehört.«

»Wie geht's denn?«

»Oh – blendend! S-s-siehst du doch...«

Sie hatte Mühe mit dem Sprechen. Er versuchte das feine

Hämmern unter seinen Fingerspitzen in eine Zahlenordnung zu bekommen: Hundertzehn, hundertzwanzig... Und sie sprach weiter, in all seine Bemühungen hinein: »Ja, ich hab gehört... Irgend jemand schrie da rum. Aber das warst gar nicht du... Ich glaub, das war dein Vater.«

»Mein Vater?«

»Ja. Vielleicht hab ich das geträumt. – Oder er war vorhin da...«

»Na, er wird bald kommen. Es kann ja auch sein Geist gewesen sein. So schnell fliegt keiner. Aber wirklich, heute morgen kam ein Telegramm.«

»Siehst du, bei mir war er einfach schon da!«

Halluzinierte sie? Er glaubte es nicht. Ihre Stimme war jetzt leicht und klar: »Ganz dick war er. Und geschimpft hat er, wie so 'n...«

»Weihnachtsmann?«

»Nein, nicht wie der Weihnachtsmann. Eher wie so eine Art fetter Wundertäter. Meinst du, er ist fett geworden, dort in Amerika?«

»Weiß ich nicht. Würde ich nicht annehmen. Jedenfalls steht's ihm nicht. – Und was sagte er?«

»Steh auf, Claudia!« sagte er. »Komm, los, Kleine! Ist gar nichts. Steh auf...!«

»Nun vergiß mal den Alten! Und das Aufstehen wirst du auch sein lassen.« Er streichelte sie. Er beugte sich über sie und küßte sie, küßte sie zweimal, auf die heiße Stirn und auf die Augen.

»Aber Herr Doktor!« kicherte sie. »Sie nützen meine Notlage aus.«

»Natürlich. Was dachten Sie denn, Frau Brinkmann?« ging er auf ihren Ton ein. »Und das kann ich Ihnen gleich sagen: Ich bleibe die ganze Nacht über an Ihrem Bett.«

»Komm, laß das sein. Du steckst dich noch an.«

»Na und? Genau das ist mein Konzept. Dann könnten wir endlich so lange miteinander im Bett liegen, wie wir wollen. Du und ich! Dann könnten wir...«

»Werd' nicht unanständig.«

»Doch. Jetzt kriegst du gleich 'n Thermometer rein. Moment mal... Und vielleicht auch noch einen Wadenwickel, so 'nen richtig schicken Wadenwickel. Was hältst du davon?«

»Brrr! – Udo...?«

»Ja?«

Das Sprechen fiel ihr noch immer schwer, aber die Augen öffneten sich ganz weit.

»Ich liebe dich...«, sagte sie.

*

Tief unter den Flächen des großen Flugzeuges eine endlose weiße, von kleinen grauen Hügelchen gesprenkelte Wolkendecke. Das Licht der Sonne schien von der anderen Seite durch die lukenartigen Fenster. Abgelöst von allem, eingehüllt in ein Gefühl von Dauer, zählten die Stunden nicht mehr. Auf was es ankam, war die Höhe: Zehntausend Meter! Knapp unter dem Rand der Stratosphäre umflogen sie den Erdball – der Heimat entgegen.

Der Gedanke brachte beides: Befreiung, Freude und ein mit sorgenvollen Vorstellungen erfülltes Unbehagen. Brinkmann hatte aufgegeben, darüber nachzudenken.

Maria an seiner Seite war aufgewacht.

Sie hielt sich die Hand vor den Mund, gähnte, schüttelte ihre Locken, sah ihn an und hatte wenig Ähnlichkeit mit der harten, kühnen, allen Situationen gewachsenen Frau vom Razors Edge. Dort zerzauste nun der Wüstenwind Pinien und Ahorn, die Sonne brannte auf Sand und Stein, und am Himmel zog sicher noch der Adler seine Kreise.

Irgendwo knackte ein Lautsprecher. Nun ein leises Knistern, und schließlich erklang die leicht norddeutsch gefärbte, betont unpersönliche Stimme aus dem Cockpit: »Meine Damen und Herren! Wir überfliegen jetzt den Kanal. In etwa einer Stunde werden wir auf dem Rhein-Main-Flughafen landen.«

»Na prima«, stöhnte es neben ihm. »Wie ist es, bist du eigentlich nicht müde?«

»Ich fürchte, doch. Ziemlich. Und wenn ich an meinen gewaltigen Nachholbedarf denke...«

Sie lächelte: »Tja, wer mit mir reist, kommt kaum zum Schlafen.«

Brinkmann griff nach ihrer Hand. Er streichelte sie. Und dann lachte er.

»Wie ist das?« fragte sie. »Wirst du gleich wieder arbeiten müssen?«

»Müssen? Das Wort habe ich aus meinem Sprachschatz gestrichen. Ich muß das, was ich will. Und außerdem: Ich habe viel Zeit, mich zu erholen. Und wenn ich sie nicht hätte, würde ich sie mir nehmen.«

Durch den Gang zwischen den Sitzreihen näherte sich eine der Stewardessen. In Brinkmann wurde eine Erinnerung wach. »Sag mal«, fragte er sie, »hättest du nicht Lust auf eine Orange? Ich seh so gerne zu, wenn du Orangen ißt.«

Sie nickte verblüfft.

»Wären Sie so freundlich, der Dame eine Orange zu bringen?«

»Es gibt keine Orangen mehr an Bord«, versicherte das blonde Mädchen bedauernd. »Ein Orangensaft vielleicht?«

Der war Brinkmann zwar gleichgültig – aber bitte.

Er beobachtete Maria, wie sie an dem Plastikbecher nippte, das Gesicht noch immer ein wenig verschlafen. Die kurze Nase, dieser große, weich geschwungene, volle Mund, der so viele Assoziationen in ihm weckte... Und während sie den Becher noch hielt, kam die Frage: »Was meinst du, wäre es nicht langsam Zeit, daß du dich seelisch auf die neue Situation einstimmst? Eine Stunde noch. Wirst du in Frankfurt abgeholt?«

»Ich glaube schon«, sagte er.

Sie stellte den Becher weg. Nun sah sie ihn voll an. Ihr Gesicht war unbefangen, geradezu herausfordernd ruhig, als sie ihn fragte, ob er es nicht für besser halte, wenn er sich genau vorstellte, was das bedeutete, und ob es nicht richtiger wäre – genügend Platz hätten sie ja in der Maschine –, wenn er sich einen anderen Sitz nehmen würde? So zum Übergang, zum Einüben. »Wir könnten uns doch schon hier adieu sagen. Hieltest du das nicht für gut?«

In dieser Sekunde bewunderte er sie, bewunderte sie mehr als während dieser ganzen verrückten Schaukelei durch die Schluchten des Death Valley.

»Nein, das hielte ich nicht für gut.«

Sie lächelte noch immer. Wie brachte sie das nur fertig?

»Wenn wir landen, Klaus«, sagte sie, »dann werden wir wieder dort sein, wo wir waren, als wir starteten. Jetzt läuft das Rad rückwärts, weißt du?«

»Du meinst ...?«

»Etwa an diesem Punkt, Klaus«, sie deutete mit dem Zeigefinger hinunter auf die Wolkenlandschaft, »da hat der Japaner dich gebeten, seinen Platz einzunehmen.«

»War doch eine gute Idee von ihm, oder?«

»Finde ich ja auch. Wenn du jetzt wenigstens diesen Platz wieder tauschen würdest?«

»Danke. Vielen Dank, Maria. Meinen Platz behalte ich. So ein amerikanischer Traum kann schließlich gar nicht lange genug dauern. Wie ist das denn mit dir? Wirst du abgeholt?«

Stumm schüttelte sie den Kopf.

Sie öffnete ihre Handtasche, kramte darin herum, ein Schlüsselbund klapperte, er dachte, jetzt holt sie den Lippenstift heraus, doch es war ihr kleines Fernglas. Anscheinend ihr Lieblingsspielzeug. Er verstand es: Was hatten sie alles durch das bläulich flimmernde Rund des Okulars erlebt! Vogelnester, Bergspitzen, einsame Pinien, zwei Klapperschlangen, Wüstenkaninchen – eine ganze Prozession kleiner Bilder, die sich wohl für immer in seiner Erinnerung eingegraben hatten.

Nun hatte sie das Taschentuch in der Hand, begann die Optik zu säubern, drehte an Einschlußringen, war hingegeben konzentriert wie ein Kind.

Und noch immer nicht damit fertig, als der Lautsprecher sagte: »Meine Damen und Herren, wir sind jetzt im Landeanflug auf Frankfurt. Wir bitten Sie, sich anzuschnallen und das Rauchen einzustellen.« Sie steckte das Fernglas ins Etui und machte ein sehr ernstes Gesicht.

»Wo verabschieden wir uns denn?« fragte Brinkmann.

»Gar nicht.«

Er war ihr dankbar.

»Einverstanden. Auch ich bin gut in solchen Situationen, nicht?«

»Nicht nur gut – bewundernswert! Und was gefällt dir am besten?« Sie fragte es ganz sachlich.

»Daß du es fertigbringst, auf alles zu verzichten, was eine derartige Lage meist verdammt schwierig macht. Du scheinst darin ziemlich Routine zu haben...«

»Ich nicht. Aber trotzdem, Klaus...«, nun lächelte sie wieder, und es tat ihm weh, dieses Lächeln, »auch ich danke dir. Es war sehr schön.«

Er legte seine Hand auf ihren Unterarm.

Sie beugte den Kopf zum Fenster: »Schau hinaus! Die Erde hat uns gleich wieder. Und das ist vielleicht ganz vernünftig so. Vernünftig, was für ein schönes Wort! Aber schließlich, man kann nicht endlos schweben...»

*

Das Förderband bewegte sich nun: Die ersten Gepäckstücke erschienen, graue Plastikkoffer, teure Ledersäcke, buntes Nylongewebe. Christa bobachtete es durch die große Glasscheibe, die sie von der Zollabfertigung trennte, und es erschien ihr, als drehe sich das Gepäck im Gleichklang der eigenen ängstlichen Erwartung. Während sie so stand, verfingen sich in ihren Gedanken die Erinnerungen früherer, ähnlicher Situationen, als sie Klaus auf dem Flughafen abgeholt hatte, wenn er von einer seiner Reisen zu irgendwelchen Kongressen oder Dienstbesprechungen zurückgekehrt war.

Diesmal war es anders. Nun hatte sie Angst. Ja, eine richtiggehende Angst, die ihr das Atmen erschwerte und den Hals einschnürte.

Und dann sah sie ihn, allein, etwas abgesetzt von einer Gruppe lauter, wild gestikulierender, bunt gekleideter Amerikaner.

Nun drehte er den Kopf. Sie winkte.

Doch da waren so viele Leute, wie sollte er sie sehen? Braun war er vielleicht.

Das war das erste, was ihr an ihm auffiel: Ein tief braungebranntes Gesicht über einem weißen offenen Kragen und darin der Ausdruck der gleichen ängstlichen, etwas hilflosen Erwartung, die sie selbst spürte.

Und dann kam die Freude in einer raschen, aufschießenden Welle, die ihr alles leichtmachte.

Sie kämpfte sich zum Eingang, und da war er schon, steuerte seinen Gepäckkarren auf sie zu, stoppte, ließ die Arme fallen, riß sie hoch und rannte auf sie zu.

Ja, rannte!

»Menschenskind, Menschenskind...«

Einen Augenblick lang hatte es ausgesehen, als wollte er sie an sich reißen, doch nun berührte er nur scheu ihr Gesicht, starrte sie an, versuchte ein Grinsen, was ihm gründlich entgleiste, sagte: »Ach, Kleine, Kleine! Tut das gut, wieder hier zu sein.«

Ganz langsam gingen sie, jeder nach Worten suchend, die sich nicht einstellen wollten, während neben ihnen plötzlich ein zweiter Gepäckkarren auftauchte, den eine hochgewachsene junge Frau an ihnen vorbeischob.

»Auf Wiedersehen!« Sie nickte Brinkmann zu.

Brinkmann hob den Arm: »Oh, hallo... auf Wiedersehn!« Und erklärte, als habe Christa eine Frage gestellt: »Weißt du, das war meine Platznachbarin. – Wie ist das, hast du denn heute frei in der Klinik?«

»Na klar.« Sie blieb plötzlich stehen. »Laß dich noch mal angucken, Klaus. Siehst du vielleicht gut aus! Wie aus dem Skiurlaub.«

»Das ist Kaliforniens Sonne.«

Sie kniff ihn in den Arm: »Was soll ich jetzt sagen? Herzlich willkommen, Liebling?«

»Sag, daß du mich schön findest.«

»Vor allem finde ich dich munter! Munter und gesund. Wirklich, ich kann's noch gar nicht glauben.«

»Was denn?«

»Daß es uns wieder gibt.«

»Waren doch nur acht Tage.«

»Acht? Klaus – das waren dreizehn! Nein, heute ist es bereits der vierzehnte Tag. Ist dir denn dein Zeitgefühl völlig abhanden gekommen? Was ist mit dir los?«

Eine gute Frage. Und hoffentlich war es nicht allein das Zeitgefühl, das ihm abhanden gekommen war. Doch nun, in der Hektik des Flughafenbetriebs, verloren unter Tausenden von nervösen Menschen, erübrigte sich jedes weitere Wort. Sie waren beide heilfroh, als sie den Wagen endlich ans Licht zur Straße steuern konnten.

In seinem Gesicht war ein Ausdruck abwesender Sehnsucht, der sie irritierte. Erst später, der Wagen schnurrte bereits dem großen Autobahnverteiler zu, fragte sie: »Was war das vorhin? Du wolltest mir doch etwas sagen?«

»Ich?« Er rieb sich über die Augen. »Wirklich? Ach ja, irgendwas Belangloses...«

»So?«

»Ja, etwa in der Richtung, wie komisch das Leben doch ist und was es alles mit einem anstellt. Da fliegst du nach Amerika, plumpst mitten hinein in eine fremde, eine so andere Welt. Und dann nimmst du dein Rückflugticket in die Hand – und siehe da: Nichts hat sich geändert, alles läuft wie zuvor.«

Sie nickte. Sie war so arglos, sie lächelte. Sie hatte sich entspannt zurückgelehnt, hielt den Wagen auf der Seitenspur, ließ den Verkehr an sich vorüberziehen, er aber betrachtete sie, ihr Profil, das Haar, mit dem der Wind spielte, der durch das Seitenfenster hereinstrich, sah das kleine Muttermal an ihrem Kinn, die Linie des Jochbeins, die kleinen Fältchen in den Augenwinkeln: Christa ... Und nicht nur Christa, alles, was mit diesem Namen zusammenhing. Ja, das Leben war sonderbar, ein Allgemeinplatz, der plötzlich einen erschreckenden, tiefen Sinn bekommen konnte.

Und während sie so dahinfuhren, lauschte er ihrer Stimme mit einer neuen, gespannten Aufmerksamkeit. Von Vollmers Besuch – kein Wort. Nein, was in der Klinik so alles passiert war, berichtete sie. Mühlmanns großer Auftritt vor der Krankenhaus-Konferenz. Sogar eine Budgeterhöhung habe er durchgeboxt, obwohl es mit der Belegung im Augenblick gar nicht so rosig aussähe. Und Breeken natürlich: Noch immer sei es ihm nicht gelungen, ein auch nur einigermaßen normales Verhältnis zum Team herzustellen. Vom Rosenkavalier Schübel berichtete sie und von Schübels durch nichts zu unterdrückenden Drang, sich an jeden Rockzipfel zu hängen, der in der Klinik auftauchte.

»So, Schübel? Dem hätte ich das als letztem zugetraut. Der hatte auf mich eher einen verklemmten Eindruck gemacht.«

»Hast du 'ne Ahnung!«

Nein, Ahnung hatte er wohl nicht, nicht ein bißchen. Und während sie so im silberfarbenen Licht durch das Tal des Rheins nach Süden, dem Schwarzwald und Offingen entgegenfuhren, wuchs in Brinkmann das Gefühl, Christa erzähle dies alles nur, um ein Versäumnis nachzuholen. Na, endlich schienen bei ihr die Lichter aufzugehen: Damals, als er als Frührentner im Garten herumhackte, Stöcke pflanzte und sich um Erdmäuse kümmerte, damals, als er's nun wirklich nötig gehabt hätte, wurden ihm solche Geschichten nie serviert. Nicht mal ein bißchen Tratsch. Ausgeschaltet hatten sie ihn.

Jetzt aber?

Die Reise hat sich gelohnt, bei Gott! sie nehmen dich wieder ernst.

Der Triumph über diese Feststellung machte Brinkmann dennoch nicht besonders glücklich. Aber es gab wohl noch immer eine geheimnisvolle Verbindungslinie, über die Christa seine Stimmung zu erraten vermochte, denn plötzlich fuhr sie den Wagen von der Autobahn herunter auf einen kleinen Parkplatz, der von hohen Pappeln umstanden war.

»Mußt du mal?«

Sie stellte den Motor ab, drehte sich langsam um und schüttelte den Kopf, in ihren Augen eine Ernsthaftigkeit, die ihn überraschte. »Doch, ich muß etwas anderes loswerden. Warum hast du mich eigentlich nie angerufen in den letzten Tagen?«

»Hab ich doch. Gestern.«

»Ich sagte, in den letzten Tagen. Ich hatte einen Anruf so erwartet. Stundenlang saß ich zu Hause herum, glotzte dieses blöde Telefon an. Nichts ...«

Er hielt ihrem Blick stand. »Weißt du, wie das so ist – ein neues Land, all die Eindrücke und dann das Gefühl: Jetzt schaltest du mal richtig ab! Und das habe ich getan. Ich hab mal richtig abgeschaltet.« Er dachte an Eileen Walters und fügte hinzu: »Es war eine Art Geburt.«

Sie nickte. Nichts war in ihrem Gesicht, aus dem Mißtrauen gesprochen hätte. Frei und so unbefangen wirkte es nun, daß er die Frage unterdrückte, die er gleichsam wie eine Verteidigungswaffe in Reserve hielt: Die Frage, was eigentlich Vollmers in jener Nacht im Haus zu suchen hatte.

Gerührt war Brinkmann und voller Einsichten. Und da er die mit ihr teilen wollte, strich er über ihren Kopf, wickelte sich eine dieser blonden Locken, die der Wind gelöst hatte, um den Finger und sagte: »Ich muß auch was loswerden. Weißt du, Christa, damals, als ich mich mit Volldampf zum Frührentner entwickelte und mich von allen verraten und verkauft fühlte, war ich schon ein unerträgliches Ekel, nicht?«

»Ich finde ...«

»Nein, laß mich aussprechen. Vergessen wir die Details, ich weiß, daß ich mich unmöglich benommen habe. Und ich hätte gerne, daß du das vergißt.«

»Vergessen.«

»Klingt sehr großzügig«, lächelte er. »Und das bist du sicher auch. Aber wenn ich dann gleich anfügen darf: Auch ihr wart nicht gerade ...«

»Nein«, unterbrach sie, »wir waren Idioten. Ich habe mich gerade gestern mit Udo unterhalten. Es gehörte schon sehr viel Dummheit dazu, einen beschäftigungslosen Chirurgen dafür zu loben, wie schön er die Rosen und die Bäume beschneidet.«

»Vor allem einen«, grinste er, »einen, der sich sein Leben lang eingeredet hat, durch seine Abwesenheit sei die Volksgesundheit in Gefahr.«

Sie lachten beide. »Vergessen und gestrichen!« wiederholte er. »Jetzt will ich nur noch Benni sehen. Und vor allem muß ich ihm erzählen, wie das alles so ist mit Amerika, Nevada, dem Tal des Todes und den Indianern.«

Das tat Brinkmann dann auch. Drei Stunden später hielt er seinen Sohn auf den Knien, antwortete auf dessen schrille Jubellaute mit wolfsähnlichem Gebrüll, tastete dabei im geheimen nach seinem Hosenknopf, um ihn zu öffnen, denn sein Leib war angeschwollen: Sauerbraten und Knöpfli! Seit Wochen hatte Laura Michaelis diesen Abend vorbereitet.

Aber nicht nur Brinkmanns Leib war angeschwollen, seine Seele war es auch, wenn er so um sich in die Runde blickte: Der Tisch, das Haus, sein Haus, der Sohn – sein Sohn ...

Die andern aber? Ja nun: Sentimentalität konnte einen vernünftigen Mann noch besoffener machen als der gute Müller-Thurgau, den sie tranken. Mit Wein allerdings wie mit seinen Gefühlen würde er in Zukunft in Maßen umgehen, eine Methode, die er zur neuen Überlebensstrategie erkoren hatte.

Maria, die Einsamkeit der Wüste, die brutale, weltverlorene Schönheit der Berge am Razors Edge – wie weit lag das alles zurück!

Dies war Nachhausekommen, bedeutete Heimat.

Etwas besorgt warf er einen Blick hinüber zu Claudia,

dem sie mit einem angespannten, fast kindlich bemühten Lächeln begegnete. So jung – und leider ziemlich blaß um die Nasenspitze. Sie fühle sich nicht besonders, hatte sie zuvor erklärt. Auch das würde bald wieder gut werden, sagte sich Brinkmann, so wie alles ...

*

Das Unkraut war nicht hochgeschossen, die Rosenbüsche im Garten standen genauso, wie er sie verlassen hatte: Ordentlich beschnitten, kaum ein verdorrtes Blättchen, soweit er das feststellen konnte, auch sonst nirgendwo eine einzige Spur, die darauf hingedeutet hätte, daß sich was verändert hätte.

Etwas in Brinkmann verstand es nicht. Alles wie immer? Vielleicht bildete er sich das auch nur ein, aber irgendwo mußte es doch Zeichen geben, daß seine eigene, urpersönliche Welt nun eine andere war?

Dies der Klinik mitzuteilen, hinüberzumarschieren, sich zu präsentieren, womöglich eine Stabs-Konferenz einzuberufen, dazu fühlte er sich nicht gewappnet. Noch nicht. Noch lange nicht. Im Gegenteil: so in Kliniksnähe, beschlich ihn das alte Unbehagen, die Frage, wie's nun weitergehen wird, wie sie's aufnehmen werden, ob er so ohne weiteres das Kommando übernehmen konnte, ob sie wie einst in ihm den »Alten« sehen würden, den Kapitän auf der Brücke.

Er grübelte darüber, griff nach dem Telefon, um Breeken anzurufen, besann sich eines Besseren, ging zum Kleiderschrank, holte sich die Wanderstiefel heraus, stülpte einer heftig protestierenden Molli das Knebelhalsband über, für den Fall, daß ihnen unterwegs Wild über den Weg lief, zog sich Cordhosen und Pullover an, steckte die Windjacke in den Rucksack, Brot, einige Dosen Mett- und Leberwurst dazu, die ihm von einer überraschend kooperativen und diensteifrigen Laura Michaelis besonders empfohlen wurden, und war gerade dabei, Christa in ein paar Zeilen zu erklären, daß es ihn hinüber zur Jagdhütte ziehe. Doch dies erübrigte sich.

Christa stand in der Küchentür.

»Siehst aber ziemlich zünftig aus!«

»Wieso?«

»Na, die Hose. Solltest dir mal 'ne neue kaufen. Und deine Flickenjacke ...«

Er strich zärtlich mit der Hand darüber: »Die find ich gerade besonders schön. Ich lieb meinen alten Kram. Schuhe, alte Stiefel, Joppen oder Autos – für mich sind das keine Gegenstände, sondern Freunde. Und die schmeißt man nicht einfach auf den Misthaufen, weil es irgend etwas Neues, Schickes gibt.«

Sie kam zu ihm und gab ihm einen Kuß auf die Stirn. »Man kann's auch übertreiben. Und für wie lange gehst du so, als Clochard verkleidet, in den Wald?«

»Nicht als Clochard, als Mann!« sagte er und konnte die Erinnerung an Harry und die verwegenen Typen vom »Hawk Point« nicht wegdrängen. »Ihr müßtet mal da rauf nach Nevada! Ich sage dir, da habe ich ein paar Gesellen gesehen ...«

»Geschenkt«, unterbrach sie ihn. »Ich habe ein paar andere Gesellen, die in der Klinik auf mich warten. Rufst du an?«

Er nickte. »Klar! Vielleicht schon morgen. Und dann nimmst du den Jeep und kommst auch rauf, ja?«

»Brinkmann, Brinkmann!« Sie schüttelte den Kopf, ballte die Hände zu Fäusten und stemmte sie in die Taille. Ihr Blick war halb belustigt, halb nachdenklich: »Ich finde, irgendwie bist du ein anderer Brinkmann geworden.«

»Na und?« meinte er leichthin, schnappte sich die Hundeleine und zog Molli zur Tür. »Na und? Ich finde, für meine Umgebung kann das doch nur von Vorteil sein?«

»Vielleicht.« Sie nickte ihm zu. »Kann aber auch sein, daß ich da anderer Meinung bin. Und überhaupt, wenn du glaubst, daß ich dich so ziehen lassen werde – steigt mal unten schön rein ins Auto, ich fahr euch noch hoch bis zum

Rotberg. Von dort aus könnt ihr ja laufen, wenn's unbedingt sein muß.«

Er nickte dankbar und wartete, bis sie Platz genommen hatte, ehe er den Rucksack in den Gepäckraum wuchtete. Und als sie dann startete, sagte er: »Übrigens: es muß sein. Dort oben haben sicher schon alles die Mäuse angefressen. Von euch geht ja doch nie einer rauf.«

»Wenn schon, wird gefahren!« lachte sie. »Wie sagt Mischa so schön: Alle wollen zurück zur Natur – nur keiner zu Fuß.«

*

Wenn man fair sein wollte, konnte man von einer Überraschung nicht reden. Schließlich, immer wieder hatte Rosmarie angekündigt, daß sie ihn mit den Zwillingen besuchen würde, sobald sie es irgendwie mit ihrer Arbeit in der Buchhandlung vereinbaren konnte. Irgendwann – irgendwie …

Doch dann, an einem Freitagmorgen, hupte unten vor dem Haus ein Taxi. Und Schübel, der gerade im Bad fluchend ein Hemd in die Ecke feuerte, weil daran bis auf einen kümmerlichen Restbestand die Knöpfe fehlten, lief zum Fenster.

Ein Schock! – Bei Gott, das gab's doch nicht? Anrufen zumindest hätte sie doch können! Und die Kleinen, Ulf und Werner, auch noch dabei!

Für eine Sekunde hatte Schübel das Gefühl, der Boden unter seinen Sohlen beginne zu wanken. Schon läutete es. Doch dann erwachten in ihm alle Überlebensinstinkte. Er ließ es läuten, rannte mit hochrotem Kopf, als habe er Wespen in der Hose, durch die Zimmer, riß Türen und Schubladen auf, fand unter dem Kopfkissen in seinem Bett zwei Haarklammern, die Karla, diese wildgewordene Steuerberaterwitwe aus Osnabrück, vor einigen Tagen im Liebeskampf hier verloren hatte, und entdeckte unter seiner Wäsche noch einen von Anjas Slips und in der Schublade darüber gleich noch ein T-Shirt und die Fotos, die er bei ihrem Ausflug nach Friedrichshafen geschossen hatte, stopfte Slip und T-Shirt in die rechte und linke Hosentasche, die Fotos in die Tasche am Gesäß, stülpte sich, in den Ohren den schrillen Krach der Klingel, gegen die inzwischen sicher schon die beiden Zwillinge hämmerten, ein neues Hemd über den Kopf, rannte dann endlich in den Flur, um den Türöffner zu betätigen und erlebte, weit über das Geländer gebeugt, den Ansturm seiner Familie.

Da waren sie, voran der Kleine mit den Herzchen-Jeans, der auf krummen Beinen den Bruder überholen wollte und die Arme nun zu ihm hochstreckte.

Die Angst war vergessen. »Mensch, Wernerchen! – Hallo, Ulf!« Vergessen auch die Sorgen um nicht gelöschte Spuren, das ganze Durcheinander, das die letzten Monate in seinem Schädel angerichtet hatten. Ach, die Kleinen – seine Zwillinge! Werner, der Klammeraffe an der Brust, die kleine Rotznase, die sich gegen seine Backe drückte, übermüdete Augen, dazu Ulf, der ihn in den Schenkel kniff, und dort, nun in der Kurve der Treppe auftauchend, keuchend und blaß, um den Kopf ein kariertes Tuch: die gute alte Rosmarie!

»Uff!« schnaufte sie.

»Wieso hast du nicht den Lift genommen?«

»Hast du einen? Hab ich gar nicht gesehen. Und überhaupt: Ist das 'ne Begrüßung?«

»Kommt bloß rein!«

Er öffnete die Tür. Und konnte nichts gegen den Blick, der rasch die Garderobe abtastete, ob dort nicht irgendeine irgendeinen Schal oder Handschuh liegengelassen hätte.

Aufgeregt, in beklommener und gleichzeitig glücklicher Panik, beschämt und doch verärgert, weil man ihn ja schließlich nicht so einfach überfallen konnte, erfüllt von schlechtem Gewissen und gleichzeitigem Vaterglück – in dieser unglaublichen Mischung von Emotionen und Ängsten fiel Schübel nichts anderes ein, als zu sagen: »Ich muß gleich weg, Menschenskinder! Ihr seid vielleicht gut: Steht hier in aller Früh vor meiner Tür, und ich habe Chef-Konferenz.«

»Chef-Konferenz!« echote Rosmarie mit schmalen Lippen. »Chef-Konferenz, nachdem wir uns in diesem dämlichen Liegewagen die ganze Nacht um die Ohren geschlagen haben. Wernerli hat zweimal gekotzt, weißt du das? Sieh dir an, wie er ausschaut!«

»Kann ich was dafür? Du hättest ja schließlich...«

»Zu Hause bleiben können... Das ist es doch, oder?«

»Nee. Aber ein Anruf wäre doch das mindeste. Was soll das denn alles? Ist ja 'n richtiger...«

»Überfall« wollte er sagen, aber verschluckte das Wort nun doch. So standen sie sich jetzt gegenüber, nach so langer Zeit, kampfbereit wie in den Krisenzeiten, die er doch längst überwunden geglaubt hatte.

Schübel kam sich mies vor. Und so lächelte er, machte einen ersten Schritt, strich ihr flüchtig übers Kopftuch, beugte sich zu den Zwillingen, die mit dem rundäugigen, gelangweilten Vorwurf aller Kinder, die in die Zeugenschaft elterlicher Kräche gezwungen werden, zu ihm hochstarrten. »Was sind wir für Spinner! Da stehen wir im Flur und blöken uns an. Nun kommt schon rein. Und ihr zwei, paßt mal auf, Ulf: Drüben im Wohnzimmer, auf dem Bücherschrank rechts in der Ecke, da steht 'ne Schachtel mit Pralinen. Hab ich von 'nem Patienten gekriegt.«

»Patientin!« sagte sie. Solche Sachen kamen bei ihr bereits mechanisch. Er hatte längst gelernt, darauf nichts zu geben.

Ulf wetzte los. Schübel aber schob die Mutter und den kleineren der Zwillinge in die Küche.

»Hunger hast du doch? Mal sehen, was wir alles noch haben...«

»Ich hab keinen Hunger.«

»Dann einen Kaffee?«

Zum ersten Mal lächelte sie. Ihr Blick streifte stumm über die Berge speiseverklebten, ungewaschenen Geschirrs, die sich auf dem Stahl der Spüle sammelten, fiel auf die schmutzigen Handtücher am Fußboden, wandte sich hoch zu der

Decke, an der graue Spinnweben klebten. Aber sie lächelte trotzdem.

»Du bist ja richtig besorgt um mich.«

»War ich doch immer, Rosmarie.«

Er schraubte die Espressomaschine auf, füllte Wasser ein, gab den Kaffee dazu, dachte, was sie wohl denken würde, wußte, was sie dachte: Na, wenn's bei dem so aussieht, ist er zumindest zur Zeit ohne Weib – hängte ein »Irrtum« daran und empfand dabei kein bißchen Schadenfreude.

Schließlich saßen sie alle um den Küchentisch mit der blau-weiß karierten Wachstuchdecke, müde, verschlafen, mampfend. Schübel aber, der aus seiner Höhe auf sie herabblickte, empfand blinde Rührung: Meine Familie!

Heute nachmittag würde er sich freinehmen, versprach er. Aber jetzt? Es täte ihm leid. Keine Chance hierzubleiben. Der Alte habe seinen Herzinfarkt in den USA auskuriert, sei zurück, voller Dampf, und bei der Konferenz werde der kommissarische Klinikleiter, der Breeken, natürlich berichten müssen, was in der Zwischenzeit alles so vorgefallen sei. Und wenn er dann fehle ...

»Geh nur«, sagte Rosmarie. »Wir hauen uns erst mal in die Betten und schlafen.«

»Heut nachmittag aber ...«

»Nun geh schon, wenn's so wichtig ist!«

Leise, von mildem, unerwartetem Glück erfüllt, zog Schübel die Türe hinter sich zu.

Die Chef-Konferenz mußte ich einfach erfinden, dachte er, eine Pause zum Nachdenken braucht der Mensch. Und so gelogen war's nun auch wieder nicht. Schließlich ist Brinkmann tatsächlich zurück ...

*

Was war das?!

Dort drüben bei der Schonung, die der Förster Riedweiler letztes Jahr angelegt hatte ...

Jetzt! Jetzt wieder ... Geraschel, ein heller Pfeifton, ein

schwarzweißer Fleck. Eichelhäher? Oder der Weißrückenspecht, den er letztes Jahr in dieser Gegend gesehen hatte?

Brinkmann stand wie eine Säule. Die rechte Hand beruhigte eine unglückliche Molli, die gar nicht begreifen konnte, warum er ihr auch noch das Hecheln abschnüren wollte.

Nicht nur ein Vogel war das, zwei, vielleicht sogar drei.

Der erste hob ab, strich flach über die Spitzen der kleinen Tannenbäumchen. – Eichelhäher natürlich! Hatte er sich's nicht gedacht? Und das dort drüben mit der blauschwarzgebänderten Flügeldecke und den Schmuckfedern am Kopf war ein Männchen ...

Brinkmann lächelte. Brinkmann war stolz: Ach, mein Wald! Gott möge dich ewig bewahren. Schützen soll dich der Herr gegen die wütende, kranke Gier der Menschen, die sie »Fortschritt« nennen.

Langsam ging er weiter, den Hang entlang, durch eine nadel- und laubbedeckte Geländefurche, von der sein Freund Ignaz Marker einst behauptet hatte, die alten Alemannen hätten sie vor zweitausend Jahren als Schutz gegen die den Rhein abwärts rückenden römischen Legionen angelegt. Ja, der gute Marker, der steckte voll solcher Geschichten. Hünengräber, Thingstätten, ein wahrer Heimatkundler war Marker gewesen. Nun, der war ja auch rumgekommen im Land. Menschen wie Marker rücken nicht mehr nach. Lücken sind das, die nicht zu schließen sind, Zeichen auch, welche Waffen das Alter gegen dich nun einsetzen wird: Freunde, die du verlierst. Gedanken und Erinnerungen, die man mit niemandem mehr teilen kann ...

Fast wäre Brinkmann darüber melancholisch geworden.

Das Leben ist Veränderung ... Ja. – Doch wohin zielt sie?

Schluß damit!

Er erlöste die arme Molli, streifte ihr das Halsband ganz ab, ließ sie vor sich her wuseln, beobachtete mit Vergnügen den aufgeregt hin und her wedelnden Schwanz und ging weiter.

Dort drüben, neben der Buchengruppe, war bereits das Dach der Hütte zu erkennen.

Und das war nun wirklich ein Anblick!

Seine Hütte sah Brinkmann nicht nur mit den Augen, sondern auch mit dem Herzen. Dich zumindest gibt's noch! das dachte er und dachte es noch, als sich aus der widerlichen schiefergrauen Wolke, zu der er schon während des ganzen Weges hochgeschielt hatte, ein plötzlicher Regenkübelguß löste.

Molli kam zurück, bereits klitschnaß. Sie schien genauso übelgelaunt wie er. Sie knurrte sogar. Brinkmann aber schlug den Kragen seiner Joppe hoch, fischte aus der Cordhose sein Taschentuch, um es sich mit vier Knoten auf dem Kopf zu befestigen, was nun wirklich nichts nützte, da es blitzschnell patschnaß war.

»Rennen werden wir nicht!« sagte er zu Molli.

Sie hielten sich beide daran, was zur Folge hatte, daß Brinkmann, als er endlich das schützende Vordach der Hütte erreichte, das Wasser nicht nur von der Nase tropfte, sondern auch vom Nacken her über das Rückgrat rann.

Bei diesem eiskalten Kitzel dachte er schaudernd daran, was es für Mühe bereiten würde, in der Bude drinnen ein Kaminfeuer anzuzünden, um sich die Kleider zu trocknen. Daß jemand aus der Familie in der Zwischenzeit die leeren Gasflaschen ausgetauscht hatte, wagte er nicht zu hoffen.

Seine klammen, nassen Finger tasteten über die Holzleiste, auf der er immer den Schlüssel deponierte.

Sie tasteten umsonst.

Nichts.

Der Schlüssel – weg!

Brinkmann versuchte es noch einmal und entschied sich dann widerstrebend, den Schutz des Daches zu verlassen, um in den Hohlräumen zwischen den Natursteinquadern Nachforschungen anzustellen. Denn nun erinnerte er sich, daß Claudia doch irgendwann mal den Schlüssel dort...

Auch nichts.

»Ja, verdammt noch mal!«

Molli begann zu winseln.

Voll blinder Wut streckte Brinkmann den Arm aus, um an der Türklinke zu rütteln, und machte die Feststellung: Die Tür ist ja offen! Leise quietschend drehte sie sich in ihren Angeln und gab Brinkmann den Blick frei: Er reichte, um ihn erstarren zu lassen.

Da stand ein Kerl!

»Nun komm schon rein.«

Brinkmann nickte. Was sollte er sonst tun? Er trat ein, sah auf diesen Menschen, ein kleines Kerlchen mit hängenden Schultern und langem, faltigem Hals und einem Gesicht, das Brinkmann irgendwie an eine Handvoll zusammengedrücktes braunes Packpapier erinnerte. Ein langer Bart klebte daran. Die Augen aber... was für Augen dieser Mensch hatte! Eine Bierruhe stand darin. Und freundlich, jawohl, richtig freundlich blinkerten sie ihm entgegen.

Brinkmann schluckte. Noch immer war sein Denkapparat wie gelähmt.

»Mensch, bringst du vielleicht 'n Wasser rein... Nun schau dir das an!«

Brinkmann schaute es sich an. Eine kleine Lache hatte sich am Fußboden gebildet.

»Und 'nen Köter haste auch? Was willste hier mit 'nem Köter...«

Molli, charakterlos wie immer und das krasse Gegenteil eines deutschen Wach- und Diensthundes, beschnupperte die schmutzigen Jeans des Waldmenschen. Die Augen verdrehte Molli, richtiggehend hingerissen schien sie.

»Na hör mal! Nun guck mich doch nicht so an. Nimm's einfach locker. Ich beiß nicht. Und die Hütte hat doch Platz für zwei. Machst wohl auch immer Station hier auf der Durchreise?«

»Ja, ja nun...«, räusperte sich Brinkmann, »gelegentlich schon.«

Er blickte sich um. Die Fensterläden hatte der Kerl verriegelt gelassen. Ein Kerzenstumpen erleuchtete den Raum. Er steckte in einer leeren Rotweinflasche, die auf der Platte des

Tisches stand. Daneben lagen ein vom jahrelangen Gebrauch ausgebleichter und hundertmal geflickter Rucksack sowie zwei Plastiktüten. Anscheinend das Reisegepäck. Drüben auf dem Herd der Küche aber kochte Wasser.

Ja, was blieb Brinkmann schon übrig. Er versuchte sich der Situation anzupassen. Darin schließlich hatte er schon einige Übung. »Könnten wir die Fensterläden aufmachen?« fragte er. »Hier ist es so verdammt duster.«

Nun hatte der Kerl noch mehr Falten im Gesicht, und die Augen waren so schmal wie Schlitze. »So? Duster...? Na, du bist 'ne Leuchte. Und Feuer im Kamin machen, was? Damit die Kleider schön trocknen und man den Rauch kilometerweit sehen kann? Wie ist denn das, willst du deinen Rucksack nicht ablegen?«

Brinkmann nickte. Nun war er wirklich verstört. Er ließ den Rucksack auf den Boden plumpsen. Molli begutachtete ihn. Sie hatte Hunger. Er auch.

»Und zieh deine schmutzigen Latschen aus. Meinst du, ich hätte Bock darauf, hier später rumzuschrubben? Siehst du doch, wie das hier alles sauber ist.«

Brinkmann sah es.

Er setzte sich auf einen Stuhl und zog die Stiefel aus.

»Wie heißt du überhaupt?«

»Ich? – Ah... Karl. Und du?«

»Boris.«

»So richtig schön russisch, ha?«

»Haste was dagegen? Ich koch gerade eine Suppe. Wärme hilft. Kannst auch was abhaben.«

»Und die Klamotten?« sagte er, selbst erstaunt über die jähe Welle von Dankbarkeit, die in ihm hochstieg. Wenn er das Christa erzählte! Was für eine Situation... Aber der Mensch hier, dieser Gnom, Waldschrat, Penner, was immer er sein mochte – nichts zu machen, der gefiel Brinkmann.

»Da hinten ist 'ne Dusche. Das funktioniert. Hab's schon probiert. Da kannste dich mal aufwärmen.«

Du kannst – du darfst! Na, bitte, wenn er's so sah...

Brinkmann ging zum Wäscheschrank, öffnete, holte sich

zwei weiße Handtücher und seinen blauen Bademantel heraus. Damit wollte er im Bad verschwinden, doch diese Rechnung hatte er ohne Boris gemacht. »He, he!« kreischte Boris. »Hast du nicht mehr alle Tassen im Schrank? Ja, spinnst du eigentlich?«

»Spinnst du? Wieso? Ich muß doch...«

»Nichts mußt du. Mensch, wir verwenden eigenes Geschirr und eigene Wäsche. Oder willst du den Bademantel nachher in die Waschmaschine stecken, wenn du das überhaupt hinkriegst? Der kommt ja dann doch wieder dreckig raus. Hör mal, du bist wohl der letzte Anfänger! Warst du überhaupt schon auf Tour?«

»Na ja...«, jetzt fing er auch noch zu stottern an, »eigentlich ja schon.«

»Na, dann machst du, was ich sage. Ist das jetzt klar?«

»Okay, Boris.«

Doch Brinkmann war noch immer nicht entlassen. Boris marschierte auf ihn zu und musterte ihn.

»Damit das gleich von Anfang an klar zwischen uns ist: Ich will hier nicht zum letzten Mal übernachten. O nein! Hier gefällt's mir nämlich. Ich hab was übrig für solche Orte.«

»Ich ja auch.«

»Jetzt red ich. Was dir liegt, bringt mir nichts. Das kannst du dir an den Hut stecken.«

»Das merk ich.«

»Also, denk mal nach. Das kann man doch zumindest verlangen: 'n bißchen Gehirnschmalz. Die Besitzer hier, siehst du doch, schau mal die Bilder an der Wand – die sind Qualität! Das dort drüben ist 'n Jugendstilbild. Schon was davon gehört?«

»Ich glaube«, nickte Brinkmann.

»Münchner Schule!«

Das ließ ihn nun doch schlucken.

»Gut. Wenn ich solche Bilder sehe und auch sonst den Stil, die Möbel und so weiter, dann fühl ich mich wohl. Und dann will ich... Was will ich?«

»Wie bitte?«

»Mein Gott, steh dir doch nicht immer selber auf der Leitung! Dann will ich, daß sie nichts merken. Und warum merken sie nichts von mir? Weil ich mich benehmen kann. Ich räume auf. Ich reiße keine fremden Leintücher raus. Ich benütze meine eigene Bettwäsche. Ich habe meine eigenen Decken. Ich lasse das Geschirr sauber zurück. Und wenn ich klaue, dann mit Verstand und Augenmaß. Zwei oder drei Konserven, das merken die gar nicht. Aber das Resultat ist: Ich kann immer wiederkommen!«

»Aha? Da ist was dran.« Brinkmann sagte es mit Überzeugung. Wie oft war Boris wohl schon hiergewesen? Spielte das eine Rolle vor dieser überzeugenden Schlußfolgerung, die Boris ihm nun ins Gesicht schmetterte: »Wenn ich mich schlecht benehme, merken die womöglich was. Und wenn sie was merken, dann machen sie das Häuschen einbruchsicher.«

»Ja«, Brinkmann nickte, »da gebe ich dir recht. Ganz und gar.«

»Na also! Und jetzt verschwinde mal.«

Das tat er auch, allerdings nicht ohne zuvor pflichtbewußt zu seinem Rucksack zurückzugehen, um dort eines der Flanellhemden herauszunehmen, die er sich für seine Wanderung eingepackt hatte. Boris nickte ihm anerkennend zu, ganz Lehrer, der einem leicht behämmerten Schüler endlich eine gute Note erteilen kann. Doch was half's? Sein Jagdzeug hatte er im Schrank, und da durfte er nicht ran. Und die Hosen, die waren naß.

So saß zehn Minuten später ein frisch gewaschener und rosig durchbluteter Professor Klaus Brinkmann, in eine Wolldecke gehüllt, am Tisch seines Hauses und löffelte eine Kräutersuppe. Sie schmeckte überraschend gut. Nur, von der Decke stieg ein strenger Geruch in seine Nase. Boris hatte sie ihm geliehen.

»Wird ja bald wieder die Sonne durchkommen. Dann kannste das Zeug dort draußen zum Trocknen aufhängen.«

»Ja, Boris«, nickte Brinkmann. »Wenn du meinst...«

*

»Theas Kaffeestube« am Ortsrand von Offingen, direkt neben der Ausfahrtstraße nach Triberg, gehörte mit Recht zu jenen Lokalen, die vom amtlichen Führer des Verkehrs- und Gastwirte-Vereins als Hort Schwarzwälder Gastlichkeit und Gemütlichkeit gepriesen wurden.

Gastlich und gemütlich ging's auch an diesem Nachmittag zu.

Zwischen Kachelofen, Hirschgeweih, Geranienfenstern saß an den blankgescheuerten Tischen ein halbes Dutzend Leute der üblichen Art: Fremde, die sich mit Kirschwasser, Vesper und original Schwarzwälder Kirschtorte eindeckten.

Doch dieses Bild friedlicher Harmonie sollte sich bald ändern. Neue Gäste kamen: Ein etwas strapaziert wirkendes Elternpaar, zwei Kinder im Schlepptau, die sich nur mit Mühe von dem Kaugummi- und Lollipop-Ständer an den Ecktisch locken ließen.

»Hier gibt's die beste Sahnetorte im ganzen Schwarzwald!« Werner Schübel verkündete es seiner Rosmarie, während er ihr mit einer geradezu überwältigenden Sorgsamkeit den Stuhl zurechtrückte: »Willste ein Stück?«

»Fehlt nur noch der Kakao. Sieh mich doch erst mal an, ehe du so dämliche Fragen stellst.«

Es stimmte: Sie hatte zugenommen! Kummerspeck nannte sie das. »Wenn wir mal wieder zusammen sind...«, hatte sie geschrieben. »Aber so? Meinst du, da entwickelt man Ehrgeiz?«

Offensichtlich hatte sie den längst eingemottet. Na und? Wenn schon... Seit Jahren, genaugenommen seit seinem Studium in Kiel, hatte Werner Schübel sich daran gewöhnt, in Rosmarie so etwas wie eine Ersatzmutter zu sehen. Das Problem bestand nur darin: Rosmarie konnte oder wollte sich in diese Rolle nicht so recht hineinfinden.

Schübel wollte sich gerade setzen, doch blieb er dann mit dem Hintern gewissermaßen in der Luft hängen, nahm den Arm hoch und winkte.

»Was hast du denn?« wunderte sich Rosmarie.

»Na, dort drüben: der Udo und seine Frau. Udo ist Oberarzt bei uns. Und auch noch der Sohn vom Chef. Und das hübsche Mädchen dort, das aussieht wie 'n Teenie, das ist seine – hm – Dauerbraut.«

Rosmarie registrierte die Bewunderung in Schübels Blick mit dem Gleichmut, den sie sich in zwölf Jahren antrainiert hatte. Und das hatte schon einiges gekostet. Sie reagierte nur mit einem kurzen, gemessenen Kopfnikken, als der hübsche junge Mann dort drüben freundlich herüberwinkte. Wie ein Oberarzt sah er nicht aus. Und schon gar nicht wie ein Chirurg. Eher, so stellte sie mit wachsender Erbitterung über die Ungerechtigkeit des Schicksals fest, wie ein Tennislehrer.

Werner aber? Werner war mindestens zehn Jahre älter als der Junge mit seinem Teenie. Sohn vom Chef hin oder her – hatte sich nicht gerade wieder Professor Federsen nach Werner erkundigt und von einer freiwerdenden Stelle in Flensburg gesprochen? Was war nur mit Werner los? Flöhe hatte er im Kopf, sonst wäre er mit seinem Können doch schon längst Chefarzt. Flöhe oder Weiber! Was aus Rosmarie Schübels Sicht in etwa auf dasselbe hinauslief: Ein ewiger Spinner! Träumer zu sagen, wäre sicher zuviel. Einer, der lieber Assi oder Urlaubsvertreter blieb, wobei er allein und fern von der Familie in einer Bude unterm Dach Bratkartoffelverhältnisse aufrechterhalten und den Studenten spielen konnte. Bloß nicht erwachsen werden! – das hatte sie längst durchschaut, das wußte sie. Aber bei all dem Ärger, im Grunde blieb Werner doch ein guter Kerl. Auch das war klar. Seine Hörner waren nun mal länger als die anderer Männer. Irgendwann aber, da war sich Rosmarie gewiß, würde er sie abgewetzt haben.

Diese Überlegung, hunderttausendmal in einsamen Stunden angestellt, besänftigte sie auch jetzt wieder. Zumindest eines war Rosmarie klargeworden: Ohne sie, ohne Ulf und Wernerli war er auch nicht zufrieden!

Mir reicht das eigentlich... Sie dachte es, als die Kellnerin den Kaffee brachte, den er gerade bestellt hatte.

»Und bitte mit Assugrin!« rief sie ihr nach.

Wernerli grinste: »Klar, Mutti! Speckbremse!« Auch Schübel mußte lachen, aber da war seine Aufmerksamkeit schon wieder in eine neue Bahn gelenkt: Dort drüben an der Tür! Die beiden, die sich da suchend umblickten – das gab's doch nicht!

Anja!

Und der Kerl mit seinem Burt-Reynolds-Schnauz und den Pausbacken? Zum ersten Mal in natura, vor seinen Augen: der berühmte Verlobte!

Na, nicht nur Rosmarie, auch der schien zugelegt zu haben.

Nun hatte sie ihn erblickt. Ein Augenbrauenhochziehen und eine kleine Falte auf der Stirn war alles, was sie für ihn aufbrachte. Und Rosmarie – verdammt noch mal – schien bereits ihre Antennen auszufahren!

»Jetzt hör mal, Ulf!« zischte er, um sie abzulenken: »Nun stopf den Kuchen doch nicht so in dich rein. Dir wird's ja noch ganz schlecht.«

»Is ja nur Schokolade. Und ich dachte, das Schwarzwald-Zeug wär was Besonderes.«

»Ist es auch.«

»Dann krieg ich 'ne zweite Schnitte?«

»Was?«

»Ich habe eben Hunger, Papi.«

Rosmarie nahm es mit Rührung zur Kenntnis. Sie wandte sich wieder Schübel zu. »Also jetzt mal im Ernst: So schwierig kann es ja nun auch nicht sein, hier eine einigermaßen vernünftige Wohnung zu finden?«

»Was heißt hier einigermaßen vernünftig, Rosmarie? Was stellst du dir denn darunter vor?«

»Nach ja, das ist doch Schwarzwald...«

»Aber ein Touristenort!«

»Touristen hin oder her, wenn schon, drei Zimmer werden sich hier doch auftreiben lassen.«

»Drei? Hör mal, Rosmarie: Was ich suche, das ist 'n Haus. Oder 'ne Fünfzimmerwohnung. Wenn ich mich schon hier abrackere, dann will ich auch was davon haben. Und wäre es nur ein vernünftiges Raumgefühl. Hier habe ich mich unterm Dach verkrochen. Was glaubst du, wie mir das Loch in der Waldkirchner Straße zum Hals heraushängt! Jede Woche steht 'ne Annonce in der Zeitung. Mit drei Maklern habe ich Kontakt aufgenommen. Verstehst du: Es ist 'ne Grundsatzentscheidung! Falls ich hierbleibe, will ich auch leben wie ein Mensch.«

»Und dazu gehört ein Haus?«

»Warum nicht?« fragte er und beobachtete aus den Augenwinkeln, wie sich Anja von diesem Typ – wie hieß der nur gleich, ach ja, Volker, auch noch Volker! – die Lederjacke abnehmen ließ. Brandneu das Ding. Sicher ein Geschenk. Na ja ...

Der Schnauz aber sah sich noch immer um. Hatte keine Ahnung. Provinzler. Möbelvertreter oder so was. Man sah's ihm an. Da änderte auch der Schnauzbart nichts.

»Hör mal!« meldete sich Rosmarie. »Ich hab dich was gefragt.«

»Wie bitte?«

»Ich hab dich gefragt, wie du dir das eigentlich vorstellst, Haus oder Fünfzimmerwohnung und so? Ja, wie willst du denn die Miete aufbringen? Und überhaupt, was guckst du da immer rüber? Wer ist denn das?«

»Ach nichts. 'ne kleine Laborantin von uns und ihr Verlobter. Harmlose Leutchen.«

»Soso? Harmlos?«

Ein einziger Blick auf dieses blonde Gift genügte Rosmarie, um ihn zu durchschauen. Doch dieses Thema wollte sie nicht wieder aufgreifen. Das andere war wichtiger, und sie klammerte sich daran fest: »Jedenfalls, Werner – jetzt hör doch endlich zu –, jedenfalls ist das doch kein Zustand. Seit einem Jahr sehen wir uns alle paar Monate mal. Die Kinder wissen schon fast nicht mehr, wie ihr Vater aussieht.«

»Doch, das wissen sie. So was haben Kinder im Herzen.«

»Ach nein? Für mich kann man das nicht mehr als Familienleben bezeichnen.«

Schübel nickte bekümmert. Und als der etwas ältere der beiden Zwillinge sich plötzlich aufrichtete, die Gabel sinken ließ und ihn fixierte, empfand er die alte, wohlbekannte Unsicherheit.

»Was ist denn mit dir los? Was guckst du mich so an?«

»Ich... weil... weil sie's in der Schule schon sagen und in der Straße auch: ›Weißte was? Lüg nicht immer so, dein Vater ist doch abgehauen!‹«

Schübel gab sich einen Ruck. »Na, hör mal, Ulf! Denen gibst du doch hoffentlich eins über den Schädel! – Und noch was...«

Er konnte nichts tun gegen die Welle von Elend, die in ihm aufstieg. Er griff hastig nach dem Cognac, der vor ihm stand, kippte ihn runter und hatte nun genügend Kraft, seinen Jungen an sich zu ziehen und ihm im Verschwörerton zuzumurmeln: »Also gut! Deiner Mami wollte ich's ja nicht sagen, ehe es perfekt ist. Aber wenn diese Typen, deine Freunde, wiederkommen, dann hast du jetzt 'ne Antwort, Junge. Ich hab was in Aussicht. 'n Fünfzimmerhaus, weißt du. Mit Garten. Und Terrasse. Und 'ner richtigen Voliere! Da kann man Vögel halten. Magst du doch?«

»Und wie, Papi!« Ulfs Augen strahlten.

»Na, siehst du. Nur ein bißchen weit ist es von Offingen. Eigentlich wollte ich etwas mehr in der Nähe...« Er hatte seinen Faden gefunden, wollte ihn weiterziehen, verknüpfen, von den Schwierigkeiten, aber auch von der reizenden Lage sprechen und davon, daß nach all den bravourösen Leistungen, die er in den letzten Monaten gebracht hatte, eine Gehaltserhöhung so gut wie sicher war – doch er kam nicht dazu. Rosmarie kniff ihn in den Arm.

»Was ist denn mit der?«

»Mit wem?«

»Na, die junge Frau dort drüben. Wie die immer rüberstarrt! Und du doch auch.«

»Ich? Ich schau zur Theke, wann endlich mein zweiter Cognac kommt.«

Das tat er auch. Und so angestrengt, daß an dem Tisch, an dem Anja Krischle mit ihrem Dauerverlobten Volker Häfele Platz genommen hatte, einc Diskussion entbrannte.

»Der Kerl dort drüben, der mit dem Bart und den Kuhaugen, der immer wie bekloppt an dir vorbeistarrt – kennst du den?«

»Wen?« Auch Anja fiel, um Zeit zu gewinnen, nichts anderes als eine Gegenfrage ein. In dieser Sekunde schien sie, gleich einem Echo, mit Schübel verbunden.

»Nun frag doch nicht so dumm. Komm, ich hab's doch gesehen, du hast doch auch rübergeguckt. Zu dem schräg gegenüber mit den beiden Kindern und der Frau. Was machst du den eigentlich dauernd an?«

»Ich und anmachen?! Sag mal, spinnst du?« Anja war jetzt richtig zornig, ganz rote Ohren bekam sie. »Wenn ich da mal rübergucke, ist das schließlich normal. Der Mann ist Arzt in unserer Klinik.«

Und da sie bei dieser Feststellung die ganze Ungerechtigkeit überkam, die sie von allen Seiten in den letzten Wochen zu erfahren schien, steigerte sie sich weiter: »Darf ich das vielleicht auch nicht mehr? Hast du was dagegen?«

Jetzt konnte sie auch gleich noch grüßen, ganz egal, was Schübels Frau dort drüben dachte. Denn daß es sich um seine Frau handelte, war ihr schon längst klar: Die Fotos ... Als ob sie das vergessen könnte! So 'ne Mutti, dachte sie. So 'ne alte, fette Tante! Und wegen so einer macht er ein derartiges Theater? – Na, bitte. Wenn er wollte, sollte er doch! Das war in Zukunft sein Bier.

Sie wiederholte es sich, als sie den Arm hochnahm und hinüberwinkte, worauf Schübel wiederum nichts anderes übrigblieb, als gemessen zurückzugrüßen.

»Warum hast du das nicht gleich gemacht?«

»Was denn?«

»Na, deine Winkerei. Schließlich, wenn er schon bei euch Arzt ist, dann grüßt man doch.«

Sie warf den Kopf herum, und die hübschen Augen wurden jetzt schmal wie zwei Schießscharten: »Nun reicht's aber! Warum das, warum dies? Geht das denn schon wieder los? Weil ich ihn nicht gleich gesehen habe, Himmelherrgott noch mal! Was ist denn so Besonderes daran?«

»Gar nichts. Aber diese ewige Anmache! Meinst du, das kann einem nicht auf die Nerven gehen?«

Na, wenn's ihm auf die Nerven ging – ihr schon lange.

Anja hatte genug, von Volker, von Schübel, von dem ganzen Lokal und der Tatsache, daß dort drüben in der Ecke ein offenbar amüsierter Oberarzt auch noch Zeuge der Szene wurde.

Sie stand auf.

»Wo willst du denn hin?«

Sie griff nach ihrer Handtasche.

»Jetzt sag mal ...«

Doch Anja sagte nichts, kein Wort, o nein – Anja wirbelte herum, marschierte durchs Lokal dem Ausgang entgegen und hörte hinter sich noch ein ersticktes: »Ja, wo willst du denn hin? Anja ... Was hab ich denn gemacht?«

Volker Häfele war fassungslos. Das war er eigentlich immer, wenn er auf seinen Dienstreisen nach Offingen kam, um Anja zu besuchen. Der Krach war vorausprogrammiert. Zores gab's jedesmal.

Diese Feststellung vermochte seine Laune nicht zu heben. Und jetzt kam auch noch die Kellnerin mit einem Tablett voll Kaffee und Kuchen.

Hastig stellte sie es ab und drehte sich Häfele zu, der gerade nach seinem Mantel griff.

»Jetzt Moment mal, ja? Erst müssen Sie bezahlen!«

Die kam ihm gerade recht: »Wieso denn? Wir haben doch gar nichts angerührt.«

»Angerührt? – Aber bestellt haben Sie, oder?«

Auch das noch!

Volker Häfele ließ einen Zwanziger liegen, achtete nicht

einmal auf das Restgeld, hatte gar keine Zeit dazu, denn draußen auf dem Parkplatz stieg Anja schon in den Wagen.

Anja!

Er rannte hinaus, zunächst an Schübel vorbei, der die Szene mit einem ironischen »Ist schon erstaunlich, wie sich manche Menschen benehmen« versah, dann auch noch an Udo, der sich gerade halb erhoben hatte, um festzustellen, was mit der kleinen Anja eigentlich los war, und sich nun wieder mit breitem Grinsen in seinen Sessel zurückfallen ließ.

»Na, hast du das gesehen? Weißt du, wie der Titel heißt: ›Deutsches Familienleben – Anschauungsstück in einem Akt‹.«

Claudia schüttelte den Kopf. »Vor ein paar Jahren, habe ich gehört, warst du selber ein berühmter Charakterdarsteller für solche Rollen.«

»Vor ein paar Jahren... O ja, da kannte ich dich noch nicht. Heute wäre mir so was viel zu anstrengend. Wie ist es denn, ist deine Nase wieder frei?«

Sie zuckte kläglich mit den Schultern: »Die Nase schon. Aber der Kopf ist wieder zu. Ich bin müde. Wollen wir gehen?«

*

Zur selben Zeit, als in Theas Kaffeestube ein liebevoller Familienvater seinen Kindern mit der Serviette die von Sahne verschmierten Gesichter säuberte, lehnte sich Klaus Brinkmann in seiner Jagdhütte bequem im Stuhl zurück. Er rülpste sogar. Er fand's zur Situation passend. Außerdem: Alles was recht ist, die Suppe hatte vorzüglich geschmeckt. Er ging zu seinem Rucksack und holte den Laib Brot heraus, den ihm die Michaelis vom Bäcker Maier besorgt hatte. Boris war noch immer am Löffeln. Tropfen hingen an seinem Bart.

»Da!« sagte Brinkmann.

»Mensch! – Und noch ganz frisch.«

Boris grinste. Er grinste mit vier Zahnstummeln. Die waren gelb gefärbt. Kein Wunder, daß er Suppen mag, dachte Brinkmann.

»Das Rezept mußt du mir mal geben.«

»Kann ich gar nicht. Wechselt immer. Nach Jahreszeiten. Das sind Kräuter: wilder Mangold, Sauerampfer und so. Hab ich alles in der Gegend gesammelt.«

Er stippte das Brot rein und kaute es andächtig mit halb geschlossenen Augen durch. »Wetten«, nuschelte er dabei, »daß die, denen die Bude hier gehört, alles aus der Dose fressen? Sauerampfer, so was haben die noch nicht mal gehört.«

»Vielleicht«, meinte Brinkmann etwas verärgert.

»Bestimmt!« versicherte ihm Boris. Der Blick aus den kleinen schimmernden Augen forschte in Brinkmanns Gesicht und blieb schließlich an seinen Händen hängen: »Du hast auch mal bessere Tage gesehen, was?«

»Wie kommst du da drauf?«

»Na ja, so was stell ich in der ersten Sekunde fest. Die Nägel, die Finger – alles richtig gepflegt. Lange ausgestiegen bist du wohl noch nicht, oder?«

»Hm... eigentlich...«

»Was war's denn bei dir?«

»Ärger«, sagte Brinkmann.

»Den haben alle. Was für welchen? Familie?«

»Eigentlich nicht.«

»Ich könnte sagen, bei mir war's 'ne Frau. Die eigene. Ich hab 'n Restaurant gehabt, in Blumberg. Kennst du das?«

Brinkmann nickte.

»Na ja, das lag am Zollhaus, direkt an der Kreuzung nach Schaffhausen. Ein richtiger Superladen. Lief wie die Feuerwehr. Spezialität Spargel. Spargel und Wild. Doch eines Tages, als ich da reinkam, wen erwisch ich mit dem Kellner? – Kannst's dir ja denken... Und ich hab geglaubt, die Alte sitzt da und macht die Abrechnung. Aber was tut sie? – Na ja, lassen wir's... Wenn ich ganz ehrlich bin und heute so zurückschaue, hat sie eigentlich recht gehabt. Ich war nicht mehr mit dem Herzen dabei, verstehst du? Nicht bei ihr, nicht im Geschäft. Ich hatte es bis hierher. Samstags die Ausflügler, sonntags den Laden voll Halbaffen. Dann die Spesenritter, die vom Stadtrat. Sogar 'nen Bundestagsabgeordneten hatten wir als Gast, und, ob du's glaubst oder nicht, den Wörner, den Verteidigungsminister. Ich hab mir dieses Gefasel angehört, die Sprüche, die sie klopften. – Und vor allem hab ich mir angeguckt, was für sie wichtig war: Das war das Auto! Oder die Angeberei mit dem Urlaub. Alles nur Talmi. Jeder hat dem anderen was vorgemacht! Gut, das ist überall und immer das gleiche. Aber wenn's einen Platz gibt, wo du so richtig dahinterkommst, dann ist das 'ne Kneipe. Du kannst dich nicht mal dagegen wehren. Ich sag dir... Weißt du, was die Haupterkenntnis ist, die ich damals erfahren habe? Die Welt besteht aus Lüge! Man sagt das so dahin. Aber es ist so: Jeder lügt dem anderen was vor. Nee – da hab ich's jetzt einfacher. Jetzt bin ich im reinen. Wenigstens mit mir selber.«

Brinkmann nickte. Zwar schien ihm die Begründung, die er gerade vernommen hatte, weit hergeholt, zu allgemein, zu unreflektiert, doch die Grundstimmung, die konnte er teilen: Jeder macht dem anderen was vor! »Wenn man das so betrachtet...«

Er kam nicht dazu, Betrachtungen anzustellen.

Boris scheuchte ihn hoch.

»Spül gleich mal ab!«

»Mach ich.«

»Und dann schälst du Kartoffeln.«

Das wäre Brinkmann beinahe zuviel gewesen, doch Boris, der Kräutersammler, hatte jetzt ein ganz entwaffnendes, liebenswertes Strahlen im Gesicht: »Hast du gesehen? Draußen scheint wieder die Sonne. Weißt du was, ich häng schon mal die Klamotten auf! Und dann guck ich, ob ich ein paar Walderdbeeren finde.«

Was kann man dazu schon sagen?

Brinkmann ging gehorsam in die Küche, zog die Schublade auf, um den Kartoffelschäler herauszunehmen.

Beinahe hätte er damit einen entscheidenen Fehler begangen. Denn nun bekam Boris ein ganz mißtrauisches Gesicht: »He! Du kennst dich aber hier aus! Warst du auch schon mal hier?«

»Wieso denn?«

»Na, weil du auf Anhieb das Zeug findest.«

»War reiner Zufall.«

Brinkmann atmete tief durch. Dann setzte er sich auf den Hocker, nahm den Schäler in die rechte, die Kartoffel in die linke Hand und begann. Boris wich nicht von der Stelle – und regte sich schon wieder auf:

»Sag mal, hast du zwei linke Hände? Noch nie 'ne Kartoffel gesehen? Du kannst wohl überhaupt nichts? – Gib mal her!«

Eine hauchfeine Schale gab das weiße, appetitliche Fleisch der Kartoffel frei.

»Siehst du, so wird das gemacht! Und bloß nicht dick abschneiden. Ist doch schade drum ...«

»Ja, Boris.«

Endlich schloß sich die Tür. Und endlich konnte Brinkmann das tun, wonach ihm die ganze Zeit schon zumute war: herzlich in sich hineinkichern.

Brinkmanns klägliche Leistung als Kartoffelschäler war auch am nächsten Morgen beim Abschied von Boris noch Thema. Da hatte Brinkmann schon gepackt. Sein Rucksack lag draußen auf der Bank vor der Hütte, und ihn erfüllte unerwartete Wehmut.

Endlich öffnete sich die Türe. Boris' Augen waren verquollen. Der Wein gestern abend. Na ja, dafür hatte er wenigstens gut gepennt und die ganze Nacht geschnarcht.

Jetzt schien Boris guter Laune. Den Kopf im Nacken, mit verklärtem Lächeln, blickte er hoch zum blauen Himmel.

Doch dann fiel ihm etwas ein: »Du hast deine Kaffeetasse nicht gespült!«

»Verzeihung. Soll ich ...«

Boris war großzügig: »Ist ja bloß, weil ich dir was beibringen will.«

»Da dank ich dir auch dafür.«

»Na also! Dann hat's ja wenigstens zu etwas genützt. Räum das noch auf. Und falls du mal ohne mich hier bist, weißt du ja jetzt, wie du dich zu benehmen hast.«

Brinkmann nickte folgsam.

»Na, dann... Ich hau auch gleich ab. Ich mach mal rüber nach Freiburg.«

Die gelben Stummelzähne schienen wieder ihr sonderbares Eigenleben zu führen, als er den Mund zu einem breiten Lächeln öffnete. »Kann ja sein, daß wir uns mal wiedersehen, was? Also, mach's gut!«

»Du auch!« Nun war Brinkmann richtiggehend ergriffen, und sein »Vielen, vielen Dank, Boris« kam aus tiefem Herzen.

Doch Boris schüttelte nur den Kopf: »Was heißt denn vielen Dank? Aber so langsam mußt du selbständiger werden, sonst kriegst du noch Trouble. Kannst ja nicht mal Kartoffeln schälen! Na, stell dir vor...« Er hob die Hand: »Also, dann!«

*

Die Zeit der Prüfungen war noch nicht vorüber für Klaus Brinkmann.

So komisch es auch sein mochte, lächerlich oder nicht: Bei dem Gespräch mit seinem alten Freund Gerd Römer fühlte er sich unbehaglicher als oben während der Stunden in der Hütte, wo Boris ihm mal richtig zeigte, wo's langgeht.

»Na, was meinst du?«

Gerd nahm seine Halbbrille ab, putzte sie und bedachte ihn mit seinem üblichen, sachlich abschätzenden, wenn auch nicht unfreundlichen Blick.

»Willst du dich nicht endlich wieder anziehen?«

Damit hatte er auch wieder recht. Da hockte Brinkmann rum, die Hose halb offen, das Hemd unordentlich über einen der Emailhocker in der EKG-Abteilung der Klinik geworfen, und zitterte wie ein Erstkläßler dem ersten Zeugnis Gerds Ergebnissen entgegen.

Also fuhr er hastig ins Hemd, nicht ohne den falschen Ärmel zu erwischen, begann, als ob das nicht reichte, auch noch mit dem falschen Knopf und platzte schließlich heraus: »Herrgott noch mal, nun mach's doch nicht so spannend!«

»Na ja...« Da war es wieder, das alte Gerd-Römer-Grinsen: »Ist ja auch wirklich 'n Ding!«

»Was ist 'n Ding?«

»Na ja«, die Spitze von Römers Füllfederhalter tippte gegen die Kurven des Elektrokardiogramms, »wie hast du das bloß geschafft?«

Na also! dachte Brinkmann und hatte ganz ruhige Hände. »Verrat ich dir nicht. Ich hab mir's nämlich überlegt: Ich gebe die Chirurgie auf und werde mich als Herzspezialist niederlassen.«

»Bitte...« Römer lächelte schmal: »Du mit deinen amerikanischen Erfahrungen! Ich wiederum kann nicht einmal gut genug Englisch, um mir ein klares Bild aus den Papieren zu machen, die du von deinem Conand Heart Center mitgebracht hast. Aber sicher ist natürlich: jede Zeile ist genial.«

»Nun«, meinte Brinkmann, »mach dir keine Sorgen, ich übersetze das demnächst mal. Du könntest mich bei dieser Gelegenheit zu einer guten Flasche Wein einladen. Den darf ich nämlich jetzt auch wieder trinken.«

»Wirklich?«

»In Maßen«, sagte Brinkmann und winkte hoheitsvoll. »In Maßen, wie alles.«

Römers Gesichtsausdruck war nicht zu entnehmen, ob er Brinkmann das Versprechen abnahm. Aber das war bei Römer immer so: Genau wußte man nie, was der gute Gerd dachte.

Auch eine Strategie, sagte sich Brinkmann, und nicht mal die schlechteste.

»Ich laß mich jetzt mal bei Breeken sehen. Und bei meiner Frau. Als ich kam, operierte sie nämlich gerade wieder.«

»Ich glaube, da ließe sich auch manches verbessern.«

»Wieso? Christa macht sich doch?«

»Du bist unverbesserlich, Klaus! Entschuldige, es geht mich ja nun wirklich nichts an, aber ich dachte gerade an eure Zweisamkeit im Klinikbetrieb...«

»Eure Zweisamkeit im Klinikbetrieb« – der Satz blieb haften, als Brinkmann langsam von der Inneren hinüber zur Chirurgischen Abteilung schritt. Alle Achtung! dachte er. Der Gerd hat das Problem im Zentrum getroffen. Du mußt mit Christa reden...

Doch dann, dann wurde ihm eine neue Erfahrung zuteil. Und sie war stärker als die zögernde Nachdenklichkeit, die ihn bei Gerd Römer befallen hatte. Was war hier eigentlich los? Ja nun: Der Chef kehrt zurück! Oft genug, als Brinkmann frustriert und mit der Welt zerfallen zu Hause herumtrödelte, hatte er sich genau diese Situation vor Augen geführt. Und das Schlimmste, das Quälendste dabei war: Er hatte den Glauben verloren, daß er sie erleben würde. Nun aber...

Nun aber waren überall lächelnde Gesichter, aufgerissene Augen, war da eine Schwesternschülerin, die ihm nachrannte, neben ihm herlief, verzückt zu ihm hochblickte: »Oh, Herr Professor! Ich kann Ihnen gar nicht sagen, wie wir uns freuen! Ich und meine Kameradinnen. Und auch meine Mutti hat immer gesagt: Wann kommt er denn endlich zurück?«

»Das ist aber lieb.«

Verdammt noch mal, er hatte auch noch den Namen vergessen.

»Wir sind alle so glücklich.«

»Vielen, vielen Dank!«

Was sollte er machen? Küßchen geben, die Hand reichen? Nein, er ging weiter, um einige Zentimeter gewachsen, nun die Augen offen für jedes Gesicht, jedes Detail, jede neue Schramme an einer Tür, jeden Blumenstrauß auf den Simsen der Korridore...

Er war glücklich. Man sah es ihm nicht an. Er nickte, er

grüßte, sein Lächeln war freundlich, doch genau dosiert. Bloß kein Theater, nicht zeigen, wie's um dich steht. Und überhaupt, war ja schließlich zu erwarten, daß er wieder auf die Brücke kletterte. Also am besten: Du tust so, als sei überhaupt nichts geschehen!

Sich einen solchen Vorsatz zu bilden, ist einfach.

Wie schwierig es ist, ihn durchzuhalten, wurde Klaus Brinkmann erst klar, als er in seinem Vorzimmer Lena Meis gegenübertrat.

Sie stand gerade vor der Ablage und hielt einen ganzen Arm voll Krankenberichte.

»Hallo!«

Sie erstarrte. Es sah aus, als wage sie nicht einmal, den Kopf zu drehen. Aber dann sah sie sich doch um. Die Papiere entglitten ihren Händen und sanken sacht und lautlos wie Schnee zu Boden.

Lena Meis hatte die Augen weit aufgerissen.

»Sie haben ja den Mantel an?« flüsterte sie.

»Na und?«

»Ja, ist das...ich meine, kann ich jetzt glauben, daß Sie wieder hier sind? Und auch bleiben?«

»Kannst du, Meischen. Und jetzt hör endlich auf mit der Schau. Also wirklich, man kann's auch übertreiben... Wenn ich dran denke, wie du früher mal hart im Nehmen gewesen bist, und jetzt: ewig feuchte Augen? Nicht heulen, verdammt noch mal!«

Brinkmann ging hastig in die Knie, um den ganzen Papierkram, den sie da in der Gegend rumschmiß, wieder aufzulesen. Die Meis selbst schien dazu offensichtlich überhaupt nicht in der Lage. Die stand noch immer, während er am Boden herumgrapschte, stand auch, als sich die Tür öffnete und der Operations-Troß, Breeken an der Spitze, das Vorzimmer betrat.

Brinkmann guckte hoch.

Nur für eine Sekunde war er von dem Gedanken getroffen: So was kann auch nur dir passieren! Und wieso eigentlich, Himmelarsch, passiert so was nur dir?! – Nun aber, einen Stoß Karteiblätter in der Hand, beobachtete er mit großem Vergnügen das ungläubige Gesicht des Mandarins: Na, einmal wenigstens hatte er es geschafft, Breeken zu überraschen!

Doch nur für eine einzige Sekunde.

Da kam sie schon, die typische Breeken-Frage: »Kann ich Ihnen vielleich helfen, Herr Brinkmann?«

*

Das halbe Team hatte sich im Büro versammelt: Wolter, Christa, Udo, alle angeschlagen und entsprechend aufgekratzt von vier Stunden Arbeit am Operationstisch.

Der dicke, gemütliche Wolter ausgerechnet war es, der das erste Tor schoß, indem er Brinkmanns rechte Hand mit seinen beiden roten Pranken umklammerte, sie schüttelte, als müsse er den Arm aus den Gelenken ziehen, und immer wieder versicherte: »Ach, Herr Professor! Wenn Sie wüßten, wie gut das tut, Sie wiederzusehen. Also, richtig froh macht einen so was! Und ...«

Endlich unterbrach er sich. Armer Wolter. Brinkmann wurde die Situation fast peinlich. Doch Breekens Gesicht blieb glatt, freundlich und undurchsichtig.

Nun schien auch Wolter etwas bemerkt zu haben: »Das ist natürlich nicht gegen Sie gerichtet, Herr Breeken.«

»Natürlich nicht«, sagte Breeken.

Er hatte den Mantel an den Garderobenständer gehängt und kam mit ausgestreckten Händen Brinkmann entgegen: »Aber wenn hier schon allgemeine Begeisterung herrscht, kann ich mich ja anschließen. Zu meiner Freude sehe und höre ich, daß Sie wieder einsatzfähig sind.«

»Römer wird es Ihnen mit allen Details bestätigen.«

»Meinen Glückwunsch!«

Breeken hatte offensichtlich das Gefühl, überflüssig zu sein. Mit einem letzten freundlichen Nicken, einem Heben der Hand verabschiedete er sich: »Wir sehen uns dann ...«

Wie aus dem Boden gewachsen, stand auch Mühlmann

vor ihm: »Die gute Botschaft hat sich wie ein Lauffeuer verbreitet, lieber Herr Professor!« Händeschütteln. »Ich sehe Sie ja dann noch.«

Und Christa!

Das Lächeln in ihren Augen wirkte nicht ganz so fröhlich. »Die Frage, die sich mir stellt, lieber Herr Professor: Seh ich Sie eigentlich noch? Und wann?«

Wolter war der erste, der begriff. Sie hatte ja so recht. »Also los, raus mit euch allen! Schließlich, der Mann ist glücklich verheiratet!«

Dann waren sie endlich allein, er hinter seinem Schreibtisch, Christa davor. Wie oft erlebt! Welche Gedankenbrükken, Erinnerungen! Allesamt nun höchst überflüssig. Es war geschafft.

»Na, wie war denn die Wanderung oben im Wald?«

Er schloß die Augen: Boris, das Knautschgesicht, die Wasseraugen, seine Weisheiten ...

»Erholsam und schöpferisch. Ja, das kann man sagen. Schöpferisch, wenn ich daran denke, daß sie mir eine Begegnung bescherte, die mir weiterhalf.«

»Begegnung? Welche denn?«

»Na, in der Hütte hatte ich einen Gast.«

»Ach nein? Einen weiblichen?«

»Einen männlichen. Aber davon erzähl ich dir später.«

»He! Du scheinst ja richtig beeindruckt zu sein?«

»Bin ich auch.«

Sie erhob sich, kam zu ihm, küßte ihn auf die Stirn und hielt dabei die rechte Hand auf seinem Hinterkopf, und er fühlte den sanften Druck und die Wärme, die von ihr ausging. Wirklich, wie früher? Ja, man brauchte nur die Augen zu schließen, um es zu hoffen, zu glauben.

Es gab kein Früher. Es gab es nur insofern, als es den Wandel deutlich machte, den man empfand. Selbst diesen. Christas unsicheres Lachen, seine Beklemmung. – Und ein Schreibtisch, der noch gar nicht wieder ihm gehörte.

»Du, es tut mir leid, ich bin ein bißchen in Eile.«

Na klar doch! dachte er. Was sonst?

»Es ist nämlich so«, fuhr sie fort, »Claudia ist sehr erkältet. Und so kann sie nicht zu Benjamin. Und Laura hat eine Menge Besorgungen zu machen. Ich fahr jetzt mal nach Hause. Kommst du auch?«

»Claudia?« sagte er. »Schon wieder? Hört ja gar nicht mehr auf.«

Sie nickte nur, winkte ihm von der Tür zu und war verschwunden. Er aber stand auf, betrachtete die Schreibtischplatte, den Rezeptblock, auf dem »Professor Dr. Thomas Breeken« stand, und kam sich richtig deplaziert vor.

*

»Ich war gerade bei Römer«, sagte Breeken, als Brinkmann ihn auf dem Weg zur Cafeteria traf. »Ihr Befund ist wirklich hervorragend. Wie ist es, trinken wir eine Tasse Kaffee?«

»Soll das nun eine Provokation sein, Herr Breeken? Von Römer müßten Sie ja wissen: Auch vor Kaffee habe ich jetzt keine Angst!«

Für diese Form von Humor hatte Breeken nur ein peinlich berührtes Lächeln.

Unten in der Cafeteria war es fast leer. Der alte Dollmann, der in Vertretung seiner Schwiegertochter an der Theke hantierte, machte eine tiefe Verbeugung: »Zwei Professoren auf einmal?« Na, das würde er heute abend der Erika erzählen.

»Die Herren haben irgendeinen Wunsch? Herr Professor, darf ich Ihnen die Hand schütteln?«

»Gerne, Herr Dollmann. Aber mit Vorsicht, sonst fällt sie noch ab. Den ganzen Tag wird schon geschüttelt. Ich muß bald zum Orthopäden. Bringen Sie uns noch zwei Kaffee.«

Breeken lehnte sich in seinem Stuhl zurück, kreuzte die Arme über der Brust, wie er das wohl immer tat, wenn er irgendwelche wichtigen Erklärungen ankündigen wollte, fixierte Brinkmann und sagte: »Römers Bericht ist schon weg an die Verwaltung. Die sind ja immer so komisch darin, nicht wahr? – Volles Okay.«

»Na, wunderbar.«

Hört das denn nie auf? dachte Brinkmann. Anscheinend gibt's in dieser Klinik nur einen einzigen Genesenden: Dich selbst ... Und da ihm dieses ganze Theater zuwider war, verzichtete er auf jedes diplomatische Drumherum und stellte die Frage plump, klar und unverblümt: »Was soll das denn, Herr Breeken? Ich habe gehört, Sie wollen bald weg.«

Nichts hatte er gehört. Wie auch?

Breekens Blick besagte, daß ihm nicht nur die Worte, sondern auch der Stil mißfielen. Aber er lächelte. Lächeln kann der selbst im Kopfstand, dachte Brinkmann. Na ja, meinte Breeken, er werde woanders gebraucht. »In Tübingen. – Und wie ich sehe, haben Sie es eilig?«

»Nun, eilig, das ist wirklich übertrieben.«

Erschrocken machte Brinkmann einen Rückzieher. Mann, o Mann, was hast du da angerichtet? Und die Tage mit Christa, die du vorhattest, der Besuch in Straßburg? Und nach Basel wollten sie doch fahren zu dieser neuen Ballett-Aufführung ... Und jetzt? Bloß weil der Kerl dir auf die Nerven geht, schaufelst du dir selbst das Loch!

»Ich will nicht mißverstanden werden, Herr Breeken.«

»Trotzdem. Auf mich wartet man in Tübingen. Und hier, wie ich das heute ja erfahren durfte, wartet man mit großer Sehnsucht auf Sie. Deshalb lassen Sie mich vorschlagen: Wickeln wir morgen gleich die Übergabe ab.«

Brinkmann nickte. Na gut, dachte er resigniert, wenn's sein muß ...

Breeken nippte an seinem Kaffee. »Da wäre allerdings noch eine andere Geschichte. Nicht ganz angenehm. Aber ich muß Sie trotzdem damit konfrontieren.«

»Bitte!«

Mit zwei Fingern strich sich Breeken über die Oberlippe, sah ihn an und zögerte. In Brinkmann stieg Unbehagen auf: Was ziert er sich so?

Endlich kam es: »Ihre Frau wird Ihnen ja sicher bereits davon berichtet haben, vielleicht schon vor Ihrem Abflug nach Amerika. Es handelt sich um diese schlecht verheilte Knochengeschichte des Patienten Schröder.«

»Wie Sie das sagen, Herr Breeken.« Nun griff auch Brinkmann zur Tasse, um vorsichtig einen Schluck zu nehmen, und er war richtiggehend froh, als in dieser Sekunde Piero Rusca mit Schübel zur Tür hereinkam und der junge Italiener auch noch eine dienstliche Auskunft von Breeken benötigte, ehe er sich mit einem verlegenen Gruß zu Schübel an die Theke begab.

Brinkmann hatte sich entschlossen.

Er beugte sich nach vorne: »Wir brauchen gar nicht um den heißen Brei zu reden, Herr Breeken. Schlecht verheilter Knochenbruch hin oder her, ich hab mir die Röntgenaufnahmen bereits von der Meis geben lassen. Sieht ganz übel aus. Glauben Sie nur nicht, daß mich so was nicht beschäftigen würde. Und heute würde ich sagen: Man hätte damals vielleicht doch nicht nageln sollen.«

In Breekens Gesicht war nichts als Anerkennung. Sie tat Brinkmann gut, obwohl das Eingeständnis ihm nicht leicht über die Lippen gekommen war.

»Nun ja, das finde ich auch. Ihre Frau jedoch hat...«

»Nun lassen Sie doch mal meine Frau aus dem Spiel.«

»Ich erwähne sie nur, weil sie Sie bei unserem kleinen Gespräch so verteidigt hatte. Wir hatten einen richtigen Disput. Ich wundere mich, daß sie davon nicht...«

»Sie hat nicht«, meinte Brinkmann knapp. »Im übrigen, lieber Herr Breeken, bin ich Arzt genug, um in solchen Fällen jede Ehe-Solidarität abzulehnen. Das Resultat, das wissen wir beide, ist nicht so, daß sich die Entscheidung nachträglich rechtfertigen läßt. Haben Sie inzwischen nachoperiert?«

»Das wollte ich eigentlich Ihnen überlassen. Obwohl...« Er unterbrach sich, es war ihm anzusehen, was er dachte. Und Brinkmann scheute auch vor diesem Thema nicht zurück.

Es mußte angesprochen werden.

»Herr Breeken, Sie wissen so gut wie ich, daß ich monatelang kein Skalpell mehr in der Hand gehabt habe. Und Sie sagten es ja gerade selbst: Der Fall ist nicht ganz einfach. Deshalb sind Sie für mich sowieso der bessere Mann.«

Breeken spielte mit dem Löffel. In Brinkmann war nun eine leichte, angenehme Heiterkeit. »Ich kann Ihnen doch assistieren, lieber Herr Breeken. Sehen Sie, das hätte noch einen anderen Vorteil: So stünden wir wenigstens ein einziges Mal gemeinsam am Operationstisch.«

Jetzt erhob Breeken doch den Blick.

»Einverstanden. Gerne. – Und wenn ich noch etwas hinzufügen darf, lieber Herr Brinkmann: In diesem Land gibt es nur wenige Menschen, zu denen ich mit Freude und aus tiefster Überzeugung ›Herr Kollege‹ sage. Sie gehören dazu.«

Das sieht dir ähnlich, dachte Brinkmann, du eingebildeter Lackaffe!

*

Auf den hohen Absätzen ihrer Sandaletten trippelte sie dem Ausgang zu. Schübel beschleunigte und fing auf dem Parkplatz sogar an zu rennen. Er erreichte sie, als sie gerade die Türe ihres Wagens öffnen wollte.

»Anja! Na, hast es aber gewaltig eilig, um zu deinem Volker zu kommen.«

Sie wirbelte herum, im Gesicht nur Empörung. Als er nach ihrem Arm griff, riß sie sich los: »Das darf doch nicht wahr sein! Da triffst du dich mit deiner Frau und deinen Kindern zu Kaffee und Kuchen – und mir wirfst du vor, daß ich mit meinem Verlobten ausgehe?!«

Jetzt schrie sie: »Unglaublich! So was von Größenwahn wie dich hab ich meiner Lebtag noch nicht gesehen!«

»Ich bitt dich, mach doch nicht so 'nen Krach. Ich habe gerade den Professor drüben in der Aufnahme getroffen.«

»Der kann's ruhig hören. Alle sollen das hören! Spielt mir vor, in Scheidung zu leben, trifft sich zum Kaffeeklatsch, knuddelt mit den Kindern rum – und wenn er mich sieht, tut er so, als wäre ich die letzte, die letzte …«

Das Wort fiel ihr nicht ein, und der Atem war ihr auch ausgegangen. Schübel registrierte es mit Erleichterung. Er nahm ihre Hand, und siehe da, sie wehrte sich nicht.

»Anja, jetzt werd doch vernünftig … Was redest du denn für Zeug?«

»Das weißt du ganz genau.«

»Nichts weiß ich. Meine Frau hat sich ganz plötzlich angesagt. Sie war hier nur auf der Durchreise.«

Worte, Worte, dachte er. Geschwätz, Geschwätz. »Eingefahrenes Verhaltensritual«, oder wie sollst du's nennen? Aber bitte, alles ist noch besser als dieses Geschrei. Und so log er weiter: »Ich hoffe, du mußt so was nie durchmachen. Aber wenn du mal in Scheidung lebst, dann gibt's 'ne Menge zu besprechen. Kostenprobleme, Haushaltsauflösung. Ja, wie stellst du dir das eigentlich vor? Sollen wir mit dem Messer aufeinander losgehen? Kann denn ein Paar nicht auch in Frieden auseinandergehen, vor allem, wenn Kinder da sind?«

Er spürte, er war dabei, die Oberhand zu gewinnen. Er sah es an ihrem Blick. Doch was nützte das, zu was würde das führen?

So lächelte er nur sanft, als sie die Wagentür zuschlug und sich im Sitz zurücklehnte.

»Mach's gut, Anja«, sagte er, und für ihn hatte es etwas Endgültiges. Doch wenn Schübel glaubte, damit das Thema Anja abgehakt zu haben, erlag er einem Irrtum.

Es gab einen Zeugen.

Auf der Bank oben bei den Fliederbüschen an der Gärtnerei konnte Karla Simmet zwar nicht hören, was die beiden sich zu sagen hatten, doch die Szene schien ihr reichlich verdächtig: Diese Kleine mit dem Püppchengesicht und der aufreizenden Figur, noch nie hatte sie sie gesehen. Aber wenn sich eine derart aufführt, kann sie es sich wohl leisten. Oder bildete sie es sich ein? Warum?

Dieses »Warum« war die Frage, die Karla Simmets Herz

antrieb und die frische Operationsnarbe schmerzen ließ. Werner? Er machte doch einen so anständigen, ehrlichen Eindruck...

»Werner!« Sie hatte sich erhoben und winkte.

Auch das noch!

Nur mit Mühe unterdrückte Werner Schübel einen gräßlichen Fluch und den Impuls zur Flucht, lenkte seine Schritte nach rechts und ließ das Patientenberuhigungslächeln auf seinem Gesicht aufblühen. Karla hatte die Haare zum Zopf gebunden und den Zopf wiederum zu einem Turm hochgesteckt. Vor ein paar Tagen, in seiner Wohung, war es Schübel noch furchtbar aufregend erschienen, all dieses Haarzeug zu entflechten. Haare hatte sie, bei Gott! Blauschwarz und stark wie ein Pferdeschweif! Doch jetzt kam ihm diese Frisurenfestung nicht nur aufgedonnert, sondern ziemlich bedrohlich vor.

Bedrohlich war auch ihre Einleitung: »Ist das vielleicht meine Nachfolgerin?«

Schübel flüchtete sich in ein zerstreutes: »Bitte? Was hast du gesagt?«

»Ich frage dich, ob du bereits damit anfängst, mich zu betrügen, wenn ich noch da bin?«

»Betrügen? Nun hör mal...« Seine Empörung klang echt, selbst er konstatierte es. Aber er war auch empört: Geschrei und Eifersuchts-Scheiß in Serie, so was hat man gern! Seine halbe Freizeit ging drauf, sich vor irgendwelchen Hysterikerinnen zu rechtfertigen. Wieso mußte er das alles über sich ergehen lassen? Wie kam er dazu, ständig Ausreden zu produzieren, nur weil er sich an das Junggesellenleben zu sehr gewöhnt hatte, um in der Rolle des Ehemanns und Papis den Sinn des Lebens zu finden?

Gut: Frauen waren etwas Liebenswertes. Bisweilen – in den paar Minuten, in denen das Zusammensein mit ihnen wirklich Spaß machte. Aber wie hart mußte man dafür bezahlen!

»Nun setz dich doch, Karla. Was soll das? Die kleine Krischle...«

»Aha, Krischle heißt sie also?«

»Ja, Krischle heißt sie. Und ist eine Laborantin von uns. Wir haben rein dienstlich miteinander zu tun.«

»Gebrüllt habt ihr. Rein dienstlich?«

»Ja, rein dienstlich. Denn sie hat ein paar Böcke geschossen, die konnte ich ihr wirklich nicht durchgehen lassen.«

Schübel strich sich über den Bart und schüttelte milde mahnend den Kopf: »Also nein! Wie du auf so was nur kommen konntest...«

Karla Simmet schien beeindruckt.

Er hatte gewonnen. Wieder einmal.

»Das mußt du doch verstehen, Werner«, kam es ziemlich zaghaft. »Es wäre nämlich eine entsetzliche Enttäuschung für mich. Weißt du, ich lasse mich nicht mehr mit einem Mann ein, dem ich nicht hundertprozentig vertrauen kann. Ich habe da so meine Erfahrungen...«

»Nun, die hat wohl jeder.«

»Vielleicht. Aber der Gedanke, daß du jetzt schon eine andere haben könntest – da frag ich mich, wie soll das denn erst werden, wenn ich wieder in Osnabrück bin und du hier allein?«

Sie ließ die Schultern fallen, der Mund verzog sich, die ganze pompöse Schönheit drohte sich in klägliches Leid aufzulösen.

Heulen tat sie auch noch!

Schübel fingerte nach einem Taschentuch, aber er fand keines.

»Jetzt hör doch auf damit«, bat er unangenehm berührt. »Wer wird denn weinen, um Gottes willen? Es braucht schließlich nicht jeder gleich zu sehen, daß wir... hm«, er räusperte sich, »ich meine, daß du und ich...«

Diese Andeutung brachte die Tränen sofort zum Stoppen. Steil richtete sich Karla Simmet auf: »Nein? Warum denn nicht?«

»Weil ich jetzt im Dienst bin«, erklärte Werner Schübel mit geduldiger Entschiedenheit. »Und deshalb tu mir den

Gefallen: Geh auf dein Zimmer. Wir sehen uns heute abend ...«

*

Als Christa Brinkmann an diesem Abend den Salon betrat, war das Licht abgedunkelt. Auf dem Kaminbord brannten die Kerzen im dreiarmigen Leuchter. Grünlich flimmerte die Stereoanlage und aus den Lautsprechern drang etwas, das Christa an Westernfilme, Prärie und Weite erinnerte. Banjoklang und rauchige Cowboystimme:

»And riding on, yeah, riding strong,
to the green green hills of our dreams ...«

Schon wieder! dachte sie und stellte das Tablett mit der Flasche und den Gläsern ab. Nichts war von Klaus zu erkennen als ein Büschel wirrer Haare, das wie eine Schattenfontäne über die Rücklehne des Sessels ragte.

»Die liebst du wohl besonders?«

Seine Hand fuhr über die Lehne. »Wie bitte? Was meinst du?«

»Ich meine, diese Platte, die magst du wohl?«

»Ach so. Ist doch hübsch, nicht?«

»Ja schon. Aber das man sie jeden Abend anhören muß ...«

»Muß? Man muß gar nichts.«

Er stand auf, ging zum Gerät und schaltete es ab. Er trug seine Jeans, das Hemd stand offen, und im Licht der Kerze leuchtete kalifornische Bräune auf seinem Gesicht.

Sie empfand einen unbestimmten Neid.

»Komm, laß uns was trinken. Ich wollte dir ja noch die Geschichte von der Hütte erzählen, oder?«

»Ja, dann erzähl.«

Sie goß ein und nahm den ersten Schluck, während

Brinkmann in der üblichen Pose seinen rechten Ellbogen auf das Kaminsims legte und sie anlächelte, als habe er sie gerade zum ersten Mal gesehen.

»Also, ich komm da in unsere Hütte, es regnete, und wie es regnete, ich war total naß, bis auf die Haut, wirklich, und auch Molli triefte nur so – und dann ...«

Sie kannte die dramatischen Einleitungen wie die Kunstpausen. Sie wußte, er liebte es nicht, wenn man ihn jetzt unterbrach. Selbst die rhetorische Frage »Was dann?« war überflüssig. Er war schon bei der Antwort.

»Und dann mach ich die Tür auf – und was steht da? Ein Typ! Also so was hast du noch nie gesehen! Eine Art Rumpelstilzchen, so groß, ging mir gerade – na, bis hier. Und weißt du, was das schönste war?«

»Was denn?« »Er hielt mich für seinesgleichen!«

»Ach nein? – hast du ihn gleich rausgeschmissen oder mit ihm Brüderschaft getrunken?«

»Weder noch. Und Brüderschaft trinken, das wäre gar nicht so einfach gewesen. Also Boris hieß der Typ, war irgendwo mal Restaurantbesitzer, hat er mir später erzählt. Also der nahm mich gleich ran: Bloß nichts dreckig machen! Kartoffelschälen! Sich im Haus fremder Leute anständig aufführen. Ohne Witz: Boris hat mir vorgeführt, wie man sich benimmt! Und nicht nur das! Als Kartoffelschäler war ich für ihn vollkommen unten durch. Aber dafür bekam ich gezeigt, wie man aus Waldkräutern eine Suppe kocht.«

Er zögerte: »Weißt du, ich bekomm den Kerl nicht aus dem Kopf. Und was heißt schon Kartoffelschälen und Waldkräuter? – Im Grund genommen hat er mir gezeigt, wie man lebt.«

Wieder hob sie das Glas. Er sah sie an, doch es war ihr, als erreiche sein Blick sie nicht, als gehe er über sie hinweg.

Dann hob er mit der abrupten Bewegung, mit der Männer eine Erkenntnis zu besiegeln pflegen, das Glas und trank es in wenigen heftigen Zügen leer.

Ihr Blick fiel auf die Schallplattenhülle, die neben seinem Sessel auf dem Schaffellteppich lag.

Christa hob sie auf.

Da stand doch etwas? Eine Platte mit Widmung? Dazu noch in einer schrägen, energischen, deutlich lesbaren Schrift: »Zur Erinnerung an einen amerikanischen Traum – M.«

Und Klaus mit seinem in irgendwelche Endlosigkeiten gerichteten Blick hatte nicht einmal etwas gemerkt, stellte gerade das Glas zurück, wischte mit dem Handrücken den Mund und meinte andächtig: »So! Das war nun wirklich was ganz Feines.«

»So, war es das?« erkundigte sie sich anzüglich. »Na, dann erzähl mal!«

»Wie bitte? – Ach so, ja... Also, dieser Boris war auf der Durchreise...«

»Nicht von deinem Boris. Und auch nicht von Waldhütte, Kartoffelschälen und Kräutersuppen. Von Amerika. Von der letzten Woche, als unser Funkkontakt abbrach. Denn was du bei deinem Freund Schneider als Patient zu erdulden hattest, davon weiß ich jetzt genug.«

Er blickte sie an, noch immer diesen halb kindlichen, halb fassungslosen Ausdruck in den Augen. »Ach ja?... Ja nun... Also weißt du, das kann man eigentlich gar nicht so erzählen. Das muß man wirklich selbst erlebt haben...«

»So?« sagt Christa und erhob sich. Vom Ende des Stockwerks kam ein Laut, dünn – aber um so intensiver: Benni im Protest!

»Anscheinend hat er schlechte Träume«, meinte sie so unbekümmert wie möglich. »Ich geh mal nachschauen.«

Als Christa zurückkam, war Klaus am Telefon. Udo schien am Apparat, denn gerade sagte er, Claudia möge sich keine Gedanken machen. »Wir kommen schon klar.«

Nachdenklich legte er den Hörer auf.

»Was ist denn?«

Sein Gesicht war sorgenvoll. »Keine Ahnung. Diese Claudia-Grippe... Sie hat schon wieder Fieber. Udo meinte, es wäre wohl besser, wenn sie mit dem Kleinen nicht in Kontakt käme. Er tippt auf irgendeinen grippalen Infekt.

Aber diese Viren sind verdammt hartnäckig. Mir gefällt das nicht.«

»Sind sie auch. Wir haben eine ganze Menge Grippekranke in der Gegend.«

Brinkmann seufzte: »Na gut. Du hast ja gehört. Vielleicht nimmst du ein bißchen mehr Freistunden? Benni und die Michaelis als Dauerkombination finde ich nicht besonders gut.«

»Ja«, sagte sie.

»Was ist denn?«

Sie schrak hoch. »Was soll schon sein?« Sie starrte noch immer in den Papierkorb. Die Schallplattenhülle – ein Haufen von Papierschnitzeln!

Er hatte also doch etwas gemerkt? Da standen sie nun und lächelten sich an. Was sollte schon sein?

»Fühlst du dich vielleicht auch nicht wohl?«

Sie schüttelte den Kopf. »Nein. Ich bin nur ziemlich müde. Ich möchte jetzt schlafen.«

Sie fühlte seinen Blick im Rücken, als sie die Tür hinter sich zuzog. Klaus… Was war es nur, das alles so schwer erträglich machte? Daß er versuchte zu lügen, obwohl er doch wissen mußte, daß er es nicht schaffte? Die Enttäuschung, daß er nicht sagte, was geschehen war? Die Furcht davor, daß er ihr etwas eröffnen könnte, das sie nicht ertragen würde? Oder dieses leise, unmerkliche Abdriften von ihm, das sie Worte suchen ließ, die sie gar nicht sagen wollte, und das die anderen Worte, die ausgesprochen werden müßten, unter Verschluß setzte? Sie wußte es nicht. O ja, sie war müde. Wirklich, ehrlich müde…

*

Es gibt für jeden und in jedem Leben Augenblicke, in denen sich ungläubiger Schock mit frohem Staunen vereinigt, man den Augen mißtraut und vor Verwunderung nach Worten sucht, die einem nicht einfallen wollen.

Brinkmann erlebte einen solchen Augenblick.

Gerade hatte er den Klinikeingang verlassen, um im Rathaus – und anschließend am besten gleich im Landratsamt – den längst fälligen Krach wegen der ungeheuren Schlamperei bei der Geländeregulierung der Klinik zu schlagen, als er vorne bei den beiden Leuchtsäulen, die zur Auffahrt wiesen, eine merkwürdige Gestalt wahrnahm.

Klein war sie und krumm. Auf dem Rücken ein Rucksack. Über dünnen Schultern eine ausgebleichte Windjacke. Auf dem Kopf trotz der Sonne eine Wollmütze.

»He!« brüllte Brinkmann.

Der Mensch dort drüben drehte sich um. Und tatsächlich: Er war's!

Boris!

Brinkmann lief schneller, keuchte beinahe und war sich dabei die ganze Zeit des abschätzenden Blicks der wäßrigen Augen bewußt.

Jetzt grinste Boris. Und da erschienen sie wieder, die vier Zahnstummel. »Bist du's oder bist du's nicht? Was treibst denn du dich hier rum, Kumpel? Und wie siehst du überhaupt aus? Bist ja 'n richtiger Herr, Mensch! Dann ...«

Brinkann grinste.

»Ich kann's nicht glauben«, beendete Boris die Kette seiner Überlegungen, »dann, dann ... dann war das dort oben womöglich deine Hütte?«

Brinkmann nickte feierlich.

»Ach du Scheiße! Das gibt's doch nicht ... Und dabei hast du doch ausgesehen ... ich meine, wie konnte ich das denn wissen? Sie sahen ja wirklich aus wie einer von uns, Herr ... Herr ... Haben Sie ... haben Sie vielleicht den Bullen ...?«

Brinkmann schüttelte den Kopf.

»Na ja ...« Boris rieb sich die Stoppeln, und sein Adamsapfel zuckte nervös auf und ab. »Dann dank ich dir – ich meine, dann dank ich Ihnen auch schön. Und wenn Sie hier so rumlaufen, da wir ja alte Freunde sind – diese Klinik da, die möchte ich Ihnen nicht empfehlen. Falls Sie krank sind. Sind Sie krank?«

»Nee. Im Moment wohl nicht.«

»Trotzdem, ein mieser Schuppen ist das vielleicht. Ein richtiger Saftladen!«

»Interessiert mich, Boris.«

Doch Boris wollte gehen.

»Moment mal, Boris! Warum ist denn das ein Saftladen? Das interessiert mich schon. Ich bin nämlich der Chefarzt.«

»Ach nee? Da guck mal einer an! Aber wenn Sie's schon wissen wollen: Die haben mich einfach rausgeschmissen. Kein Schein. Zum Sozialamt soll ich erst... Aber verraten, wie ich das anstellen soll mit dem Knöchel hier, das haben sie mir nicht.«

Brinkmann nickte. Erinnerungen stiegen in ihm auf. Ähnliche Augen, ähnliche Stimme, ähnliche Probleme – und ebenfalls ein Mann, den man nur bewundern konnte...

»Stell ihn man rauf, hier, auf diesen Stein.«

»Wie bitte?«

»Den Fuß. Den Knöchel, zeig mal her.«

Das tat Boris auch und lieferte somit – nur nebenbei – den Pulk des ersten Dienstes und dem Chirurgen Werner Schübel den erstaunlichen Anblick eines Chefarztes, der auf den Knien an einem offensichtlichen Penner mitten in der Klinikeinfahrt Diagnose betrieb.

»Sieh mal einer an... Könnte gebrochen sein.«

Brinkmann hatte sich wieder erhoben und klopfte den Staub von den messerscharfen Bügelfalten seiner Amtshose. »Da geh'n wir doch gleich mal rein. Ich röntge das selber.«

Landrat, Bürgermeister und Geländeneugestaltung waren vergessen...

*

Ja: Die gleiche Situation, derselbe Gegner wie damals, als er die Behandlung des fahrradfahrenden Weltreisenden Arthur Wilkins in der Klinik durchgeboxt hatte.

Brinkmann wurde es klar, als ihnen in der Aufnahme Hildegard begegnete.

Boris' Hand krallte sich an seinem Arm fest: »Die da war es! Die hat mich vorhin weggeschickt.«

Auch die Oberschwester hatte wie immer mit Computerschnelligkeit die Situation erfaßt. »Guten Morgen, Herr Professor! Also, wenn Sie mich so vorwurfsvoll anschauen – ich weiß, natürlich. Aber Sie können sich doch denken: Das war nicht meine Entscheidudng. Ich habe bei Herrn Mühlmann rückgefragt.«

»Na gut, dann fahren wir erst mal in den dritten Stock.«

Dort verstaute Brinkmann Boris sorgsam in einem Rollstuhl, schob ihn zwanzig Meter den Gang entlang, bis zu der Tür, auf der in Messing das Schild prangte: »Verwaltungsdirektor«, öffnete und rief: »Könnten Sie kurz mal?«

Mühlmann kam herausgeschossen, sah im Rollstuhl diese sonderbare Figur, deren zerlumpte Kleider würzigen Erdgeruch verströmten, und dahinter, die Hände auf der Stuhllehne, seinen Chef.

Auch Mühlmann wußte sofort, was es geschlagen hatte. Sein Kinn wurde hart: »Ja, Herr Professor?«

»Nur 'ne Frage, Herr Mühlmann.«

»Bitte!«

»Könnten Sie mir erklären, wie dieser Mann da mit einer Knöchelschwellung, die vermutlich auf einen Kapselriß hindeutet, zum Sozialamt marschieren soll? Ich gestehe Ihnen ja gerne zu, daß Sie Laie sind. Aber auch bei einem Laien müßten dabei doch Zweifel aufkommen, oder?«

»Das war nicht meine Entscheidung, Herr Professor.«

»Ach? Ihre auch nicht? – Wessen Entscheidung war's denn dann?«

»Ihre.«

Nun war es Brinkmann, der nicht mehr weiterwußte. »Könnten Sie mir das vielleicht erklären?«

»Ich kann's Ihnen erklären. Und ich hab's sogar schriftlich. Nachdem wir schon einmal so einen auf der Station hatten, der auch nicht zahlen konnte – Sie erinnern sich noch an Wilkins?«

»Ich erinnere mich«, sagte Brinkmann.

»Ja, nachdem das also schon mal passiert ist und der Kerl auch noch stiftenging, statt Ihr Holz zu hacken und Ihren Garten zu machen, haben Sie, Herr Professor, die eindeutige Anordnung erlassen, auf jeden Fall immer erst den Kostenträger zu ermitteln. – Ausnahmslos. Ich kann's Ihnen...«

Boris' faltiger Hals spannte sich, und der Blick, der nun einen verwirrten Brinkmann traf, kam von unten und war voll Verständnis und Mitgefühl. »Und für so einen hast du dich krummgelegt? Muß 'ne ziemliche Sau gewesen sein. Ich meine, so 'n bißchen Holzhacken oder im Garten, das ist doch gesund.«

Mühlmann ersparte Brinkmann die Antwort. Da kam er schon wieder angestürmt, diesmal einen Ordner in der Hand, in dem er auf der Suche nach dem Fall Arthur Wilkins wild herumblätterte. Und nun hatte er ihn gefunden, o ja!

»Hier!« trompetete Mühlmann. »Da! Einwandfrei, schwarz auf weiß.«

Sein dicker Zeigefinger klopfte triumphierend auf ein Blatt Papier.

»Ist ja gut, Mühlmann«, versuchte Brinkmann ihn zu beruhigen. »Nun regen Sie sich wieder ab. Verfügungen werden nun mal getroffen, um wieder revidiert zu werden. Ist doch überall so. Schauen Sie sich den Bundestag an! Da wollen wir doch nicht zurückstehen, oder?«

Doch mit Witzchen war ein Mühlmann nicht mehr zu erreichen. Bei ihm war der Zug abgefahren, niemand konnte ihn mehr bremsen.

»Was heißt denn revidiert zu werden? Herr Professor, so leid's mir tut, aber jetzt müssen Sie sich mal in meine Lage versetzen. Auch wenn Sie wieder hier sind, formell sind Sie noch nicht im Dienst. Formell können Sie also im Augenblick weder etwas anordnen noch revidieren. Ich aber trage die Verantwortung.«

»Na schön, dann tragen Sie mal!«

Die Brille funkelte, der schwere Bürokratenschädel drehte

sich, doch der Blick ging an Brinkmann vorbei, und erst in dieser Sekunde wurde ihm bewußt: Wir haben ja Zeugen! Die Hildegard, drei andere Schwestern. In einer halben Stunde haben sie unten in der Cafeteria wieder was zu tratschen.

Brinkmann kappte die zweite Hälfte seines Satzes, mit dem er Mühlmann den Schlag unter die Gürtellinie zurückgeben wollte. Statt dessen lächelte er friedlich: »Na schön, dann komm ich für die Kosten auf.«

»Wenn Sie das wünschen.«

»O ja, das wünsche ich. Wir zwei«, er graptschte einen andächtigen Boris am Arm, »wir sind nämlich gute Bekannte. Er hat mir gezeigt, wie man Kartoffeln schält. Und noch so manches andere... Also bitte, Schwester Hildegard, seien Sie so nett und nehmen Sie sich des Patienten an. Er muß zum Röntgen. Bei dem ganzen Geschrei ist mir nämlich noch was eingefallen: Ich habe zu tun!«

Und dann, mit einem bedeutungsschweren Blick auf Mühlmann: »Bei der Behörde, Herr Verwaltungsdirektor.«

*

Endlich – es war soweit. Und diesmal wurde im OP mit großer Besetzung gearbeitet. Brinkmann selbst hatte das Team bestimmt. Neben ihm und Breeken würden Wolter, Christa und Udo dabei sein, dazu die übliche Assistenz der instrumentierenden Schwester und der beiden Springerinnen. Er zeigte nichts von der Beklemmung, die ihn überfiel, während er sich durch den Tanz der grünen Mäntel noch einmal hinüber zum Leuchtschirm begab. Zu oft hatte er sich diese Sekunde ausgemalt. Daß er sie als Assistent zu bestehen hatte und nicht als Operateur, um den sich, als dem Herrn des Geschehens, die anderen gruppierten, das allerdings hatte er sich nicht vorgestellt. Nun gut, man lernt. Es hört nie auf. Seine Devise, daß sich der Operateur nur stufenweise zum perfekten Beherrscher der Situation entwickelt und daß er sich dabei ebensosehr auf theoretisches Studieren wie praktisches Erlernen zu stützen hat, auf Üben und wieder Üben, wobei die Ausdehnung der eigenen Grenzen von der Suche nach jeder auch noch so kleinen Verbesserung begleitet werden muß, diesem Anspruch, den er immer wieder den jungen Ärzten deutlich machte, mußte er sich heute selbst beugen. Breeken aber, Brinkmann erkannte es mit vorurteilsfreier Nüchternheit an, war in diesem Fall der Bessere. Für ihn selbst galt, während sie gemeinsam noch einmal die Fotos betrachteten (und bei Gott, schlimm genug sahen sie aus!), nur die alte Assistenweisheit: »Klappe halten und durch!« Das »Ersatzteillager« jedenfalls lag bereit. Hoffentlich ließ es sich so einbauen, daß dem armen Schröder weitere Leiden erspart blieben...

Die Narkoseeinleitung war beendet, der »Schnorchel«, der halbstarre Plastikschlauch, verband die Lunge des Patienten mit dem Beatmungsgerät. Unter hochgezogenen Brauen warf Wolter nun einen Blick hinüber zu Breeken.

Es konnte losgehen. Breeken eröffnete. Und während Brinkmann ihn dabei beobachtete, Haken hielt, Gefäße abklemmte, erinnerte er sich an den zwiespältigen Eindruck, den ihm vor vielen, vielen Jahren bereits die Arbeit des jungen Operateurs Breeken vermittelt hatte: Klar, sauber, sicher, doch mit einer langsamen, fast zu bedächtigen Methodik, die beim jungen Breeken sicher angebracht war, die sich jedoch mit dem Anwachsen von Geschicklichkeit, Erfahrung und Routine verlieren sollte. Breeken aber operierte noch immer wie ein Chirurg beim Examen.

Wie rasch sollte sich dieser Eindruck verflüchtigen? Der Anblick des Operationsfeldes sorgte dafür. Brinkmann hielt den Atem an.

»Da haben wir's ja«, nuschelte Breeken unter seiner Maske.

Ja, da hatten sie's! »Bei Schenkelhalsbrüchen«, so hatte Brinkmann damals argumentiert, und so stand es auch im Krankenblatt, »besteht eine Indikation zur Operation, weil es nur auf diese Weise gelingt, den Patienten rasch wieder zu mobilisieren.« Das mochte, konnte stimmen. In manchen Fällen. – Hier offensichtlich nicht. Hier erwies sich die Operation als Mißgriff. Der Röntgenbild-Verstärker bewies es unerbittlich: Die Fraktur war nicht nur stark disloziert, Kollagen hatten sich gebildet, den Rush-Pin weit verschoben. Die Stellung des Bruches war nicht mehr achsengerecht, die Kallusbildungen zeigten bedrohliche Formen.

Sie sahen sich beide an. Bitter! Der Blick sagte es. Eine lange Arbeit würde das werden. Und eine schwierige dazu.

Und dann bewies Breeken, was chirurgische Kunst ist. Brinkmann erlebte es mit, zunächst mit zögernder Bewunderung, dann voll Staunen. Sie arbeiteten schweigend. Sie arbeiteten zwei Stunden. Dann war es zu Ende.

Sie lächelten sich an und streckten die schmerzenden Rücken. Die Stahlfläche des Tisches war leer. Schröder würde bald in seinem Bett erwachen, und wenn alles gutging, konnte er das Bein auch wieder gebrauchen.

Lieber Gott, laß es gutgehen!

Beim Händewaschen, die Mäntel waren bereits abgelegt, traf ihn ein Seitenblick Breekens. Und ganz beiläufig, kaum stärker als das Rauschen des Wassers in das Becken, kam ein »Gratuliere ...«

»Sie mir?« Brinkmann grinste. »Ich habe doch Ihnen zu gratulieren.«

»Nicht unbedingt. Vielleicht waren wir beide ganz gut. Übrigens, haben Sie das vorhin gehört?«

»Was denn?«

»Unter irgendeiner Maske heraus, man weiß ja nie woher, dieses: Guckt mal, der Chef als Lehrling!«

Brinkmann ließ die Hände abtropfen. »Na und? Stimmt doch. War ja so ... Eine andere Frage: Was halten Sie denn von Schübel?«

»Schübel? Er ist exzellent. Ein Talent.«

»Ja«, nickte Brinkmann, »das ist auch mein Eindruck.«

*

Während Breekens Herrschaft schien das Konferenzzimmer sich einen Firnis von Staub zugelegt zu haben. Brinkmann wenigstens glaubte ihn zu entdecken: einen Hauch von nostalgischen Dahindämmern auf den Möbeln und der großen Tischplatte. Selbst die Blumen am Fenster welkten still. Dafür lagen nirgends Notizzettel herum, und die Aschenbecher strahlten.

Nun, auch das würde sich bald ändern...

Er wartete, bis sie alle den Raum betreten hatten, schloß höchstpersönlich die Tür, blickte in bekannte und bei den Schwestern auch in einige neue Gesichter, ging dann zu Breeken, der bereits Platz genommen hatte, und legte ihm leicht die Hand auf die Schulter, als er begann: »Liebe Kollegen, zu Beginn unserer Arbeitsbesprechung habe ich das Vergnügen, Herrn Professor Breeken zu verabschieden.«

Von irgendwo kam ein unterdrücktes Kichern.

Brinkmann war dankbar dafür. »Ja nun, was daran so komisch ist, sehe ich nicht. Eines kann ich versichern: Es wäre mir ein weitaus größeres Vergnügen, wenn er bliebe – sagen wir mal, als Oberarzt.«

Nun drehte der Mandarin doch den Kopf. Und jetzt grinste er sogar, breit und genußvoll: »Als solchen würde ich Sie auch mit nach Tübingen nehmen, Herr Brinkmann.«

Es war kein Kichern mehr, nun tobten sie alle.

Als das Lachen abebbte und er wieder Gehör fand, meinte Brinkmann: »Schön, daß hier so 'ne prima Stimmung herrscht. Hoffentlich hält die auch an, wenn ich ab heute meinen Dienst wieder aufnehme.«

Er wartete auf bedenkliche Gesichter. Umsonst. So recht ernst schien niemand seine Drohung zu nehmen. Er räusperte sich: »Noch ein paar Worte zu der Operation, an der einige von Ihnen heute teilgenommen haben. Ein paar freie Worte. Fangen wir damit an, daß der Eingriff notwendig wurde, nachdem wir den Patienten, das Opfer eines Arbeitsunfalles, vor einiger Zeit behandelt haben. Was aber stellte sich anschließend heraus? Unsere Operationsmethodik war die verkehrte. Wir hätten eine andere Form des Eingriffs wählen müssen. Wir – natürlich meine ich damit in erster Linie mich.«

Jetzt hatte er sie, nun gab es keinen mehr, der gelangweilt vor sich hinguckte. Nun hingen sie alle mit gespannter Aufmerksamkeit an seinen Lippen.

»Wenn ich Ihnen das heute gleich zu Beginn erzähle, dann aus einem Grund: Ich will Ihnen noch mal vor Augen führen, wie wichtig es ist, daß auch ein Arzt seine Fehler zugibt. Das ist keine Schande. Schon deshalb nicht, weil alle Ärzte irgendwann Fehler begehen, seien sie nun reparabel oder folgenschwer.«

Udo räusperte sich. Sein Blick schien weniger betroffen als verzweifelt. »Warum eigentlich?« stand darin. Was sollen diese Selbstanklagen? Ausgerechnet in einem solchen Augenblick?

Brinkmann fixierte seinen Sohn: »Wir wissen um diese Fehlermöglichkeit, wir alle. Und reden kaum jemals davon. Auch ich nicht. Vielleicht sollten wir gegen diese Untugend angehen. Jeder von uns. Bei jeder Handlung, die wir im Dienste unserer Kranken zu vollziehen haben, sollten wir uns immer wieder fragen: Ist es das Richtige? Ist es nicht besser, wir prüfen noch einmal bei einem Kollegen nach, holen uns in der Gruppe Rat? Wach sein, das meine ich damit. – Nun gut: Ich jedenfalls habe damit angefangen. Unter der Leitung von Professor Breeken ist es uns heute gelungen, den Fehler gutzumachen. Seine Operationsmethode war für mich ebenso brillant wie aufschlußreich. Ich war also sozusagen der Lehrling. Ich möchte deshalb dieses sicherlich nicht sehr freundlich gemeinte Wort, das während der Operation fiel, aufgreifen und ins Positive verwandeln. Ein Chirurg, der nicht willens ist, sich auf diesem oder auf jenem Gebiet noch als Lehrling zu empfinden, der sollte seinen Beruf an den Nagel hängen. Wir sind und bleiben Lehrlinge! Es gibt einfach zuviel Neues, was wir zu lernen haben. – So, das wollte ich Ihnen sagen. Alles Gute für Sie…«

Als er hinter sich die Tür zuschlug, klatschten sie noch immer.

*

Uff! – Geschafft. Auch das.

Wie sagt man im Sport dazu: das Comeback...

Brinkmann ging durch die Korridore. Eigentlich hatte er mit Mühlmann noch eine Verabredung gehabt, doch die verschob er auf später. Brinkmann genoß alles: Die vertraute Perspektive des Gangs, die Fenster hinaus zum Park, die letzten Magnolienblüten, die an den Bäumen welkten, Patienten – ja, vor allem sie! Patienten draußen im Garten, Patienten im Treppenhaus, durch das er nun hochstieg, zur Pädiatrie, graue, von der Entbehrung, vom Leid gezeichnete Gesichter, und überall, wo er hinblickte, in jedem Gruß, jedem »Guten Tag, Herr Professor!« die stille Erwartung um Beachtung.

Eine Menge nahm sich Brinkmann vor in diesem Moment: Den Laden wieder auf Vordermann zu bringen, besser zu sein als er je war, besser und gleichzeitig gelassener. Sich um Christa zu kümmern, auch ein wenig mehr um Udo, der schien ohnehin zur Zeit voll Sorgen zu sein. Dann Benni natürlich... Vorsätze, kleine und große Gelöbnisse, die aneinandergereiht die Kette bilden würden, die ihn erneut zum Gefangenen machte.

Selbst darüber war er sich im klaren. Und sagte sich: Das Beste, was du tun kannst, ist ein genaues Programm aufzustellen, so sorgsam mit deiner Zeit umzugehen, wie es dir Eileen Walters empfohlen hatte.

Eileen Walters – ein Name nun, der ihn lächeln ließ. San Franzisko. Wolfgang. Die Zypressen in seinem Garten. Und dann die lange Strecke zur Barkborn-Ranch.

Maria...

Nicht weiterdenken! Nicht mal den Namen. Wird zu riskant. Das ist vorbei... Und so empfand Brinkmann fast eine Art Dankbarkeit, als ihm ein anderer Name einfiel und wie ein Lichtstrahl den Nebel melancholisch verhangener Erinnerungen durchschnitt: Boris! Herrgott noch mal, den hast du doch tatsächlich vergessen!

Vor der Tür zur Pädiatrie mit all den hübschen kleinen Kinderbildchen kehrte er wieder um und rannte zurück, die zwei Stockwerke hinab zur Röntgenabteilung. Wo Boris sei, fragte er eine der Assistentinnen.

Die zog nur die Augenbrauen hoch. »Verzeihung, Herr Professor: Aber Boris, das ist doch ein Vorname? Ich kann damit nichts anfangen. Könnten Sie mir nicht den richtigen Namen sagen?«

Da hatte sie wohl recht. »Mädchen, das ist so einer mit 'nem Bart. Und ein bißchen komisch riecht er.«

»Ach, der mit den Unterhosen?«

»Wie bitte?«

»Na, die hätten Sie sehen sollen! Bei der Wärme! Lange Dinger und mehr Löcher als Stoff. Also, das war vielleicht ein Typ!«

Die Art, wie sie den Kopf schüttelte, mißfiel Brinkmann. Aber schließlich: Konnte man ihr einen Vorwurf machen? Ein Boris besaß schon einen bestimmen Seltenheitswert.

»Was habt ihr denn herausgefunden?«

»Nichts. 'ne Verstauchung. Kein Kapselriß. Wir haben ihn hochgeschickt in die Ambulanz, damit er einen Verband bekommt.«

»Aha.«

In der Ambulanz saß er auch: Auf der Holzbank des Warteraums, die Schultern eingekrümmt, als zöge sie ein Gewicht nach unten, und aus seiner Höhe, aus dieser Perspektive, vermochte Brinkmann von seinem Gesicht nichts zu erkennen als eine lange von Haargestrüpp umrahmte Nase.

Er war stehengeblieben. Er mußte lächeln. Was gab ihm dieser Mann, warum mochte er ihn so gerne?

»Na, wie steht's denn?«

Boris hob den Kopf. »Mußt du doch wissen.«

»Weiß ich auch.« Fast geehrt fühlte sich Brinkmann, daß

sie wieder bei ihrem Du gelandet waren, geehrt und glücklich.

»Soll ein paar Tage dauern, bis ich wieder in den Schuh komm, hat so 'ne Karbolmaus gesagt.«

»Richtig. Und wenn du willst, kannst du sie hier verbringen.«

»Wenn ich das nur wüßte, ob ich so was will. Hier sind mir zuviel Kranke. Wo du hinguckst, nur Webfehler. Nee, nee, so 'n Patientensilo, mein Fall ist das nicht!«

Brinkmann grinste. Das konnte er sich vorstellen. »Wie ist das denn eigentlich passiert?« fragte er.

»Gestolpert. Über 'ne Baumwurzel. Dort oben. Gott sei Dank gab's da 'nen Langholzwagen, mit dem konnte ich dann runter. Übrigens, was ich sagen wollte...«

Boris druckste herum. Was immer er sagen wollte, es schien ihm Schwierigkeiten zu bereiten.

»Also, was denn?«

»Na ja, was schon? Das kannst du dir doch denken. Also, die Bemerkung über die Besitzer der Hütte – von wegen piekfeiner Pinkel und all das... Ich hab da ja ziemlich rumgeschnurrt, was? Nicht, daß du das in den falschen Hals kriegst. Ich meine, als ich sagte, daß die Leute mit Kohle zu dußlig für alles sind und so...«

»Na ja, Boris, jetzt übernimm dich mal nicht. So völlig aus der Luft gegriffen war das doch gar nicht.«

»Vielleicht nicht. Aber dich hab ich ja gar nicht gemeint – Ich meine Sie, Herr Professor!«

»Bleiben wir bei Klaus.«

»Schön, Klaus. Aber ich hab dich beklaut, das ist dir doch klar?«

»Das finde ich nicht.«

»Was dann?«

Na ja, eher schon das Gegenteil – das wollte Brinkmann sagen, doch es kam nicht dazu. Sein Blick fiel in dieser Sekunde durch die offenstehende Türe hinaus auf einen sonnenüberfluteten Vorplatz, hinüber zu einer dunkelgrünen Taxushecke, die die Auffahrt vom Parkplatz trennte.

Zwei Menschen standen dort. Oder sollte man ein Pärchen sagen? Nein, lieber doch nicht...

Es war ziemlich weit. Und dazu hatte Brinkmann noch die Lesebrille auf der Nase. Aber Vollmers, auf jedem Fußballplatz, selbst auf dem Oktoberfest würde er ihn entdecken: Den langen Biologen mit dem Kummergesicht, dem Vogelhals und der ewig nach oben stehenden grauen Protestfrisur.

Ja, an Christa gemessen, war sein Gardemaß schon unerträglich!

Was, verdammt noch mal, hatte er denn so Wichtiges auf dem Parkplatz zu besprechen?

Und außerdem: Was war das eigentlich für eine Art? Warum kam er nicht rüber, meldete sich bei ihm, bewies wenigstens soviel Format, es in aller Offenheit zu tun...?

*

»Warum eigentlich«, sagte Christa zur selben Sekunde, als sei sie über irgendwelche telepathischen Ströme gleichgeschaltet, »warum eigentlich gehen wir nicht gemeinsam rüber zu Klaus? Er würde sich doch freuen.«

Herbert Vollmers aber schüttelte den Kopf: »Das geht nicht.«

»Und wieso? Kannst du mir das erklären?«

»Sicher könnte ich das. Aber du würdest mich ja doch nur auslachen. Sagen wir so: Der Anlaß ist zu nichtig, um einen solchen Aufwand zu rechtfertigen. Außerdem, mir ist nicht nach Versteckspielen.«

»Versteckspielen?«

»Na ja, sich auf die Schultern klopfen, strahlen, auf Freundschaft machen – in jedem Fall Dinge sagen, die man doch nicht so meint. Das mußt du schon verstehen. Ich bin ja nur vorbeigekommen, um dir...«

Er zögerte. Es kam ihm selbst zu Bewußtsein, wie lächerlich es war. Konnte man ewig Abschied nehmen? War das noch notwendig gewesen?

In dieser Sekunde stellte Vollmers seinen Entschluß in Zweifel und bereute, auf der Durchfahrt nach Stuttgart noch einmal haltgemacht zu haben. Mit der Erkenntnis, daß es ein Fehler gewesen war, wollte er sie nicht auch noch belasten.

Verlegenheit ließ ihr Lächeln unnatürlich wirken. Verlegenheit und eine Art mütterlicher Kameradschaft, genau das, was er nicht brauchen konnte.

»Du schreibst doch mal?« sagte sie.

»Was denn?« Bei der Vorstellung ritt ihn doch der Teufel: »Wie stellst du dir das vor? Was soll ich dir denn schreiben? – Christa, ich liebe dich.«

»Komm, Herbert!«

»Na, siehst du.«

Sie konnte den Satz nicht unterdrücken: »Tust du das denn immer noch?«

Er saß bereits im Wagen, hob die Hand, ließ den Motor aufschnurren und schob den Kopf noch einmal zum Fenster heraus: »Ich bin eben ein hoffnungsloser Fall. Nicht zu retten. Na schön, Christa – noch ein Kuß zum Abschied, ja?«

Das war nicht viel, genau besehen sogar das wenigste, was sie ihm geben konnte.

Sie beugte sich ins Fenster.

*

Ziemlich kindisch, ja eigentlich rührend – zu dieser Beurteilung entschied sich als Betrachter der Szene ein gedankenverlorener Brinkmann. Aber trotzdem ... Vollmers?

Ein hartnäckiger Fall.

»Du, hör mal! Wie heißt du noch, Klaus – oder?«

Die Frage kam von Boris. Sie erreichte Brinkmann nicht, denn Brinkmann war von einer neuen Erkenntnis wie überwältigt: Eins zu eins! dachte er.

»Ist schon 'ne dolle Sache, wenn ich's so bedenke«, meinte Boris.

»Was hast du gesagt?« fragte Brinkmann zerstreut.

»Na, wenn ich mir das so überlege, daß ich mich nicht nur an den Sachen vergriff, die dem Herrn Professor gehören, nein, daß ich sogar in seinem Bett geschlafen habe...«

Brinkmann lächelte ihn so milde an: »So? – Ach, dafür habe ich doch Walderdbeeren gekriegt. Das gleicht sich aus. Sieh mal, ist es nicht so im Leben, daß sich das meiste wieder ausgleicht? Früher oder später. Das ist zumindest eine Erfahrung, die ich mache. Immer wieder, Boris. – Immer wieder...«

*

Auf Tage des Friedens, der Geborgenheit und Eintracht mit der Natur hatte Karla Simmet gehofft, betreut von geschultem Personal und hervorragenden Ärzten, so wie es ihr ihre Freundin Edeltraut im heimatlichen Osnabrück geschildert hatte: »Also diese Schwarzwaldklinik! Das mußt du erlebt haben! Du, ich übertreibe nicht, die ist Spitze. Einmalig! Schon die Landschaft. Und die Kneipen, die's da in der Gegend gibt. Aber da brauchst du gar nicht hin. In der Klinik setzen sie dir ein Essen vor, da träumst du davon! Also dieses Apfelpüree mit Sahne! Oder die Krautwickel. Oder dieser badische Sauerbraten! Und von dem Spargel will ich gar nicht anfangen....«

Daß Edeltraut die Welt aus der Speisekarten-Perspektive erlebte, daran hatte Karla Simmet sich gewöhnt. Wichtiger war eine andere Auskunft: »Ein Frieden! Balsam... Und dann noch die Ärzte – na, so was von schick! Von wegen Schwarzwald. Internationales Format haben die. Ein Professor, dieser Brinkmann – der ist Zucker. Leider verheiratet... Aber seine Assistenten, sein Sohn und alles, was da rumläuft – ich sage dir, Karla, wenn du dir irgendwo deine Talgdinger wegmachen lassen willst, dann verbinde doch gleich die Schinderei mit dem Genuß! Was willst du im Städtischen Krankenhaus von Osnabrück? Ich bitte dich...«

Ja, was wollte sie hier?

Und die Aussicht, unter Schwarzwaldtannen mit dem Blick aufs Rheintal ein vorzügliches Essen zu genießen, während sich gleichzeitig ein Professor mit seinem Stab junger, hervorragend ausgebildeter und dazu noch hübscher Ärzte um die Entfernung ihrer Talgzysten kümmerte, wie sollte sie da widerstehen?

Karla Simmet kaufte sich ein halbes Dutzend sündteurer Nachthemden, ließ sich bei der Schneiderin zwei Morgenmäntel nach Maß anfertigen, ging noch einmal zum Friseur und anschließend auf die Bank, um aus dem Tresor die interessantesten Schmuckstücke zu holen – nichts Aufwendiges, nein, dezent, aber mit Stil, schließlich sollte man wissen, welche Klasse sie hatte – und fuhr Richtung Süden.

Na ja, ruhig war's dann in Offingen. Sehr ruhig. Ein hübsches Städtchen. Wald gab's auch. Und die Klinik gefiel ihr. Aber der rasante Professor, von dem ihr Edeltraut vorgeschwärmt hatte, was heißt geschwärmt, der sie in eine solche Verzückung versetzte, daß sie schon in der Erinnerung die Augen verdrehte, der war erst mal weg. Vor drei Tagen war er nun zurückgekommen: braungebrannt und fesch, sicher – aber die Entfernung ihrer Atherome hatte er seinem Stellvertreter überlassen, einem seelenlosen Holzkopf!

Und die jungen Ärzte? – Hier begann Karla Simmets Problem: Nett waren sie, gewiß – nett und so unverbindlich, daß sich Karla ihrer Einsamkeit und ihrer Wundnähte doppelt bewußt wurde. Ihr Schmuck und die Nachthemden wurden glatt übersehen, und Karla Simmet wäre tatsächlich noch kopfüber in eine ihrer Depressionen abgetaucht, die sie seit dem Tod ihres Mannes in regelmäßigen Abständen überfielen, wenn nicht Werner erschienen wäre...

Werner, ja! Schon seine Stimme... Und dieser liebevolle Blick, dazu sein Einfühlungsvermögen, so intensiv, als könne er mit Gedanken streicheln.

Werner... Sie hatte es nicht für möglich gehalten. Sie hatte sich dagegen gewehrt. Doch wie sollte sie? – wenn er abends auf seinem Rundgang zu ihr kam, sich ans Bett setzte, sich von Osnabrück erzählen ließ, ihre Hand hielt oder sie, wie es neulich geschah...

Glück, das ist wie Glas, dachte Karla Simmet. Es erfordert Vorsicht und Behutsamkeit. Daß sich aus dem Abend, der Nacht in Werners ärmlicher Wohnung unterm Dach so etwas wie eine neue Zukunft ergeben könnte – Karla Simmet fühlte eine süße, bedrängende Furcht, wenn sie daran dachte.

Doch nun war sie entlassen worden. Eine Klinik ist kein Hotel. In einer Klinik genügt es, daß die Verwaltung irgendeinen Drachen vorbeischickt, der dann wiederum mit irgendwelchen Papieren wedelt, die man gefälligst unterschreiben soll. Das »Hören Sie mal, ich möchte gerne verlängern!« ist nicht drin. Nichts gab es zu verlängern.

Wie eine körperliche Pein spürte Karla Simmet, wie sich ihr die Zeit zusammenzog, wie jede Stunde, ja, jede Minute an Gewicht gewann.

Morgen wirst du fahren!

Morgen...

Und Werner?

Das längst fällige Gespräch, das alles klären mußte und ihm schließlich auch die Möglichkeit geben würde, zu sehen, welche Chancen doch auch für ihn in einer Verbindung lagen, hatte nicht stattgefunden. Noch immer nicht.

Wo blieb es? Warum schob er es immer wieder auf? Warum zeigte er sich nicht einmal heute? Na gut, ein Operationstag mochte ja anstrengend sein – aber war das ein Grund, sich zu verstecken? Und diese jungen Dinger, die Kleine vom Parkplatz zum Beispiel, all die Schwestern, die hier rumschwirrten...?!

Während Karla Simmet auf der Suche nach Werner Schübel durch den weiten Klinikbau lief und dabei immer wieder mit vor Verlegenheit zitternder Stimme ein »Verzeihung, haben Sie nicht den Herrn Doktor Schübel gesehen? Ich habe noch etwas Wichtiges mit ihm zu bereden«, vorbrachte, kam sie sich nicht nur verloren, sondern geradezu gedemütigt vor.

Wer bist du eigentlich? Wie weit ist es mit dir gekommen? Hast du das nötig?

Gerade wollte sie aufgeben, da wischte drüben am Aufenthaltsraum, wo meistens irgendwelche Besucher herumhingen, ein weißer Mantel voruber.

Und diesmal war er es.

»Werner!«

Er blickte über die Schulter zurück.

Unmutig blickte er zurück, und die Hand machte eine Bewegung, als wollte sie eine Fliege verscheuchen.

Vorbei war es mit Karla Simmets leidender Erwartung. Hitze schlug in ihr hoch, heiliger Zorn: So ein Schnösel! Ja, dem würde sie Manieren beibringen – Chirurg hin oder her! Was bildete der sich überhaupt ein?

»Werner! Das eine kann ich dir sagen: So geht das nicht! Zumindest nicht mit mir.«

Karla Simmet war in Fahrt, so sehr, daß sie das lauernde oder helle Entzücken der anderen, die sich hier im Aufenthaltsraum herumdrückten, souverän mißachtete: Na und! Sollten's die doch hören! »Ich verlange sofort eine Aussprache!«

»Wie bitte, Frau Simmet? Sie verlangen was?«

Da wollte er ihr doch tatsächlich schon wieder mit seiner hoheitsvollen Arzt-Tour kommen! Strenger Blick, verständnisloses Kopfschütteln – die ganze Leier ...

»Sie haben mich sehr gut verstanden, Herr Doktor. Ich muß mit Ihnen sprechen.«

»Sie sehen doch, daß ich gerade mit dem Angehörigen einer unserer Patientinnen ...«

»Das sehe ich!« gab Karla Simmet zurück. »Aber vielleicht sind Sie so freundlich, zur Kenntnis zu nehmen, daß ich auch Patientin bin.«

»Frau Simmet, beruhigen Sie sich. Ich stehe sofort zu Ihrer Verfügung. Sagen wir, in zehn Minuten. Im Ärztezimmer.«

»Im Garten! Nicht im Ärztezimmer. Und in zehn Minuten.«

Das unterdrückte Kichern eines der Weiber im Korbsessel nahm sie in Kauf. Diesmal, das wußte sie, diesmal würde er kommen. Und er kam: Der fleischgewordene Vorwurf!

»Sag mal, Karla! Du hast ja wohl nicht mehr alle Tassen im Schrank? Mir vor versammeltem Publikum, vor wildfremden Leuten eine derartige Szene zu machen!«

»Wie redest du eigentlich mit mir?«

»Wie kann ich denn anders mit dir reden? So was geht doch nicht, Karla, das mußt du doch einsehen. Das ist doch völlig unmöglich!«

»Unmöglich? Was unmöglich ist, ist deine Wortwahl. Alle Tassen im Schrank... Wer vergreift sich denn im Ton? Wer geht mir aus dem Weg? Arzt willst du sein? Weißt du, wie ich so was nenne? – Seelische Grausamkeit...«

Schübel linste vorsichtig über die Schulter: Niemand zu sehen. Und Gott sei Dank standen sie auch weit genug oben am Hang, um vor Zeugen sicher zu sein. Außerdem und am wichtigsten: Morgen war sie weg!

»Ach Karla...« Er sprach leise, sagte ihren Namen ganz behutsam, ließ ihn gewissermaßen auf der Zunge zerschmelzen, übte sich in phonetischer Zärtlichkeit und hatte – Gott sei Dank – Erfolg.

Ihre Augenlider zitterten. Und dann das ganze runde Gesicht. Das kannte er schon. »Karla, ich mein's doch wirklich nur gut. Es gibt einfach Dinge, die kann man sich nicht leisten. Du müßtest es doch am besten wissen, schließlich hast du als Steuerberaterin auch ständig Umgang mit Publikum. Und wenn man vom professionellen Standpunkt anerkannt werden will, ist es das wichtigste, daß man das Gesicht wahrt, seine Position behält. Wer nimmt mich denn noch ernst? Ich kann mich doch nicht lächerlich machen. Ich kann doch nicht zeigen, wie es mit uns beiden in Wirklichkeit steht.«

Ja, der richtige Ton! Sie nahm ihn an, griff nach seiner Hand: »Du weißt ja gar nicht, wie's mir zumute ist. Es ist so wichtig, daß wir uns unterhalten. Sicher, du hast ja recht, aber mir sind nun mal die Nerven durchgegangen.«

»Schön«, seufzte Schübel. »Aber nicht so! Bitte ...«

Er zog seine Hand zurück, um in der Manteltasche nach einem Taschentuch zu fischen. Wenn das so weiterging, würde er die Dinger im Großeinkauf bestellen.

Tatsächlich, jetzt fing sie auch noch zu weinen an.

»Ich bin doch morgen weg«, schluchzte Karla Simmet. »Morgen in Osnabrück ... zu Hause ... Ich kann mir das gar nicht vorstellen ...«

»Ich mir auch nicht. Aber so ist's nun mal: Das Schöne geht immer vorüber.«

Sie starrte ihn an, die Augen ein einziger Spiegel, die gepuderten Wangen wurden zur Rennbahn für kullernde Tränen, die, angereichert mit Wimperntusche, schwarze Streifen zogen. Sie sah aus wie ein Clown. Ein tragischer dazu.

Das tat Schübel nun wirklich weh. So mochte er sie nicht sehen. »Komm, wir gehen mal dort rüber zu der Bank. Jetzt sei doch ruhig.«

In einer Aufwallung verzweifelten Muts legte er sogar den Arm um sie.

»Alles Schöne geht vorüber, Werner? Aber doch nicht zwischen uns?«

»Wie bitte? Ach so ... Zwischen uns selbstverständlich nicht.«

»Du weißt doch, was auf dem Spiel steht? Nicht nur für mich ... Ich mit meinen Beziehungen in Osnabrück kann wirklich 'ne Stellung für dich finden. Das ist kein Witz, glaub mir doch.«

»Ich glaube dir.«

»Nein, das tust du nicht. Ich seh's dir an. Und falls ich's nicht schaffe, Werner, dann haben wir immer noch eine andere Chance.«

Sein »Ja?« klang etwas beklommen.

»Ja, ich habe es mir die ganze letzte Nacht überlegt. Was heißt letzte Nacht, schon all die Nächte davor. Ich hab mir gedacht, mir gefällt es hier im Schwarzwald, weißt du. Und ich hab genügend Geld, um mich auch beruflich zu verändern.«

»Wirklich?«

Sie waren an der Bank angelangt. Schübel setzte sich nicht.

»Ja, Werner. Ich meine, falls das nicht klappen sollte oder dir die Stelle nicht zusagt, dann hab ich immer noch die Möglichkeit, mich als Steuerberaterin in Offingen niederzulassen. Verstehst du?«

»Ich verstehe«, murmelte er.

»Es ist so schön hier, Werner. Wirklich, es wäre so schön mit uns beiden. Meinst du nicht?«

»Sicher«, murmelte Schübel. »Sicher, sicher ...«

*

Claudias Augen bewegten sich. Vielleicht hatte sie nur so getan, als würde sie schlafen. Udo kannte die tiefe Benommenheit, die hohes Fieber zu erzeugen vermag: Ein Zustand, in dem Schlaf und Traum, Realität und Phantasie sich durchdringen.

Er erhob sich von seinem Sessel und legte ihr die Hand auf die Schulter. Die Augen, die seinen Blick suchten, glänzten. Dieses verdammte Fieber schien etwas zurückzugehen. Die Antibiotika hatten also gegriffen. Doch Himmelherrgott noch mal, was war es? Seit Tagen zerbrach er sich den Kopf, machte sich Sorgen. Viraler Infekt, das Wort stand für eine bedrückende Kette von Möglichkeiten ...

Und es bedeutete Angst.

»Na?«

»Jetzt frag mich bloß nicht, wie's mir geht«, flüsterte sie.

»Hab ich doch gar nicht.«

»Und komm mir nicht schon wieder mit dem Thermometer.«

Darauf ging Udo vorsichtshalber nicht ein. »Wo waren wir denn gerade?«

»Jetzt redest du auch schon wie all diese dämlichen Doktor-Papis! Was ›wir‹ ... Wo du gerade warst, weiß ich nicht. Ich aber – ich glaube, ich war irgendwo auf einem Schiff. Gewackelt hat's jedenfalls ...« Sie lächelte.

»So, gewackelt? Und wer war noch auf dem Schiff?«

»Na, du natürlich. So 'n kleines Ding, weißt du, aber 'nen Mast hatte es. Als Kind bin ich auf dem Bodensee auch auf so Schiffchen rumgegondelt. Mit meinem Bruder. Der schrie auch nur ständig Kommandos und spielte Kapitän.«

»Aha«, sagte Udo. »Aber es war nicht der Bodensee?«

»Nein. Gott sei Dank nicht der Bodensee. Wunderbares Wasser, blau und grün wie Glas. Wie die Südsee, weißt du ... Aber ich hatte Angst, trotzdem. Ich wollte an Land.«

»Kommst du doch.«

»Meinst du?«

»Ich weiß es«, sagte er. »Drüben liegt schon die Insel. Siehst du sie nicht? Ein wunderschönes Atoll. Palmen gibt's dort und Papageien. Und Orchideen natürlich. Und lauter nette Leute.«

»Eingeborene nennt man so was. Oder Insulaner.« Sie sagte es leise, mit geschlossenen Augen.

»Jedenfalls warten sie alle auf dich. Die haben schon die Trommeln bereit, und in ihren Hütten, da brutzelt es. Die machen uns 'ne Party.«

»Ein Fest. Eingeborene machen Feste. Zu Ehren der Götter.«

»Oh, okay! Ein richtiges Eingeborenen-Südsee-Fest. Die Mädchen flechten Blumen, daraus werden dann Kränze gebastelt – und alles für uns!«

»Aber noch sind wir nicht an Land.«

»Ja«, gab er zu, »das ist es ja. Nun schmeiß mal den Anker raus, Vorschotmann!«

»Ich bin nicht dein Vorschotmann. Und das heißt auch nicht, ›schmeiß den Anker raus‹, sondern ›Anker los‹.«

»Was du alles weißt.« Zärtlich küßte er ihre Stirn. Sie strich ihm über das Gesicht.

»Weiter«, sagte sie, »erzähl mir weiter. Es ist zu schön ...

Ich seh das richtig. Palmen gibt's dort auch, nicht? Und wunderschöne Blumen. Orchideen, sagst du... Und braune freundliche Menschen. Wir sehen das schon...«

»Klar sehen wir es. Denn sie haben uns ja jetzt abgeholt. Wir konnten nicht näher ran, verstehst du? Der Strand ist ganz flach und voll Korallen, und überall schwimmen die schönsten Fische, die du dir denken kannst. Große auch, aber die kleinen sind viel schöner, die leuchten vielleicht. Die haben Farben wie die Papageien, so prächtig. Das glänzt nur so. Blau und rot und gold...«

»O ja...« flüsterte sie und hielt seine Hand fest.

»Wir sehen es jetzt ganz aus der Nähe. Sie haben uns nämlich abgeholt, in einem großen wunderschönen Boot.«

»Irgendwo hab ich mal einen Film gesehen...«

»Aber das ist kein Film«, versicherte er. »Das Boot ist farbig bemalt, und hinten haben sie einen Stuhl montiert. Und wenn sie rudern, singen sie.«

»Die Insulaner?«

»Es sind ja auch Mädchen drauf. Die mit den Blumen im Haar, weißt du? Und hinten, auf diesem Stuhl, sitzt du – einen richtigen Thron haben sie da hingebaut.«

»Für mich?«

»Aber klar doch. Sie haben doch auf dich gewartet, die ganze Zeit. Du bist nämlich ihre Prinzessin, verstehst du?«

»Und du, was bist dann du?«

Ihre Stimme klang schläfrig, die Augen waren geschlossen. »Was bist dann du?« wiederholte sie.

»Nun, was ist der Mann einer Prinzessin? Prinzgemahl, nehm ich an.«

Sie nickte. Er ließ sie los. Er wußte nicht, ob sie nun ganz eingeschlafen war, ob das Boot sie weitertrug oder ihre Erschöpfung. Leise stand er auf, ging hinüber in die Küche, wärmte die Bouillon auf, die er von der Klinik mitgebracht hatte, gab etwas Salz dazu. In ihrem

Zustand war es wichtig, den Wasserhaushalt zu stützen. Die Tabletten? Die konnte er ihr später geben.

Er preßte die Orangen aus, stellte die Mineralwasserflasche dazu und ging zurück in ihr Zimmer.

Noch immer lag sie, wie er sie verlassen hatte, gelöst, den Kopf seitlich ins Kissen gedrückt, eine Strähne des dunklen feuchten Haars über der Nase.

»Udo, sind wir jetzt wieder zurück?«

»Ich fürchte, ja. Und ich fürchte, du mußt jetzt unbedingt was essen.«

»Tu ich auch.« Sie richtete sich auf. Das Licht schien sie zu blenden, denn sie schloß rasch die Augen. Er drehte den Schein etwas ab.

»Udo, soll ich dir mal was sagen?«

»Ja, sag.«

»Mir ist was eingefallen. Man müßte das in die Zeitung schreiben. In die Frauenspalte.«

»Und das wäre?«

»Daß jede Frau, die mit einem Mann zusammenbleiben will, einmal richtig krank werden muß.«

»Warum?«

»Der ideale Test, Udo! Ist der Mann so wie du, kannst du ihn behalten. Sonst aber sollte sie ihn besser wegschmeißen.«

»Ich werde deinen Test zum Patent anmelden. Hier, jetzt löffeln wir ein bißchen.«

»Moment – Orangensaft ist mir lieber. Der erinnert mich so an die Insel. Du, das ist schon eine Scheißgrippe, die ich mir da eingefangen habe, zum Kuckuck!«

»Kann man wohl sagen.«

»Hört das denn nie auf?«

»Klar hört das auf. Bald!«

»Das wäre schön, mein Prinzgemahl. Vielleicht hast du die Insel von deinem Vater«, vermutete sie mit einem schiefen Lächeln. »Der erzählt in letzter Zeit auch ständig von Palmen.«

»Aber die wachsen in Amerika und nicht in der Südsee.«

»Fahren wir da mal hin?«

»Ja.«

»Versprochen.«

»Ehrenwort!« versicherte er. »Aber nur unter einer Bedingung: Du schluckst deine Tabletten. Und die Suppe ißt du natürlich auch.«

»Jawohl, Herr Doktor!«

*

Zweimal bereits hatte die Michaelis gemeutert: »Frau Doktor! Also bitte, geht's denn nicht ein bißchen schneller? Es ist doch schon Donnerstag. Und wenn wir die Sachen heute nicht zur Reinigung bringen, kriegen wir sie erst nächste Woche zurück.«

Die Sachen! – Sie lagen vor Christa auf dem Bett: Der Blazer für die feineren Gelegenheiten. Wäsche. Zwei zerknitterte dünne Pullover und dieser unsagbar verstaubte und verschmutzte Freizeitanzug aus Popelin. Sogar einen Dreiangel hatte sich Klaus ins Knie gerissen.

In den Nähten aber und den Tiefen der Taschen fand sich rötlichgelber Staub und körniger Sand.

Ferner die vier Fotos, die Christa auf den Nachtisch gelegt hatte, und zwei Eintrittskarten für den »Death-Valley-Nationalpark« zu zwei Dollar das Stück.

Wieder nahm Christa die Fotografien hoch.

Sie waren offensichtlich mit einer Polaroidkamera geschossen.

Auf dem Foto, das Christa zuerst in die Hände gefallen war, sah man Bergspitzen, ein brennendes Lagerfeuer, das auf einer Felsplattform vor sich hin qualmte, und im Hintergrund eine Schlucht.

»Ich hab da mal so 'nen Ausflug ins Gelände gemacht. Ist schon wild-romantisch dort. Wild-romantisch und sehr trocken. Wirklich beeindruckend.«

Für einen Mann, der sonst bei jedem Naturereignis in entzückte Begeisterung ausbrach und Christa oft genug mit seinen fast besessenen, detailgenauen Beschreibungen gelangweilt hatte, weil er dabei nichts ausnahm, keine Wegstrapaze, keine Pflanze, kein Tier, klang das sehr zurückhaltend.

Die Bilder erklärten, warum.

Drei Aufnahmen: Auf der ersten ein leicht schmuddelig wirkender Klaus Brinkmann vor dem Kühler eines mächtigen rotgestrichenen, geländegängigen Fahrzeugs. Die beiden anderen Fotos zeigten eine Frau: Einmal der Kamera zugewandt, Großaufnahme, ein breiter, selbstsicher lächelnder Mund, dunkles Haar, das von einem Stirnband zurückgehalten wurde. Die zweite Aufnahme war aussagekräftiger: Da stand sie und wahr wohl das, was man ein Patent-Mädel nennt. Ganz in Khaki, Ärmel hochgekrempelt. Ein Stapel Campinggeschirr in der Hand, das sie gerade saubermachte...

Klaus' kalifornisches Abenteuer! Was denn sonst? Warum hatte er sie nie erwähnt?

Langsam und schwer drehten sich die Gedanken, nein, die Fragen in ihrem Kopf.

Sie spürte, wie das Elend kommen wollte, schon schlichen sich Vorstellungen, Bilder und Szenen ein, die ihr unerträglich wurden. Der Schmerz darüber hielt das Staunen zurück: Klaus! Ausgerechnet Klaus sollte wie ein Vertreter auf Geschäftsreise eine Affäre mit einer wildfremden Frau beginnen? Wenn es eine Sicherheit in ihrem Leben gegeben hatte, dann die, daß »so was« bei ihm ausgeschlossen war.

Doch »so was«, was heißt das schon? Und bei wem ist es »ausgeschlossen«?

Wie sich doch die Eindrücke im Gedächtnis ihre Entsprechung suchen: Christa sah nun ihre Mutter vor sich. Wie oft hatte sie sie erlebt vor dem geöffneten Kleiderschrank. Und während sein Inhalt einen bitter-muffigen Geruch nach Mottenkugeln verströmte, gruben die Hände ihrer Mutter fieberhaft in den Taschen von irgendwelchen Jacken, Mänteln oder Hosen.

Es waren keine Frauenfotos, die sie da suchte, nein, ihr waren unbezahlte Rechnungen wichtig: Kneipen-Quittungen, Beweise für Geldausgaben, Beweise dafür, wie verantwortungslos er mit dem Leben seiner Familie umging.

Sie hatte zugesehen und ihre Mutter aus tiefstem Herzen verachtet.

Und jetzt? Vielleicht wiederholt sich tatsächich alles? Auch die beklemmende Lächerlichkeit einer solchen Situation.

Die Ehefrau als Detektiv! – Dieses Thema wurde wohl überall durchgespielt und in jedem Fall als absolut neu und einzigartig empfunden.

Neu, daran gab es keinen Zweifel, neu blieb die Vorstellung eines Klaus Brinkmann als Betrüger. Und neu war auch der Gedanke, daß die einzige unumstößliche Gewißheit, an die sie bisher glaubte, nicht mehr galt...

Was willst du jetzt tun? fragte sie sich. Zu ihm in die Klinik rennen, ihm seine Fotos auf den Tisch knallen, die Szene bis zum Kofferpacken durchspielen, die Scheidung einreichen – oder ihn erst mal erklären lassen, ihn fragen, was das alles, verdammt noch mal, eigentlich soll?

Sie wußte es nicht.

Sie packte Jacke, Hemd und Hosen, um sie in den blauen Plastiksack der Reinigung zu stecken, überlegte es sich, ließ alles wieder fallen und ging ins Kinderzimmer. Auch dies lief wohl bei anderen nicht anders ab: Die Frau, die merkt, daß sie belogen und betrogen wurde, sucht Halt und Mut bei dem einzigen Wesen, dessen sie sich sicher ist – bei ihrem Kind!

Benni... Da lag er nun, die kurzen Beinchen im rosaroten Strampelanzug, den Daumen im Mund, gefangen in den seligen Träumen seines Kinderschlafes. Durchs offene Fenster strich ein leichter Wind und spielte mit den kleinen feinen blonden Locken, die seine Stirn bedeckten.

Vom Hof kam das Knirschen von Autoreifen auf Kieselsteinen. Sie hörte, wie der Wagen eine Schleife zog, um dann vor der Tür zu parken. Sie ging hinüber. Nun wurden ihre Glieder plötzlich schwer. Sie wußte nicht, woher die Ahnung sie anflog – Klaus hatte schließlich in der Klinik zu tun, was sollte er hier am Nachmittag? Doch als sie den Kopf zum Fenster hinausbeugte, erkannte sie, es war sein Mercedes.

Was wollte er? Ausgerechnet jetzt?!

Sie lief hinüber zum Ankleidezimmer, steckte die Fotos und Eintrittskarten in die Taschen zurück, rieb sich die Hände ab, als habe sie sie beschmutzt – und da hörte sie ihn schon in der Halle: »So, oben ist sie? Ich hab etwas vergessen.«

Er kam die Treppe herauf, rasch, federnd vor Tatendrang, sah sie stehen, sagte: »Na, 'ne dolle Sache, so ein freier Tag, was?« legte ihr im Vorbeigehen rasch die Hand auf die Schulter, ohne sie anzusehen, ohne ihr Gesicht, dieses ausdruckslose, wie versteinerte Gesicht, überhaupt zu bemerken, ging vorbei in Richtung Arbeitszimmer und rief über die Schulter: »Ich Trottel vergeß in letzter Zeit auch wirklich alles! Dabei habe ich mir gestern abend die ganzen Antilymphozyten-Unterlagen zurechtgelegt. Und was mach ich? Laß sie auf dem Schreibtisch ... Ach, hier sind sie! Na, siehst du.« Er kam mit einem Bündel Papieren unterm Arm zurück. Und nun blieb er endlich stehen und sah sie an: »Was ist denn? Geht's dir nicht gut?«

Was sagt man in einer solchen Situation?

Wie reagiert man auf einen so blauäugigen, treuherzigen Blick?

O doch, sagt man – und »o doch«, sagte sie auch, »mir geht's ganz gut. Aber da ist noch ein Problem. Deine Sachen ...«

»Welche Sachen?« fragte er arglos.

»Na, die Klamotten, die du in Amerika getragen hast. Laura wollte sie gerade zur Reinigung geben, aber die sehen ja so abgerissen aus, daß ich mir überlegte, ob man sie nicht wegschenken sollte.«

»Wieso denn das? Natürlich sind sie ein bißchen mitgenommen. Was denkst denn du?«

Auch das registrierte sie ohne jede Bewegung: Die Art, wie er lächelte, dieses leichte, auskostende, besinnliche Schmunzeln, wie er hier hereinstürmte, die Treppen hochstieg. Nicht nur genesen, nein, der Sieger, unwiderstehlich auf allen Fronten, dachte sie, und in ihr war alles leer.

»Ich sage es bloß, damit du vielleicht noch einmal nachsiehst, ob du was in den Taschen hast. Igendwas, das wichtig ist.«

Sein Lächeln erlosch. Und auch seine Sicherheit. Christa registrierte es mit der kühlen Aufmerksamkeit, mit der sie einen Symptomverlauf beobachtete. Aber da hatte er sich schon gefangen, zuckte nachlässig mit den Schultern, meinte mit dem beiläufigen Ton, der bewies, wie wenig Gewicht er einer solchen Überlegung gab: »Na, vielleicht hast du recht. Wo ist das Zeug denn?« – Und verschwand auf ihre Handbewegung hin im Ankleidezimmer.

Sie wartete.

Was für eine lächerliche, gottverdammte Komödie! Und was tat er jetzt? Die Fotos dort wieder herausfischen, wo sie sie hineingesteckt hatte?

Und da war er schon.

»Nee, war nichts. – Also bis nachher, Liebling!«

Ja, dachte sie: Liebling!

Noch immer, wie zuvor, lagen die Kleider drüben auf dem Tisch. Und sie ahnte es, ehe sie sich vergewisserte: Die Fotos waren verschwunden!

Liebling … Sie stützte beide Hände auf die verschrammte Tischplatte. Sie brauchte jetzt alle Kraft, um dem jähen Ansturm von Verzweiflung und Elend standzuhalten …

*

Es gab nun mal Patienten und Patienten: schlimme, nette, arrogante, weinerliche oder lustige. Doch die Gesichter, die Namen, wie sollte, konnte man alle auseinanderhalten? Fließbandarbeit, wie hier im Verbandsraum, ließ es nicht zu. Um so dankbarer war Mischa für jeden bunten Vogel, den sein Achtstundentag hereinspülte, sei es nun ein junges Mädchen oder ein Typ wie diese etwas säuerliche riechende, hagere, kleine Pennerfigur mit dem wuchernden Bartgewächs im Gesicht.

Er zog die letzte Schleife des Stützverbandes von der mageren Wade. Mager, ja – doch die Muskeln daran hart wie Knoten.

»Na, wer sagt's denn? Siehst ja schon wieder prima aus, Opa!«

Da kam er aber an die falsche Adresse. »Das Opa kannst du dir schenken!«

»Ist ja auch eine blöde Gewohnheit von mir«, gab Mischa ihm recht.

»Das Opa kannst du dir schon deshalb schenken, Junge, weil ich ein Freund vom Professor bin.«

Auch solche Sprüche kannte er bereits. Mischa nickte friedlich: »Richtig. Freund vom Professor. Genauso siehste aus.«

»Glaubst du wohl nicht? Und was meinst du, wenn ich dir sage, daß ich das vergangene Wochenende mit ihm zusammen in seinem Jagdhaus verbracht habe?«

»Natürlich! Und 'n Haufen schicker Bienen war auch dabei, was?«

Mischa war mit dem Eincremen fertig, nahm sich eine frische Bandage und begann von neuem. Der und der Professor? Na – beide sind wenigstens gut drauf, aber jetzt könnte er ihn mit seinen »Freundschaften« gefälligst in Frieden lassen. – Es war ein Wunsch, der nicht in Erfüllung ging, denn der Alte faselte weiter. »Weiber? Na, hör mal, auf so was pfeifen wir doch, der Klaus und ich. Nee, wir haben 'ne handfeste Männerfreundschaft, Junge! So was gibt's heute gar nicht mehr. So reden über Gott und die Welt. Er schält die Kartoffeln, ich sammle die Erdbeeren im Wald.«

»Ach so, du sammelst die Erdbeeren im Wald?«

Mischa blickte hoch, blickte in blauwäßrige Augen – will der ihn eigentlich verladen? – und ließ sich beim Wickeln plötzlich Zeit. Doch auch damit bekam er nun Probleme, denn schon störte ihn ein wohlbekannter, schnarrender Befehlston.

»Übst du eigentlich noch?«

Mischa zog ein bißchen fester. »Wie so, Schwester Hildegard? Wickeln Sie vielleicht schneller?... Sie wollten's mir mal vormachen.«

»Diese Art von Ironie kannst du dir sparen. Übrigens sprechen wir uns noch wegen der Szene heute morgen auf der Kinderstation. Und das kann ich dir gleich sagen: Deine Farbtöpfe läßt du in Zukunft zu Hause. Vielleicht bist du antiautoritär erzogen, vielleicht hält das der Professor sogar für schick, aber ich bin nicht so tolerant wie er.«

»Das stimmt«, grinste Mischa. »Da haben Sie mal recht!«

»Wie bitte?«

»Daß Sie recht haben, hab ich mir erlaubt zu sagen.«

Sein Grinsen behielt Mischa bei, auf das muß er sich verlassen, das ist so unerschütterlich, als sei es ihm angeboren, das setzt er selbst gegen Hildegards scharfes: »Du hast hier überhaupt keinen Kommentar abzugeben. Zumindest kann ich darauf verzichten.«

»War ja gar kein Kommentar, Schwester Hildegard. Das war eine schiere Zustimmung. Darf ich Ihnen nicht mal mehr zustimmen?«

Sie schüttelte nur den Kopf, warf einen letzten Blick auf diesen hoffnungslosen Fall und war wieder draußen. Der Waldmensch aber mit dem roten Bart rieb sich die Hände, sah ihr nach und bekam ein richtig andächtiges Gesicht: »Eine solche Zicke! Das muß man gesehen haben, um es zu glauben.«

»Nun komm schon!« Mischa setzte die Klammer in den Verband, und dabei fiel ihm auch der Name wieder ein: Irgendwas Russisches... Boris! »Nun komm schon, Boris«, sagte er, »so schlimm ist die Hildegard auch wieder nicht. Du weißt ja, das Prinzip ist einfach: Gib ihr die Gelegenheit, ihr Gift zu verspritzen, dann frißt sie dir aus der Hand. – Jetzt hoch das Bein! Hörst du, nimm das Bein doch hoch.«

Boris hörte nicht. Mischa erntete einen etwas entfernten, träumerischen Blick. »Soll ich dir noch was sagen, Junge?«

»Wenn's nicht anders geht...«

»Er schnarcht sogar!«

»Wer schnarcht?«

»Na, wer schon? Der Chef hier. Dein Professor, jawohl! Ich mußte den Klaus wecken, so hat der geschnarcht. Du, das war nicht zum Aushalten. Und noch etwas...«

Was immer Boris, der Waldmensch, aus Brinkmanns Intimleben preisgeben wollte, Mischa würde es nie erfahren, denn der Mann, um den es ging, der so sehr die Phantasie dieses abgetakelten Individualisten zu beschäftigen schien, stand plötzlich im Raum. Blütenweiß und aufrecht, sogar der Kragen des Arztmantels war hochgeschlagen. Und das Stethoskop baumelte um den Hals: Brinkmann, ein Professor aus dem Bilderbuch!

»Hallo, hallo!«

Mischa nickte. Nun war er aber wirklich gespannt. Und tatsächlich! War doch nicht zu glauben: Der Alte zwinkerte entzückt mit den Augen, marschierte zu Boris und legte ihm die Hand auf die Schulter: »Na, wie sieht's denn so aus?«

»Fabelhaft!«

»Hab ich's dir nicht gesagt?«

»Hast du. Aber hör mal, Klaus, der Kerl da will nicht glauben, daß wir zusammen übernachtet haben.«

Mischa schluckte, starrte – war ja auch zu unglaublich. Und der Professor, tatsächlich, der nickte, tat so, als wäre es das Normalste auf der Welt, sich bei einem Typ wie Boris die Flöhe einzufangen.

»So, zeig mal her. Kannst du den Fuß wieder einigermaßen schmerzfrei bewegen? Los, die Zehen!«

Boris bewegte sie. »Und frisch geschrubbt sind sie auch.«

»Na, dann kannst du ja morgen oder übermorgen deine Wanderschaft fortsetzen.«

Boris nickte nur. Brinkmann war bereits wieder draußen, Mischa aber starrte Boris an. Und der legte den Kopf schief, zwinkerte mit den Augen und fing dann aus irgend einem nur ihm bekannten Grund röhrend an zu lachen, so laut, so elementar, daß Mischa zusammenzuckte: Was für ein Urschrei, was für eine Urtype...

*

Es konnte eine Frage des Alters sein – Christa hatte es sich hundertmal in dieser Nacht vorgebetet. Herrgott, hatte sie sich gesagt, du bist doch schließlich Ärztin. Also versuch dich in seine Situation zu versetzen, wie du es bei jedem anderen Patienten tust. Ist es denn so schwer, einen solchen Fall von der psychosomatischen Seite zu sehen? Da fühlt sich ein über fünfzigjähriger Mann von einem schweren Infarkt kuriert, erlebt die Welt wieder als Geschenk, sein Geschenk, sieht alles neu, sich selbst, die Natur, die Landschaft, die Frauen – ist dazu Tausende von Kilometern von seiner vertrauten Umgebung entfernt, läßt sich fallen in dieses Glück, will sich bestätigen, das gehört ja auch dazu, sucht und erlebt den Flirt, die Affäre mit einer anderen, die ihm diese Genugtuung der Bestätigung gibt, das Gefühl, wieder im Leben und auf der Welt zu sein...

So doch?

So ähnlich zumindest!

Aber ein »solcher Fall« ist jetzt dein Fall. Theoretisieren läßt sich leicht, es hautnah zu erleben, ist was ganz anderes, vor allem, wenn du die Kraft dazurechnest, über die es keine Kontrolle gibt, vor der alle Verstandesakrobatik versagt: Die Angst. Deine Angst...

Die letzten Jahre des Zusammenseins mit Klaus, vor allem des Zusammenarbeitens mit ihm, hatten sie davon befreit. Wie so viele Kinder, die in zerrütteten Ehen aufwuchsen, war auch für Christa Liebe und Sexualität eine vom dunklen Schein der Bedrohung umwitterte Macht geblieben. Und die Männerbegegnungen, die sie vor Klaus erlebte, selbst die Beziehung zu Udo, die sie heute eher im erheiternden Licht milder Verklärung sah, hatten daran nichts geändert. Klaus aber?... Herrgott. Sie war nun sechsunddreißig Jahre alt. Und so verrückt, so jungenhaft er ihr in seiner Selbsteinschätzung oft erschienen war, Klaus hatte für ihre innere Ausgeglichenheit gesorgt, blieb für sie das, was Ruhe im anderen heißen mag. Vielleicht, daß sie sich zu sehr darauf verlassen hatte. Es lag ja auch nahe. Wahrscheinlicher war, daß sie beide in ihrem zwillingshaften Auftreten in weißen Kitteln, dem ewigen Austausch von Informationen, Blicken, Worten, Fakten, die mit nichts anderem zu tun hatten als mit dem Krankenhaus, der Arbeit, der Pflege fremder Leute, vergaßen, was für sie selbst so wichtig war: Die flüchtigen Spiele der Phantasie, die Spannung, ohne die ein Magnetfeld erlischt, das Sichgehenlassen, das Pausemachen, das Wir-zwei-und-dann-die-anderen ...

Ja: Wir zwei vor allem! Doch es war ein drittes hinzugekommen.

Benni.

Auch er nun ein Faktor in einer Rechnung, die zu scheitern drohte ...

Und während Christa so durch den Garten hinüber zur Klinik ging, ohne auf die Tulpenspaliere zu achten, die jetzt mit ihrer ganzen leuchtenden Kraft erblüht waren, und ohne ein Nicken auf die Grüße, die ihr zuflogen, reagierte sie, wie sie es immer getan hatte, kannte nur einen einzigen Gedanken: Durch! Das ist alles, was dir jetzt bleibt. Klaus mag der große Vermeidungsstratege sein –, für dich ist Klarheit die Luft zum Überleben. Das Theater geht zu Ende, die Lüge muß weg. Und dann, dann sieht man weiter ...

Dies war ein einfaches, klares Mittel. Es hatte stets geholfen, wenn sie in Gefahr war, ihrer Unsicherheit, ihren Ängsten zu erliegen.

Diesmal nahm Christa die schmale Hintertür, durch die man hinauf zu Mühlmanns Büro und in den Verwaltungstrakt gelangte. Schon der Gedanke, von irgendeinem Kollegen oder Mitarbeiter in ein Gespräch verwickelt zu werden, war ihr unerträglich. Gott sei Dank, sie begegnete niemandem. Sie ging durch den Verbindungsflur und sah, daß auch das Wartezimmer vor Klaus' Büro leer war.

Sie stutzte. Wieso denn das? Es war doch vier, die Zeit, in der er Patienten oder deren Angehörige empfing.

Lena Meis saß mit dem Profil zu ihr an der Schreibmaschine. Ihre Finger glitten über die Tasten, und sie schien so beschäftigt, daß sie das Aufgehen der Tür überhört hatte und nicht einmal den Kopf hochnahm.

»Ich hätte gerne meinen Mann gesprochen, Lena. Hat er Zeit?«

Die Meis wandte ihr den Kopf zu. Ihr Gesicht war blaß und abwesend; wie immer, wenn sie verlegen war, zupfte sie an den wohlgeordneten Löckchen über ihrer rechten Schläfe.

»Wie bitte ... Guten Tag, Frau Doktor! Ihr Mann?«

»Ja, mein Mann.«

»Ja nun, der Herr Professor ist nicht da. Leider.«

Irgend etwas an Lena Meis' Verhalten störte Christa, irgend etwas, das sicher nur in ihrer überreizten Vorstellung nach Verschwörung roch.

»Und ich weiß auch nicht, wo er ist. Ist er denn nicht ...«

»Nein«, sagte Christa, »zu Hause ist er nicht.«

»Ach ... doch, Moment mal, jetzt fällt es mir ein: Er sagte, er müsse mal rasch nach Villingen rüber. Einen Freund besuchen. Aber das hat er nur so vor sich hin gemurmelt. Ich habe es kaum mitgekriegt.«

Nur mal rasch hinüber nach Villingen? Eine ganz schöne Fahrt ist das. Und ein »Freund«?

»Wann er zurück sein wird, das wissen Sie nicht?«

»Nein, Frau Doktor, davon sagte er keinen Ton.«

*

Der Himmel, das Land, die Täler, der Wald – Klaus Brinkmann hatte eine wunderschöne Fahrt über Triberg nach Sankt Georgen hinter sich. Doch was sie ihm an Schönheiten bot, er nahm es nicht wahr. Als Brinkmann vor einer Stunde losgefahren war, hatte er sich noch eingebildet, einer spontanen Eingebung zu folgen, doch nun, während der Wagen durch das frische Grün des Brigachtals rollte und er bereits die beiden gotischen Doppeltürme des Villinger Doms ausmachen konnte, wurde er sich klar, daß er handelte wie ein Mann, der sich einem Zwang nicht zu entziehen vermag –, ja, dies vielleicht auch gar nicht will.

Das Gut muß sich hier irgendwo in der Nähe befinden. Zwischen Föhrenbach und Villingen, hatte Maria gesagt.

Er erkundigte sich bei einem Bauern, der am Straßenrand einen Milchwagen belud. Der Mann deutete mit dem Pfeifenstiel auf einen Weg, der die Bahnlinie überquerte und nach Westen führte.

Weit hatte er es nicht, wirklich nicht. Eine sanfte Kuppe, ein Waldstück – als er der Kurve folgte, lag es vor ihm: Ein imponierender Bau, zweistöckig und langgestreckt, von einer weißgekalkten Mauer umgeben. Rechts Silos, Stallungen und Garagen in Hufeisenform, vor ihm ein grüngestrichenes hohes Eisentor, alles solid, beinahe festungsähnlich. An der Mauer war ein großes Schild angebracht: »Landwirtschaftliche Versuchsanstalt der Universität Hohenheim«.

Brinkmann überlegte, ob er die Torflügel aufschieben und in den Hof fahren sollte, ließ es aber dann doch sein. Was war er schon? Ein zufällig vorbeikommender Besucher.

Die große, asphaltierte Fläche lag leer in der Sonne. Drüben vom Stall her kam das Gegacker von Hühnern. Tauben flogen auf.

Maria! dachte er. Was für ein Frieden. Hier verbringt sie ihre Tage. Eigentlich unglaublich.

Brinkmann sah einen Mann auf der Remise und ging auf ihn zu. Doch da war ein wild kläffender Hund, also blieb er vorsichtig stehen.

Der Mann beruhigte das Tier und sah ihn fragend an.

»Ich suche Frau Maria Rotenburg.«

Er nickte und kam heran. Er war jung, braungebrannt und hatte prüfende, mißtrauische Augen.

»Hören Sie, Vertreter werden heute nicht empfangen.«

Brinkmann schluckte und verfluchte seinen dunkelblauen Anzug und die Krawatte, die ihn ohnehin schon die ganze Zeit gewürgt hatte.

»Seh ich so aus? Ich meine, täte mir leid.«

Der Junge grinste nur: »Na, wissen Sie, es kommen hier so viele reingelatscht. Ferienvolk. Vertreter. Den ganzen Tag geht das hier rund.«

Brinkmann nickte. »Ich suche Maria Rotenburg. Ich bin ein persönlicher...« Ja, was war er? »Bekannter«, sagte er rasch. »Ist sie bei der Arbeit?«

»Ja. Auf Feld vier.«

»So, Feld vier? Und wo finde ich das?«

Er erklärte es. Weit konnte es nicht sein. Und es war auch nicht weit. Brinkmann steuerte den armen alten Mercedes vorsichtig über einen ausgeschlagenen, mit Steinen und Schlaglöchern übersäten Feldweg, der durch eine Senke führte. Dann sah er drüben auf der Gegenseite des Hanges einen großen blauen Traktor. Er zog gerade eine Schleife, um den Pflug in die Gegenrichtung zu bringen.

Er stieg aus. Auch der Traktor hielt an. Das dumpfe Tuckern des Motors drang zu ihm herüber. Er versuchte, die Gestalt dort auszumachen. Ja – es war Maria!

Brinkmann hob die Hand. Und wieder überkam ihn dieses Gefühl, das ihn in ihrer Nähe stets begleitete: Die Furcht, eine vielleicht ganz liebe, aber doch ziemlich lächerliche Figur abzugeben.

Sie erhob sich, legte die Hände zu einem Trichter, schrie irgend etwas, das er nicht verstand, da ein leichtes Echo die Worte verzerrte.

Brinkmann setzte sich in Bewegung, um ihr entgegenzugehen, stolperte über Ackerkrume, Sträucher, wurde sich zurerst der Hitze und dann der Schweißtropfen bewußt, die ihm über die Stirne liefen. Sie machte es sich einfacher, praktisch wie immer: Sie ließ den Motor aufbrüllen und donnerte ihm auf den breiten Stollenreifen des blauen Ungeheuers entgegen.

Als der Motor endlich verstummte, war es unerwartet

ruhig. Über ihm war nun ihr Gesicht, lächelnd, die Augen schmal, kein Staunen darin, eher etwas wie zärtliche Ironie.

»Hallo!« Das war das einzige, was er herausbrachte.

»Na, so was«, sagte sie, wischte sich die Hände an ihren Jeans ab und sprang herunter. »Na, so ein Zufall!«

Das belustigte Lächeln wich nicht aus ihrem Gesicht: »War doch Zufall, oder?«

»Ja, nun ... ich weiß nicht so recht. Ich glaube kaum.«

Er fühlte, wie er rot wurde, und sah verzweifelt die Reste seiner männlichen Überlegenheit schwinden. Er räusperte sich. »Ich fahr mal den Wagen ein Stück vom Weg, falls da einer kommt.«

»Da kommt keiner«, sagte Maria.

Nein, da kam wohl keiner.

So standen sie sich gegenüber, jeder mit einem Lächeln – ihr Lächeln ruhig, jetzt nicht mehr amüsiert, sondern nachdenklich, seines –, nun, er wußte nicht ... Er wußte auch nicht, wie das weitergehen sollte. Er wußte nur eines: daß die Idee, hierherzufahren, vielleicht nicht ganz so genial war, wie er sich das zuvor einreden wollte. Was, zum Teufel noch mal, starrte sie ihn so an? Wieso fiel sie ihm nicht um den Hals? Nicht einmal die Hand hatte sie ihm gegeben.

Er schwieg. Was zu sagen er sich vorgenommen hatte – unter ihrem Blick, diesem ruhigen, musternden Blick, in dem etwas wie Wehmut mitschwang, hatte es sich verloren.

»Maria, paß auf! Hör mal ...«

»Nein.« Ihr Mund verzog sich. »Paß du auf, Klaus.«

»Ja, bitte?« Er probierte es mit Ironie. »Ich höre.«

Sie ging nicht darauf ein. »Klaus, wir müssen zuerst einmal versuchen, Klarheit zu schaffen. Ich wenigstens habe es versucht, die ganzen Tage.«

»Und zu welchem Resultat bist du gekommen?«

»Zu welchem Resultat? Das ist einfach: Amerika ist ein anderer Kontinent, nicht wahr? Und was dort geschah, das könnte man vielleicht als höhere Gewalt bezeichnen.«

Er nickte. Er suchte nach Worten und brachte nichts heraus als ein resigniertes: »Ich verstehe.«

Damit gab sie sich nicht zufrieden. Sie schüttelte den Kopf: »Ich glaube nicht, daß du das verstehst, Klaus. Weißt du, wenn mir etwas verhaßt ist, dann sind es Komplikationen, mühsame oder faule Ausreden, die den Tatbestand verschleiern.«

»Und wie sieht der aus, dieser Tatbestand?«

»Daß du nicht mit einer Geliebten leben kannst, die du gleichzeitig verleugnen mußt. Das wäre ein Tatbestand.«

»Einer?«

»Ja. Es gibt einen anderen, der ist noch wichtiger.«

»Ja?« Sein Blick glitt von ihr ab, er konnte dieses Gesicht nicht mehr ertragen, weil es ihn schmerzte. Seine Augen verfolgten den Flug des Taubenschwarms, über den Hang hinweg in Richtung Gut. Und so, von ihr abgewandt, irgendwie wund und doch sehr konzentriert, vernahm er, was ihn selbst quälte und vor Rätsel stellte.

»Das ist die Tatsache, daß du deine Frau liebst. Warum gestehst du dir das nicht ein?«

»Und was weißt du?«

»Alles. Ein Blick von mir am Flughafen genügte. Ich habe sofort kapiert.«

Sofort? – Woher kam sein Verletztsein? Wieso mußte er sich in so alberne Sätze flüchten wie: »Ist ja unglaublich, wie schnell du kapierst. Und wie präzise du aussprichst, was du denkst.«

Auch darauf ging sie nicht ein. Und nun hatte er ihren Blick zu ertragen. »Klaus! Mach dir nichts vor! Einer von uns dreien hält das nicht durch. Das Drehbuch stimmt nicht, Klaus. Und Filme mit entgleisten Drehbüchern schaue ich mir nicht an. Ich will darin auch nicht mitwirken.«

Ihr Mund, die breiten Wangenknochen, diese tiefliegenden Augen und das Band, das die starken Haare zurückhielt und ihrer Stirn etwas Kühnes gab!

Die Hände hatte sie in den Taschen. Sie lehnte sich zurück gegen die riesigen Stollenreifen des Traktors. Dann bückte sie sich, löste einen Stein aus dem Lehmbrocken, warf ihn hoch, fing ihn wieder auf und schleuderte ihn in einer zornigen, beinahe verächtlichen Bewegung fort.

»Das wär's dann wohl...« hörte er sich sagen.

»Ich weiß nicht. Wahrscheinlich. Es ist doch so, Klaus, machen wir uns nichts vor: Du bist wieder gesund. Und wir hatten einige wunderschöne Tage. Ist das denn nichts?«

Die Worte trafen. Und trafen deshalb so schmerzhaft, weil sie enthielten, was er sich selbst wiederholt gesagt hatte.

»Die Komplikationen, die du befürchtest, Maria, werden kaum eintreten. Meine Frau hat einen Geliebten.«

Er schämte sich für den Satz. Er hätte sich diese Form von Gleichziehen sparen können. Bei Maria zeigte er keine Wirkung. Sie runzelte ein wenig die Stirn, zuckte mit den Schultern und meinte schließlich: »Ach nein? Dann hast du ihr wohl alles von uns erzählt?«

Er schüttelte den Kopf.

Sie ließ ihn einfach stehen, ging hinüber zur Böschung, setzte sich auf einen Stein und kreuzte die staubbedeckten, gestiefelten Beine. So saß sie lange. Er betrachtete sie, wie man einen Menschen ansieht, den man sich einprägen will, weil man bfürchtet, ihn zu verlieren.

»Komm doch her!« winkte sie.

Als er sich neben sie setzte, neigte sie den Kopf zur Seite, lächelte das alte vertraute Lächeln und berührte vorsichtig mit dem Zeigefinger seine Nasenspitze.

Er wußte nicht, was es bedeuten sollte, und er wußte auch nichts mit diesem halb wissenden, halb verlorenen Ausdruck anzufangen, der in ihrem Gesicht war. Auch nichts mit ihrem Seufzer: »Ich bin und bleib korrupt!«

»Wieso?«

»Vielleicht eine Charaktereigenschaft... Wahrscheinlich bin ich tatsächlich der Situationsmensch, für den mich mein Chef hält.«

»Wirklich?«

»Ja. Er meint, darin liege meine Begabung. Was immer er glaubt, sicher ist: Ich will nicht die Verantwortung für eine

Entwicklung übernehmen, die ich nicht überschauen kann.«

»Meinst du uns?«

»Vor allem meine ich dich, Klaus. Du mußt schließlich wissen, was du tust. Alt genug bist du, weiß Gott.«

Er nickte.

Sie legt ihre Hand auf sein Knie: »Vielleicht soll es so sein. Ich weiß es nicht. Ich weiß nur eines: daß ich dich nie vergessen kann... Und wenn du mein ganzes Gerede für widersprüchlich hältst, dann hast du mich nicht verstanden.«

»Doch, doch, ich habe dich schon verstanden.«

Da stand sie auf, griff nach seiner Hand und zog ihn hoch. »Na gut! Besucher muß man anständig empfangen. Vor allem, wenn sie von so weit kommen wie du. Ich zeig dir meine Wohnung.«

Er holte tief Luft.

»Und der Traktor?«

Sie lachte. »Den lassen wir stehen.«

Sie war schon im Wagen, öffnete die Tür und ließ sich auf den Beifahrersitz fallen.

»Ich rufe nachher im Gut an. Schöler soll ihn holen, der muß sowieso raus aufs Feld, dann kann er ihn auch mitnehmen. Na, los schon!« Sie stupste gegen seine Schulter: »Das hast du dir doch erträumt, das wolltest du doch so? – Also fahr!«

*

Brinkmann fuhr langsam die Straße zurück. Die Dunkelheit sog Wiesen, Wälder und die Silhouetten der Berge in sich auf, verschmolz sie mit einem diesigen Himmel, an dem nur mit Mühe Sterne zu erkennen waren.

Nein, er hatte es nicht eilig. Langsam fuhr er, und den anfänglichen Versuch, sich für den Augenblick, in dem Christa ihn fragen würde, eine überzeugende Erklärung zurechtzulegen, hatte er nach einigen mißglückten Anläufen aufgegeben. Irgend etwas würde er sagen. Irgend etwas würde sie glauben.

Oder auch nicht...

Jetzt erst ging ihm der Sinn von Marias Bemerkung auf.

Sie hatte recht: Das Stück, das sie hier spielten, war falsch inszeniert. Die Texte stimmten nicht. Und was immer er dazu beitrug, würde die Falle, in der er gefangen war, noch gefährlicher machen.

Als er den Wagen im Hof parkte, sah er, daß nur im Erdgeschoß das Licht brannte. In der Küche. Die oberen Stockwerke lagen im Dunkeln. Diese Feststellung verstärkte zwar sein Unbehagen, alarmierte ihn aber nicht.

Laura Michaelis saß am Küchentisch und las in einer Zeitung. Vor ihr dampfte eine Kanne Tee. Sie sah auf – ganz offensichtlich konnte sie sich nur mit Mühe von ihrer Lektüre lösen, doch mit dieser Art von Pflichterfüllung, zu der nur sie fähig war, fragte sie: »Sie haben sicher Hunger, Herr Professor? Möchten Sie noch etwas essen?«

Er schüttelte nur den Kopf.

»Vielleicht eine Tasse Tee?«

»Danke. Was ist denn hier los, Laura? Ist meine Frau schon schlafen gegangen?«

»Nein, Herr Professor.«

»Wo ist sie denn?«

»In Freiburg.«

Er nickte. Das war bei Gott angebracht. Er hatte es sich während des ganzen Weges versichert: Dies war nicht nur ein mieses Stück, das ihm nicht gefiel, dies wurde zur lächerlichen Klamotte. Er bei Maria – Christa bei Herbert Vollmers! Bei Vollmers, ihrem großen Helden, dem Mann, der – wie sie es sah – unter Einsatz des ganzen Lebens mit breiten Schultern dem ungeborenen Kind und ihr die Geröllawine vom Leib gehalten hatte. Vollmers, der sich mit »Hallo, wer ist denn dort?« bei Ferngesprächen meldete, dessen handgestrickter Pulli ihm in die Hände gefallen war, als er mal Ordnung in seinem Schrank machen wollte, Vollmers, der einzigartige Freund in allen Lebenslagen – das Kontrastprogramm!

Wo sollte sie auch sonst sein? Die geschmacklose Pointe einer traurigen Komödie...

Aber so einfach machte es ihm Laura Michaelis nicht.

»Sie ist mit Ihrem Sohn gefahren, Herr Professor.«

»Mit Udo? Wieso denn das?«

»Er hatte irgendwelche Theaterkarten.«

Natürlich, Theater... Was sonst? »Und?« hörte er sich fragen.

»Nun, es ist ganz einfach: Claudia ist doch noch so schwach auf den Beinen. Und er wollte die Karten nicht verfallen lassen. So hat Udo Ihre Frau gefragt. Und da ist sie natürlich mitgefahren.«

»Natürlich«, nickte er ihr zu. »Natürlich.«

Man konnte der Michaelis, diesem steifen Stück Norddeutschland, nachsagen, was man wollte, über Antennen verfügte sie doch. Ihr Blick wurde mahnend: »Herr Professor! Sie konnte Ihnen doch nicht Bescheid sagen. Wie denn? Sie waren ja nicht zu erreichen.«

Brinkmann nickte.

»Richtig. Ich war nicht zu erreichen. Ich bin aufs Land gefahren.« Er winkte ihr zu: »Also dann – gute Nacht!«

»Gute Nacht, Herr Professor...«

Er ging hoch, zögerte, ging ins Kinderzimmer, schaltete das Licht nicht an, stand dort im Dunkeln vor dem Bett seines Sohnes und lauschte seinem leichten, schwebenden Atem. Er beugte sich über das Bett, zog die Decke zurecht und berührte leicht Bennis warmen runden Kopf.

Dann schloß er die Tür und ging hinüber ins Schlafzimmer.

Gute Nacht, Herr Professor!

Schlafen konnte er nicht. Doch er machte sich nicht einmal die Mühe, auf die Uhr zu blicken, als er Udos Wagen hörte. Die Scheinwerfer brannten noch, und ihr bläulicher Schein erhellte die Zimmerdecke.

Stimmen. Sein Sohn. Seine Frau...

»Und gute Besserung für Claudia! Mein Gott, wann packt sie's nur endlich? Ich glaube, ich werde mal mit Römer reden.«

Was Udo antwortete, war nicht zu verstehen. Doch er hatte wohl eine Frage gestellt, denn Christas Stimme, hell und präzise wie immer, antwortete: »Keine Ahnung. Mußte irgendwohin. Ich glaube, nach Villingen.«

Brinkmann drehte sich zur Seite, die Augen fest geschlossen. Er atmete ruhig. Dann hörte er, wie sich die Türe öffnete, hörte das seidige Rascheln des Kleides, das sie ablegte, hörte nun ihre nackten Füße, die sich seiner Seite des Bettes näherten, sah durch einen Lidspalt ihre Kontur wie einen Schatten vor sich.

»Klaus ...?«

Er gab keine Antwort.

ICH WILL NICHT DIE VERANTWORTUNG FÜR EINE ENTWICKLUNG ÜBERNEHMEN, DIE ICH NICHT ÜBERSCHAUEN KANN!

Wie recht Maria gehabt hatte ...

Neben ihm, nun hinter seinem Rücken, war ein dunkles Geräusch, als die Matratze sich unter Christas Körper zusammenpreßte. Er hielt den Atem an, glaubte ihre Gedanken, ihre Fragen zu spüren, Empfindungen, die unsichtbar, wie Wellen in ihn eindrangen.

Wie soll das nun weitergehen? Wie eigentlich? Herrgott, in was hast du dich da hineinbegeben ...?

*

Bisweilen hatte es ihn beeindruckt, manchmal auch gerührt: dieses gespannte Atemholen, die von Erwartung, oft auch von einer fast rührenden Gläubigkeit zeugenden Blicke, die Brinkmann bei der Patientenvisite begleiteten. Beeindruckt, gerührt, geschmeichelt, ja, doch nie hatte er sich dabei als Träger einer Rolle gesehen. Auch heute nicht. Dies war sein Beruf, ihm verdankte er alles, ihn liebte er und ihm würde er treu bleiben – in jeder Situation, unter allen Belastungen.

Doch an diesem Tag, als Brinkmann bei seiner Visite das

Zimmer 318 betrat, klang sein fröhliches »Guten Morgen!« doch etwas übertrieben.

Drei junge Männer nickten ihm zu. Zwei von ihnen lächelten. Der dritte, ein junger Mann, auf den Brinkmann als ersten zuging, schaffte das nicht. Wie auch? Die Schnittwunden in seinem Gesicht waren mit großen Pflastern verklebt.

Brinkmann warf einen Blick auf die kleine Tafel am Fußende. »Harald Meiler« stand da. Der Neuzugang sei das, erklärte die Oberschwester dienstfertig.

»Aha.« Brinkmann erinnerte sich. »Durch eine Tür sind Sie also gegangen? Ohne sie vorher aufzumachen. Warum denn?«

»Es war eine Glastür.« Die Pflaster verzogen sich unter Meilers Grinsen.

»Brauchen Sie eine Brille, Herr Meier?«

»Nein. Aber Sie wohl, Herr Professor, ich heiße Meiler.«

»Aha – so ist das!« quittierte Brinkmann anerkennend. »Na schön, dann muß eben ich mal zum Augenarzt.«

Aus dem Schwarm der Begleiter, die zu einer Chefarztvisite nun mal gehören, stieg Gelächter auf. Schübel! registrierte Brinkmann. Wer sonst? Christa aber – na, bei ihr waren seine Witzchen noch nie so richtig angekommen. Jetzt blinzelte sie Udo zu, und der blinzelte zurück.

»Morgen operieren wir die Splitter heraus, Herr Meiler. Vielleicht bleiben ein paar Narben, aber so was kann durchaus dekorativ aussehen. Wissen Sie, früher ließen manche sich das nach Maß anfertigen.«

»Früher.« Christa sagte es.

Er wandte sich dem nächsten Bett zu: »Ach ja, der Herr Seidelbach. Wir sollten also Ihr Hüftgelenk operieren. Machen wir auch. Dann können Sie in der Altherren-Mannschaft wieder Fußball spielen. Das haben Sie doch mal getan, soviel ich hörte?«

Wieder lachte Schübel. Und blieb der einzige.

»Na, ja«, meinte der Patient, es genüge ihm schon, wenn er wieder am Stock gehen könne.

»Werden Sie, werden Sie!« versicherte Brinkmann munter.

»Wie ist es, ist schon ein Operationstermin angesetzt?«

»Ja«, nickte Christa. »Für Montag.«

»Also dann Montag! Da machen wir das.«

Der nächste – ein Beingips. Er wurde ihm entgegengestreckt. Der Besitzer: Rund, rothaarig und achtzehn Jahre alt.

Brinkmann las das Krankenblatt. »Dann sind Sie ja soweit: Morgen kommt er runter.«

»Richtig, Herr Professor. Und wenn ich vorher noch um ein Autogramm bitten dürfte?«

»Kriegen Sie doch, na logisch. Christa, könntest du mir mal deinen Kugelschreiber leihen?«

Sie nickte nur, griff in die Tasche und reichte ihm den Schreiber. Sie hatte diese kleine steile Falte auf der Nasenwurzel. Nein, sie fand dies alles gar nicht so komisch. Und ihn am allerwenigsten. Sie ließ es die anderen merken. Auch Udo war auf ihrer Seite. Sollten sie ihn doch als kindischen Clown betrachten, es war ihm völlig egal. Sein »Brinkmann« fiel weit schwungvoller aus, als er das ohnehin schon gewohnt war.

Der Junge nickte dankbar.

»Die anderen – das sind meine Freunde aus der Hokkeymannschaft, Herr Professor.«

»Na, das nächste Mal nehmen Sie das Bein aber vorher weg.«

»Werd ich, Herr Professor!« Das klang dankbar, fröhlich, stolz – und darauf allein kam's schließlich an.

*

Als Brinkmann von der Visite zurück zum Büro kam, sah er Wolter mit einem jungen Mann zusammen am Fenster stehen. Viel schienen sie sich nicht zu sagen zu haben. Der dicke Wolter zeigte eine undurchdringliche, mißgelaunte Miene, der andere nickte ihm zu. Groß und ziemlich schmal war er. Halblanges, dunkelblondes Haar und fragende Augen im mageren Gesicht.

Da fiel es Brinkmann ein: Natürlich, dieser Anästhesie-Assistent, der in irgendeiner psychiatrischen Landesanstalt im Norden einen Skandal ausgelöst hatte, weil er die Testreihe, die die Herren Psychiater dort im Auftrag eines Pharmaunternehmens durchzogen, der Presse weiterleitete. Wie war der Name? Ackermann. Ackermann war rausgeflogen, klar doch. Man kennt das ja. Doch in diesem Jungen hatten sie sich dann doch getäuscht: Ackermann ging vors Arbeitsgericht und klagte auf Wiedereinstellung. Und es wurde ihm recht gegeben.

Irgendwie hatte das Brinkmann imponiert. Und als die Bewerbung auf seinen Schreibtisch trudelte, schrieb er Ackermann, entgegen einem meuternden Mühlmann, er solle sich mal vorstellen. Nun war er da. Sein Arbeitsvertrag lag bereits auf Brinkmanns Schreibtisch.

Der Junge schien in Ordnung.

Dies war seine, anscheinend urpersönliche Ansicht.

Wolter hingegen...

Endlich waren sie allein. Wolter hatte er natürlich hereingebeten. In der Sitzecke schlug er die Beine übereinander, faltete die Hände über dem Bauch und lehnte sich zurück. Er war neugierig. Brinkmann konnte es ihm nicht verdenken.

»Also, Herr Ackermann«, begann er, »die Vorfälle in der psychiatrischen Landesanstalt sind uns natürlich alle bekannt.«

Ackermann nickte nur. Er machte das ergebene Gesicht eines Menschen, der genau diese Einleitung auf sich zukommen sah.

Sicher hatte er auch eine Entgegnung. Brinkmann gab ihm nicht die Chance, sie auszusprechen.

»Herr Ackermann, damit wir uns gleich verstehen: Ich denke nicht daran, eine Wertung vorzunehmen. Sie werden hier eingestellt, weil Sie von allen Bewerbern den besten Ausbildungsstand haben. Nur das interessiert uns.«

»Das freut mich.« Er klang erleichtert.

Brinkmann blieb kühl: »Trotzdem, Herr Ackermann, wir sollten uns gleich von Anfang an in einigen Punkten einigen.«

»Ja, bitte, Herr Professor?«

»Falls Ihnen hier im Haus etwas auffällt, das Ihr Mißfallen erregt – und ich bin sicher, so etwas kann passieren, kein Betrieb läuft rund, keine Klinik existiert, in der nicht auch Fehler gemacht werden –, gut, wenn so etwas passiert, und Sie ärgern sich darüber, dann, sprechen Sie Dr. Wolter oder mich darauf an. Melden Sie's nicht gleich der Presse.«

Der Junge zuckte nicht zusammen. Er legte es auch nicht auf weitschweifige Beteuerungen oder Kommentare an. Er sagte nur: »So habe ich es auch in der psychiatrischen Landesanstalt gehalten.«

»Aber wieso haben Sie dann ...«

»Wieso? Es gibt so etwas wie Gewissen, und es braucht gar kein ärztliches Gewissen zu sein, sondern nur ein einfaches, menschliches Gewissen. Ich konnte mir das nicht länger ansehen. Aber ich bin nicht gleich zur Presse. Ich habe mit meinem Chef geredet. Ich habe Eingaben an den Verwaltungsdirektor gemacht, ich habe die Kollegen angesprochen, so lange, bis es hoffnungslos war und ich bei allen nur als ein lächerlicher Querulant galt. Aber es war nicht lächerlich. Das können Sie mir glauben. Ich jedenfalls für meinen Teil sah keine andere Möglichkit mehr, als an die Öffentlichkeit zu gehen. Auch wenn ich deshalb meinen Job verlor.«

Pause! – Brinkmann versuchte sich dies alles vorzustellen. Es war vorstellbar, weiß Gott!

Er nickte. »Einverstanden. Und falls Sie hier im OP auf Streptokokken oder sonst was stoßen und niemand ist bereit, etwas dagegen zu unternehmen, dann alarmieren Sie ruhig die Öffentlichkeit.«

Ackermann war blaß geworden.

»Das wär's dann, Herr Ackermann. Und Sie, Wolter?

Haben Sie Zeit, mit Ihrem neuen Assistenten eine Runde durch die wichtigsten Stationen zu machen?«

Wolter erhob sich. »Selbstverständlich ... Bitte, Herr Akkermann!«

Als sie durch die Tür gingen, stand dort schon wieder Mühlmann.

Und da kam es auch schon: »Für mich ist der Mann ein Verräter!« Brinkmann nickte nur. »Natürlich, Herr Mühlmann. Und wissen Sie, was Sie für mich sind: ein Pharisäer.«

*

Sie war wie ein unerwarteter Wetterumschwung.

Es gab keine Ankündigung, keine Briefe, kein Telefonat. Sie stand plötzlich im Haus, lächelnd, gutaussehend, ihrer selbst und ihres Talents sicher, jede Situation zu meistern.

»Katharina!«

Udo riß beide Augen weit auf. Dann steckte er einen schmerzhaft anschwellenden Daumen in den Mund. Er war gerade dabei gewesen, einen seiner wackligen Terrassenstühle zu reparieren. Nun hatte er doch tatsächlich mit dem Hammer den Daumennagel getroffen!

Aus seiner Kauerstellung heraus wanderte sein Blick an Katharina Gessner hoch, an den Schlangenlederpumps, dem darauf abgestimmten moosfarbenen Rock, der breitschultrigen, mit Lederornamenten verzierten Jacke bis in dieses lächelnde Gesicht mit dem großzügigen Mund, der ihm noch immer so unbegreiflich vertraut schien. Auch darin hatte sich nichts geändert: Wenn sie ihn so ansah, freundlich, nachsichtig, mütterlich und ein wenig von oben herab, empfand er die alte Unsicherheit, dieses Gefühl, wieder mal irgendwas gründlich verkehrt gemacht zu haben.

Doch das war vorbei!

Er stand auf, wischte die Finger an den Jeans ab, ehe er Katharina, den schmerzhaften Daumen weggestreckt, in die Arme schloß.

Sie roch nach Patchouli.

»Na, sag mal!« Ihre Haarspitzen kitzelten seine Nase.

»Jetzt sag bloß: Wo kommst denn du her? Und wo ist die Angie?«

»Hier!« schrie es von der Terrasse, wo eine blasse Claudia im Liegestuhl ein dünnes, hochaufgeschossenes, blondes Kind im Arm hielt.

»Mensch, Angie!« Nun freute sich Udo wirklich. »Jetzt komm doch her!« Da war sie auch schon, sprintete im alten Tempo über die Treppen und den Weg auf ihn zu, hüpfte ihm an den Hals, gab ihm einen großen Kuß und dann viele kleine Küßchen, stieß erstickte Jubeltöne aus, und da war auch wieder die alte Freude in ihm, eine Form selbstvergessenen Vaterglücks, das er zum ersten Mal bei Angie empfunden hatte. Angie! Nur etwas schwerer und beträchtlich größer war sie geworden.

»Mensch, du bist in den letzten vier Monaten mindestens um einen Kopf gewachsen!«

»Neun Zentimeter!« krähte sie stolz und rieb ihre Wange an seiner.

Er stellte sie vorsichtig wie etwas sehr Zerbrechliches auf den Boden zurück und wandte sich Katharina zu, die gerade von ihrem Ärger mit diesen Mietern berichtete: »Ich muß da wirklich mal aufräumen!«

»Dann verkauf das Haus doch.«

»An wen denn? Ich habe zwei Makler beauftragt. Aber da kriegst du ja keinen vernünftigen Preis.«

Auch Katharinas Sorgen waren die gleichen geblieben.

Nein, dachte Udo, bei ihr hat sich wirklich nicht viel geändert, und sandte einen dankbaren Blick hinüber zu Claudia.

»Wie geht's denn deiner Claudia? Hört denn das nicht auf?«

»Wir haben alle Analysen hinter uns. Du findest nichts. Scheint alles normal. Ein grippaler Infekt. Aber einer von fulminanter Dauer.«

»Vielleicht ist etwas mit der Immunabwehr nicht okay? Habt ihr schon mal in diese Richtung untersucht?«

Er nickte. »Römer ist gerade daran. Jetzt geht's ihr viel besser. Das Fieber ist weg. Ein bißchen blaß ist sie noch um die Ohren. Aber sie hat schon an Gewicht zugelegt.«

Katharina nickte zerstreut. Es war ihr nicht anzusehen, ob sie nun mitfühlte, nachdachte oder einfach nur aus Höflichkeit zuhörte, und irgendwie war Udo froh darüber, daß Angie mit dem Ruf: »Wo ist denn meine Molli! Ich will endlich meine Molli sehen!« das Thema beendete.

»Die Molli ist drüben in der Villa«, erklärte Udo, »wie immer.«

»Dann gehn wir doch, Mami. Komm!« Angie zerrte an Katharinas Rock, doch da war nichts zu machen. Sie schob ihre Tochter Udo zu und meinte: »Ihr beide könnt ja was Vernünftiges anstellen. Zum Beispiel Kaffee machen. Das heißt, 'ne Orangeade wäre mir zuerst lieber«, und ging zur Terrasse.

Udo sah ihr nach, mit Verblüffung und grimmiger Anerkennung. Die alte Katharina Gessner! Das Heft behielt sie in der Hand.

»Komm, Angie, dann machen wir einen schönen Kaffee.«

»Hast du auch Kuchen?«

»Sogar mit Sahne«, versicherte Udo und hoffte, daß sich so was im Eisschrank fand...

*

Oft genug in letzter Zeit hatte Claudia ihren Zustand der Schwäche wie einen Vorzug, wie eine Wohltat empfunden: Alles, was an sie herangetragen wurde, hatte ein anderes Gewicht, ihre Gedanken wurden in solchen Augenblicken klar, leicht, fast schwebend. Ja, sie sah und hörte genauer. Und vor allem, sie ließ sich Zeit mit ihren Reaktionen.

»Wie läuft's mit euch so?«

Was sollte man darauf antworten? Katharinas lächelndes Gesicht, dieser analysierende Blick, die Art, wie sie, die Beine übereinandergeschlagen, sich im Stuhl zurücklehnte und ihre Fragen abschoß. – Zum ersten Mal war Claudia klar, warum ihre Ehe mit Udo dazu verurteilt war zu scheitern: Katharina war kein Partner für einen Mann! Sie war es nie gewesen. Gefangen von dem Glauben an die eigene Überlegenheit, darin eingesperrt wie in einer Festung, blieb sie sich selbst genug. »Es läuft gut mit euch?« Natürlich lief es gut. Und selbstredend begleitete Katharina Gessner diese Auskunft auch mit einem zustimmend-erfreuten Kopfnikken, dem sie lediglich, ganz so, als handle es sich nicht um eine Liebesbeziehung, sondern um den Austausch eines defekten technischen Geräts, die Bemerkung hinterherschickte, wieso so eine Trennung immer mit Reibungen und Theater verbunden sein müsse. »Geht doch viel unkomplizierter.«

»Unkomplizierter?« hörte Claudia sich fragen.

»Na klar doch. Denk doch nach, Claudia: Was sind das für endlose Zermürbungsschlachten gewesen. Nicht nur zwischen Udo und mir. Meine ganze Erfahrung mit Männern lief immer auf das gleiche hinaus: Beleidigtsein, Vorwürfe, dann wieder irgendwelche hochkomplizierten Annäherungsversuche, ein Hickhack, ein schreckliches Hin und Her, bis man dann endlich bei einem oder einer anderen landet.«

»Aha?« sagte Claudia.

»Ja. Nimm uns beide. Vor zwei Jahren liebte er mich. Jetzt dich. Aber was dazwischen lag, dieses Chaos, dieses zur Schau getragene Christus-Getue – du lieber Gott!«

Ja, was gab's dazu zu sagen? Und jedesmal beim Thema »Katharina« pflegte Udo sich über den »grausamen Männerverschleiß« seiner Ex-Gattin zu erregen. »Grausam« war das wohl nicht, und »Verschleiß« war auch der falsche Ausdruck. Bei der Schnelligkeit, mit der Katharina Gessner ihre Partner wechselte, konnten Verschleißerscheinungen wohl kaum auftreten. Doch darin hatte sie wohl recht: Es blieb allein ihre Angelegenheit, ihre Philosophie. Die erörterte sie auch jetzt wieder. Sie lief darauf hinaus, daß die Menschen leider noch immer in dem naiven Irrtum gefangen seien, Liebe mit Besitz zu verwechseln.

Auch dazu nickte Claudia. Und lächelte. Aber froh war sie doch, als Udo jetzt, Angie im Gefolge und mit Tabletts beladen, Getränke und Kaffee anschleppte.

»Uff!« – sie deckten sogar den Tisch, kühl beobachtet von Katharina, die genüßlich an ihrer Zigarette zog.

Dann ließ sich Udo in den Sessel zurückfallen, streichelte Claudias Hand und strahlte Angie an: »Mensch, Angie! Weißt du, wie gut du aussiehst? Erzähl mal, wie geht's denn so in Hamburg? Hast du nette Freunde?«

»Jede Menge.«

»Ist ja prima.«

»Vielleicht«, meinte Angie und sog Orangensaft durch einen Strohhalm. »Aber eigentlich fehlst nur du. Weißt du: Du warst bis jetzt mein bester Papa.«

Daß die Erwachsenen in Gelächter ausbrachen, konnte Angie nicht verstehen: »Was ist denn daran so komisch?«

Ja, was eigentlich? dachte Claudia. – Und während die beiden Mediziner sich ausführlich über Katharinas Hamburger Erfahrungen und Erfolge unterhielten, stiegen in Claudia Bilder auf, Bilder aus der Vergangenheit: eine kleine, winzig-kleine Angie, die in tiefer Nacht die Tür ihres Zimmers öffnet, zu ihr unter die Bettdecke schlüpft, sich an sie drückt, zittert: »Du, warum sind die so? Warum müssen sie immer Krach haben?«

Oder Angies versteinertes Gesicht, als herauskam, daß sich Udo und Katharina trennen würden.

Angie, die in irgendeiner Gartenecke des prächtigen Gessner-Hauses den Hund umschlungen hielt, als sei er das einzige lebendige Wesen, zu dem man Vertrauen haben könnte...

Auch jetzt fragte sie wieder nach Molli. Nein: So schlüssig Katharinas Weisheiten auch klangen, überzeugen konnten sie nicht.

»Und wie steht's denn in der Villa?« erkundigte sie sich gerade leichthin. »Dein Vater und Christa, geht es ihnen gut?«

»Warum denn nicht?« Udos Gegenfrage kam mit einer solchen Schärfe, daß Claudia den Kopf hob: Was hatte er?

»Was hast du denn?« fragte auch Katharina süß und mild. »Das klingt ja gerade, als hätte ich einen wunden Punkt berührt.«

»Wieso denn wunden Punkt? Was willst du eigentlich wissen? Daß der Teufel los ist bei uns? Ist es eine Art Kompensation? Suchst du vielleicht für irgendwelche eigene Probleme eine Rechtfertigung im Verhalten der anderen? So was soll ja vorkommen.«

Für eine Sekunde war es still. Angie bekam wieder die runden, ängstlichen Augen, die Claudia so gut kannte.

»Udo!« bat sie leise.

»Laß ihn doch.«

Katharina Gessners Handbewegung sagte: Dies zumindest ist für mich vorbei und ausgestanden. Gott sei Dank! Wie sie sich nun erhob, um den Tisch herumging, um ihm leicht und begütigend die Hand auf die Schulter zu legen, das verdiente Bewunderung.

Ja, der alte Gessner-Stil! Claudia dachte es und fragte sich gleichzeitig, warum Udo dieses beleidigte Trotzgesicht aufgesetzt hatte, wieso er so heftig reagierte? Ja, warum? Weil ihre Frage, die vielleicht keinen Hintergedanken enthalten hatte, ihn an einer Stelle getroffen hatte, die schmerzte? Weil es tatsächlich um Christa und Klaus Brinkmann nicht zum allerbesten stand?

»Komm doch!« Nur ein Kind konnte auf eine so souveräne Weise die plötzliche Spannung beenden. Angie saß bereits auf Udos Schoß und zog an seinem Kragen: »Komm, Udo, du magst mich doch, oder? Und wenn du mich magst, dann bringst du mich jetzt zu Molli. Tust du das? – Bitte, Udo!«

*

»So wichtig wie alles fachliche Können, meine Herren, ist Ihr Instinkt, Ihre Intuition!« – Einer der Standardsätze, mit denen Klaus Brinkmann während seiner Lehrtätigkeit Studenten zu beeindrucken pflegte. Und keine Leerformel, bei Gott nicht – denn als er nun, nach diesem elenden Streßtag, der ihm nur Ärger gebracht hatte, endlich das Büro verließ, sagte ihm beim Anblick der kleinen, kompakten Gestalt der Oberschwester sein Instinkt: Die führt etwas im Schilde! Die hat es auf dich abgesehen.

Das Kinn war bereits vorgeschoben.

Nur mit Mühe gelang es Brinkmann, den Impuls zu unterdrücken, ins Büro zu flüchten und es von innen abzuschließen. Zu läppisch die Vorstellung, daß dann eine zu allem entschlossene Hildegard mit beiden Fäusten gegen das Holz trommelt – nein! Er entschloß sich zu einem müden, Distanz signalisierenden Lächeln.

»Was gibt's denn schon wieder, Hildegard?«

»Ach, Herr Professor ...«

»Ja?«

»Es ist nur so, weil ich Sie gerade sehe – und ich will ja auch keine großen Affären machen ...«

Also doch! Brinkmann lehnte sich ergeben an die Wand des Korridors. Früher war dies der Augenblick gewesen, in dem er in die Tasche griff, um sich eine seiner Verzweiflungszigaretten zu leisten. Jetzt war ihm selbst diese Möglichkeit genommen.

»Es handelt sich um den Herrn Dr. Schübel.«

»Aha?«

»Jawohl, Herr Professor!«

»Und was tut er, der Herr Dr. Schübel?«

Er sah, daß sie Mühe hatte, was sie bedrängte, in die klare, dienstliche Antwort zu pressen, die der Situation angemessen war. Sie nahm sogar die Brille ab. Doch dann hatte sie ihn wieder, den blitzblauen, sich gegen Chaos und Unheil stemmenden Preußen-Blick: »Es geht, wie soll ich es nennen, es geht um seine sittlichen Auffassungen ... Und es geht ferner darum, daß es für mich undenkbar ist, daß hier in einer Klinik, die dem Wohl der Kranken dienen soll, leitende Herren ihren ... nennen wir es Begierden nachgehen.«

»So? Begierden nachgehen? Könnten Sie das vielleicht etwas klarer formulieren?«

»Das kann ich! Sobald der Dr. Schübel eine Minute frei hat, wo ist er zu finden? Bei der Laborantin. Bei Anja!«

»Aha! – Und das stört Sie?«

»Das stört die Arbeit und gefährdet die Disziplin.«

»Haben Sie es ihm gesagt?«

»Ich? Dem Herrn Dr. Schübel? – Nein. Wieso auch? In meinen Augen ist das Ihre Sache, Herr Professor. Ich bin schließlich nicht befugt, einen Arzt – na ja, gewissermaßen in seine Schranken zu weisen.«

»Und der Laborantin, haben Sie es der gesagt?«

»Auch nicht. Auch Anja gegenüber bin ich schließlich nicht weisungsberechtigt.«

Wieder nickte Brinkmann, nickte mehrmals mit diesem Gefühl von Hilflosigkeit, das eine Folge der Erschöpfung sein konnte, vielleicht aber auch aus seiner Unfähigkeit erwuchs, sich in die rigide Vorstellungswelt einer Schwester Hildegard einzufühlen. Rigide? Im Grunde ist sie doch gar nicht so übel. Aber es kommt einfach über sie, bleibt stärker – und erwischt nun ausgerechnet ihn!

»Hildegard, Hildegardchen!« meinte er beschwörend.

»Sie wollen keine große Affäre machen. Aber wenn Sie es mir melden, dann machen Sie doch eine draus.«

»Nein, nein, das will ich ja nicht. Ich dachte nur... das mußte einfach raus. Ich dachte, daß ich mit Ihnen gewissermaßen von Mensch zu Mensch...«

»Schafft sie denn ihr Pensum nicht, die Anja?«

»Das schon. Nur...«

»Sehen Sie!« Er hatte genug, und der freundliche Chefton kostete Mühe: »Sehen Sie, Dr. Schübel schafft seines auch. Also ist alles in Ordnung, oder?«

»Meinen Sie wirklich?«

»Für mich, ja.«

»Na gut. Ich dachte nur, ich melde es rechtzeitig, wenn eine gewisse...« »Eine gewisse Disziplin meinen Sie doch, nicht wahr? Ja, sicher. – Guten Abend.«

*

Es war unerträglich...

Unerträglich unter jedem Gesichtspunkt. Christa konnte sich Argumente ausdenken, den Versuch unternehmen, sich zu besänftigen, sich sagen, daß dieser Abend mit Katharina und Angie am großen, festlich gedeckten Familientisch des Gasthofs »Auf der Höh'« nun wirklich nicht der Augenblick war, ein Ehe- oder gar Eifersuchtsdrama durchzuspielen – es half, es änderte nichts: Die Stimme der fremden Frau, die am Nachmittag angerufen hatte, blieb in ihrem Bewußtsein, die Worte wiederholten sich, als seien sie auf einem sich endlos drehenden Tonband gespeichert: »Guten Abend! Ich bin Maria Rotenburg. Könnte ich Klaus sprechen? – Ach, er ist nicht da? Ja, würden Sie ihm bitte ausrichten, er möchte mich zurückrufen. Meine Nummer hat er.«

Ihre Nummer hat er!

Sie hatte es noch nicht »ausgerichtet«. War dies der Zeitpunkt dazu? Ihr Blick glitt über den Tisch, über weißgrüne feuchtglänzende, dampfende Spargelberge, Mayonnaiseschüsselchen, Schinken, vorbei an den Gesichtern der anderen. Alle waren sie gekommen: Katharina, die kleine Angie, die mit rotem begeistertem Gesicht in ihren geliebten »Dampfnudle« herumstocherte, die sie sich so sehr gewünscht hatte, Claudia, Udo, Wolter und seine Ursula – fröhliche Gesichter, Vierteles-Gläser voll grünlich-gelb schimmerndem Müller-Thurgau vor sich – und ganz oben am Tischende der Patriarch: freudig, strahlend, die Sonne seiner Zuneigung gleichmäßig allen zugewandt, Klaus, der Familienmensch, den Kragen geöffnet, in taubengrauem Popelin, sich seiner Welt, seiner Familie und wahrscheinlich auch seiner Geliebten so sicher wie noch nie.

Christas Magen zog sich zusammen. Ihr wurde richtiggehend übel. Die ganze Zeit, trotz seiner forschenden Blicke, hatte sie kaum einen Bissen angerührt. Sie hatte gelächelt, »Prost« gesagt, zwei Gläser schon getrunken, der Alkohol stieg ihr warm und fordernd in den Kopf. Bis jetzt hatte sie durchgehalten, o ja – keiner sollte etwas merken, schon gar nicht Katharina. Das hatte sie sich vorgenommen.

»Würden Sie ihm bitte ausrichten, er möchte mich zurückrufen!«

Gerade diskutierte Klaus mit Frau Schäufele, der netten Wirtin des Gasthofs »Auf der Höh'«.

Christa schob den Stuhl zurück. Niemand beachtete sie, niemand ahnte, wie es um sie stand. Wie auch? dachte sie, als Klaus den Kopf wandte und sie mit einem freundlichen, vom vielen Essen und Trinken durchbluteten Gesicht ansah.

»Klaus!« hörte sie sich sagen. »Ich hab das beinahe vergessen: Du möchtest bitte eine Maria Rotenburg anrufen.«

Sie fühlte das Herz bis zum Hals schlagen. Sie zwang sich, ihn nicht anzustarren, und doch beobachtete sie mit jedem ihrer Sinne seine Reaktion.

Nichts. Nichts als ein strahlendes, völlig unbeeindrucktes, ja, unverfängliches Lächeln.

Und ein Nicken: »Ach ja, danke!«

Zu ihrem Platz ging Christa nicht zurück. Es überstieg ihre Kräfte. Sie verließ den großen getäfelten Raum mit der Balkendecke und dem langen Tisch durch die nächste Tür und trat hinaus auf die Terrasse. Kies knirschte unter ihren Sohlen. Von den Wiesen stieg der schwere, sanfte Duft frisch gemähten Grases herauf. Und so schwarz waren die Tannen. Tief, tief unter ihr, in ihrer Mulde, lag gleich einem Nest von Sternen die Stadt. Sie nahm den Anblick in sich auf.

So friedlich, so schön, mit sich in Harmonie schien diese Welt. Und so fest hatte sie darauf vertraut, daß sich daran nichts, aber auch gar nichts ändern würde.

Vielleicht war gerade dieser Glaube zu naiv gewesen. Hatte sie nicht wie hinter Mauern gelebt, eine Art seelischen Zaun errichtet und gehofft, er würde sie für alle Zeiten vor dem Einbruch von Gefahren schützen können? Die Welt bleibt, was sie ist, doch die inneren Dinge, Gefühle, der

Mechanismus einer menschlichen Entwicklung sind immer der Veränderung unterworfen.

Vielleicht war es Klaus, der dies zuerst empfunden hatte.

Sie hörte drüben die Türe schlagen, dann Schritte...

Sie spürte, daß es Klaus war. Sie drehte sich nicht um und nahm nicht die Hände von dem feuchtkühlen Eisenrohr des Terrassengeländers.

»Hallo!« Er legte ihr die Hand auf die Schulter. Sie fühlte, wie sich unter dieser unbegreiflichen Unbekümmertheit alle ihre Rückenmuskeln verstreiften.

»Na, hast du angerufen?« Sie sagte es, ohne ihn anzusehen.

»O nein. Heute nicht.«

»Heute bist du wohl nicht in Stimmung dazu? Oder woran liegt es? An der lieben Familie?«

»Ach, Christa...«

Der Druck war verschwunden. Er hatte die Hand weggenommen.

»Ja: Ach, Christa!« wiederholte sie und wunderte sich, wie gleichmütig ihre Stimme klang. »Arme Christa? – Heißt es das?«

Nun wandte sie doch den Kopf. Sie wollte ihn wenigstens ansehen, aus seinem Gesicht wollte sie lesen, wie weit seine Verstellung ging, wie weit er die Lüge hinter dieser ewigen Maske von Jovialität und überlegener Bonhomie zu verbergen vermochte.

Und sie dachte: Dies ist also die Stunde, in der deine Ehe in die Brüche geht?!

Sein Gesicht verschwamm im fahlen Sternenlicht.

»Maria Rotenburg? Hübscher Name, nicht? Wie sieht sie denn aus? Hat sie dir diese Cowboy-Platte geschenkt? Die mit der Widmung auf dem Cover?«

»Ja.«

»Sie war also deine... deine Geliebte?«

Und wieder dieses »Ja«.

Es kam leicht und mit der gleichen Unverfänglichkeit. Sie wußte nichts anzufangen mit diesem Ja. Sie hatte Erklärungen erwartet, die Einleitung eines Geständnisses – nicht diese brutale Silbe, die alles enthielt.

»Und das soll mir imponieren! Ich frage – und du gibst es sofort zu?! Du hast gar keine Probleme?«

»Womit? Daß ich dir direkt und offen antworte? Darf ich zu diesem Thema auch was sagen? Mir imponiert deine Geheimnistuerei mit Herbert Vollmers auch nicht.«

Es war wie ein Schock.

Sie riß den Kopf zurück und starrte ihn mit weit geöffneten Augen an. Sie konnte es nicht glauben. Was sagte er da? Hatte er denn noch immer nicht begriffen?

»Ist das dein Ernst?«

»Was soll mein Ernst sein? Daß du es für richtig hieltest, während ich mich in Amerika auszukurieren versuchte, nach einer Situation, die manche Männer wirklich umwirft, in diesen Tagen deinen alten Freund wieder bei dir aufzunehmen?«

»Was verstehst du unter aufzunehmen?«

»Ach, Christa!« Er schüttelte leicht den Kopf. »Was soll das? Wir sind erwachsene Menschen, nicht wahr? Und ich finde ...«

Was er fand, welche Überlegungen ihn zu der großartigen Erkenntnis gebracht hatte, daß sie mit Vollmers ein Verhältnis verband – ausgerechnet mit Vollmers! –, wurde Christa nicht klar. Drüben hatte sich die Tür schon wieder göffnet. Und nun drang die helle Stimme Angies vom erleuchteten Haus zu ihnen herüber.

»Opa!« schrie sie. »Opa! Tante Christa! Ich such euch schon die ganze Zeit. Ja, Herrgott, wo steckt ihr denn?«

*

Manchmal hatte Christa den Eindruck, als würde sie einer jener kunstvollen Figuren zusehen, die sich an alten Kirchenuhren nach dem unerbittlichen Rhythmus der Stunden um sich selbst drehen, um dann mit Glockengeläut wieder zu verschwinden: Die kleine Angie, die in den

Garten hereinstürmte. Die nonchalante Katharina, die noch immer mit irgendwelchen unglückseligen Mietern zu tun hatte und deshalb ihren Besuch um einen weiteren Tag verlängerte. – »Ja, natürlich kommen wir morgen zum Essen, wir freuen uns schon darauf!« – Klaus, Udo, Claudia, der Hund, Laura Michaelis, sie selbst natürlich – ja, sie selbst war auch eine dieser Figuren, die sich auf ihren Scheiben drehten!

Nur: Wie lange noch?

Sonntag.

Und die Aussicht auf eine neue Runde in diesem Theater, auf ein neues Familienessen.

Christas Magen zog sich zu einem Knoten zusammen. Nach dem gestrigen Abend hatte sie unter dem gequälten, duldsamen Blick von Klaus ihr Bett im Gästezimmer aufgeschlagen. – Heute? Heute würde sie sich beim Essen entschuldigen lassen. Mit gutem Grund. Keinen Bissen würde sie runterbringen. Bauchweh hatte sie, fühlte sich wie eine einzige Wundfläche.

Sie war im Garten. Die Tulpen, die so unersättlich, unerbittlich blühten, vermittelten keine Ruhe. Sie hatte die Gartenschürze umgebunden, die Füße steckten in Gummistiefeln. – Selbst das eine Maskerade! Nicht für ihn, für die anderen...

Warum ließ er sie nicht in Ruhe?

Was mußte er sie suchen? Sah er denn nicht, wie es um sie stand?

Klaus wirkte bedrückt. Er spazierte über Steinplatten, erzählte von Angie, die so einen Riesenspaß an dem kleinen Benni hätte, daß sie am liebsten hierbleiben würde. Und gekämmt und gewaschen hätte sie ihn auch. Und der Kleine ließe sich alles gefallen. Es wurde ihr schwer, das tastende Forschen zu ertragen, das in seinen Worten mitschwang. Sie wandte sich ab, nahm ihre kleine Hacke, begann sinnlos in der unschuldigen Erde zu wühlen und wünschte ihn, die ganze Brinkmann-Familie, zu der nun anscheinend auch wieder Katharina gehörte, auf den Mond.

Warum nur, um Himmels willen, ließ er sie nicht endlich allein! Sie schlug die Hacke mit einer grimmigen, endgültigen Bewegung in den Boden und richtete sich auf.

»Eines wollte ich dir noch sagen, und ich wäre dankbar, wenn du das endlich mal in deinen Kopf bekommen könntest: Ich habe niemals einen Grund gehabt, dir etwas zu verbergen. Und schon gar nicht im Zusammenhang mit Vollmers!«

Auch das schien ihn nicht zu erschüttern. Er lächelte zwar ungläubig, doch er lächelte: »Mag ja sein, Christa, vielleicht hattest du wirklich keinen Grund. Aber du hast es getan.«

»Was hab ich getan?«

»Es mir verschwiegen.«

»Was, verdammt noch mal, hätte ich dir verschweigen können? Ich versteh kein Wort.«

»Wirklich nicht, Christa? Als ich dich damals anrief aus San Franzisko, wer meldete sich da am Apparat? Doch Herbert Vollmers!«

Sie schaute verwirrt. Es war ein Witz! Ein schlechter Witz dazu. »Du also warst das? Ich erinnere mich. Ja, da war ein Anruf. Und er war bei mir. Er sagte: ›Wahrscheinlich eine falsche Verbindung. Ich habe pausenlos hallo gebrüllt, aber da war niemand.‹ Ja er war hier, um sich von mir zu verabschieden.«

»Ein ziemlich dramatischer Abschied, scheint mir.«

»Komm Klaus, lassen wir doch diese Töne. Ironie ist nun wirklich nicht am Platz. Er war hier.«

»Und hat seinen Pullover vergessen. In unserem Schlafzimmer.«

»Klaus! Ich ertrag das nicht länger. Pullover hin oder her, es ist nicht nur lächerlich, es ist geradezu geisteskrank, was du mir da vorwirfst. Und den Teufel werd ich tun, mich noch länger dafür zu rechtfertigen, daß ich einen gemeinsamen Freund empfange, der ins Auslang geht und sich abmelden will! Es ist doch alles völlig grotesk, merkst du das nicht?! Man könnte wirklich darüber lachen, wenn es nicht einen ganz anderen, einen ernsthaften Grund gäbe, warum du derartige Anschuldigungen vorbringst.«

Er schwieg. Er sah sie nur an. Er war unsicher geworden – soviel zumindest hatte sie erreicht. Doch was ging das sie an? Was scherten sie seine Gefühle?

»Diese ganze Vollmers-Geschichte, Klaus, die hast du dir nur aufgebaut, um vor dir selbst einen Grund, ein Alibi für deine Affäre mit dieser Frau zu haben, für deine romantischen Ausflüge ins – wie hieß das noch – Death Valley, ins Tal des Todes. Das ist es jetzt auch für mich!« Sie konnte sich nicht länger beherrschen, sie spürte, wie ihr nicht nur die Stimme, sondern auch die Kontrolle entglitt: »Für mich ist es wirklich das Tal des Todes!«

»Schrei doch nicht so. Katharina ist unten auf der Terrasse.«

»Ach nein? Und sie könnte uns hören? – Na und?«

»Christa, bitte! Du mußt doch auch meinen Standpunkt verstehen. Wir haben uns wirklich nichts vorzuwerfen. Du hattest ... nun, diese Beziehung. Und ich bin mal fremdgegangen.«

Sie atmete schwer. Sie betrachtete den Schmutz unter dem Nagel ihres Zeigefingers, die Erdkrümel, die sich am Fingeransatz gesammelt hatten. Sie wußte nicht weiter. Was gab es noch zu sagen? »Ich bin mal fremdgegangen ...!«

»Du meinst, so was passiert in den besten Familien, nicht wahr?«

»Wo auch immer. – Es ist vorbei, Christa! Vollmers ist ja auch in Afrika. Wir könnten doch vergessen. Vor allem: Deshalb brauchst du nicht so durchzudrehen. Jetzt versteh doch endlich! Das mit Maria wäre überhaupt nicht passiert, wenn Vollmers nicht bei dir gewesen wäre, als ich dich anrief. Und nach allem, was schon vorgefallen war ...«

»Was war denn vorgefallen?! Ja, Herrgott noch mal, ist ja nicht zu ertragen!«

»Nach allem jedenfalls habe ich vielleicht die falschen Schlüsse gezogen. Und daß Maria mich dann auf die Ranch ihres Onkels einlud ... Es ist manchmal so, daß sich eins ins andere fügt. Nur eines weiß ich ganz genau, und das kannst du mir auch abnehmen: Wenn Vollmers damals nicht am Telefon gewesen wäre, dann hätte diese ganze Amerika-Geschichte nicht stattgefunden. Und wenn ich dann nicht auch noch Zeuge eures rührenden Abschieds, dieser Umarmung vor der Klinik, gewesen wäre, hätte ich, das schwör ich dir, nie mehr versucht, mit Maria Verbindung aufzunehmen.«

Die Dinge fügen sich tatsächlich zusammen. Er fügt sie zusammen! Lückenlos. Sie schüttelte den Kopf.

»Was ist denn?«

»Was ist? Ich gratuliere dir. Herzlichen Glückwunsch zu deiner Urteilsverkündung: Ich bin schuld, nicht du! Denn ich hab mich natürlich so verhalten, daß du gar keine andere Wahl hattest, als mit dieser Maria im Wohnwagen herumzukutschieren und dir ihre Schönheiten und die der Vereinigten Staaten zu Gemüte zu führen. – Was siehst du mich so an? Du fragst dich, woher ich das weiß? Ist ja alles dokumentiert. Du hast es für die Nachwelt festgehalten. Auf Polaroid. Und ich war natürlich so kleinkariert, dir deine Aufnahmen wieder in die Tasche zurückzustecken. Ich schäm mich auch dafür. Ach, wenn du wüßtest, wie ich mich ...«

Sie brachte es nicht heraus, sie wußte auch nicht, was noch zu sagen wäre. Vor allem konnte sie gegen die Tränen nichts ausrichten, die in ihre Augen stiegen, und nichts gegen den Schmerz, der ihren Körper schüttelte, Schmerz – oder war es Zorn, hilfloser, blinder Zorn?

Er aber stand mit hängenden Schultern vor ihr. Ein Bild zum Erbarmen. Oder das Bild, das die meisten Männer in solchen Situationen abgeben, zumindest die Sorte Männer, die sensibel genug ist, außer Selbstmitleid auch noch einen Rest von Gefühl für die betrogene Ehefrau aufzubringen.

»Klaus!« Müde und erschöpft wischte sie sich mit dem Ärmel ihres Hemdes die Augen trocken. »Klaus, deine Wie-du-mir-so-ich-dir-Patentlösung mußt du dir aus dem Kopf schlagen. Wirklich. Tut mir leid ...«

Er kauerte sich neben sie hin, und einen Augenblick sah es aus, als wolle er sie in den Arm nehmen. Sie krümmte sich vor Schmerz. »Ich dachte immer«, hörte sie, »so etwas gibt es nur in schlechten Komödien.«

»Anscheinend hast du dich da getäuscht. Wie ist es: Wann kommen wir zum nächsten Akt? Hast du sie angerufen? Warum lädst du sie nicht hierher ein? Laura arbeitet schon den ganzen Mittag. Auf einen Gast mehr oder weniger kommt's heute auch nicht an.«

»Du bist geschmacklos.«

»Ja. Aber ich habe dieses Stück nicht inszeniert.«

»Und was erwartest du jetzt?«

Der Blick! Sein Mund. Die Schmerzensfalten auf der Stirn, die flehenden Augen. Was wollte er noch? Daß sie ihn streichelte? Und was trieb sie an, immer weiterzureden, zu reden wie unter einem Zwang, den sie selbst haßte und den sie dennoch nicht zu töten vermochte. Eine Komödie! Er hatte ja recht. Aber sie sprach, diese fremde Christa mit der leisen, fremden, gepreßten Stimme sprach weiter: »Was willst du von mir? Daß ich um dich kämpfe! Das ist es doch, nicht wahr? Betrogene Ehefrauen beginnen zu kämpfen. Sie kämpfen mit den Waffen einer Frau oder wie das heißt. Und was für Waffen hat eine Frau? Weißt du das? Darf sie sich einen eigenen Willen leisten? Hat sie Stolz, Selbstachtung? – Nee! Das ist in diesem Haus nicht gefragt. Auf solche Gedanken können höchstens zickige Emanzen kommen. Was Hübscheres gefällig? Die solide Gattin aus dem Schwarzwald. Blöde wie sie ist, hat sie gefälligst auf ihre Reize zu setzen. Das heißt, falls sie bei der ewigen Schufterei, die man von ihr erwartet, noch Nennenswertes vorweisen kann. Und noch was...«

»Bitte, Christa! Ich halt das nicht aus.«

»Ach nein? Du tust mir auch so leid! Und ich habe Verständnis. Also bitte, komm mir ein bißchen entgegen: Erklär mir mal, was sie hat und was ich nicht habe. Soviel mindestens kann ich doch verlangen. Ich möchte mich doch anstrengen. Ich muß doch gleichziehen, wenn ich dich zurückerobern will.«

Ja, sie sprach. Sie redete Unsinn. Aus ihr kamen Dinge, die sie gar nicht sagen wollte. Und sie sagte sie dennoch. Sie sagte auch den entscheidenden Satz.

»Aber was ist, wenn ich den Mann, der eine andere liebt, nicht behalten will?«

»Ist das dein Ernst?«

Sie lachte: »Und ob! – Hättest du eine andere Lösung?«

Er zupfte ein Blatt ab und warf es fort: »Das klingt ja beinahe, als wäre dir nichts lieber, als mich so bald wie möglich loszuwerden?«

Und wieder dieser Blick. Gott sei Dank, dieses Mal hatte sie darauf nichts als Schweigen. Und sie schwieg auch, als seine leise, beschwörende Stimme ihr vor Augen zu führen versuchte, was alles auf dem Spiel stand: das Kind, die Zukunft des Kindes, die Verantwortung gegenüber der Klinik, ihr Glück, die Erinnerungen ihrer Gemeinsamkeit, die Zukunft – es war so viel, und dennoch, nichts konnte sie erreichen...

*

Es war stets das gleiche Bild, das Udo im Bewußtsein trug: die blassen Lippen, das tapfere Lächeln darauf. Und die Haare, die sich wie die Schwingen eines Vogels über der Stirne teilten. Darunter ihre Augen, braun, vom Fieber glänzend, traurig – manchmal auch schuldbewußt, so als fehlten Claudia die Worte, ein Versagen zu erklären.

Das war das schlimmste.

Er rannte die Treppe hoch und stieß die Haustür auf: »Claudia! He, Claudia...«

Im Haus blieb es still. Die Uhr tickte. Er fühlte, wie der dunkle Strom der Angst von seinem Herzen hoch zum Hals stieg. Die Zeitungen, die er ihr mitgebracht hatte, warf er auf den Tisch im Eßzimmer. Claudia? – Er wollte hinüber ins Schlafzimmer. Vielleicht war sie auf der Terrasse? Die Sonne schien.

Und da war sie auch.

Udo hatte die Hand auf dem Fenstergriff. Er öffnete nicht. Er beugte sich nach vorne. Sein Lächeln wollte sich nur zögernd einstellen. Es war auch zu unglaublich. Du lieber Gott! Was machst du dich bloß immer verrückt? Sieh sie dir an! Gibt's doch nicht...

Was es nicht gab, weil es das eigentlich auch gar nicht geben durfte, war eine Claudia in einem zitronenfarbenen ärmellosen Sommerkleid, eine Claudia, die auf dem runden Gartentisch einen Strauß aquamarinfarbener Malven ordnete, den sie zuvor im Garten gepflückt haben mußte. Geschirr blitzte, die Teller mit dem Goldrand, spitze Sektkelche.

In der Mitte des Tisches konnte Udo ein kreisrundes Tablett erkennen. Und darauf, pyramidenförmig: Wurst. Delikatessen. Käse. Drumherum Salate. Und wenn ihn nicht alles täuschte, war da noch...

Tatsächlich, sie hatte eine Flasche Champagner in der Hand!

Und da begann Udo Brinkmann zu laufen, war richtig außer Atem, als er die Terrasse erreichte und sie in den Arm riß. Kein Wort bekam er heraus. Wie auch? Wenn ihm die Luft wegblieb.

»He, he!« Sie lachte ihn an. Lachte tatsächlich.

»Was ist eigentlich los?« flüsterte er erstickt. »Hab ich Geburtstag?«

»Nein. Schon eher ich. Bei mir ist's die Remission.«

»Die Remission?«

»Ist doch so ein schönes Wort. Du meinst, schlimmer kann's nicht kommen, und dann – flutsch. Du stehst auf, läuft alles prima, fühlst dich plötzlich wie neu. Und so ging's mir heute nachmittag. Wie neu habe ich mich gefühlt! Da dachte ich mir, teste es mal durch, ob es stimmt. Und es stimmte, Udo! Stell dir vor, ich bin mit dem Moped bis runter in die Stadt gefahren. Und dann habe ich eingekauft.

Und als ich schon mal soweit war, als ich mich zum Lachs entschloß und all diesem Salatzeug, dachte ich, ja nun fehlt noch eine Flasche Champagner.«

»Und hier ist sie«, sagte er andächtig und küßte sie auf die Haare.

»Und hier ist sie!« wiederholte Claudia und hielt die Flasche hoch. »Jawohl! Und wenn du willst, kriegst du auch noch 'nen Handstand. Oder 'nen Purzelbaum oder sonstwas Turnerisches.«

»Will ich aber nicht.» Sein Mund war ganz trocken. Er hatte das Gefühl, jetzt sehr, sehr zärtlich mit ihr sein zu müssen, vorsichtig, wie man mit einem wunderschönen, aber äußerst zerbrechlichen Kunstwerk aus Glas umzugehen hat. »Wirklich nicht. Ich hätte da ein paar andere Ideen . . .«

»Zum Beispiel?«

»Zum Beispiel das!« Er hauchte ihr einen Kuß auf den Mund. »Als Aperitif sozusagen. Und als Hauptgericht dann . . .«

»Das haben wir hier!« In Claudias Augen war nichts als Zärtlichkeit. Die Wangen leuchteten rosig. Kein Make-up, dachte er. Echt. Himmelherrgott noch mal: echt! – »Remission?« Sie hat sich in das falsche Wort verliebt. Eine Remission ist das kurzfristige, vorübergehende Abklingen eines Krankheitszustandes. Und meist fühlen sich die Patienten dabei auch nur subjektiv besser. Ich werde den Teufel tun, ihr das zu sagen. Und es darf keine Remission sein. Es geht aufwärts! Muß es einfach . . .

»Was guckst du so? Du wolltest mir doch was sagen?«

»Natürlich wollte ich. Aber ich fange erst gar nicht damit an. Und weißt du, warum?«

»Warum?« Sie beugte sich nach vorne über den Tisch und berührte seine Stirn mit ihrer.

»Weil das eine Drei-Stunden-Ansprache werden würde, das heißt also bis in die Nacht. So 'ne Art Laudatio, ein Gesang, eine Hymne, was weiß ich.«

»Jetzt hör mit dem Spinnen auf!«

»Sofort. Wenn du das Glas endlich vollschenkst.«

Das tat sie auch. Und er drehte es in der Hand, ganz langsam, sehr vorsichtig zwischen Daumen und Zeigefinger und beobachtete das Spiel der tausend winzigen hellen Pünktchen im Kelch.

Dann hob er es hoch: »Auf uns, Claudia! Auf diesen Glückstag...«

*

Weißes, steifes Leinen. Eine weiße, steife Seele. Und die Denkart entsprechend. Doch irgendwo unter so viel beruflicher Selbstdarstellung klopft ein Herz, bleibt der Mensch – und damit auch das Menschliche. Bei Oberschwester Hildegard verhielt es sich nicht anders.

Warum nicht fair sein? Zwanzig Jahre nun hatte Schwester Hildegard sich bemüht, den Forderungen ihres Amtes mit Tatkraft und Würde gerecht zu werden. Sollte man ihr im Ernst verdenken, daß sie nun auch ein wenig die unterhaltsamen Seiten in den Vordergrund rücken wollte? »Ist das hier nicht so, als würden wir manchmal im Theater sitzen?« Die Oberschwester dachte es nicht nur, sie sagte es. Und hatte auch recht: Ein Gesellschaftsstück! Intrigen gehörten dazu. Die Freude am Klatsch und Tratsch. Und was diese Mischung noch erregender machte: Im langen Dr. Schübel fand sie einen begeisterten und sachkundigen Zuhörer.

»Manche Frauen sind schon wirklich unglaublich!«

Oberschwester Hildegard rührte in ihrem Tee. Scheußlich! Auch noch bitter. So stand sie auf und nahm die Büchse mit dem Kandiszucker vom Regal. »Oberschwester« stand mit Kugelschreiber auf dem rosafarbenen Leukoplaststreifen vermerkt, der den runden Bauch der Büchse zierte. »Wollen Sie auch ein bißchen? Schmeckt so viel besser.«

»Ich bitte darum.«

»Ja, wenn ich an den armen Dr. Wolter denke, hmmm... Der kann einem wirklich leid tun.«

»Manche Frauen«, sagte Schübel weise, »sind halt nichts als Frauen. Das sind sie aber dann hundertprozentig. Und so ist's auch hier.«

»Hm«, meinte Hildegard irritiert. »Hundertprozentig, ha? Die kleine Anja unten im Labor gehört wahrscheinlich auch dazu?« Sie hatte Mühe, ihr Kichern zu unterdrücken: »Hundertprozentig!«

»Lassen wir doch die Anja«, erwiderte Schübel. »Das hat damit nun wirklich nichts zu tun.«

»Damit?« In Hildegards Augen spiegelte sich wieder das Unglück des »armen Dr. Wolter«.

Schübel rieb sich das lange, wie immer etwas unrasierte, mit rötlichen Stoppeln übersäte Kinn. Auch die Augenränder waren rot. Er wirkte übernächtigt, aber das Thema hielt ihn wach.

»Ja, der Dicke... Hat sich schon ziemlich verändert seit der Ehe, nicht? Da haben Sie recht, Oberschwester. Ist ja ein guter Kerl. Und als Anästhesist, da steht er seinen Mann. Aber ob dann auch im Bett seiner Ursula etwas...«

»Werden Sie bloß nicht obszön, Doktor!«

»Obszön? Das nenn ich eine rein sachliche Überlegung«, grinste Schübel.

Das hörte die Oberschwester nicht.

Jeder Mensch, zumindest die Mehrzahl von uns, entwikkelt im Laufe des Berufslebens gewisse spezifische Eigenschaften, die Arbeit, Position oder Fortkommen erleichtern. Bei Schwester Hildegard war dies ein bereits paranormal zu nennender Instinkt: Im richtigen Augenblick an der einzig richtigen Stelle zu sein, dort nämlich, wo man hören oder beobachten konnte, was andere bewegt, darauf kam's an!

Auch diesmal.

Sie war aufgestanden, hatte sich unwillkürlich auf Zehenspitzen dem Fenster des Aufenthaltsraums genähert und die Flügel aufgeschoben. Was war zu sehen? Nun, etwas im Grunde durchaus Normales: Zwei zufriedene Menschen in einem flunderflachen, offenen, feuerwehrrot blinkenden japanischen Sportwagen. Der kam gerade mit sattem Brummen vor der Kliniktür zum Stehen.

Hildegard drehte den Kopf. Sie warf Dr. Schübel ein Verschwörerblinzeln zu.

Nun sahen sie's beide.

Sie sahen, wie ein in elegantes holunderfarbenes Popelin gehüllter Wolter sich über seine Frau beugte, ihr zärtlich das Kinn hob, um ihr einen langen Kuß zu geben. Sie sahen, wie sie etwas erstickt unter ihm wieder auftauchte und die Locken schüttelte. Wie der Holunder-Wolter dann ausstieg, betont beschwingt und sich wohl auch unsichtbarer Blicke gegenwärtig, die Tür des Sportwagens zuschmetterte, mit der rechten Hand den Jackenstoff überm Bauch zurechtzog und dabei den Kopf wandte, um mit einem strahlendverklärten Lächeln dem roten Wagen nachzuwinken, der wieder der Straße zurollte.

Dann aber – ja, dann marschierte Wolter mit erhobenem Kopf den Stufen entgegen. Ein Mann, der alles besaß, was man sich erträumen kann. Ein glücklicher Mann!

»Schon beeindruckend ...«, flüsterte Schübel.

»Also wenn Sie mich fragen, ich finde ihn eher bemitleidenswert«, kam es unbarmherzig aus Hildegards schmalem Mund zurück.

Beide lächelten sich an, um dabei festzustellen, daß sie nicht mehr allein waren. Mischa stand hinter ihnen. Und nicht nur er, Udo, Elke, selbst der junge und wie immer ziemlich schweigsame Ackermann hatten sich am Fenster eingefunden, bildeten eine Art staunenden Halbkreis.

»Muß Liebe schön sein!« seufzte Schübel.

»Woher wollen Sie das denn wissen?« fragte Mischa.

»Ja eben.« Nun zeigte Schwester Hildegard, wieviel sie in letzter Zeit dazugelernt hatte. Sie grinste Udo an, setzte ihre Brille auf der Nase zurecht und sagte dann: »Das kann nur unser Udo wissen!«

»Was?« staunte der.

»Ja. Aber an seine frühkindlichen Eroberungen will er sich ja nicht mehr erinnern.«

»Also einen Humor habt ihr heute«, schluckte Udo.

»Ich glaube, den hat unser Dr. Wolter.« Schübel konnte es nicht lassen. »Wenn man daran denkt...«

»An was denkt?«

Schübel druckste herum.

»Na los, Schübel! Jetzt reden Sie schon. Wer A sagt, muß auch B sagen.«

Schübel zuckte ruckartig wie eine mechanische Puppe mit den Schultern: »Bei B, würde ich meinen, handelt es sich um gewisse hormonelle oder libidinöse Probleme.«

»Ihre wohl?«

Das konnte einen Schübel nicht erschüttern. »Meine? Wieso? Nein, Ursulas. Die Dame mit den stadtbekannten großen Hüten bewegt sich schließlich in Modekreisen. Und da gibt's schicke junge Typen. Und einer dieser schicken jungen Typen wiederum, ein Mailänder auch noch, wie mir zu Ohren kam...«

»Jetzt hören Sie mal!« Langsam geriet Udo in Fahrt. »Hören Sie zu, Sie Libido-Akrobat: Sie haben gerade Grund, Ihre Klappe...«

Das mit der Klappe brachte er nicht mehr heraus. Auf dem Gang hackten eilige, beschwingte Schritte, kamen näher – und da stand er nun. Noch immer ein rosiges Strahlen von Unschuld und Freundlichkeit im Gesicht.

»Einen recht schönen guten Morgen allesamt!«

Der junge Ackermann, sein Assistent, war der einzige, der sich zu einem »Guten Morgen, Herr Dr. Wolter« aufraffen konnte.

Wolter blickte verwundert in die Runde.

»Was ist denn mit euch?«

»Ach, nichts«, sagte Schübel.

»Was habt ihr eigentlich?«

Udo war der erste, der sich zu einem klaren Satz durchrang: »Ach, weißt du, Wolter! Es ist nun mal so: Die Leute halten sich für besonders komisch, wenn sie ihre Witze auf Kosten der anderen reißen. Hast du das noch nie bemerkt?«

Es tat beinahe weh, so viel Unschuld in den blauen, etwas vorquellenden Augen zu begegnen.

»So? Soll ich mich da betroffen fühlen?«

Dann ein kummervolles Kopfschütteln: »Also ich glaube, ihr seid heute alle bescheuert...«

*

Das Unglaubliche war: Die Dinge standen alle an ihrem Platz. Ungerührt und unberührt, sich ihrer selbst sicher.

Die kleine Eckkonsole mit dem weißen Porzellanschwan. Flügel und Kopf waren abzunehmen. Christa brachte ihre Haarklemmen darin unter. Ja, und der Biedermeiersekretär in der Ecke des Schlafzimmers, an dem sie noch nie geschrieben hatte. Die beiden chintzbezogenen Sessel. Der »stumme Diener«, dessen runde Wölbung darauf zu warten schien, daß Klaus seine Jacke daraufhängte.

Und das Bett natürlich. – Das vor allem.

Sie öffnete die Schranktür mit den Wäschefächern. In der zweiten Reihe, fein säuberlich von der Michaelis aufgestapelt, lagen die Leintücher und Überzüge für das Gästebett am Ende des Ganges. Christa griff in den Stapel, legte sich das Leinen über den Unterarm – und als sie sich umdrehte, sah sie ihn dort stehen. Ihn – Klaus! Ein Klaus, der ihr mit einemmal sehr groß und ziemlich fremd vorkam. Er hatte bereits begriffen. Das zumindest stand fest. Das sagte ihr auch die jähe himbeerrote Farbe, die auf seiner Stirn aufblühte, und der halb ungläubige, halb erstarrte Blick seiner zusammengezogenen Augen.

»So was gibt's doch eigentlich nur im Theater«, hörte sie ihn.

»Anscheinend gibt's das auch in Wirklichkeit.«

Er machte einen unsicheren halben Schritt. Die Stirn mit den hochgezogenen dunklen Brauen wirkte wie zerklüftet.

»Christa, jetzt hör doch! Wir haben noch Katharina und Angie hier... Und es kann ja auch sein, daß Udo und Claudia kommen. Und dann...«

»Und dann – was? Was, Klaus?«

Ihre rechte Hand strich das oberste Wäschestück glatt: »Wieso sagst du Udo denn nicht, was los ist? Das ist dir wohl unangenehm? Aber was würdest du zum Beispiel machen, wenn Maria plötzlich vor der Tür stehen und sagen würde: Schätzchen, warum hast du bloß nicht zurückgerufen?«

»Sag mal, spinnst du?«

»Ich? Wirklich? – Die Frau ist doch ziemlich spontan und unkompliziert. So scheint es wenigstens. Wieso rufst du sie nicht endlich zurück?«

Worte. Einfach Worte. Sie kamen von irgendwoher, nein, nicht von irgendwoher, aus irgendeiner Tiefe, die man selbst nicht kennt.

»Du willst also woanders schlafen?« fragte er. »Sind wir soweit?«

»Nein. Ich werde zwar ins Gästezimmer gehen, aber weiter sind wir noch nicht. Genau besehen sind wir noch immer am selben Punkt.«

»Na gut. Und ich finde, auch eine solche Krise kann man mit Besonnenheit und ein wenig Würde meistern.«

»Natürlich!« Sie lachte. »Erst jemanden auf die glühende Herdplatte setzen und dann Würde und Besonnenheit erwarten!«

Nun versuchte er doch die Distanz zwischen ihnen zu überwinden. Auf die gleiche so rettungslos unbeholfene Weise, mit dem gleichen vorwurfsvollen Ausdruck eines zu Unrecht bestraften Jungen, eine Hand sogar beschwörend hochgehoben, so kam er auf sie zu.

»Christa! Du mußt eines wissen: Ich kann, ich will dich nicht verlieren.«

Sie ging an ihm vorbei, aber dann blieb sie doch stehen. Jetzt sah sie ihn an. »Weißt du was?« sagte Christa. »Das glaube ich dir sogar.«

*

Er will nicht. Er kann nicht...

Und wie auch?

Ja, wie denn eigentlich?

Er hatte sie während des ganzen Operationsgeschehens beobachtet, die Hände, wie sie das Skalpell führten, ligierten, dann den Duktus mit einer Kanüle intubierten, methodisch, ohne jede Unsicherheit, auch den Streifen Gesicht, den die Maske freigab und der von den Augen beherrscht wurde: Christa! Und Herrgott, sie kann's wirklich! Es war eine Cholezystektomie, eine Entfernung der Gallenblase, keine besonders schwierige Operation, die aber doch wegen der Präzision, die sie erforderte, und vor allem auch wegen der Komplikationen, die auftreten konnten, wenn die von den Steinen beschädigten Gallenwege nicht freigehalten wurden, ein großes Maß an Sicherheit verlangte.

Und sie machte es tadellos.

Als sie draußen, vor dem Becken nebeneinanderstehend, sich die Hände wuschen, erkannte sie seinen Stolz – nicht allein im Lächeln, das er ihr zuwarf. Sie empfand ihn wie eine körperliche Berührung. Aber das schlimmste war, sie konnte sich nicht darüber freuen.

»Mensch, Christa, siehst du... In Zukunft kannst du's allein.«

Sie nickte nur. Doch gleich meldeten sich Zweifel, ihre eigene ewige verdammte Unsicherheit: »Meinst du das im Ernst?«

»Ja. Und noch was: Bei Breeken hast du 'ne Menge gelernt.«

»Bei dir auch.« Sie mußte es sagen, das zumindest.

»Danke.«

»Chirurgisch!« fügte Christa hinzu.

*

Nichts zu machen!

Brinkmann konnte es ablehnen, als Zumutung, ja, weiteren Frontalangriff auf sein von eigenen Problemen wundgeriebenes Seelenleben mißachten: Unerbittlich wurde auch er ins Tratsch- und Gerüchte-Karussell der Klinik einbezogen.

Daß es soweit kommen mußte, wem war es zuzuschreiben? – Wem schon? Schübel natürlich...

Guter Operateur hin oder her, Schübel begann ihm auf die Nerven zu gehen. Natürlich ließ sich Brinkmann das nicht anmerken. Und als eines Nachmittags im Büro die Lena Meis ihn am Ärmel zupfte, zum Fenster zog und mit einer leichten Linksbewegung des Kinns in den Garten hinunter deutete, wo der schlaksige Oberarzt wieder mal mit der kleinen Anja aus dem Labor flirtete, übte er sich in kühler Distanz.

Die Meis merkte das gar nicht. »Soll ich ihn da wegholen, Herr Professor?«

»Und warum?«

»Na ja, ich finde – ich meine, wir alle finden, er übertreibt's langsam.«

»So? Wieso denn? Es ist seine Mittagspause. Wollen Sie ihm Vorschriften machen, zu wem er sich auf die Bank zu setzen hat?«

»Vorschriften, Herr Professor? Es geht doch nicht darum. Aber so viele zur selben Zeit... Und schließlich, er ist...«

»Sie wissen wohl alles?«

Die Lena Meis errötete bis unter die wohlgeordneten Löckchen. Daß der Professor mit ihr nicht einverstanden war, traf sie unter normalen Umständen bis in die Tiefen ihres Herzens. Aber die normalen Umstände hatten nach Lenas Ansicht längst aufgehört zu existieren. Wenn jetzt auch noch der Professor und seine Frau sich aus dem Wege gingen... Darüber durfte sie gar nicht nachdenken. Was Schübel jedoch betraf, hatte sie nicht nur eine Karte, einen ganzen Packen von Trümpfen hatte sie in der Hand.

»Alles weiß ich nicht, Herr Professor. Und alles interessiert mich auch nicht. Und ich will auch gar nicht davon anfangen, daß zum Beispiel die Frau von Dr. Wolter...«

»Wie bitte?«

Jetzt war Lena Meis nicht mehr zu bremsen. Sie erwiderte

den mahnenden Blick des Chefs mit Freimut: »Na ja, daß sie ihm ziemlich auf der Nase rumtanzt und einen Italiener als Freund hat! Aber beim Schübel, da geht's nun wirklich rund.«

»Rund? Wieso?«

»Na, an die Karla Simmet, den großen Patientenflirt vom Herrn Dr. Schübel, erinnert sich doch jeder hier im Haus. Nun schreibt sie auch noch Briefe.«

Wirklich, es war nicht mehr auszuhalten. Brinkmann schluckte. Aber auch diese Schluckbewegung brachte das feine Sirren in seinen Ohren nicht zum Verstummen. Waren sie denn hier alle verrückt geworden?!

»Liebe Frau Meis!« Er hatte Mühe, seiner Stimme die gleichmäßige Tonlage zu verleihen, die er in solchen Situationen schätzte: »Liebe Frau Meis, Sie wissen, wie sehr ich Ihre Dienste begrüße. Und nicht nur die Dienste, auch Ihren vorzüglichen Kaffee und die frischen Blumen, die Sie mir immer hinstellen. Aber derart, wie hier Schlüsse gezogen werden. Und ...«

Und dann war es soweit. Dann platzte Brinkmann der Kragen: »Ja, Himmelherrgott, wovon reden Sie eigentlich? Und was heißt hier Briefe?«

Diesmal zuckte die Meis zusammen. Ihre Unterlippe hing nach vorne. Fehlte nur noch, daß sie zu zittern begann wie immer, wenn sie ihr beleidigtes Innenleben mit einem Sturzbach von Tränen dokumentierte. Aber sie beließ es beim Unterlippenzittern. Tränen gab's keine. Statt dessen einen blank herausfordernden Blick: »Kann ich was dafür, wenn Sie den Brief nicht lesen? Ich habe ihn Ihnen heute morgen schon reingegeben. Und wo finde ich ihn wieder? In der Ablage.«

»Welchen Brief, Himmelarsch?«

»Ja, schreien Sie nur!« Sie griff zwischen den Papierstapel auf ihrem Schreibtisch. »Bin ich ja gewöhnt.« Und da hatte er ihn, den Brief: ein rechteckiges Kuvert in vornehmem Altrosa.

Er nahm ihn in die Hand, suchte nach Worten und fand

sie auch: »Ihre Art, Schlußfolgerungen zu ziehen, Lena, muß ich trotzdem beanstanden. In diesem Haus wird in letzter Zeit derart viel geklatscht und intrigiert, daß ich noch ...«

Was er sonst noch an Maßnahmen anzukündigen hatte, schenkte sich Brinkmann. Er stürmte in sein Zimmer und knallte die Tür hinter sich zu. Drei Minuten später jedoch brachte der Lautsprecher Lena Meis die Stimme des Chefs zurück: »Rufen Sie mir sofort den Dr. Schübel!«

Und sieben Minuten später wiederum baute sich ein munterer, äußerst zufrieden wirkender Schübel vor Brinkmanns Schreibtisch auf.

»Sie wollten mit mir sprechen, Herr Professor?«

Brinkmann seufzte, nickte, lehnte sich im Sessel zurück und verschränkte beide Hände über der Brust. Langsam tat er das und mit Bedacht. Entspannen, darauf kam es an, Ruhe bewahren, die innere Harmonie wiederherstellen, auch wenn's noch so schwerfiel, jene Gelassenheit, derer es bedurfte, um in das Scheiß-Chaos so etwas wie Ruhe reinzubringen.

»Herr Schübel«, begann Brinkmann, »ich habe einen Brief von Frau Simmet bekommen. An eine Frau Simmet werden Sie sich ja wohl erinnern?«

»Und ob!« zwinkerte Schübel vergnügt. »Hoffentlich mosert sie nicht schon wieder an irgendwas rum. Der sieht's glatt ähnlich, daß sie mit Behandlungsfehlern kommt.«

»Ja? Damit kommt sie auch. Allerdings keine medizinischen. Und sie kommt auch nicht mir damit, sondern Ihnen ganz persönlich, Herr Schübel. Sie schreibt den Brief an mich, weil sie es unerhört findet, daß Sie ihre Briefe nicht beantworten, sich am Telefon verleugnen lassen und auch noch gewisse Verabredungen nicht einhalten – was immer unter gewissen Verabredungen zu verstehen ist ...«

Mit Schübels heiterer Laune war's vorbei. Die Frohnatur schrumpfte. Die Nase schien immer länger zu werden, der Blick etwas trübe. »Hören Sie, Herr Professor, ist das Ihr

Ernst? Also ich weiß nicht, was ich dazu sagen soll. Mir fällt nur eins ein: Lächerlich ist das, absolut lächerlich! Also manche Frauen haben vielleicht eine Einbildungskraft…«

Brinkmann nickte: »Mag sein. Aber die interessiert mich nicht. Und wenn ich noch etwas dazu sagen kann: Ihr Lebenswandel ist Ihre Sache. Ausschließlich Ihre Angelegenheit, Herr Kollege! Nur eines – und das möchte ich, daß Sie es sich hinter die Ohren schreiben: Ich will damit nicht belästigt werden.«

Schübel nickte. »Das versteh ich, Herr Professor.«

»So?«

Brinkmann nahm mit einer heftigen Bewegung das altrosa Kuvert von seiner Schreibtischplatte und streckte es hoch in die Luft: »Ich glaube nicht, daß Sie mich verstehen. Wissen Sie, was da drinsteht?«

Schübel schluckte.

»Diese Dame hat Ihnen Geschenke im Wert von, Moment mal… Quatsch, was brauch ich's nachzusehen! Ich hab's sogar im Kopf: Geschenke im Wert von zweitausendvierhundert Mark gemacht. Und zwar goldene Manschettenknöpfe, Augenblick…«

Nun riß er den Brief heraus und beugte sich über die in lilafarbener Tinte gehaltenen, feingestochenen Lettern der Karla Simmet: »Ja, goldene Manschettenknöpfe. Eine brillantenbesetzte Krawattennadel. Und die ganzen anderen Kleinigkeiten, die mir zu blöde sind aufzuzählen. Und warum hat sie all diese Geschenke gemacht? Unter dem Eindruck Ihres Eheversprechens.«

»Meines was? – Eheversprechen?! Ich?«

»Genau. Schreibt sie. – Hier!«

Brinkmann reichte einem bleich gewordenen Schübel den Brief und lehnte sich wieder in seinem Sessel zurück.

Schübel hatte sich inzwischen gesetzt. Vermutlich, weil ihn die Beine nicht mehr länger trugen. So zumindest sah er aus. Und wieder schluckte er: »Mein Gott…«, flüsterte er, und seine Stimme klang wie das Rascheln trockenen Laubs. »Ich habe ihr doch nur gesagt – ich meine, ich hab gesagt, daß ich von meiner Frau getrennt lebe. Das will ich ja gar nicht bestreiten. Stimmt ja auch. Meine Frau lebt mit den Kindern in Flensburg, wie Sie wissen, Herr Professor. Und ich hier. Aber daraus gleich zu schließen...«

»Was denn?« Mitleidlos studierte Brinkmann das Häufchen Elend in seinem Besuchersessel. »Daß Sie zu ihr ziehen? Oder daß sie hierherkommt?«

»Davon hat doch sie geredet, nicht ich.«

Brinkmann schloß die Augen. Chaos! dachte er wieder. Heiliger Gesangverein, das totale Chaos nicht nur im Haus, sondern auch noch im Kopf meines besten Operateurs! Was wird aus dieser Menschheit noch werden, wenn sie solche Ärzte hat? Er riß sich zusammen: »Schicken Sie ihr das Geld zurück, Schübel!«

»Jawohl, Herr Professor.«

»Jawohl, Herr Professor... Mensch, schauen Sie mich doch an! Sind Sie sich nicht im klaren, in welcher Lage Sie da stecken? Die schleppt Sie doch sonst vor den Kadi. Und dann sieht's schlecht für Sie aus. Und für die Klinik. Patienten sind doch...«, er räusperte sich, suchte nach dem passenden Ausdruck. »Patientinnen sind doch kein erotisches Freiwild, Schübel! Wissen Sie, was das bedeutet, wenn's zum Prozeß kommt? Das kostet Sie dann auch hier bei uns die Stellung.«

»Ich weiß«, versicherte Schübel fromm. »Und ich habe auch verstanden. Ich überweise das Geld.«

Noch ein letzter Blick. Mehr ist hier nicht zu machen, das sah Brinkmann. Im Moment wenigstens nicht. Aber er wird dem Kerl jedesmal auf die Finger klopfen, wenn er wieder solchen Mist baut. »Na gut, Schübel, ich werd Frau Simmet in diesem Sinne antworten.«

Schübel hatte kapiert, daß er entlassen war.

Er erhob sich, stand ein paar Sekunden unsicher herum, ging mit seiner kläglichen Grimasse Brinkmann auf die Nerven und wandte sich schließlich zur Tür – schlurfte richtig dorthin.

»Schübel!«

»Ja, Herr Professor?«

»Falls die Dame sich bei mir beschwert, daß sie das Geld nicht bekommen hat, dann feuere ich Sie. Und zwar ohne Rücksicht darauf, daß Sie ein guter Arzt sind. Haben Sie das begriffen?«

Sein Fett hat er weg! Brinkmann beschloß, eine mildere Tonart anzuschlagen. Konnte einem richtig leid tun. Und so nickte er väterlich: »Schübel, und werden Sie, wenn es irgendwie geht, aus Erfahrung klug, ja?«

»Ja.« Schübel versuchte ein Lächeln. »Ich versteh schon.«

Und dann sagte er auch noch tatsächlich: »Vielen Dank für Ihre Konzilianz, Herr Professor!«

*

Gefühle gehören zum Material des Unterbewußtseins, sagen die Psychologen. In diesem berühmten Unterbewußtsein werden sie, so betrachtet, gewissermaßen am Kochen gehalten, bis der Druck genügend angestiegen ist und sich Entladung verschafft. Was bei Werner Schübel dabei zum Vorschein kam, war Angst, pure Angst.

Er empfand sie auch jetzt, als er, von seinem Chef-Gespräch reichlich angeschlagen, im Ärztezimmer eine vor Mitteilungsdrang zitternde Oberschwester antraf: »Ach, da sind Sie ja! Wissen Sie schon das Neueste?«

Schübel wußte es nicht. Und wollte es auch nicht wissen. Aber bei Hildegard kam er damit nicht durch.

»Nein? Sie, das pfeifen ja schon die Spatzen von den Dächern. Unserem Dicken seine... na ja, Sie wissen doch...«

Schübel nickte. Er wußte.

»Na, dieser Italiener, der Boutique-Italiener...«

Schübel nickte wieder. Roberto! Irgend etwas Schlankes, Hochaufgeschossenes, leicht Olivfarbenes, ein Mannsbild, das offene Hemden und goldene Kreuze trug und sich in Schlapperhosen und Schlapperjacken kleidetee: Ein Modefritze! Richtig...

Doch auch diese Erscheinung, Roberto, passierte lediglich vor Schübels Phantasie Revue. Er beließ es bei seinem stummen Einverständnis.

»Und was halten Sie davon?« zischte eine vor soviel unerwarteter Zurückhaltung nun völlig entfesselte Hildegard.

»Was ich davon halte? Lieber Gott! Sie ist nun mal eine attraktive Frau.« Langsam kam Schübel wieder in Fahrt: »So was hat man nun mal selten allein.«

»Ach, Sie!« Vielleicht hatte die Lebhaftigkeit in Schwester Hildegards Augen doch irgend etwas mit innerer Bewegung zu tun. Schübel konnte es nicht entscheiden. Vielleicht meinte sie es wirklich ernst mit ihrem: »Jetzt will ich Ihnen mal was sagen, Herr Schübel: Also mir tut der Mann irgendwie leid. Verdient hat er das wirklich nicht. Sie stellt den Dicken doch regelrecht bloß mit diesem Geflirte...«

»Na ja, in der Branche wird nun mal mit anderen Maßstäben gemessen.«

Irgend etwas polterte. Was immer Schübel an Kommentaren zur Modebranche noch auf Lager haben mochte, es war wohl nicht der geeignete Zeitpunkt. Schübel und Oberschwester Hildegard drehten erschrocken die Köpfe. Eines stand fest: Sie waren nicht allein im Zimmer. Ganz offensichtlich. Denn das Gesicht, das gerade über der grauen Linie des Stellschranks auftauchte, war rund, glänzend, etwas betreten und gehörte unter allen ausgerechnet noch Wolter! Der Dicke! War also dort hinten gesessen, hatte ein Buch gelesen. Und ausgerechnet über ihn...

Peinlich!

Und da war er schon.

Die Hände, nein, die Fäuste steckten in den Taschen seines Mantels.

»Ich will ja nicht stören. Aber Sie ließen mir gar nichts anderes übrig, als Ihnen zuzuhören. Und deshalb würde es mich schon interessieren. Betraf das eigentlich mich?«

Schübel riß unschuldig die Augen auf: »Wieso Sie? Wie kommen Sie da drauf? Nein, nein! Natürlich nicht.«

»Klang aber ganz so. Der Dicke – mich stört's schon lange nicht mehr, aber man kennt schließlich seinen Spitznamen. Und dann: In der Modebranche ... und ist eine attraktive Frau ... An die Bemerkung, die sich daran noch knüpfte, möchte ich mich gar nicht erinnern, Herr Kollege!«

»Aber bitte ...«, stotterte Schübel.

»Ja, bitte!« insistierte Wolter. »Seien Sie jetzt offen zu mir.«

Schübel stöhnte. Er wollte es noch verhindern, er wollte dafür sorgen, daß es ein innerliches Stöhnen blieb. Zu spät. Es war raus.

»Ach, es wird doch geredet und geredet. Das ist in jedem Haus so. Und überhaupt, ich finde, es muß jeder selbst seine Augen offenhalten ... Wenn Sie mich jetzt entschuldigen, aber ich habe wirklich zu tun.«

Wolter entschuldigte nicht. Doch Schübel hatte sich bereits verdrückt. Nun kochte Wolter, rote Ohren hatte er, die runden, lebensfrohen Lippen waren blaß geworden. Nie hatte ihn Hildegard so gesehen! Ein Gesicht machte der gute Dr. Wolter, daß einem richtig Angst werden konnte.

Sie hatte es nicht so einfach wie Schübel. Sie konnte nicht zur Tür.

»Schwester Hildegard! Einen Moment noch bitte, ja?!«

»Ich bin aber in Eile, Herr Doktor.«

»Glaub ich Ihnen. Ist mir im Moment jedoch völlig egal. Ich möchte von Ihnen nur eines wissen: War eben von meiner Frau die Rede?«

»Ja nun ...« Oberschwester Hildegard nahm die Dinge, wie sie sich ihr boten. Ausweichen? Wieso? Feige war sie schließlich nie gewesen. Und mit ihrer Devise: »Angriff ist die beste Verteidigung« war sie gut gefahren. Ein ganzes Leben lang.

»Lieber Herr Doktor!« Sie musterte Wolter mit ihrem Preußen-Blick: »Ja, von ihr war die Rede. Aber eigentlich ganz harmlos. Ich meine, das wissen Sie doch selbst ...«

»Was weiß ich?«

Der Hildegard-Angriff kam ins Stocken, besser noch: hatte sich verheddert.

»Ja nun, Gerede halt.«

»Worüber, Schwester?«

»Über Ihre Ehe«, konnte sie wirklich nicht sagen. Das klang häßlich. Gott sei Dank sah sie nun eine andere Chance, das Gespräch wieder unter Kontrolle zu bekommen: »Lieber Herr Doktor, Offingen ist eine kleine Stadt. Und wie die Dinge nun mal so sind, Offinger sind bei uns Patienten. In einer gleichfalls kleinen Klinik. Mein Gott, was soll ich noch erklären – bei uns auf der Inneren liegt jemand, der im Hotel ›Adler‹ arbeitet. Eine Frau. Sie gehört zum Personal. Und die hat halt gesehen, wie Ihre Frau gewissermaßen in der Hotelhalle von einem – hm – von einem attraktiven Mann zu Champagner eingeladen wurde.«

Auf sein Zimmer – das wäre ihr beinahe noch herausgerutscht. O Gott, undenkbar! – Hildegard war froh, daß Wolter gar nicht mehr zuhörte. Wie ein Brummkreisel war er um seine Achse gewirbelt, und nun befand er sich bereits in voller Fahrt Richtung Tür. Die donnerte zu, daß es den ganzen Korridor entlangschallte.

Hildegard aber blickte auf die weiße, noch immer unter Wolterschem Zorn vibrierende Fläche und schüttelte den Kopf: Was hat er bloß?

*

Das dachte auch der junge Ackermann, der gerade in der Notaufnahme dabei war, eine aufgeregte Frau abzufangen. Und da steckte noch sein Chef den Kopf zur Tür rein und brüllte genauso hektisch: »Ich komm gleich wieder!«

»Moment mal, Herr Doktor! Aber Sie haben doch ...«

»Gleich, gleich.«

Schon war Wolter wieder fort. Draußen überrannte er beinahe eine verblüffte Christa Brinkmann.

»Was ist denn, Herr Wolter? Wo wollen Sie denn hin?«

Für sie hatte Wolter nicht einmal eine Antwort.

Allein schon deshalb nicht, weil er sie gewissermaßen als Person gar nicht wahrnahm. Christas Gesicht war für ihn im Moment nichts anderes als ein verfließender rosa Fleck, genaus wie die Blüten der Rhododendronbüsche links des Parkplatzes.

Dort aber stand der Datsun. Und auf den rannte er zu, riß die Türe auf, warf sich hinein, ließ den Motor aufheulen, verschaltete sich, fand schließlich aber doch den ersten Gang, um dann die rote flache Flunder mit quietschenden Reifen dem Ausgang zuzujagen.

Wolter hatte es eilig. Sehr sogar. So sehr, daß es den Leuten auf der Hauptstraße von Offingen die Köpfe herumriß, daß Polizisten fieberhaft nach ihren Pfeifen oder Notizbüchern tasteten, in denen sie die Wagennummer des Verrückten aufschreiben konnten, der da mit gut hundert Sachen durch die Stadt brauste.

Wolter hatte es eilig, weil er an seine Ursula dachte. Und an Roberto Belotti, dieses verdammte Schlitzohr von Itaker! Und an Champagner. Und auch an ein Bett in Roberts Suite im zweiten Stock des Hotels »Adler«... An das Bett vor allem!

Er kannte es.

Ja: Selbst das verdammte Bett kannte Wolter. Letzten Donnerstag nämlich, als Ursula den Vertrag unterschrieb, der sie berechtigte, Robertos Erzeugnisse exklusiv in Baden-Baden und in Ursulas Offinger Boutique zu führen, war Wolter mit dabei gewesen. Und wie das zuging! Champagner? Nein, Offinger Wein hatten sie getrunken. Aber sonst? »Carissima«, vorne, »Bellissima« hinten! Und Roberto wiederum... »Ist das nicht ein atemberaubendes Bürschchen?« hatte Ursula gelacht.

Er hatte es nicht ernst genommen, das atemberaubende Bürschchen mit der Olivenhaut und den Mandelaugen. Jetzt aber?

Jetzt hätte der Dr. Wolter aus der Schwarzwaldklinik beinahe einen Verkehrsunfall gebaut. Und nur der Geistesgegenwart des Fahrers der Stadtgärtnerei hatte er es zu verdanken, daß er nicht selbst in die Klinik eingeliefert wurde.

Doch auch dies nahm der rasende Wolter nur am Rande zur Kenntnis: Idioten! Alle! – Mit einem ganzen Haufen exaltierter Typen war Roberto in Offingen aufgetaucht. Fotografen, Fotomodellen. Dann hatte er auch noch das halbe »Adler« und vor allem seine Ursula in Beschlag genommen, um seine Einführungs-Werbeschau durchzuziehen.

Den Teufel würde er! Nichts würde dieser Itaker einführen. Und schon gar nicht bei seiner Frau!

So! Wolter riß den Kopf hoch: Da war's ja, das »Adler«.

Er knallte den unschuldigen Wagen auf den Bürgersteig, scherte sich einen Dreck um den verstörten jungen Mann, der wohl Portier spielen wollte, stieß ihn zur Seite, rannte vier Stufen hoch, durch die Schwingtüre rein in die Halle – um den Aufzug kümmerte er sich auch nicht, nein, nahm die Treppen, lief sie geradezu leichtfüßig und ohne auf das Hämmern seines Herzens zu achten hoch und brach dann, nun doch ziemlich nach Atem ringend, knallrot im Gesicht, den Kopf gesenkt wie ein attackierender Eber, in den großen Raum mit den scheußlich kitschigen Empiremöbeln ein, den er schon kannte: Die Luxussuite des »Adler«.

Er war nicht allein. Um sich nahm Wolter, wenn auch undeutlich, andere Menschen wahr. Mehr als er gedacht hatte. Nicht ein in Liebe verschlungenes Paar – ein halbes Dutzend Leute! Und die ganz offensichtlich bei der Arbeit. Fetzen lagen am Boden, rote, grüne, gelbe, blaue Stoffe. Und Papiere. Ein Stativ war aufgebaut. Irgend jemand hockte in der Ecke und tippte auf einem Taschenrechner herum. Und bei dem handelte es sich offensichtlich um Roberto.

Alle aber hatten denselben halb erstarrten, halb grinsenden oder pikierten Ausdruck im Gesicht.

Roberto fand als erster seine Sprache wieder.

Den Taschenrechner legte er zur Seite, sprang auf, hatte

beide Hände in den Hüften, lächelte, wie nur Italiener lächeln können, und sagte: »Oh, Dottore! Ist was passiert? Sie schwitzen ja. Kommen Sie von Jogging?«

Niemand fand das witzig. Wolter auch nicht. Und vielleicht hatte Roberto die Frage auch gar nicht witzig gemeint, sondern sie im Ernst gestellt. Denn nun griff er sich von einem Stapel Modehefte eine Bierflasche, ließ sich ein Glas geben und goß es voll.

»Ich glaube, Sie brauchen einen Schluck, Dottore!« Die Stimme war voll Freundschaft und Besorgnis. »Oder soll ich Ihnen ein Handtuch bringen lassen? Wollen Sie vielleicht ins Bad? Das ist gleich dort drüben.«

Wolter vermochte nur den Kopf zu schütteln. Die Schleier vor seinen Augen begannen sich zu klären, der Blick war der eines Boxers, der einen Niederschlag erlitten hat, auf der Ringmatte sitzt und sich fragt, wie er, verdammt noch mal, ohne das Preisgeld die nächste Heizungsrechnung bezahlen soll.

»Aber Schatz!« Eine kühle Hand legte sich auf seine heiße, schweißfeuchte Stirn: »Sag mal, was ist denn los?«

Wolter bewegte nur leicht den Kopf. Und nun konnte er sogar grinsen: »Oh, nichts, Liebling... Gar nichts, eigentlich. Nichts, als daß du den größten Hornochsen zum Mann hast, der je auf eine Frau losgelassen wurde...«

*

Es war zum Verrücktwerden.

Sie hatten den schmalen Kinderkörper auf den Tisch gelegt. Der Brustkorb hob und senkte sich in dem verzweifelten Bemühen, Luft in die gequälten Lungen zu bekommen. Die Blaufärbung des Gesichtes breitete sich weiter aus, über Hals, Schultern, Brust – ja, es stand kritisch. Doch was immer Ackermann auch versuchte: Aus diesen beiden vor Panik zitternden Hombachs war kein einziges vernünftiges Wort herauszubekommen. Nur der

Vater wiederholte wie ein Automat: »Jetzt tun Sie doch endlich was! Sie sehen's doch: Das Dieterle stirbt! Tun Sie doch was ...«

Ackermann richtete sich auf. Deutlich war im Stethoskop das brummelnde Geräusch der zusammengeschnürten Bronchialäste zu hören. Ein Spasmus. Eine Art asthmatischer Schock. Aber Asthmatiker ist er nicht, hatte der Mann gesagt.

»Nun schreien Sie hier nicht rum. Der Kleine hat doch irgendwas gegessen oder zu sich genommen?«

Und da nickte die Frau endlich. Die runden Augen füllten sich mit Tränen: »Hier drüben ...«

»Was hier drüben?«

»Die Dose in dem Plastikbeutel. Ich habe sie mitgebracht. Ich war doch nur ein paar Minuten im Keller ... Und als ich zurückkam, war der Kleine blau und grün angelaufen und hatte die Sprühdose in der Hand.«

Ackermann sah sie nur an. Dann drehte er sich zu Schwester Verena, die den Notaufnahmedienst übernommen hatte: »Los schon, Verena! Ich brauche hundert Milligramm Bronchodoptin. Und außerdem ...« Er blätterte in dem dikken Medikamentenbuch auf dem Stahltisch. Als er den Kopf hochnahm, sah er den langen Schübel in der Tür stehen.

Wie meist brauchte Schübel nur einen Blick, um festzustellen, was los war. »Wo ist denn Wolter?«

Ackermann gab keine Antwort. Er nahm die Spritze, die ihm Verena reichte, doch ehe er einstach, warf er einen wütenden Blick auf die Eltern. »Bitte, wenn Sie jetzt aus dem Zimmer gehen wollten!«

Schweigend verließen sie den Raum.

»Das dürfen Sie doch gar nicht«, sagte Schübel und beobachtete, wie Ackermann langsam den Kolben nach unten drückte.

Ackermann nickte. »Nein, darf ich nicht. – Wollen Sie's vielleicht machen?«

»Ich bin kein Anästhesist. Und außerdem ...« Er

schluckte den Rest des Satzes. Und da war wieder die kleine rundliche Frau mit den entsetzten Augen. Sie steckte den Kopf durch die Tür. »Das ist doch eine ganz schwere Vergiftung, nicht?«

»Bitte, gehen Sie«, sagte Ackermann sanft. »Die Spritze wird helfen. Sie wird die Bronchien erweitern, und dann geht es vorüber. Wir kriegen das schon hin.«

Wieder schloß sich die Tür.

Schübel sah ihn an. »Am besten, wir intubieren gleich.«

Verena holte schweigend den Wagen mit dem Gerät heran. Doch ehe sie das sterile Mundstück in die Hand nehmen konnte, flachte das keuchende Geräusch, mit dem der kleine Körper die Luft hineinsaugte, ab.

»Moment!« Schübel hob die Hand.

Ja, die Spritze begann zu wirken, die schreckliche Färbung ließ nach. Sie starrten darauf, so, als breche nach einem Gewitter die Sonne durch. Langsam, ganz langsam breitete sich über das Gesicht des Kindes ein zartes Rosa.

»Mensch, Kleiner ...«

Der Junge schlug die Augen auf, sah fremde Gesichter, weiße Kittel, blinzelte in die starke Lampe und begann zu weinen.

»Ist ja schon gut«, sagte Ackermann und legte die Hand auf seine Stirn.

Draußen, ein paar Minuten später, beruhigte er die Eltern: »Ist schon in Ordnung. Das gibt sich wieder. Sie müssen noch einige Zeit warten, bis sich sein Kreislauf stabilisiert hat.«

Die Frau griff nach seiner Hand. »Oh, vielen, vielen Dank, Herr Doktor!«

Ackermann sah sie an. Es war kein Lächeln dabei, als er sagte: »Da täuschen Sie sich – ich bin kein Doktor.«

*

Brust und Bauch heldenhaft vorgewölbt, nervöse Finger, die die Jacke glattstrichen – und ein Mund, der sagte: »Ich nehme alle Konsequenzen in Kauf, Herr Professor.«

Was soll man darauf antworten. Brinkmanns Schädel schmerzte. Mit der üblichen Brinkmann-Toleranz haperte es nun auch. Aber er beherrschte sich.

»Na ja, das werden Sie wohl auch müssen.«

Ein letzter kurzer Blick, dann drehte sich Wolter um und marschierte zur Tür. Er brauchte sie nicht zu schließen. Der nächste Zeuge hatte sich bereits in Marsch gesetzt – und die beiden, der Anästhesist und sein Assistent, trafen sich ausgerechnet im Türrahmen.

»Bitte«, machte Wolter verächtlich.

Ackermann sah ihn an, und dann warf er einen hilfesuchenden Blick zu dem Mann hinter dem Schreibtisch.

Brinkmann seufzte. »Nun, Ackermann, jetzt also Ihre Meldung. Anders läuft's hier nicht. Ich muß mich ja schließlich mit dem Verlauf dieser blöden Geschichte vertraut machen.«

»Herr Professor. Meldung? Da gibt's nichts, was Ihnen nicht schon bekannt wäre.«

»Vielleicht weiß ich doch nicht alles.«

»Herr Professor«, Ackermann beugte sich etwas nach vorne, die Augenbrauen wurden flach und der Blick darunter zögernd, dann fast flehend. »Herr Professor, es kann ja nicht meine Aufgabe sein, den Doktor Wolter zu kompromittieren.«

»Das brauchen Sie doch nicht.« Zum erstenmal an diesem Vormittag leistete sich Brinkmann ein Grinsen: »Hören Sie mal, Herr Ackermann. Sie kennen sich hier noch nicht genügend aus. Sie sind zu frisch. Aber meine Vorzimmerdame hat ihre Ohren überall. Was heißt in diesem Haus schon ›kompromittieren‹? Ich kann mich dagegen gar nicht wehren – es ist schon zwanghaft: Mir wird überall und alles zugetragen, was sich hier so abspielt. Deshalb brauchen Sie sich nicht den Kopf zu zerbrechen.«

Ackermann schien zwar nicht recht zu wissen, was er mit

dieser Eröffnung anfangen sollte, und auch das halb sarkastische, halb bittere Lächeln des Chefs wußte er nicht zu deuten, aber schließlich: Es war ja nur eines wichtig, und das sagte er auch.

»Ist ja noch mal alles gutgegangen«, sagte Ackermann.

»Ja.« Brinkmann nahm seine Nase zwischen Daumen und Zeigefinger, als könnte ihm eine kleine Massage zur Erleuchtung verhelfen. »Ja, das ist es. Gott sei Dank.«

Und dann schüttelte er den Kopf. Er beugte sich nach vorne: »Ich weiß nicht, wie Sie diesen Fall sehen. Aber auch Ihnen dürfte klar sein, daß die ganze Klinik darauf wartet, daß morgen ein Zeitungsartikel erscheint, falls ich Doktor Wolter jetzt nicht disziplinarisch hart bestrafe.«

Das saß. Ackermann fühlte, wie ihm das Blut zur Schläfe schoß. Und er hatte gedacht, einen solchen Satz nie mehr hören zu müssen. Wohl hatte er sich hier gefühlt. Und jetzt.

»Klar, Ackermann rennt zur Presse. Na sicher. Ich bin doch der Verräter.«

Wieder die Nasenmassage. Und ratlose, beinahe bittende Augen bei Brinkmann. »Herr Ackermann, Doktor Wolter hat sich in fünfundzwanzigjähriger Tätigkeit nichts zuschulden kommen lassen. Rein gar nichts.«

»Warum sagen Sie das mir. Meinen Sie im Ernst...« Den Rest des Satzes wollte er nicht aussprechen, schon der Gedanke schmerzte. »Herr Professor, sagen wir so: Ich habe jetzt den Eindruck, daß Sie die Maßnahmen gegen Doktor Wolter von meinem Verhalten abhängig zu machen gedenken. Und das ist mir irgendwie peinlich. Das verstehen Sie.«

Brinkmann schwieg.

Ackermann hatte eine Brinkmann-Reaktion erwartet, einen starken Spruch, zumindest Widerstand. Was er gesagt hatte, war ja weiß Gott ziemlich happig. Aber nun zeigte der Chef eine beinahe philosophische Gelassenheit.

»Vielleicht. Nicht ganz. Noch habe ich ja meinen Spielraum, Herr Ackermann. Und den benütze ich jetzt. Ich werde Doktor Wolter einen Verweis erteilen. – Und Ihnen auch. Wegen unerlaubter medizinischer Versorgung.«

Ackermann nickte nur. Doch Brinkmann hob die Hand. »Moment mal: Und ich werde Ihnen gleichzeitig damit meine Anerkennung aussprechen. Wegen vorbildlichem Verhalten in einem Notfall.«

Nun grinste Ackermann. »Geschickt und gerecht – falls es mir zukommt, das zu kommentieren.«

»Das weiß ich auch nicht. Ich hab den Eindruck, daß bei Ihnen so viel Bescheidenheit beinahe unheimlich ist. Finden Sie nicht?«

Nun war Brinkmann doch aufgestanden, kam sogar um den Schreibtisch herum, ja, er klopfte diesem sonderbaren Jungen auf die Schulter. »Aber bescheiden oder nicht, wahrscheinlich werden Sie einmal ein guter Anästhesist.«

»Da fehlt manches. Zum Beispiel das Staatsexamen, Herr Professor.«

Ackermann brachte es mit heiterer Gelassenheit.

»Aber ein guter zweiter Mann ist doch auch was wert? – zum Beispiel wenn der erste gerade nicht zu haben ist.«

Darauf gab es nichts zu sagen.

Brinkmann schob das sonderbare Wesen Ackermann zur Tür, öffnete sie und rief in den neugierigen Blick der Lena Meis hinein: »Doktor Wolter möchte bitte nochmals zu mir kommen.«

Doktor Wolter sah zunächst nichts als den Rücken des Chefs. Aber selbst der Rücken drückte Zufriedenheit aus. Brinkmann spielte mit irgendwelchen ihm liebgewordenen Gegenständen auf seinem Schreibtisch herum, hob die Dose hoch, in der er früher Zigaretten und jetzt Büroklammern aufbewahrte, roch nostalgisch hinein, klappte sie wieder zu und drehte sich endlich um.

»Was machen Sie denn dort an der Tür, Wolter? Kommen Sie doch.« Er zeigte gute Laune, und am liebsten hätte er sich sogar noch ein kleines Gläschen genehmigt. »Also hören Sie: Die Sache ist aus der Welt. Ackermann verhält sich fair und loyal. Darauf wette ich.«

»Das hatte ich auch nicht bezweifelt.« Wolters Miene, der ganze Mann blieb starr: »Herr Professor! Ich möchte aber trotzdem gehen.«

»Wie bitte? Ja, was, wieso denn? Meinen Sie vielleicht, Ackermann würde sich Vorteile ausrechnen und bei irgendeiner günstigen Gelegenheit...«

»Nein.«

»Was dann?«

»Nun, es ist sicher auch Ihnen begreiflich. In der Klinik ist es doch bestimmt schon rum. Jede Schwesternhelferin wird in Zukunft wissen, daß ich... daß ich einfach versagt habe. Und private Probleme dürfen nicht zu medizinischer Pflichtvergessenheit führen.«

Auf Brinkmanns Gesicht erlosch die gute Laune. Falten zeigten sich. Sorgenfalten. »Mensch, Wolter. Klingt ja wie auswendig gelernt.«

»Es ist auswendig gelernt. Ich hab mir das vorhin gesagt.«

»Außerdem...«

Brinkmann machte den Eindruck, daß er jetzt einen Stuhl brauchte. Den holte er sich auch. Seinen Besuchersessel. Hier blieb er auf der Kante sitzen.

»Meine Frau will außerdem ihre Tätigkeit nach Berlin verlegen«, sagte Wolter plötzlich.

»Aha. Und Sie wollen mit?«

Jetzt war es Wolter, der grinste. »Ja, will ich. Find ich gut. Wissen Sie: Schwarzwald? Mit dem Sauerstoff ist es auch nicht mehr das, was es mal war. Und wenn schon, keine Kompromisse! Dann richtiger Smog und Großstadt-Dickicht... Ich hab da ein ganz gutes Angebot.«

»Aha. Mir wurde schon ganz schlecht vor so viel Moral. Aber Sie bleiben, bis wir einen neuen Anästhesisten haben.«

»Ja. Selbstverständlich.« Wolter zappelte ein wenig herum. Was er jetzt sagen wollte, hatte er anscheinend nicht auswendig gelernt. »Es ist so, Herr Professor! In all den Jahren, na ja, ich kann keine Reden halten... Aber ich möchte Ihnen nun danken. Wirklich: Meinen tiefempfundenen Dank für alles, was Sie für mich ...«

»Übernehmen Sie sich nicht. – Moment!« Brinkmann erhob sich. »Ich lebe ja nicht völlig auf dem Mond. Fragen Sie mich irgendwas, ich bin unterrichtet. Vielleicht ist's der Sommer oder es sind irgendwelche ultravioletten Strahlen, aber hier ist die Klatscheritis ausgebrochen. Deshalb eine Frage: Hat diese Entscheidung vielleicht damit zu tun, daß Ihre Frau sich – hm – wie soll ich sagen, mit einem italienischen Herrn zu einer Boutique-Kette oder so was Ähnlichem zusammenschloß? Von Baden-Baden bis Offingen. Weltfirma.«

Auch das vermochte das verschmitzte Lächeln aus Wolters Gesicht nicht wegzuwischen. »Kompliment. Sie sind tatsächlich gut unterrichtet. Aber da Sie gerade von einer Kette gesprochen haben – Offingen, Baden-Baden, Düsseldorf und jetzt auch Berlin gehören dazu. Wir, ich meine natürlich Ursula – wir haben uns in dieser Situation für Berlin entschieden.«

»Nein?! Ich meine – ja.« Nun war Brinkmann wirklich beeindruckt. »Was es alles gibt.«

»Ja«, sagte Wolter und hob nun seinerseits leutselig an: »Dinge, die man eigentlich sonst nur träumt.«

*

2400 Mark. In Worten zweitausendvierhundert.

Irgendwo in der Kammer, in der die Alpträume hausen, hatte sich die Zahl bei Schübel festgehakt. Sie begegnete ihm nicht nur bei Nacht. Sie begleitete ihn, flammte immer wieder vor ihm auf: Ob er am Tisch stand, Patientengespräche hielt, bei der Visite war oder sich einen Rundgang durch den Garten gönnte – es blieben 2400 Mark.

Es war zum Verzweifeln. Seine Schulden. Selbst bei Feinkost-Bechle hatte er schon anschreiben lassen. Im Supermarkt ging das ja nicht. Dann Rosmaries Telefonate: »Die Kupplung an dem Mistkarren ist schon wieder kaputt.

Natürlich mußte ich sie reparieren lassen. Wie krieg ich sonst die Zwillinge in die Schule. Und der Kerl rennt mir jetzt die Bude ein wegen dieser verdammten Rechnung. Wann schickst du endlich was?«

Ja – wann.

Sorgen …

Ein ganzes Gespensterheer von Sorgen, das ihn verfolgte, einkreiste, ihm auf den Leib rückte. Kein Wunder, wenn Schübel sogar vergaß, sich zu rasieren. Doch die merkwürdigen Blicke, die sie ihm in der Klinik nachwarfen, konnte er nicht übersehen. Die Absätze waren schiefgelaufen. Nicht mal seine Hose traute er sich noch zur Reinigung zu bringen. Der Wagen stand längst in der Garage. Elke, die Gute, hatte ihm ihr altes Moped geliehen.

Ja – Sorgen! Im bleichen Gespensterrudel, das Schübel verfolgte, gab es eine einzige blühende Gestalt: die Witwe Simmet. Wie er sich jetzt an die grünlichen Augen erinnerte. Und an die Tränen, die sie produzierten. Und an ihre Stimme: »Du hast's mir doch versprochen.«

Was hatte er? Nichts – war er verrückt? Was konnte er schon versprochen haben! Und goldene Manschettenknöpfe, brillantbesetzte Krawattennadeln, das lag alles längst im Pfandhaus.

»Die Geschenke bekamen Sie doch nur unter dem Eindruck Ihres Eheversprechens, Herr Schübel. Patientinnen sind kein Freiwild. Wenn es zum Prozeß kommt, kostet Sie das die Stellung!«

An einem Freitagnachmittag – Werner Schübel leistete sich gerade an einem der Stehtische der Bahnhofswirtschaft von Offingen eine rote Wurst mit Senf zu 3.40 Mark – beschloß er zu handeln.

Davonlaufen, sich verkriechen, was bringt das schon? Es blieb nur eins. Die Möglichkeiten zu analysieren. Und sich dann den Realitäten zu stellen.

Aus dem Pappbecher nahm Schübel einen Schluck Bier. Der Becher kostete 1.20 Mark. Diese Preise muß man sich vorstellen. Seine Zigarette fiel zu Boden. Aufgeregt mochten die Hände sein, klar und nüchtern blieb der Verstand: Pumpen tut dir keiner was! Selbst Anja hatte versagt. Gestern, bei ihrem Spaziergang hinaus zur Aussichtsplatte auf dem Hirschhorn, was hatte sie da gesagt: »Wenn mir ein Mann an meine Ersparnisse will, werd ich ganz eigen. Da reagier ich sauer, Werner.«

Wieder ein Schluck. Ein Schlückchen. Und eine neue Zigarette. Gut, von ihr war keine Hilfe zu erwarten. Aber der Ausflug, der hatte etwas anderes gebracht. Vielleicht sogar die Lösung, wenn er's nur geschickt anpackte.

Zu dem Wort »Lösung« gehörte ein Schnaps. Es klang zu aufregend.

Schübel leistete sich ein Obstwasser. Nun erschien ihm gar nicht mehr so absurd, was ihm gerade eingefallen war. Schließlich: Der Mann hatte Geld. Und was genauso wichtig war – auch Anwandlungen von Toleranz und Menschlichkeit. Ja, ein gutes Herz besaß Brinkmann. Darüber gab es nichts zu diskutieren.

Außerdem aber – und das war das Entscheidende: Die Lage, in der der Professor steckte, schien ihm so beschissen wie die eigene. Schübel trank aus dem Schnapsglas, kippte es in die Horizontale und hob es gedankenvoll vor das rechte Auge, so wie er's gestern mit dem Fernglas oben auf dem Hirschhorn getan hatte. Die fünfzig Pfennig waren eine gute Investition. Denn damit hatte er Brinkmanns Lage glasklar erkannt. Die Frau, mit der er herummachte, war nicht die eigene, und so, wie der Professor auf sie einredete, handelte es sich auch nicht um irgendeine »zufällige Bekannte«, o nein! Da brauchte man weder Psychologie noch Erfahrung, um auf den ersten Blick zu sehen: Die haben was miteinander.

Schübel knallte das Schnapsglas so hart auf den Tisch zurück, daß der Mann in der Eisenbahneruniform, der neben ihm seinen Glottertaler trank, erschrocken zusammenzuckte.

»Das ist es!« rief Schübel.

Und hatte doch nur einen Partner für diese Feststellung: sich selbst.

»Was ist?«

Schübel starrte ihn an. Dann nahm er seine Aktentasche und rannte weg.

Der in der Eisenbahneruniform sah ihm kopfschüttelnd nach. Noch ein Spinner. Hörte das denn nie auf. Ganze Nester mußte es geben...

*

Die Arbeit mit Eileen Walters in San Franzisko zeigte doch ihre Früchte: Nicht nur den Atem bekam man in den Griff, mit seiner Hilfe waren auch gewisse innere Energiebahnen so zu harmonisieren, daß die geistig-seelische Balance erhalten blieb, auf die Eileen Walters einen so großen Wert legte: »Der Alpha-Zustand, Herr Professor! Wenn Sie ihn beherrschen, auch nur einigermaßen beherrschen, finden Sie zu Ihrer Umwelt und zu den Problemen jenen Abstand, der für Ruhe sorgt.«

Brinkmann bemühte sich. Doch der Trick wollte, verdammt noch mal, nicht funktionieren.

Er drückte den Magen gegen die Schreibtischkante und starrte Schübel an. »Habe ich Sie richtig verstanden? Sie wollen mich anpumpen? Ja, wie um Himmels willen kommen Sie denn ausgerechnet auf mich?«

Schübel machte das verstehende Gesicht eines Versicherungsvertreters, der sich genau auf diese Frage präpariert hat. Und so ähnlich war's ja auch. Brinkmann würde, mußte ihn verstehen. Die letzten Zweifel daran hatte Schübel zuvor noch in der Kantine mit zwei Kirschwasser hinuntergespült. Im übertragenen Sinne saß er schließlich mit Brinkmann im selben Boot. Das mußte er ihm jetzt nur noch auseinandersetzen.

»Weil ich glaube, Herr Professor«, sagte er mit Würde, »daß ich bei Ihnen auf Verständnis stoße.«

»Aha. Und können Sie mir das erklären?«

»Nun, weil Sie sich in einer ähnlichen Lage befinden wie ich.«

Brinkmann schluckte. »Finanziell?«

»Nein. Um Himmels willen. Dann könnte ich ja nicht hoffen, daß Sie mir aus der Klemme helfen werden.«

»Sagen Sie, Schübel«, erwiderte Brinkmann ganz vorsichtig, denn er hatte irgendwie das Gefühl, ein halbes Dutzend roher Eier in den Händen zu balancieren. »Sie verstehen doch sicher, daß ich Sie jetzt bitten muß, etwas präziser zu werden.«

Schübel nickte. Er verstand. Denn auch diese Frage hatte er erwartet. Auch dafür war er präpariert.

»Ungern, Herr Professor. Es könnte dann ein Eindruck erweckt werden, den ich nicht beabsichtige.«

»Trotzdem.«

»Gut, wenn Sie darauf bestehen. – Ich war vor zwei Tagen oben am Hirschhorn. Bei der Ruine.«

Das also! Sonderbar, was er vorher nicht erreichen konnte, nun trat es ein: Brinkmann wurde ruhig, ganz ruhig.

»Am Hirschhorn? Und da haben Sie mich gesehen, was?«

Schübel nickte.

Brinkmann betrachtete ihn. Ein Erpresser also. »Wir brauchen nicht vorsichtig zu sein«, hatte Maria gesagt. »Zehn Minuten, dann haben wir's hinter uns. Dann hast du deine klärende Aussprache. Was gibt's auch noch zu klären? Daß du deine Frau umsonst verdächtigt hast, habe ich von Anfang an geahnt...«

Ja, dachte er bitter: Was gibt's noch zu klären?

Und nun kommt dieser Kerl, dein bester Chirurg, und will dich unter Druck setzen.

Wie hatte er gesagt: »... weil Sie sich in einer ähnlichen Lage befinden wie ich.« Man müßte ihm den Hals umdrehen! – Nein, jetzt ist Vorsicht angebracht.

»So«, wiederholte er, »da haben Sie mich gesehen? Mit einer Dame, nicht? Aha... Und jetzt wollen Sie Geld? Geliehen?«

»Ja, natürlich«, versicherte Schübel eifrig. Der Blick! Wie er so die Hände hängen ließ – mehr und mehr gewann Brinkmann den Eindruck, es weniger mit einem Erpresser als einem Menschen in Trance zu tun zu haben.

»Gut. Ich werde veranlassen, daß man Ihnen einen Vorschuß gewährt.«

Schübel schien das nicht so recht zu gefallen. Doch er nickte. – Das ginge vielleicht auch.

Brinkmann betrachtete ihn mit jener Distanz und von der Warte prüfender Gelassenheit, von der Eileen Walters gesprochen hatte.

Aber da war noch etwas zu sagen.

»Übrigens, Herr Schübel: Bevor Sie Ihre Situation mit meiner vergleichen, möchte ich Sie bitten, doch einmal darüber nachzudenken, ob da nicht ein unterschiedliches Niveau besteht.«

Auch dazu ein Nicken.

Brinkmann erhob sich. Sein Rücken tat ein bißchen weh. Und sein Kopf ebenfalls. Auch Gelassenheit kostet Kraft. »Nun«, sagte er, »gehen Sie wohl besser an Ihre Arbeit.«

*

Bei seinem mehr als merkwürdigen Dialog mit dem zweiten Oberarzt der Chirurgischen hatte Brinkmann Eileen Walters' »spirituelle Harmonielehre« geholfen. Doch als er an diesem Tag gegen sechs Uhr nach Hause kam, halfen auch ihre Ratschläge nicht weiter.

Ein einsames Speisezimmer. Ein einsamer Tisch. Darauf ein einsamer Teller ...

Und eine Laura Michaelis, die ihn halb mitleidig, halb betreten anblickte. Die spitze lange Nase glänzte verdächtig rot. Und auf der Mitte ihrer Stirn, unter dem strenggescheitelten grauen Haar, war ein genau abgezirkelter roter Fleck.

Die Intuition ist eine sonderbare Gabe. Diesmal war Brinkmann nicht froh, daß er sie besaß. Er hatte sofort begriffen. Und es war nur verzweifeltes Aufbegehren, das ihn fragen ließ: »Wieso haben Sie für eine Person gedeckt? Wo ist denn meine Frau?«

»Sie ist weg.«

Laura Michaelis wich seinem Blick aus.

»Wieso weg?«

Haltung – befahl sich Brinkmann. Ruhe. Distanz. – All deine Gefühle und Gedanken bleiben fließend und harmonisch. Er versuchte ein Lächeln. Aber es mißlang.

»Ist sie denn mit dem Kind weg?« fragte er.

Der Fleck auf Laura Michaelis' Stirn wurde noch größer. Und ihre grauen Augen blickten hart und kühl. »Soll sie es etwa hierlassen? Auf Ihrem Schreibtisch liegt ein Zettel.«

Brinkmann ertrug den Michaelis-Blick nicht länger. Und auch nicht ihren roten Kopf. Stumm drehte er sich um und marschierte hinüber ins Arbeitszimmer. Marschierte? – Die letzten Schritte rannte er und riß die Tür auf.

Da! Auf der Mitte der grünen Lederunterlage lag ein Fetzen Papier. Kein Kuvert. O nein, wieso auch! Soll doch jeder lesen, was hier los ist, nichts als ein vom Notizblock abgerissenes Blatt karierten Papiers.

WOHNE BEI KATHARINA IM HAUS. LASSE MIR ZEIT!

Brinkmann hatte das Gefühl, als habe ein Hammer seinen Hinterkopf getroffen. Ungläubig starrte er auf die Mitteilung. Verzweifelt versuchte er den Mechanismus in seiner Schädelhöhle wieder in Gang zu bringen: BEI KATHARINA? Ach, ja Katharina war ja vorgestern mit Angie wieder nach Offingen gekommen, um sich um Dachreparatur und neue Mieter zu kümmern.

Bei Katharina!

Da saßen sie nun wohl zusammen und schütteten sich ihre Herzen aus. Frauen. Zwei Frauen Brinkmann unter sich. Und das Thema? – Der hoffnungslos zum Scheitern verurteilte Versuch, mit einem Brinkmann, ob nun alt oder jung, eine Ehe zu starten. Denn Brinkmänner, das weiß ja jeder, sind nicht nur labil und ungerecht – vor allem sind sie nicht treu.

Mit Harmonie und Distanz, die nach Eileen Walters doch

allein den Menschen befähigt, die »Einheit mit allem Lebendigen« zu finden, war's gründlich vorbei.

Brinkmann fühlte sein Blut rauschen.

Er zerknüllte den Zettel in seiner Hand, wollte ihn in den Papierkorb werfen, besann sich dann aber eines Besseren und steckte ihn in die Tasche.

Auf dem Flur begegnete er der Michaelis. Sie stand vor ihm aufrecht und hölzern, wie ein Wachsoldat. Und das brachte ihn noch mehr in Fahrt.

»Warum haben Sie mich nicht angerufen«, herrschte er sie an.

Die Michaelis hielt stand. »Wann?« konterte sie.

»Wann! Als sie anfing zu packen.«

»Da hatte ich gar keine Zeit, Herr Professor«, erwiderte Laura Michaelis schlicht. »Ich habe ihr beim Packen geholfen.«

»Aha. Ist wohl eine Verschwörung hier, was? Alle wußten es. Nur einer nicht. – Ich!«

»Außer Katharina, Herr Professor, weiß es bis jetzt nur Ihr Sohn. Er hat nämlich geholfen, das Wichtigste abzutransportieren.«

Na also! Udo auch... Er hatte es doch gleich gedacht: Eine richtiggehende Verschörung!

Und bei Udo kam noch mehr ins Spiel. Wie an einer Kette aus dunklen Steinen schimmerten in Brinkmanns Gedächtnis Erinnungersblitze. Udo? Mein Gott, wie damals...

»Mein Sohn!« Er sagte es zu sich selbst.

Doch die Michaelis nickte grimmig: »Ja, Ihr Sohn. Und wie ist das jetzt, Herr Professor? Soll ich Ihre Suppe wieder raustragen?«

Da war es endgültig mit Klaus Brinkmanns Beherrschung vorüber. »Lassen Sie mich mit Ihrer blöden Suppe zufrieden.« Er brüllte, ja, und es tat ihm wohl. Brüllen ist tausendmal besser als nach den harmonischen Körperströmen zu suchen. Brüllen befreit. Und so brüllte er weiter: »Ich kann Ihre saublöden Sprüche und Ihr saublödes Getue nicht mehr ertragen, Laura.«

Nicht einmal das vermochte sie zu erschüttern. Ein Bollwerk. Eine lebendige Backsteinfestung. Und schmal wie eine Schießscharte war jetzt ihr Mund. »Wenn Sie mich auch noch loswerden wollen, Herr Professor, brauchen Sie es nur zu sagen. Ich habe meinen Koffer in wenigen Minuten gepackt.«

Das war zuviel. Brinkmanns Beine zitterten. Ein Glück, daß ein Stuhl in der Nähe war. Er ließ sich darauf sinken und schüttelte dumpf den Kopf: »Nein, nein, Laura. Ich mein's ja nicht so. Ich habe mich gehenlassen. Eigentlich habe ich mir vorgenommen, daß so was nie mehr wieder passieren soll.«

»Daß Sie Ihre Frau...«

»Daß ich mich gehenlasse, Laura. Also entschuldigen Sie bitte. Aber sagen Sie mir um Himmels willen: Haben Sie eine Ahnung, was geschehen ist? Wodurch es ausgelöst wurde? Wieso ist sie denn plötzlich auf und davon?«

»Weiß ich auch nicht.« Zum ersten Mal erschien etwas wie Mitgefühl in Laura Michaelis' Gesicht. Sie dachte nach. Brinkmann sah sie an. »Wissen Sie, soweit ich das beurteilen kann – da war ein Anruf.«

»Aus der Klinik?«

»Ein Anruf«, wiederholte sie. »Ich hab ja nicht abgenommen. Die Frau Doktor war selbst am Apparat. Sie stand dort drüben. Und ich an der Tür. Sie hat keinen Ton gesprochen. Sie hat nur den Hörer angesehen und wieder aufgelegt, sich zu mir umgedreht und gesagt: ›Frau Michaelis, helfen Sie mir packen!‹ Also damit, glaube ich, mit diesem Anruf muß es was zu tun haben.«

Damit? Mit diesem Anruf? Schübel – das Schwein! Von wegen »ähnliche Lage«. Eine Verschwörung. Menschen, denen er vertraut wie niemandem sonst, und die sich als seine Gegner entpuppen. Intriganten, schlimmer noch, Feinde.

Dieses Miststück von Schübel zerreiß ich in der Luft. Er sagte es leise mit mühsamem Atem. So zwischen den Zähnen hindurch – und es kostete ihn seine letzte Kraft...

*

In dieser Nacht fand Klaus Brinkmann keine Sekunde Schlaf. Stunde um Stunde lag er im einsamen Ehebett, blickte zum fließenden Grau der Decke hoch und grübelte.

Am Morgen, kurz vor acht wie immer, ohne sich die Mühe zu machen, die Stoppeln an seinem Kinn zu entfernen, ja, ohne die Kanne Kaffee anzurühren, die an seinem Frühstücksplatz stand, fuhr er in die Klinik. Und er kam im richtigen Augenblick. Kein Fernsehregisseur hätte diesen Auftritt besser inszenieren können. Ein unrasierter bleicher Brinkmann, der auf dem Klinikparkplatz aus seinem Mercedes steigt. Am anderen Ende stoppte gerade Brinkmanns bewährter Freund und Kampfgenosse Gerd Römer den blauen Opel Diplomat. Auf dem Vorplatz strebten Pfleger und Schwestern ihren Arbeitsstätten zu. An den Fenstern aber standen die Patienten, die dankbar einen neuen Sonnentag begrüßten.

Und ausgerechnet jetzt schwenkte mit knatterndem Geräusch der lange Schübel sein Moped in die Einfahrt.

Brinkmann hatte ihn als erster gesehen. Schübel sah überhaupt nichts. Er fuhr zum Parkplatz, stieg ab und war noch, den langen Oberkörper nach vorne gebeugt, dabei, das Moped abzuschließen, als eine schwere Hand seine Schulter packte und ihn hochriß.

Die Hand gehörte dem Chef. Und der war völlig außer sich.

»So!« rief Brinkmann. »Da sind Sie ja. Sehen Sie mich an! Ansehen sollen Sie mich!«

Das tat Schübel dann auch. Was er sah, war ein vor Wut zitternder Mund, aufgerissene Augen, Zornesfalten und eine Röte, die auf einen bedenklichen Blutdruck schließen ließ.

»Was ich will, ist, daß Sie den Mann ansehen, den Sie mit Ihren Intrigen zerstören wollen!«

Nun war auch Gerd Römer bei ihnen angekommen.

»He, Klaus. Jetzt hör mal...«

Klaus Brinkmann aber hörte nicht. Nicht in diesem Zustand. Doch Römer wenigstens hatte er wahrgenommen. Sogar froh war er, ihn zu sehen.

»Um so besser.« Und nun war seine Stimme nicht mehr leise und gepreßt. Jetzt donnerte sie laut über den Platz. »Gut. Und nun drehe ich Ihnen vor Zeugen den Hals um.«

Römers Kinn klappte in ungläubigem Staunen herunter. Und Werner Schübel stand da, steif und blaß vor Schreck. Udo aber, der vom Ambulanzeingang her die Szene verfolgte, kam angerannt. Er fiel Brinkmann in den Arm, riß die Hand weg, die tatsächlich nach Schübels Hals zu greifen schien. Und nun half auch Gerd Römer und entwickelte dabei mehr Kraft und Energie, als man dem kleinen, immer so besonnenen Internisten eigentlich zugetraut hätte.

Schützend stellte sich Römer vor den vollkommen fassungslosen Schübel. »Jetzt mal langsam, Klaus, ganz, ganz langsam.«

Er hob die Hand. Und vor dieser schmalen, gepflegten Römer-Hand, die Brinkmann seit Jahren so gut kannte, wich er tatsächlich zurück.

»Du hast keine Ahnung«, blubberte er.

»Nein. Will ich auch nicht. Aber ich will eins, daß du versuchst, deinen Adrenalinausstoß zu drosseln. Man erwürgt keine Ärzte am hellichten Tag auf dem Klinikareal. Hier wird nur geheilt. Ist das klar?«

Brinkmanns Kopf sank nach vorne auf die Brust. Wie jemand, der sich Mühe gibt, von sich und seiner Umwelt wieder Kenntnis zu nehmen, stand er da.

»Schon gut«, murmelte er. »Danke, Gerd« – drehte sich um und ging in den Garten.

*

Endlich war er allein. Er keuchte ein bißchen, denn er war all die Treppen hochgestiegen. Zwischen Terrassenmäuerchen hindurch, die hinter Brennesseln und staudenhoch wucherndem Unkraut kaum zu sehen waren. Selbst über die Stachelbeeren zog der wilde Hopfen seine Würgeschlingen.

Brinkmann sah es mit Verdruß, nein, mit Trauer. Er hatte sich doch so viel Mühe gegeben im Frühjahr. Mit schmerzendem, frisch vernarbten Herzen. Bis spät am Abend hatte er gesichelt und gerodet, Löwenzahn gezupft, Brombeeren und anderes Teufelszeug zurückgeschnitten. Und nun? Chaos und Wildtrieb, wo man hinsah!

Irgendwo von unten kam der Pfiff des Zuges. Einsam und verloren hing er über dem dunstigen Tal gleich dem Widerschrei eines Vogels. Um seine Situation mal in aller Ruhe zu überdenken, ungestört, nur mit dem Himmel und sich selbst konfrontiert, war Brinkmann hier den Hang hochgestapft.

Nun aber? Nein, er wollte an nichts denken. Nur Ruhe wollte er. Vögel hören. Den Wind oder den Zug dort unten. Von mir aus, dachte er, auch das verdammte Motorrad. Sein Fuß stieß gegen einen Stein, und das tat weh. Dann sah er, aus einem Farnbündel herausragend, einen kleinen, bräunlich verdorrten Stamm, der sich in drei Äste gabelte. Am kleinsten dieser Äste hing ein einziges Birkenblatt.

Brinkmann kauerte sich nieder. Und da war es nun: Das Elend, das er bisher so tapfer zurückgedrängt hatte. Er streckte den Arm aus, ganz vorsichtigt, als berühre er etwas sehr, sehr Zartes, und legte seine Fingerspitzen auf das herzförmige Blättchen. Meine Birke! – Nie habe ich mich um dich gekümmert. Die ganze Zeit nicht... Vielleicht hätte dir ein wenig Wasser geholfen. Aber selbst das war ja zuviel...

Er sah sich wieder hier oben stehen. Sah sich gegen frischen Löwenzahn und Haselnußstauden ankämpfen, den Spaten in der Hand. Er hatte die Birke weit oben am Waldrand gefunden, sie heruntergetragen. An den feinen Wurzeln klebte noch ein wenig Erde. Er hatte sich solche Mühe gegeben, nichts zu verletzen. Das Loch hatte er gegraben, etwas Mist hineingetan und dann die Birke eingepflanzt und gedacht: Wenn sie groß ist, kann Benni sein »BB« hineinschnitzen. Oder vielleicht sogar ein Herz. Falls er sich dann verliebt...

Und nun!

Er bog ein wenig. Und der Ast brach ab. Eingegangen... Nein: Nichts ging zu Ende. Er hatte seinen Weg weiterverfolgt, sich dem Zugriff des Todes entzogen, war zu Wolfgang nach San Franzisko geflogen, hatte Maria getroffen... Sein Herz? Okay! Es schlug. Gelassen und ruhig. Doch für wen?

Ein winziges trockenes Stück Holz drehte Brinkmann zwischen den Fingern und mochte es nicht fallen lassen.

Wie dich Udo angesehen hatte!

Kantiges Kinn. Augen, in denen nicht Auflehnung stand wie früher. Nein, nun waren es Augen, die beobachteten, als studierten sie ein sonderbares Insekt.

Brinkmann warf das Holz weg.

Müde war er, so sehr des Gewichts der Vergeblichkeit bewußt, daß es ihm vorkam, als laste der Himmel auf ihm. Jetzt begreife ich den alten Hiob, dachte er. Aus der Tiefe meiner Not rufe ich zu dir...

Auch Hiob ging es um die Gerechtigkeit. Kannst du das verstehen: Christa hat mich verlassen, den kleinen Sohn darf ich nicht sehen – der große aber, der nach all den Verwirrungen der letzten Jahre zu dem Menschen herangewachsen ist, dem ich am meisten vertraute, wendet sich gegen mich!

»Eine Verschwörung, Vater?« Udos Blick. Dieser bitterspöttische Ton seiner Stimme. Wenn man sich in Feindschaft zusammenfindet, um ein Urteil zu fällen, ist dies keine Verschwörung?

Er stand auf. Sein Rücken schmerzte. Und nun ein wenig auch sein Herz. Alles nur wegen einer verlorenen Brieftasche. Und Marias »berühmte Klarheit«? Sollte er Udo auch noch ihren Charakter erklären? Sollte er sagen: Es war nicht die Brieftasche allein, es war die Geste, das Symbol, daß etwas abgeschlossen ist. Aus! Schluß!... Und da Maria keine Briefe oder irgendwelche Geschenke zurückzuschikken hatte, kam ihr vielleicht die Brieftasche gerade recht.

Wie hatte Maria gesagt, als er aus ihrem Wagen stieg? »Weißt du, ich finde es schön, daß du aufrichtig bist. Das schaffen in solchen Situationen die wenigsten. Ich hab dir von Anfang an gesagt: Überleg dir alles. Wenn du bei deiner Frau bleiben willst, ist es für mich okay ... War halt nur ein amerikanischer Traum ...«

Genau. Nicht mehr. – Und die anderen gaben sich alle Mühe, daraus eine amerikanische Tragödie zu basteln.

Drei Stunden später, einige Minuten nach fünf, berief Professor Brinkmann den Stab zu einer kurzen Konferenz in das Chefzimmer. Alle waren sie da, alle außer Udo und Wolter. Und alle standen sie, die Hände auf dem Rücken, im Halbkreis um den Schreibtisch in Erwartung dessen, was nun kommen würde.

Viel war es nicht. Genaugenommen drei Sätze. »Ich habe Sie hergerufen, meine Herrschaften«, erklärte Brinkmann und erhob sich nun selbst, »weil ich Sie gerne als Zeugen dafür hätte, daß ich Kritik an mir übe. Ich möchte mich entschuldigen. Ich möchte Herrn Schübel, den ich zu Unrecht und in wirklich ärgerlicher Weise angegriffen habe, um Verzeihung bitten.«

Schübels Augen wurden fast kreisrund. Der Mund öffnete sich. Die anderen blickten betreten.

»Gut, das wär's dann für heute«, sagte Brinkmann.

*

Den Saum seiner Jeans hatte er hochgekrempelt. Auf nackten Sohlen kauerte sich Udo neben den Sprungturm direkt an der Zielmarke des Fünfzigmeterbeckens und legte den Kopf in den Nacken.

So recht konnte er das gar nicht glauben.

Der schmale Körper dort oben in dem leuchtendgrünen einteiligen Badeanzug streckte sich jetzt, balancierte auf den Zehenspitzen, blieb für ein paar Herzschläge ganz ruhig, statuarisch wie eine Plastik, wirbelte dann durch die Luft und tauchte senkrecht, glatt wie ein grünes Messer, in das blaue Wasser des Schwimmbades.

Der Bademeister neben Udo nickte anerkennend: »Des isch scho gekonnt, wie die des macht, des Mädle!«

»Meine Frau!«

»Was, Herr Doktor?«

»Meine Beinah-Frau.« Udo wölbte ein wenig die Brust heraus. »Bald wird sie's.«

»Ha, do kann i scho gratuliere. I mein, von meim Standpunkt aus. Arzt bin i ja net.«

»Werden Sie das nie!« mahnte Udo weise, während sein Blick dem dunklen Schatten folgte, der sich nun dem Bassinrand näherte. Claudia hatte die schmalen Hände auf dem Umlauf und lachte zu ihm hoch. Nun zog sie sich mit der Linken die Mütze vom Kopf und schüttelte das Haar. Ihre Locken fielen wie Schlangen über die nackten Schultern.

Das Gesicht aber...

Wenn er es so sah, konnte er nur lächeln. Lächeln und staunen. Mehr war nicht zu tun. Ein Wunder! – Zum ersten Mal drängte sich Udo das Wort auf, und er wiederholte es fast ehrfürchtig bei sich: Ein richtiges Wunder! Ja, das war es – eine andere Diagnose gab's nicht.

Mit dem Champagner-Nachmittag hatte es begonnen. Drei Tage später sah man Claudia bereits auf dem Fahrrad. Dann mit Hanteln bei der Morgengymnastik. Schließlich, das hatte er dann doch verboten, sogar in einem Sport-Studio. Und jetzt? Eine perfekte Schraube vom Dreimeterbrett des Offinger Schwimm-Clubs!

Ja, ein Wunder! – Und weder er noch Römer hatten viel dazu beigetragen, Claudias »Remission« in eine Heilung zu verwandeln...

Claudia wollte sich am Beckenrand hochschieben. Ehe er zugreifen, sie unter der Achsel fassen konnte, schnellte sie heraus, stand vor ihm, lachend, tropfend, ein wenig blaß noch, vielleicht auch etwas mager, aber in den Knien wippend vor Lebensfreude.

Er gab ihr einen Kuß auf die Nasenspitze.

»Man küßt nicht in öffentlichen Bädern«, sagte sie streng. »Und schon gar nicht, wenn man auch noch in Kleidern herumrennt. Wie haben die dich überhaupt so hereingelassen?«

»Wie? – Sagen Sie es ihr, Herr Weigel.«

»Ich kann doch den Herrn Doktor nicht aussperren«, kam der Bademeister Udo zu Hilfe. »Damals, als ich mir die Schulter ausgekugelt habe, da hat er mich ja auch gleich drangenommen.«

»Siehst du. Die Frucht der guten Tat!«

Er warf das Handtuch über ihre Schultern und trocknete ihr den Rücken ab. »Und seither darf ich hier auch im Frack rein.«

»Na, wenn's keiner sieht. Und Sie das lustig finden, Herr Doktor.«

Frack im Bad war nicht wichtig. Wichtig war, daß ihre Augen leuchteten, obwohl draußen ein grauer Tag herrschte, Regen aus tiefen Wolken träufelte und Liegewiese und Platten dunkel einfärbte. Die Stühle waren schon gegeneinandergestellt. An den Umkleidekabinen stapelten sich die Liegen. Der Sommer ging zu Ende.

»Hunger«, hörte er sie sagen.

»Ich auch. Los, wo gehen wir hin? Ich hätte Lust auf 'ne Pizza.«

»Ich möcht aber zum Jugo.«

»Dann stinkst du wieder nach Knoblauch. Kenn ich schon.«

»Wer den anderen liebt, darf sich von Gerüchen nicht abhalten lassen«, deklamierte sie. »Und schon gar nicht von Knoblauch. Außerdem ist der gesund. Und du hast gesagt, ich soll nur noch gesund leben.«

»Richtig. Du sollst nur noch gesund leben.«

Udo winkte dem Bademeister zu, schob sie zu den Kabinen und rief: »Das nächste Mal komme ich bestimmt in Badehose. Und dann springen wir Tandem.«

Beim Jugo, dem serbischen Spezialitätenlokal hinterm

Bahnhof, war's gemütlich. An den Holzwänden hingen rot-schwarz geknüpfte Teppiche. Über der Bar gab's Maiskolben zu bestaunen, eine doppelläufige Jagdflinte, ganze Stränge von schneeweißen Knoblauchknollen und gelben, grünen und roten Paprikaschoten. Alles, einschließlich Flinte, war aus Plastik.

Udo zog sie an den Tisch, den gerade ein mit dem Handtuch wedelnder, freundlicher, dicker Kellner für sie freigemacht hatte.

»Mirko«, sagte Udo leutselig, »bringen Sie uns mal die Karte – oder besser noch, sie empfehlen.«

»Braucht er gar nicht«, unterbrach Claudia. »Ich will Ćevapčići. Und Bier. Viel Bier. Und Krautsalat. Nein, serbischen Salat. Und dann so einen Strudel oder wie das heißt.«

»Hör mal, du ißt mich ja arm!«

Aber Udos Protest war nicht ernst zu nehmen. Wie auch, bei so viel anbetend-glücklichem Strahlen auf seinem Gesicht?

Dann jedoch, als zuerst die Bohnensuppe kam, die er unbedingt haben wollte, änderte sich das. Nachdenklich blickte er auf die bräunlich-rote Flüssigkeit.

»Was hast du denn?«

»Ja nun, ich wollte dir etwas sagen.«

»Dann sag schon.«

Sie war alarmiert. Der Blick. Irgendwas kam auf sie zu: »Aber Vorsicht! Ich bin im Genesungsprozeß. Genesende soll man schonen.«

Nun lachte er wieder: »Tu ich! Keine Angst, es ist eine freudige Nachricht.«

»Ach?«

»Hast du dir schon mal überlegt, wo wir den Winter verbringen? Jetzt wird's bald Herbst. Und frieren und hier wochenlang im Regen hocken, nichts haben als Nebel und einen mißgelaunten Mann zu Hause – das ist wirklich nichts für Genesende.«

»Was dann?«

Er griff in die Brusttasche und holte ein Zeitungsblatt hervor. »Lies das erst mal.«

Das Blatt war zusammengefaltet. Sie strich es glatt. Ihre Suppe kam. Sie ließ sie stehen. Der Zeitungsausschnitt war aus der Schweizer *Weltwoche* rausgeschnitten. EIN HERZ FÜR AFRIKA – lautete die Überschrift. Sie überflog kurz den Text, ohne so recht zu verstehen. Von einem wissenschaftlich-medizinischen Forschungszentrum war die Rede, von einer Gruppe von Medizinern, Franzosen, Deutschen und vor allem Schweizern, die dort mitten im Busch mit Hilfe des Roten Kreuzes und verschiedener Regierungsinstitutionen ein neuartiges Modell der medizinischen Versorgung erproben sollten, das nicht zuletzt den Forschungsgrundlagen zur Bekämpfung von Tropenkrankheiten zugute kommen würde. Der letzte Absatz ließ Claudia aufmerksam werden. »Bei seiner Podiumsdiskussion für das Welschschweizer Fernsehen wies Doktor Herbert Vollmers, der für die wissenschaftliche Leitung des Projekts zuständige Deutsche, darauf hin, wie unendlich schwierig es sei, junge tatkräftige und fachlich erprobte Mediziner zu gewinnen. Darin bestünde ein Grund, warum er nach Genf gekommen sei. Was vor allem not tut, seien, so Vollmers, Chirurgen, die es fertigbringen würden, sich aus dem goldenen Käfig ihrer gesicherten Klinik-Existenz zu lösen.«

»Und. Ist dir dein goldener Käfig schon zu eng geworden? Oder was soll das?«

»Goldener Käfig ist gut. Nein.«

Er beugte sich nach vorne. »Du, ich meine das ganz im Ernst.«

»Nach Afrika – hör mal, ich kann doch ...«

»Du nicht. Jetzt nicht.«

Sie schloß die Augen. Es war ein wenig viel. Aber schlimmer noch war die Angst, die in ihr hochstieg – eine Angst, die sie sich nicht erklären konnte, aber die sich an einem Namen entzündet hatte: Vollmers.

»Moment mal? Das ist doch dieser Freiburger, bei dem Christa damals studierte, und der ...«

»Ja«, nickte Udo, »von dem mein Vater mal behauptete, er habe ihm Hörner aufgesetzt. Und den er dann trotzdem zusammenflickte.«

»Und?«

»Und? Ich habe ihn angerufen. Er ist zur Zeit in Bern. Jedenfalls: Ich habe ihn erwischt.«

»Angerufen? Ja, wieso denn das, um Himmels willen? Wie kommst du denn auf die Idee?«

Mirko schleppte Gläser und Teller heran. Das fleischige Dreiecksgesicht des Jugoslawen strahlte vor Zuvorkommenheit und Diensteifer.

Claudia bemerkte es gar nicht.

»Was ist denn bloß los? Hast du vielleicht wieder Krach mit deinem Vater?«

Nun warf auch Mirko vorwurfsvolle Blicke. Das hört ein Serbe anscheinend nicht so gerne: Krach mit dem Vater!

Udo griff nach dem frisch eingeschenkten Bierglas. Er trank ein, zwei Schlucke und wischte sich mit den Fingern etwas Schaum von den Lippen. »Krach?« sagte er. »Ich weiß nicht, wie man es nennen soll. Krach? Nein, das nicht.«

»Was dann?«

Nun nahm er noch einen Schluck. »Ich habe mich in den letzten Tagen oft mit Christa unterhalten. Und ich habe mir sehr viele Gedanken über meinen Vater gemacht.«

»Warum hast du mir nichts davon gesagt?«

»Wußte ich, daß du Sprünge vom Dreimeter machst?« lächelte er. »Aber ernsthaft: In mir ist irgendeine Sperre. Ich versuche mich dagegen zu wehren. Aber ich schaffe es nicht. Er hat uns zu sehr enttäuscht.«

»Wen? Christa und dich?«

»Ach das gehört dazu, daß ich ›uns‹ sage, Claudia.« Er suchte ihre Hand. »Und gerade dieses ›uns‹ quält mich. Meine Mutter gehört auch dazu. Du weißt, wie ich sie geliebt habe. Ich hing an ihr, wie nur ein kleiner Junge an seiner Mutter hängen kann. Er war ihr nicht treu. Die Gründe, die ihn dazu bewogen haben, kenne ich nicht.

Jedenfalls, er war bei einer anderen, als sie starb. Der Gedanke war für mich schon immer schwer gewesen.«

Claudia nickte. Der Druck ihrer Finger verstärkte sich. »Und dann?«

»Er war bei Elena Bach. Er war jahrelang mit ihr zusammen. Eine Anästhesistin.«

»Ich kenn das doch schon alles, Udo!«

Er hörte es kaum. Zu sehr war er mit sich selbst und dem beschäftigt, was er ihr sagen wollte, ganz so, als könnte er dadurch Klarheit in seine Gedanken bringen, daß er sie in Worte zwang.

»Sieh mal: Ich habe ihm das damals gesagt. Und immer wieder vorgehalten. Bei Elena Bach wiederholte sich das Ganze. Und auf wirklich tragische Weise. Sie kam ums Leben. Elena Bachs Nachfolgerin aber...«

»Ist Christa?« Claudias Unterlippe straffte sich. »Das ist so leicht gesagt: die Nachfolgerin... Mein Gott, auch bei dir gab's doch immer eine Nachfolgerin.«

»Nicht so. Nicht so tödlich besitzergreifend. Nicht so mit Haut und Haaren und allen Konsequenzen. Elena Bach litt darunter. Ihr Wagen flog aus der Kurve – weil sie es nicht mehr schaffte. Damals war mein Vater auf Christa aus.«

»Die alte Geschichte. Du vergißt sie nie. Es war doch kein Selbstmord, Udo, nimm doch Vernunft an!«

»Das versuche ich ja gerade.«

Das Essen kam. Mirko verteilte Reisbällchen, Gemüse und kleine Fleischwürste, und er tat es mit soviel freundlicher Würde, daß Claudia ihm unwillkürlich zulächelte. Udo aber schob den Teller von sich weg. »Das Problem ist bloß, ich schaff es nicht, Claudia. Wirklich nicht. Ich verbinde das alles. Und vielleicht zu Recht? Nein, laß mich aussprechen! – Ich glaube, Christa hat das besser formuliert. Gestern abend war ich mit ihr zusammen. Und auch mit Katharina und Angie.«

»Ich denke, Katharina ist schon längst weg.«

»Quatsch! Die will doch umbauen. Und was sie nicht selbst macht, taugt nicht. So ist sie nun mal. Jedenfalls,

Christa sagte das ganz richtig. Sie sagte, es ist wie mit einer Brücke. Du bist hundert-, du bist tausendmal darübergegangen, du liebst sie, du vertraust ihr – und dann eines Tages liegst du plötzlich im Wasser. Gut, die Brücke wird wieder aufgebaut. Aber du hast Angst, du witterst überall Gefahr. Du betrachtest jede Strebe, jeden Balken, ob da nicht was falsch gemacht wurde. Statt Vertrauen – Angst. Das ist es wohl.«

»Und damit meinst du im Ernst dein Verhältnis zu deinem Vater.«

»Ja. Das schlimme ist, ich sehe jetzt nur noch seine Schattenseiten. Die Fehler, die er macht. Ich sehe immer wieder meine Mutter und Elena, die ich nicht retten konnte. Verstehst du?«

Sie schwieg. Sie hatte sich so auf das Essen gefreut. Nun stocherte auch sie lustlos im Reis herum. Und schämte sich vor Mirko, der sie aus dem Hintergrund des Lokals beobachtete. So schob sie sich doch entschlossen eine Gabel in den Mund. Ruhe, dachte sie – so geht's nicht. Und wußte zugleich: das Schlimmste kommt noch.

Es kam.

»Ich glaube«, sagte Udo und schloß die Augen, »ich glaube, ich sollte Vollmers zusagen.«

»Was? Nach Afrika? Und auch noch zu Vollmers.«

»Wieso denn nicht?«

»Und wie wird dein Vater es aufnehmen.«

»Das spielt jetzt keine Rolle. Für mich nicht. Aber Afrika! Ich könnte mich beurlauben lassen. Zwei, drei Monate vielleicht.«

»Und ich?«

»Du kommst mit. Oder nach.«

»Udo.« Ihre Serviette fiel zu Boden. Sie hob sie auf und tupfte den Mund ab, sehr sorgsam, so, als sei sie in einem Kurs für gutes Benehmen. Sie tat es, um Zeit zu gewinnen. Ja, mit dieser Geschichte fertig zu werden, mit diesem Udo, der derartige Dinge in seinem Herzen herumtrug, ohne sie ihr zu eröffnen …

Er sah sie an, von unten, den Blick beschwörend auf sie gerichtet: »Ich weiß, daß du mich für verrückt hältst, aber ich hab mir wirklich alles gut überlegt. Schau mal, es geht so schön aufwärts mit dir. Und das Klima in Jos ...«

»Jos?«

»Das ist im Norden von Nigeria. Dort befindet sich Vollmers' Institut. Es ist trocken. Sein Klima ist auch therapeutisch betrachtet das Beste, was dir geschehen kann. Du kommst in drei Wochen nach. Die ganze Grippe, die jetzt auf uns zurollt, der ganze Ärger, ja, dieser ganze verdammte Dreck – vorbei! Hinter sich lassen! Weg damit!«

Sie nickte. Was konnte sie schon sagen.

Jos? – Nigeria, Afrika. Konkrete Vorstellungen waren es nicht, die in ihr hochdrangen, irgendwelche laute, bunte, eher wilde und wirre Bilder. Wie ein Kindertraum. Büffelherden. Schwarze Menschen. Elefanten. Trommeln. Und Udo als Medizinmann vor der Hütte, umgeben von lauter kleinen netten Eingeborenenkindern.

So etwa.

Doch half das weiter?

»Sieh mal«, sagte er, »drei, vier Monate. Vielleicht sogar ein halbes Jahr. Nur einmal Abstand gewinnen. Ich glaube, das ist das Wichtigste. Einmal raus aus allem. In eine neue Haut schlüpfen, unser ganzes Leben, die Klinik, meinen Vater, alles aus einer neuen frischen Perspektive betrachten. Das wäre der Gewinn.«

Das wiederum konnte Claudia sich sehr gut vorstellen. Und sie wußte auch, er hatte recht.

»Vielleicht wird dann alles gut.« Er begann zu essen. Abgekühlte Ćevapčići. Kalten Reis. Und aß auch noch mit Heißhunger. Und trank. Nicht nur das Glas. Bestellte noch eine Flasche Bier, überlegte es sich dann und rief: »Nein, Mirko laß das Bier. Bring den guten Wein. Irgendwas Dalmatinisches, okay.«

»Okay«, Mirko strahlte wieder. Und Udo mampfte zufrieden.

»Außerdem«, jetzt grinste er sogar – ein Grinsen, das

Claudia nicht gefiel –, »eine große Lücke entsteht ja nicht, wenn wir uns 'ne Zeitlang in Afrika betätigen. Mein Vater hat ja Schübel. Von dem hält er sowieso mehr als von mir. – Zumindest als Chirurg.«

*

Morgen war's, ein ganz und gar unschuldiger Morgen. Ein Bilderbuch-Morgen. Mit kleinen frechen Spatzen, die über die Terrasse des Gessnerschen Hauses flogen, sich in dem inzwischen leergepumpten Swimmingpool niederließen, mit Bäumen, die bereits die erste Herbstfärbung ansetzten, einem rot- und blaugestreiften Ball, der sich unter dem Wind vom Hang unschlüssig hin und her bewegte, ohne sich zum Rollen zu entschließen, Strampelhöschen, die auf der Wäscheleine flatterten, und einem Klaus Brinkmann, der am Fuß der langen Treppe zögernd die eiserne Gartentür aufmachte.

Das erste, was Brinkmann sah, war die Milch. Drei Kartons. Milch brauchten sie jetzt jede Menge für Angie und Bennie.

Schon der Gedanke beschwerte sein Herz. Langsam, die Kartons gegen die Brust gedrückt und mit dem unheilvollen Gefühl des ungebetenen Gastes, der in ein fremdes Revier eindringt, stieg er die Stufen nach oben.

Der Rasen war frisch gemäht. Die Blumenrabatten umgegraben. Katharina hielt auf Ordnung. Auch wenn sie ihren Besitz nur zwei- oder dreimal im Jahre sah, stets war alles tipptopp.

Mit Wehmut dachte er an den eigenen Garten. Und an seine Birke. Doch wer gab ihm schon die Zeit zur Pflege? – Katharina? Nun, Geld zu haben bedeutete, Hilfe kaufen zu können. Du aber? Du hast nicht mal die Zeit, an den Garten zu denken. Wer hilft dir? Wer bespricht so was mit dir? Wo ist deine Frau, dein Kind?!

Falls er die Hoffnung hatte, die beiden in aller Herrgottsfrühe in Katharinas Gästehaus anzutreffen, sah sich Brinkmann getäuscht. Katharina – sie war da, ja! Die Tür war geöffnet – und da stand sie am Kühlschrank, schmal, schlank, in einem wunderschönen blauroten Kleid aus bedruckter Seide. Makellos selbst zu dieser Stunde. Sie lächelte ihm entgegen. »Sieh mal einer an! – Jemand, der Kaffee braucht.«

»Genau.«

»Ist das etwa die erste Tasse?«

Brinkmann nickte deprimiert. »Leider. Frau Michaelis kommt jetzt immer erst später runter. Und mit dieser verdammten Kaffeemaschine komme ich einfach nicht zurecht.«

»Aha« – sie nickte und warf ihm einen Katharina-Gessner-Blick zu. »Das bedeutet auch ein Brötchen natürlich. Vielleicht mit Brombeermarmelade? Außerdem hätte ich noch Orangen und Erdbeeren anzubieten. Wie ist es denn damit, mein Einsamer.«

»Die Marmelade ist mir egal. Wichtig ist nur, daß du dich nicht über mich lustig machst.«

Katharina schüttelte den Kopf und deckte weiter den Tisch. Schon schäumte in der Glasröhre des Automaten dunkel der Kaffee hoch, Butter und Käse kamen auf den Tisch. Sie sagte: »Wie könnte ich mich lustig machen? Wo Ehekrisen doch immer so schrecklich tragisch sind.«

»Hör mal, Katharina. Ich mach dir schließlich keinen Vorwurf, daß du Christa aufgenommen hast.«

»Warum sollte ich das auch annehmen? Was sollte sie denn tun? Mit Benjamin im Straßengraben übernachten?«

Brinkamnn atmete tief. Er hätte jetzt verdammt gern seinen Kaffee gehabt. Und was Katharina da gerade gesagt hatte – na, besser einfach wegstecken. »Sag mal, Katharina. Ehrlich. War die ganze Geschichte eigentlich von langer Hand vorbereitet zwischen euch?«

Sie schüttelte den Kopf. »Sie rief an und fragte, ob sie die zwei Zimmer unten haben könnte. Ich sagte ja. Das war alles.« Sie zögerte und fügte dann hinzu: »Ich sagte gern ja.«

»Und? Hat sie dir alles erzählt?«

»Was denn?« Sie lächelte, goß den Kaffee ein, schob ihm die Tasse zu und gab Milch hinein. »Sieh mal, das ist es, was ich an Christa so schätze: ihre Zurückhaltung. – Leider habe ich keine Brötchen mehr. Ein Stück Brot?«

»Danke, danke.« Doch dann überlegte er es sich anders: »Ja, bitte. Vielleicht sogar zwei. Seit gestern habe ich nämlich kaum was gegessen.«

Katharina strich ihm stumm ein Brot.

»Du hast also keine Ahnung? Wieso?«

»Wieso? Weil ich's nicht wissen will. Weil man euch doch nicht helfen kann. – Noch etwas Leberwurst?«

»Ja, bitte.« Er sah ihr zu, wie sie die Wurst verteilte. Dann wagte er doch die Frage: »Und wie stellt ihr euch das eigentlich hier vor? Wie soll's denn weitergehen?«

»Wie? Wie immer. Claudia kommt jetzt auch hierher. Der geht's ja soviel besser. Gott sei Dank.«

Brinkmann biß in sein Leberwurstbrot. Es schmeckte gut, Er trank einen Schluck Kaffee nach. »Weißt du, wir sehen uns nur noch in der Klinik. Das ist doch kein Zustand. Was heißt denn wie immer? Und die Leute? Die werden doch«, er kaute und schluckte, hatte Mühe mit beidem, mit dem Brot und den Worten, »die werden doch reden.«

»Das tun sie immer.«

»Nun, in meiner Position. Das ist doch einfach unmöglich. Der ganze Quatsch! Ich habe nichts getan, wirklich nichts. Und unser Haus ist groß genug. Sie kann doch zurückkommen.«

»Noch etwas Kaffee?«

Das Wurstbrot hatte Brinkmann vertilgt. Nun lehnte er sich in seinem Stuhl zurück. Er beobachtete, wie ihre ruhige Hand ihm die zweite Tasse Kaffee eingoß. Er dachte an sein Herz. Die würde er stehenlassen.

»Weißt du, du hast schon eine entwaffnende Art, die Krise zweier Menschen zu ignorieren.«

»Niemand hält dich davon ab, zu einem Eheberater zu gehen.«

»Entwaffnend«, wiederholte Brinkmann, »und auf irgendeine ganz komische Weise auch wohltuend. Ich hab so viel um die Ohren. Ärger. Intrigen. Die ganze Klinik wird ein richtiger Saustall. Da tut's einem schon gut, mal auf einen sachlichen, ausgeglichenen Menschen zu treffen. Wo ist denn Angie?«

»Die schläft noch. Oben im Zimmer mit Christa. Sie ist ganz vernarrt in deinen Kleinen.«

»Nicht nur die.« Brinkamnn nickte traurig. »Nicht nur Angie, das kannst du mir glauben. So, ich werd' jetzt leider gehen. Ich muß jetzt. Die warten auf mich. Vielen Dank für den Kaffee.«

*

Marmorfußböden gab es hier, tiefschimmerndes Furnier, Teppiche selbst auf den breitgeschwungenen Treppen, schwarzgekleidete Kellner, die sich benahmen wie die Butler im englischen Königshaus – und Gott sei Dank auch eine Bar. An die hatte sich Werner Schübel gerettet. Dort saß er nun, zupfte an diesem verdammten Ding von Krawatte herum und versuchte zu überlegen.

So einfach war das nicht.

Zweihundert Mark verspielt! Was seine Fingerspitzen in den Hosentaschen fühlten, waren die beiden Zwanziger, die ihm noch blieben. Jesus Christus hatte mit sieben Broten Tausende ernährt! Doch das Spielkasino von Baden-Baden war schließlich nicht der See Genezareth. Wie sich aus den beiden schäbigen Scheinen 2400 Eier machen ließen – der Genieblitz wollte sich nicht einstellen. Und die 2400 reichten ja noch nicht einmal. Die Rückfahrkarte. Ein Bierchen vielleicht. Besser ein paar Schnäpse.

»Einen Schnaps.« Schübels Zunge war schwer.

»Welchen bitte?« erkundigte sich der Mann mit dem schwarzlächelnden Ölaugen hinter dem Tresen. Einen roten Propeller hatte er um den Hals gebunden. Schübel haßte die Dinger.

»Eine Williams-Birne? Einen Calvados vielleicht – oder einen Schladerer Reserve?« erkundigte sich das Ölauge.

»Ein Bier«, erwiderte Schübel.

Der mit dem Propeller verzog noch nicht einmal den Mund. Gut erzogen, erstklassiges Personal! Alles was recht ist.

Schübel betrachtete das Bier, das man ihm zuschob. Und er ließ es stehen. Er bezahlte die 8,50 Mark und rutschte vom Hocker. Drüben die Tische. Über den Tischen die Lampen. Sie ließen den grünen Filz und die schwarzen goldschimmernden Kessel, die seine Einsätze mit Staubsaugergeschwindigkeit weggesaugt hatten, magisch leuchten.

Und gleich am nächsten Tisch, am Kopfende, saß wieder so ein Dicker. Eine ganze Pyramide goldener Jetons vor sich. Mindestens 20000 waren das. Wenn nicht mehr. Und ein Gesicht wie ein Reeperbahn-Rausschmeißer. Genauso unbeteiligt starrte er auf das Vermögen vor seiner Nase.

»Rien ne va plus«, verkündete der Croupier.

Hat total recht – dachte Schübel und verließ schwankenden Schrittes das Spielkasino von Baden-Baden.

Die Nachtluft wenigstens tat gut. Schübel versuchte sich zu orientieren. Wo er hinsah, schwarze Hausfassaden. Wie ausgestorben. Als sei das ganze Leben dieses Kaffs im Kasino konzentriert. Kein Mensch auf der Straße. Und nirgends eine Kneipe.

»Zum Bahnhof« las Schübel auf einem Hinweisschild. Und zum Bahnhof ging er auch, das einsame Klappern der eigenen Absätze in den Ohren. Eine schwarze Katze sprang unter einem Auto hervor und raste über den Bürgersteig. Schübel winkte ihr nach. »Tschau, Schwester. Laß es dir gutgehn.«

Und da war er dann endlich – der Bahnhof. Blau leuchtendes Licht über einem leeren Platz. Selbst der Taxistand verwaist.

Bei diesem Anblick erwachte in Schübel eine dumpfe, verschwommene Ahnung kommenden Unheils. Es war nicht stark genug, die dämpfenden Schichten zu durchstoßen, mit denen der Alkohol alles Ungemach verhüllte. Aber irgendwie – irgendwie stimmt da was nicht. Wenn jetzt zum Beispiel kein Zug kommt. Aber das gibt es doch nicht. So was ist ja unmöglich. Außerdem – wo du doch zurück mußt, wie soll da kein Zug fahren.

Ja: wie?

Die Schalter geschlossen. Die Wartehalle leer. Die Rolläden vor der Gepäckausgabe heruntergelassen. Und nur ein einzelner älterer Mann in einem blauen Overall, der sich auf einen Besen stützte.

»Zug? Na hören Sie mal. Der nächste fährt morgen um 7.30 Uhr. Hier kommen Sie nicht weg.«

Schübel nickte dumpf.

»Und Taxi?«

»Ein Taxi wollen Sie nach Offingen. Das kostet aber.«

Wieder nickte Schübel. Das kostete. Und wie! Eine dämlichere Frage konnte er gar nicht stellen.

»Na ja«, grinste Schübel melancholisch. »Dann machen Sie mal schön Ihren Bahnhof sauber. Viel taugt der ja nicht. – Ich geh jetzt zu Fuß. Schade, daß es nirgends noch 'nen Schnaps gibt.«

»Auch damit kann ich Ihnen nicht dienen.«

Der Mann lächelte. Nach Schübels Meinung war er längst über die Pensionsgrenze hinaus. Aber dieses Lächeln – eine stillvergnügte Schadenfreude. Fast wie ein Junge.

Draußen hatte die Wirklichkeit Schübel wieder. Der Wind war nicht mehr angenehm, sondern kalt. Baden-Baden war nun kein romantisches Städtchen, sondern eine Art Gefängnis, aus dem er sich schleunigst befreien mußte. Doch wie? Mit dreißig Mark und ein paar Zerquetschten. – Du könntest vielleicht einen Wagen anhalten. Wenn einer jetzt nachts auf die Idee käme, nach Offingen zu kutschieren. Oder vielleicht den Geldtransporter, der bald im Kasino vorfahren und auch deine Kohle mitnehmen wird. Aber wo die Pistole hernehmen?

Das einzige, das Werner Schübel in dieser schlimmen Stunde der Niederlage wie eine Verheißung vorkam, war der erleuchtete Glaskasten einer Telefonzelle. Dort drinnen entlud sich dann der Handlungsdruck in Schübels umnebeltem Schädel in einer Kette sonderbarer Entscheidungen, über die er sich noch Wochen und Monate später vergeblich versuchte klarzuwerden.

Die erste Entscheidung bestand darin, im Ortsregister des Telefonbuches Offingen zu suchen. Die zweite, mit dem Finger die Namen mit dem Anfangsbuchstaben B entlangzufahren – bis: Brinkmann, Klaus. Prof. Am Schönrain 4. Und die dritte, die hier angegebene Nummer zu drücken. Dabei warf er doch tatsächlich noch einen Blick auf die Uhr: 00 Uhr 10. Mitternacht also vorüber. – Na und?

»Brinkmann«, meldete sich eine verschlafene Stimme. Er mußte das Telefon neben dem Bett haben.

»Schübel«, sagte Schübel.

120 Kilometer von der Telefonzelle entfernt, fuhr ein verschlafener Klaus Brinkmann wie von der Tarantel gestochen aus den Kissen hoch. »Sie!«

»Ja, Herr Professor. Ich wollte mich auch entschuldigen.«

»Das ist die Krönung, daß Sie sich entschuldigen wollen.«

»Ja. Was soll ich denn sonst tun? Ich bin hier am Bahnhof in Baden-Baden und komme nicht nach Hause. Außerdem vertelefonier ich gerade meine letzten Groschen. Der nächste Zug fährt erst morgen früh.«

Pause.

Schließlich ein Stöhnen.

Dann: »Mann! Und da ist Ihnen außer mir niemand eingefallen.«

»Doch. Aber die anderen würden ja alle denken, ich verkohle sie.«

»Sagen Sie«, kam es mißtrauisch zurück, »sind Sie eigentlich betrunken?«

Schübel versuchte eine ehrliche Antwort zu finden. Schließlich entschloß er sich zu einem »Na ja, etwas schon. Es ist nämlich auch... weil... ich hab doch Frühdienst morgen. Und der erste Zug geht um halb acht. Und gleich hier fällt mir mein letzter Groschen runter. Ich meine im

Automat. Sagen Sie, Herr Professor, dürfte ich Sie vielleicht darum bitten, ich meine, würden Sie sich bemühen ...«

»Bemühen ist das richtige Wort, Herr Schübel. Ich werd mich bemühen.«

»Das vergeß ich Ihnen nie.«

»Ich Ihnen auch nicht. Darauf können Sie Gift nehmen, Schübel. Aber sagen Sie mir jetzt lieber, wo Sie stecken.«

»Am Bahnhof. Da ist 'ne Telefonzelle.«

»Wenn Sie dort nicht bleiben, schlag ich Ihnen den Schädel ein. Und zwar so gründlich, daß ich mich bei Ihnen nicht noch mal zu entschuldigen brauche. Bis nachher.«

Die Verbindung war zu Ende.

*

»Es waren nur drei kleine Fläschchen aus dem Automaten«, versicherte Schübel später auf der Rückfahrt und kurbelte das Fenster herunter, damit seine Fahne nach draußen abziehen konnte. »Ich war ja so verzweifelt, als auch der Zug noch weg war.«

Brinkmann gab keine Antwort. Schweigend steuerte er den Mercedes über die dunkle Landstraße. Und nun zum erstenmal fühlte sich Schübel wirklich elend.

»Ich hab gespielt und verloren, Herr Professor. Alles verloren. Nicht mal dem Taxifahrer konnte ich sagen: Bringen Sie mich nach Hause. Ich bezahl Sie, wenn wir dort sind. Zu Hause habe ich nämlich auch nichts.«

»Aber gespielt haben Sie, Schübel! Womit eigentlich? Den Vorschuß hat Mühlmann Ihnen doch verweigert.«

»Ich hab schon vor einiger Zeit mein Auto verkauft. Das war der Rest. Und der ist nun auch futsch.«

Unerträglich dieses Schweigen. Schübel hing in der Ecke seines Sitzes, den Ellbogen auf der Türstütze, und betrachtete die schwarze Silhouette seines Chefs. Was für ein Mensch! Der kommt, holt dich und karrt dich durch die Nacht. »Einen schönen Chirurgen haben Sie sich da an Land gezogen, was? Frauen und Spielkasinos.«

Brinkmann warf ihm einen kurzen Blick zu: »Ja. Und davon stand nichts in Ihren Bewerbungsunterlagen.«

»Nein. Davon nichts«, bestätigte Schübel. »Ich trink vielleicht manchmal ein bißchen viel – aber ein Kasinogänger bin ich nicht. Doch diesmal – was sollte ich denn tun? Ich kann ja nicht mal meiner Rosmarie Geld nach Hause schikken. Die braucht es. Ich wollte heute gewinnen.«

»Hätten Sie ihr doch Ihr Autogeld geschickt.«

»Und? Wie bezahl ich meine Miete? Zwei Monate bin ich damit im Rückstand.«

Brinkmann nickte nur. Ganz so, als habe er nichts anderes erwartet, als sei es das Normalste von der Welt, daß ein Arzt an seiner Klinik nicht einmal die Miete bezahlen kann.

Widerstand regte sich in Schübel. Mehr noch – Zorn. Nicht gegen Brinkmann, der war ja nun wirklich in Ordnung, der holte ihn hier aus diesem Sumpf heraus, scheute keine Mühe, verzichtete sogar auf seinen Schlaf – dabei mußte er morgen operieren. Du doch auch! – Dieser Gedanke war wie ein fernes Wetterleuchten. Es machte ihm keine Sorgen. Schon gar keine Angst. Etwas anderes beschäftigte ihn:

»Warum habe ich nur nicht gewonnen? Wissen Sie, Herr Professor, da stand neben mir so 'ne alte Tante, so 'n Typ Industriellenwitwe, den Schmuck hätten Sie mal sehen sollen. Und wissen Sie, was die einkassiert hat? 50000 mindestens. Solange ich dastand. Und dann einer, der sah aus wie ein Zuhälter, so ein Reeperbahn-Boxer, und wissen Sie, was der ...«

»Lassen Sie mich damit in Ruhe.«

»Und ich, ich kann mir nicht mal ein Taxi für die Heimfahrt leisten. Ich muß Sie bitten. Sie habe ich aus dem Bett gescheucht. Wenn Sie nicht wären, Herr Professor, ich würde an der Menschheit verzweifeln.«

Und genau denselben Satz wiederholte Schübel auch später, als er mit hängendem Kopf auf der Bettkante in seiner Wohnung saß: »Wenn Sie nicht wären, Herr Professor, ich würde an der Menschheit verzweifeln.«

Brinkmann, der gerade mit einem Glas Wasser in der Hand aus diesem schrecklichen Saustall von Küche zurückkehrte, konnte nur noch den Kopf schütteln: »Wenn Sie meine Meinung wissen wollen: Das läuft langsam umgekehrt. Die Menschheit beginnt an Ihnen zu verzweifeln, Schübel. So! Hier haben Sie drei Pillen, die nehmen Sie. Vielleicht helfen die gegen den Kater morgen früh. Und ausschlafen können Sie auch. Oder meinen Sie, ich lasse Sie morgen in den OP?«

Schübels Kopf pendelte zur Seite. Aus rotumränderten Augen blickte er zu Brinkmann hoch: »Danke. Warum tun Sie das?«

»Das frage ich mich auch. Retten kann ich Sie nicht.« Nur flüchtig tippte er die zusammengekrümmten knochigen Schultern seines Oberarztes an: »Das können nur Sie allein, Schübel. Was ist – muß ich den Schnaps hier mitnehmen?«

Schübel schüttelte den Kopf. »Keine Angst. Alkoholiker bin ich noch nicht. Aber was nicht ist, kann ja noch werden.«

Brinkmann blickte unschlüssig auf einen schmalen Schädel und einen sich langsam lichtenden Scheitel.

»Sie haben jetzt einen Moralischen, Schübel.« Seine Stimme klang ruhig, sogar ein wenig ermunternd. »Morgen sieht alles wieder besser aus. Ich bin jetzt auch müde. Gute Nacht.«

»Gute Nacht, Herr Professor.«

Doch das hörte Brinkmann nicht mehr. Er hatte die Tür bereits hinter sich zugezogen.

*

»Na, also alles zusammengenommen: Ein Ruhmesblatt war das hier ja gerade nicht gewesen.«

Manöverbesprechung nach der Arbeit. Irmi, die neue Springerin, half Brinkmann aus dem Mantel. Udo ließ seinen einfach auf den Boden fallen. Er wirkte müde und angestrengt, ja – aber da war noch etwas anderes, das den Grund seiner Augen grünlich aufflimmern ließ.

Christa, die bei der Hüftgelenksersatzplastik die zweite

Assistenz übernommen hatte und somit Vater und Sohn zur Hand ging, erkannte als erste das heraufziehende Unheil. Da stand Udo nun, mit nackten Schultern, nackten Armen, der Schweiß auf seiner Haut schimmerte im Licht der Lampen. Ruckartig flog der schmale Kopf herum.

»Was willst du damit sagen?«

»Was ich damit sagen will? Daß ich und Schübel für den gleichen Eingriff letzte Woche, und zwar bei einem konstitutionell bedeutend schwierigeren Patienten, viel weniger Zeit gebraucht haben. Und wir?« Ein Blick hinauf zur Uhr über der Tür: »Sieh doch selbst, Udo.«

»Das tu ich nicht. Brauch ich nicht.«

»O doch. – Ich bin kein Mensch, der mit der Stoppuhr operiert. Aber wir haben erheblich mehr Zeit für die gleiche Arbeit...«

»Ach ja? Wieso holst du dann nicht Schübel, wenn der so viel besser ist als ich.«

Udo hatte es nicht leise gesagt, geschrien hatte er. Und nun drehten alle die Köpfe nach ihnen um. Auch Ackermann, der gerade sein Gerät versorgte, hob den Kopf. Ein starres, unheilvolles Schweigen lag im Raum. Die Instrumente, der Narkoseapparat, der chromfunkelnde Tisch und die Blutspuren der Operation verstärkten noch den Eindruck. Jetzt schien auch Brinkmann zu erkennen, was auf dem Spiel stand. Ganz sachte legte er die Operationsmaske in den Wäschekorb.

»Vielleicht, Udo, ist es nicht der rechte Augenblick, solche Probleme zu erörtern. Vielleicht auch nicht der richtige Ort.« Christa blickte von einem zum anderen. Dann legte sie die Hand auf Udos Unterarm. Aber er schien es nicht einmal wahrzunehmen. »Vielleicht«, sagte er schneidend, »ist Herr Schübel auch gar nicht verfügbar. Weil er seinen Rausch ausschlafen muß, zum Beispiel. Und weil es da noch andere Dinge gibt, die verhindern, daß sein einzigartiges Talent zum Zug kommt. Und noch etwas...«

Das klang gefährlich leise: »Vielleicht hab auch ich die Schnauze voll.«

Keiner sprach einen Ton. Vom Bedienungspult kam das leise Ticken der elektronischen Anzeigen. Es war das einzige Geräusch im Raum. Brinkmann gab keine Antwort. Er sah seinen Sohn an, dann seine Frau, schüttelte stumm den Kopf und verließ den Raum.

»Mein Gott, Udo«, fuhr Christa ihn an. »Muß das eigentlich sein?«

»Das weiß ich nicht, Christa.« Er sah die anderen an, Ackermann, die kleine Irmi, jeden einzelnen, dann hob sich seine Brust unter einem gequälten Seufzer: »Ich muß mich bei euch entschuldigen. Mein Vater hat wohl recht, dies ist nicht der richtige Ort. Aber manchmal...«

Manchmal gehen die Nerven mit einem durch – das wollte er sagen, aber er behielt es für sich. Er wartete, bis er sicher war, daß sein Vater den Vorbereitungsraum verlassen hatte, dann nickte er allen zu und ging.

Eine Viertelstunde später ließ sich Udo durch Lena Meis bei seinem Vater anmelden.

»Moment mal«, kam die sachliche Stimme der Sekretärin zurück. »Ich weiß nicht, ob der Professor im Moment Zeit hat. Ich frag ihn.«

Er wartete und lauschte dem leisen schwingenden Auf und Ab der Leitungselektrizität. Die Hand, die den Hörer hielt, war feucht.

Endlich. Doch es war nicht sein Vater. Es war Lena.

»Es tut mir wirklich leid, aber Ihr Vater hat jetzt keine Zeit...«

*

Brinkmann fuhr sehr langsam. Die Straße führte den Berg hoch, Kurve um Kurve zog sie sich durch die Weinberge über dem Oberdorf. Die Stöcke standen hoch und gesund, und ihre Blätter schimmerten in einem hellen, fast jubelnden Grün, als seien sie von innen erleuchtet.

Brinkmann aber nahm dies nur am Rande wahr. Auch schien er beim Fahren nicht ganz bei der Sache zu sein.

Manchmal schnitt der Mercedes auf haarsträubende Weise durch eine Kurve. Gott sei Dank war um diese Zeit, kurz nach dem Mittagessen, kein Verkehr, nur die Weinbauern waren am Hang. Es gab ja auch nur ein halbes Dutzend Häuser hier oben. Der Rest war Grünzone.

Jakob Seukat wohnte im dritten Haus auf der linken Seite, eine prachtvolle Villa in einem Park voll alter Bäume. Auch die Straße schien sich anzustrengen, den Ansprüchen, des alten Herrn gerecht zu werden. Vor der Gartenpforte verbreiterte sie sich zu einer kleinen Bucht, in der man wenden oder den Wagen abstellen konnte und auf die die grüngestrichenen mächtigen Holztüren der Doppelgarage führten, die vor urdenklichen Zeiten bereits in den Berg gegraben wurde. Als Jungen waren sie mit den Fahrrädern hier heraufgekeucht, dann auf die Sättel: Achtung – fertig – los! Und runter mit flirrenden Speichen, den Wind um die Ohren, in all die Kurven, links, rechts, wieder links – und dieses harte Pochen am Hals, das wie der Schlag eines kleinen Hammers war.

Damals ...

Jetzt spürte Brinkmann dieses Pochen wieder. Eine schwere Mauer aus schwarzbraunen Sandsteinquadern drückte den Hang zurück. In den Fugen der Quadern wuchs grünes Moos. Eine der Garagentüren stand offen. Das Eisentor, das zum Haus führte, war frisch lackiert. Golden schimmerten die Spitzen. Daneben, in einem besonders kunstvoll behauenen Stein, war eine Messingplatte eingelassen. Auch sie frisch poliert. Jakob Seukat stand darauf. Auf seinen Titel hatte der Oberlandesgerichtsdirektor verzichtet.

Das Tor war nur angelehnt. Acht breite Steinstufen warteten auf Brinkmann. Und von hier aus führte ein Plattenweg in langen gemächlichen Schwüngen zwischen Blumenrabatten, Dahlien, Gladiolen, dem schönen Rosa Fleißiger Lieschen hinauf zum Haus. Und natürlich Rosen! Jede Menge Rosen. In allen Farben. Wunderbar, fand Brinkmann.

»Kommen Sie doch mal zu mir, Professor. Ich hab einen

ganz guten Keller. Ich sag das nicht jedem. Klingt ja auch wie Angabe. Aber mein Blanc de Blanc, darauf können Sie sich verlassen, macht keinen schweren Kopf. Und kommen Sie, wann Sie wollen. Bloß keine Anmeldung. Bin ja sowieso immer zu Hause.«

Das mußte Jakob Seukat wohl. Seine Gicht-Arthrose hatte ihn seit Jahren an den Rollstuhl gefesselt. Und Blanc de Blanc war in Brinkmanns Diätplan auch nicht gerade für ihn vorgesehen. Doch vielleicht bot er ihn nur seinen Gästen an. Daß Brinkmann nun »ohne Anmeldung« zwischen all den Blumen auf das Haus zuschritt, hatte einen anderen Grund, und der war so unbestimmt, daß Brinkmann schon wieder stehenblieb, um sich darüber klarzuwerden.

Um ihn Falter und Hummeln – Frieden. Das Haus dort oben wirkte wie eine Burg. Breite, in die schweren Mauern eingelassene Panoramafenster, die obere Leibung geschwungen. Ein Erkerchen. Die beiden unteren Stockwerke waren frisch gekalkt. Das obere zeigte die Fachwerkstruktur, die den Bau zusammenhielt. Auch die Balken schimmerten. Seukat war vor vier Jahren hierhergezogen und hatte sich eine Menge Mühe mit dem Haus gegeben. Doch es wirkte noch immer, als sei es aus einem Album, das die Stile um 1900 zeigt, herausgenommen und hier an den Hang gestellt. Nichts hatte der Oberlandesgerichtsdirektor geändert. Nicht einmal eine Fernsehantenne winkte vom Dach.

Ja, wieso eigentlich komme ich auf die Idee, diesen alten, kranken Mann in seiner Ruhe zu stören? Die Einladung hatte echt geklungen. Und sicher würde er sich auch freuen. Doch was sagst du ihm? Vielleicht: »Herr Seukat! Wir hatten uns doch immer so gut unterhalten, als Sie bei uns in der Klinik lagen. Gespräche, die mir viel Anregungen gaben, über das Leben nachzudenken. Philosophische Gespräche. Erinnern Sie sich an unseren Abend? – Nun gut. Heute ist mir nach Philosophie zumute. Nach irgendeinem Anhaltspunkt, der es mir möglich macht, mein Leben neu zu ordnen. Doch Ordnung wäre bereits der zweite Schritt.

Voraussetzung dazu ist die Klarheit, jene Klarheit, die sich erst dann einstellt, wenn man eine Position bezieht, von der aus man verstehen und ordnen kann ...«

Würde der Seukat ihm dabei helfen können? Er hatte die Tragödie mit seiner Tochter zu bewältigen, die vor drei Jahren Selbstmord begangen hatte. Dies war seine persönliche Tragödie gewesen. Doch zuvor bestand sein ganzes Leben als Richter nur darin, die ewigen Verflechtungen menschlicher Schuld zu klären. Seukat war darüber weise geworden, kein Zweifel. Doch läßt sich Weisheit mitteilen?

Dies alles dachte Brinkmann und hatte nun keinen Blick mehr für die Blumen. Er schaute erst wieder auf, als er durch den Schatten einer großen Trauerweide auf die mächtige eichene Haustür zuging. Er räusperte sich, streckte sich ein wenig, zeigte, ohne es zu wissen, das verklemmte Lächeln des ungebetenen Gastes und zog dann entschlossen an dem Messingring, der im Innern des Hauses den melodischen Dreiklang einer alten Türglocke erklingen ließ.

Die Tür öffnete sich sofort. Im Haus war es dunkel, und ein frostiger Hauch wehte über Brinkmann. Eine Frau stand da. Das Gesicht war klein und hatte die Farbe alten Porzellans. Nur die Augen schienen lebendig. Schwarz waren sie und sehr wachsam.

»Ich hätte gern den Herrn Oberlandesgerichtsdirektor ...«

»Ist nicht da. Tut mir leid.«

Blitzschnell, als folgte sie einem vorher einprogrammierten Mechanismus, schloß sich die Tür bis auf einen Spalt. Brinkmann war verblüfft. Doch da öffnete sie sich bereits wieder.

»Wer sind Sie denn überhaupt?«

»Mein Name ist Brinkmann. Ich habe Herrn Seukat in der Klinik behandelt. Und so dachte ich mir ...«

Die alte Frau nahm ihre Hand hoch. Ihre Bewegung hatte etwas von der schnellen, grazilen Eleganz eines kleinen Mädchens. Der Ausdruck der dunklen Augen, mit dem Brinkmann nun angestarrt wurde, erinnerte ihn an Käte. Auch die alte Käte hatte solche Reaktionen gezeigt.

»O Gott!«

»Wieso o Gott?«

»O Gott, Sie! – Sie also... Der Seukat redet doch immer von Ihnen. Die ganze Zeit, seit er aus der Klinik entlassen ist, tut er das. So als wären Sie nicht nur ein guter Freund, sondern so'ne Art lieber Gott.«

»Um Himmels willen.«

»Aber er ist nicht da.«

Der Seukat? – Brinkmann war versucht, es zu sagen. Doch dann fand er ein formelles »der Herr Oberlandesgerichtsdirektor?« für angebrachter.

»Ja, er ist ausgefahren. Es geht ihm so viel besser. Also ehrlich, ganz entschieden besser. Früher konnte er sich nämlich überhaupt nicht bewegen, wissen Sie? Aber heute haben Otto und ich ihn bis hinunter zur Garage gebracht. Gegangen ist er. Richtig gegangen. Kein bißchen gestöhnt. Früher hat der Otto ihn manchmal tragen müssen, weil ihm der Rollstuhl so zuwider war. Ich verstehe schon, daß er Sie so bewundert.«

»Ich nicht.«

»Wie bitte?«

»Ich meinte nur, daß ich diese Bewunderung nicht verdient habe. Na dann...«

»Aber Herr Professor, ich kann Sie doch nicht einfach gehenlassen. Wollen Sie nicht hereinkommen? Was wird er bloß sagen, wenn er erfährt...«

»Sagen Sie, ich rufe ihn an.«

»Es war mir eine Ehre, Herr Professor.«

Tatsächlich, sie knickste und hob dann die Hand, als wolle sie ihn segnen. Brinkmann fühlte, wie er rot wurde. Verdammt peinlich das alles.

»Na dann, schöne Grüße und vielen Dank!«

»Dank?« Das Gesicht zersprang in lauter kleine Falten. »Aber wieso denn, Herr Professor?«

Er winkte ihr zu, ging den langen Weg zurück, bewunderte ein letztes Mal Blumen und Rasen und die flache Betonrampe, über die sie vermutlich Seukats Rollstuhl schoben, und sagte sich: Ja, wieso eigentlich?

Er setzte sich in den Wagen und ließ ihn den Hang hinabrollen. Seukat hatte er zwar nicht angetroffen, aber der Besuch hatte doch geholfen. Natürlich wird's dem alten Herrn wieder schlechtergehen, aber eine Pause hast du geschafft. Das ist zumindest etwas. Das kleine bißchen Bestätigung ist es, das einer braucht, dem die Orientierung abhanden gekommen ist...

*

Als Brinkmann den Wagen in die Einfahrt seines Hauses fuhr, sah er Christas Ford.

Er parkte direkt neben der Treppe. Das Fenster auf der Fahrerseite war heruntergekurbelt, die Tür des Beifahrers stand offen, und als er sich nun dem Wagen näherte, konnte er auf der grauen gewölbten Fläche des Sitzes, fein säuberlich zusammengefaltet, einen ganzen Stapel von Kinderkleidern erkennen. Ganz oben lag eine winzige Windjacke aus orangefarbenem Popeline.

Brinkmann wandte die Augen zum Haus. Nichts regte sich. Keine Stimme. Kein Laut. Irgendwo würde Christa vor einem Schrank oder einer Kommode stehen, eine letzte Schublade leeren, die sie bei ihren bisherigen Transporten noch vergessen hatte, vielleicht assistiert von der Michaelis Bettwäsche zusammenfalten oder sonst etwas tun, das er nicht verstehen, nicht einmal denken wollte. Gut: Du kannst es nicht ändern! Du kannst es ihr nicht verbieten – du willst es nicht einmal. Aber du kannst auch nicht verhindern, daß jetzt dein Herz zu schmerzen beginnt, ein feines unangenehmes Stechen über dem Brustbein. Und du kannst ihm auch nicht verbieten, daß es klopft. Hart und fordernd. Noch immer stehst du da und starrst auf eine kleine Jacke, genau zwei Handspannen groß, ein bißchen orangefarbenes Popeline mit einer Paspelierung aus kleinen gelben Entchen, die quer über die Ärmel zur Schulter schwimmen.

Er atmete tief. Dann ging er über den Hof. Er wäre gerne leise aufgetreten, doch jedesmal, wenn seine Gummisohlen den verdammten Kies berührten, knirschte es.

Brinkmann ging an der Rückseite des Schuppens vorbei zur Treppe, die hoch zum Wald führte. Er ging langsam. Ganz langsam. Nicht etwa, weil er plötzlich Mühe damit hatte, genügend Atem in die Lungen zu bekommen. Nein, er spürte jeden Schwung des Beines, ehe er es aufsetzte, er spürte die harten Kanten der Backsteintreppe unter den Sohlen, es war, als habe er sich aus der Zeit gelöst, als habe sie nun ganz andere Eigenschaften, jeder Atemzug, jeder Gedanke dehnte sich wie an einem geheimnisvollen Band.

Angst?

Er war isoliert, allein mit diesem Gefühl, und nur ein einziges Zentrum gab es für ihn: der dumpfe Schlag des Herzens! Und einen Gedanken: Benni...

Benni! dachte er. Ich kann doch nichts dafür. Ist nicht meine Schuld, daß wir uns nicht sehen!

Er hatte die Hälfte des Berges erreicht. Nun wollten die Beine nicht mehr. Sie gaben einfach nach, so, als hätten die Gelenke sich aufgelöst, Muskeln und Sehnen jeden Halt verloren.

Er setzte sich nieder. Nichts denken. Auch nicht mehr an Benni.

Nichts sehen. Nicht das Haus mit seinen albernen Erkern, dem altersdunklen Holz, nicht die Bäume, die Spitzen der Tannen, nicht die blauumwehte geheimnisvolle Tiefe des Tals, die der Dunst aufsog.

Und nicht auf das Herz achten! Schon gar nicht auf dieses sonderbare Gefühl, diesen knöchernen Druck um die Brust. Ruhig bleiben. Das Herz lieben. Entspannen... Er schloß die Augen, und nun gab es nur noch ihn, so, als habe er sorgfältig, eine nach der anderen, die Türen abgeschlossen, die den Zugang zur Außenwelt ermöglichten.

Nach einigen Minuten fühlte er sich frei. Er blickte sich

um. Da drüben stand die Birke, eine verdorrte, klägliche Gabel aus Holz. Auch das war nicht wichtig. Nichts war wichtig.

Wie lange er so dagesessen hatte, es spielte keine Rolle. Irgendwann hörte er Geräusche, ein Knacken, ein leises Tappen, hechelnden Atem. Ganz langsam hob er die Lider.

»Molli!«

Der Hund stand vor ihm, so dicht, daß er nur seine Augen sah. Die Pupillen riesengroß und schwarz. Und dieser ganz direkte Blick, der ihn nicht loslassen wollte. Molli wußte, verstand. Da war nichts Niedliches oder Rührendes im Ausdruck ihrer Augen, es war der Blick eines Partners.

Er versuchte zu lächeln. Er spürte dieses Lächeln auf seinem Gesicht wie eine zweite Haut, die sich ihm nicht anpassen wollte. Und so ließ er es. Das Lächeln tat weh.

Molli schniefte leise. Ein Laut, den er noch nie an ihr gehört hatte – hoch und aus der Kehle herausgepreßt. Und dann gab es noch eine zweite Stimme. »Klaus«, sagte diese Stimme. »Klaus, was ist mit dir?«

Eine verdammt gute Frage, dachte er müde. Wenn mir das jemand sagen könnte, wäre ich ein bißchen weiter.

Sie stand vor dem Licht, das vom Tal herauffloß. Das blonde Haar fiel glatt um das blasse Gesicht, doch dort, wo sich eine einzelne Locke gelöst hatte, schien es rötlich aufzuflammen.

»Klaus?«

Er versuchte, sich mit der Wirklichkeit abzufinden, einen Weg zur Realität zu bahnen, zu der Tatsache, daß er hier ohne einen vernünftigen Gedanken und mit schmerzendem Herzen auf einer Treppe saß und nicht wußte, ob er sich nun freuen oder noch trauriger werden sollte. Aber ganz offensichtlich schien Christa eine Antwort zu erwarten. Vielleicht sogar ein bißchen Höflichkeit. Sie hatte es wohl verdient. Noch immer war sie seine Frau, die Frau, die während der gemeinsamen Arbeit eine tadellose, in allen Bereichen zuverlässige Kollegin verkörperte, und dann gelegentlich im noch immer gemeinsamen Haushalt aufzutauchen und irgendwelche Dinge zu packen, die ihr oder dem Kind fehlten. Gelegentlich. Wenn sie annahm, daß er nicht da war. Gespenstergleich. »Ist dir nicht gut, Klaus?«

»Oh, das kommt auf den Standpunkt an. Vielleicht auch aufs Wetter. Ich habe gehört, irgendwas soll da im Anzug sein. Es kommt auf so vieles an.«

»Klaus, was ist denn?«

Sie kauerte sich neben ihm nieder – die Ehefrau. »Du siehst so deprimiert aus. Udos Afrika-Geschichte schlägt dir wohl ziemlich auf den Magen.«

»Auf den Magen? Weiß ich nicht so recht. Vielleicht. Müßte eigentlich. Aber wie die Dinge nun mal liegen und wie ganz hervorragende Kollegen unter uns herausgefunden haben, hat der Mensch sehr sensible organische Projektionsfelder für seine Probleme. Das Herz, zum Beispiel. Leider hat es auch selbst ziemlich viele Probleme. Nicht wahr?«

»Komm, dir ist doch gar nicht nach Witzen zumute.«

Da sah er sie an. Zum ersten Mal. Er sah in ein Paar graue ruhige Augen, deren Iris von einem feinen dunklen Rand eingefaßt wurde.

»Eigentlich schon. Wenn ich Witze reißen könnte, wäre ich wohl ziemlich fein raus. Aber ich schaff das nicht.«

»Kann man mit dir vernünftig reden?«

»Wenn ich mich nicht irre, ja.« Er lächelte. Und jetzt tat ihm das Lächeln gut. Und noch etwas behagte ihm: Daß ein verwirrter, suchender, fast ängstlicher Ausdruck an die Stelle der so unerschütterlichen Christa-Ruhe getreten war: »Klaus! Daß Udo mal für ein halbes Jahr weg will, das ist es doch nicht. Im Grunde begrüßt du es doch auch. Komm, laß mich ausreden! Du hast doch selbst schon herumgetönt, daß jeder junge Arzt in Bewegung gehalten werden muß. Hinaus in die Welt! Erfahrungen sammeln. Wenn nicht freiwillig, dann eben mit der Peitsche. Das sind doch deine Sprüche. Daß Udo es wahrmacht, nach sieben Jahren Schwarzwaldklinik, das paßt doch in dein Konzept!«

»Aber nicht so«, sagte er.

»Warum denn nicht?« Ihre Stimme hatte eine entschlossene Festigkeit, die ihm jedes Argument verbot. Und im Grunde: Hatte sie nicht recht? Und wenn er ihr jetzt mit Stilfragen oder einem Familien-Wehweh kommen wollte, würde sie ihm mit einer ähnlichen und stichhaltigeren Parade begegnen können. Also schwieg er. Schweigen – diesmal ohnehin das Beste.

»Udo hat recht«, sagte sie leise, »darüber brauchen wir gar nicht zu diskutieren. Und wenn du dich aufregst, wenn es dir so nahegeht, daß du selbst deinen Dienstplan umschmeißt und dich hier oben auf dem Berg verkriechst, dann hat das einen anderen Grund.«

»Vollmers«, sagte er.

Er stieß den Namen heraus, warf ihn wie einen Stein. Damit wenigstens konnte er ihr zuvorkommen.

Sie sah ihn nur an. Nickte: »Und?«

»Und... und...? Dies wäre doch eine Antwort, die dir zusteht. Oder?«

Sie hatte ihre Hände auf seinem Arm gehabt. Nun nahm sie sie weg und kreuzte sie über beiden Knien. »Es ist ja nicht so, daß ich dich nicht zu verstehen versuche. Und es ist auch nicht so, daß ich ableugnen würde, daß es für dich wirklich schwer zu begreifen ist. Aber was immer du annimmst, eines kannst du mir glauben, ich kann's dir sogar beschwören: Ich hab damit nichts zu tun. Auch nicht das geringste.«

Er gab keine Antwort. Er wartete auf weitere Erklärungen. Er brauchte nicht lange zu warten.

»Ich war doch genauso überrascht, Klaus, als Udo zu mir kam und mir sagte, er habe den Vertrag unterschrieben. Und er würde in drei Tagen fliegen. Das war auch alles.«

»Wieso alles?«

»Er sagte keinen Ton von Vollmers. Er knallte mir die Sache auf den Tisch und ging. Nein, er sagte noch, er habe das so für richtig gehalten, um ein langes Familienpalaver und dienstliche Szenen zu vermeiden.«

»Na großartig. Dienstliche Szenen von wem? Palaver konnte er nur vermeiden, weil er davon ausging, daß Dienstverträge und ähnlicher bürgerlicher Quatsch für ihn keine Geltung haben.«

Darauf ging sie nicht ein, sie schien es nicht einmal gehört zu haben. Ihr kam es auf etwas anderes an: »Jedenfalls, ich habe mit der ganzen Sache nichts zu tun. Ich habe noch nicht einmal die Adresse des Krankenzentrums in Nigeria.«

»Welches Zentrum?«

»Vollmers war eine Zeitlang in Genf, ich meine damals, als er abreiste. Dann ging er nach Lagos, um schließlich in Jos, irgendwo im Norden von Nigeria, ein medizinisches Versorgungszentrum zu übernehmen, in dem auch Virologie und Seuchenforschung betrieben werden. Aber das weiß ich nicht von ihm.«

Sie lächelte ein wenig. Sie hatte ungläubige Fragen erwartet, Schmerz oder Trotz, die Reaktion, die über die ganze lange Zeit mit dem Namen Vollmers verbunden war, doch er sah sie nur an. Sein Gesicht war gelassen. Mit irgendeinem Gefühl gepanzert, das sie nicht zu definieren vermochte. Gelassen blaß – und erschöpft. Ja, auch das. Bläuliche Schatten zogen sich unter den Lidern, und die Falten an den Mundwinkeln hatten sich vertieft – seine geschwungenen Nasenflügel vibrierten bei der Anstrengung, nicht zu atmen. Nein, es geht ihm nicht gut. Am liebsten hätte sie ihn berührt, doch eine solche Geste entsprach wohl nicht der Situation. Armer Klaus! Das Herz – das alles setzt ihm zu. Warum reden wir darüber. Weil es nicht anders geht. Weil er es will. Ja – und weil er auch Bescheid wissen muß. Das zumindest.

»Vollmers«, fuhr sie fort, »hatte irgendwo in der Schweiz eine Pressekonferenz gegeben. Es ging darum, Ärzte anzuwerben. Na jedenfalls: Udo erfuhr davon, schrieb ihm, und sie telefonierten miteinander. Udo nahm das Auto, raste nach Genf oder Lausanne oder sonstwohin, unterschrieb – das alles ging blitzschnell.«

»Blitzschnell und hinter meinem Rücken.« Brinkmann sagte es ohne Bitterkeit. Eine Feststellung, nichts weiter.

Christa zögerte. Er hatte ja recht. Das Wesentliche war gesagt. Alles andere würde doch zu nichts führen. Die Antwort auf all ihre Fragen, die sie jetzt in seinen Augen las, konnte sie nicht geben.

Sie erhob sich. Auch er stand auf.

»Übrigens, die Details hat mir Udo erzählt. Nur als er da reinkam und erklärte, er haue ab, und das in wenigen Tagen – da habe ich Claudia angerufen. Von ihr erfuhr ich auch die Geschichte mit Vollmers. Doch ist das so wichtig?«

»Ist nicht wichtig. Jetzt nicht mehr.«

Brinkmann drehte den Kopf und blickte ein paar Krähen nach, die quer über den Hang strichen, um dann mit einem grellen Krächzen einen Schwarm kleinerer Vögel zu verfolgen. Der Himmel hatte eine bleierne Färbung angenommen, im Süden wirkte er schmutzig, und die Berge dort standen blau und schwarz wie zum Greifen nahe vor seinen Augen. Das Wetter kippte um. Bald würde der Regen kommen. Und es würde ein kühler Regen sein.

Afrika? Warum eigentlich nicht? dachte er.

»Und wir?« Er sagte es, um irgend etwas zu sagen, um dieses quälende Schweigen zwischen ihnen für einen Augenblick zu unterbrechen. Doch es waren wohl nicht die richtigen Worte. Ihr Gesicht wurde starr.

»Bitte laß uns nicht wieder davon anfangen.«

Ihre Lippen öffneten sich ein wenig, und er konnte die porzellanweiße Helle ihrer Zähne erkennen – doch ein Lächeln wurde nicht daraus. »Klaus, es ist doch nicht so, daß ich nicht sehen würde, wie dir zumute ist. Glaub mir. Aber ich kann nicht. Gib mir noch Zeit.«

»Und warum eigentlich?«

»Klaus – ich komm über die Sache nicht so schnell hinweg. Vielleicht bin ich altmodisch oder blöde oder was immer du willst. Aber irgend etwas ist zerbrochen.«

»Was heißt ...«

Sie hob die Hand. »So etwas läßt sich nicht wegdiskutieren, Klaus. Und ich bin auch nicht die einzige. Es gibt nun mal mehr Frauen, die so reagieren wie ich. Es geht auch gar nicht so um den Begriff Treue, es geht um die Angst. Aber wir wissen ja beide, eine Verletzung kann ausheilen. Doch was dazu nun mal nötig ist, ist Zeit.«

Zeit? Herrgott noch mal! Zeit! Wieviel stand ihm noch zur Verfügung? Konnte er zulassen, daß sie nun über all die Treppen den Hang hinunterging, sich von ihm entfernte, wie es ihr schon zur Gewohnheit geworden war, sich in den Wagen setzte, wegfuhr, hinüber zu Katharina ins Haus.

»Christa!«

Sie blieb tatsächlich stehen.

Sie schüttelte den Kopf. Sie sah ihn an. Sie sagte etwas, das er nicht verstand. »Was ist?«

»Es ist etwas passiert, Klaus. Etwas, das mir schrecklich leid tut. Ruf doch nachher gleich Elke an.«

»Elke? Wieso?«

»Ihr Mann ist tot.«

»Was?«

»Harry. Harry Poser, du erinnerst dich doch.«

Und ob er sich erinnerte. Der verrückte Harry – braunledernes Gesicht mit blauen Augen und dem ewigen Grinsen darin. Harry, der Stuntman, der Brücken-Unfall-Spezialist, der aus Gottvertrauen und Dreistigkeit jeden Wahnsinn wagte und den er damals dafür bewundert hatte.

»Wie ist das passiert?«

»Weiß ich nicht. Irgendwo in Jugoslawien. Bei Aufnahmen ...«

»Ich dachte, er hätte diese Spielchen aufgegeben, nach dem Unfall damals. Er war doch viel zu alt.«

»Anscheinend nicht. Oder vielleicht doch. Sie waren bei Filmaufnahmen, und er ist für irgendeinen erkrankten Stuntman eingesprungen. Er war sofort tot.«

»Und jetzt?«

»Ich weiß nicht.« Christa hob hilflos die Schultern hoch. »Elke lächelt die ganze Zeit. Sie sagt, sie hätte es erwartet. Sie sagt, die Erinnerung würde ihr genügen. Sie sagt all dieses dumme Zeug, das man in solchen Fällen wohl sagt, wenn man das Mitleid und die dummen Sprüche der anderen nicht erträgt.«

»Wo ist sie?«

»Zu Hause. Sie hat frei genommen.«

»Ich fahr zu ihr.«

»Tu das, Klaus.«

Er setzte sich noch mal hin. Und wieder schloß er die Augen. Und hörte den leichten Schritt und das Rascheln, mit dem ihre Beine das Gras und die Schafgarben zerteilten, die über die kleine Treppe wucherten.

Irgend etwas stieß ihn in die Seite. Er tastete danach, seine Hände berührten Mollis vertrautes Fell. Er spürte ihren Atem und die nasse Schnauze. Sie leckte seine Finger, jeden einzelnen, methodisch und gründlich wie immer.

»O Molli«, seufzte Brinkmann, »was ist nur los? Wie wird das enden? Was wird aus uns allen?«

*

Es war einfach zuviel. Zu viele Eindrücke, zu viele Stunden ohne Schlaf, zuviel Hitze und Durcheinander auf chaotischen Flugplätzen, zuviel auch von dem verdammten Whisky, den er sich bereits in der Lufthansa-Maschine hatte servieren lassen, weil er Whisky zu einem Flug entlang der afrikanischen Westküste nun einmal für passend hielt, und der ihm doch nichts anderes eingebracht hatte als diesen quetschenden Druck in den Schläfen. Dann die Kakerlaken, die gestern aus der Klimaanlage des Hotels in Lagos gekrochen waren, nun die drückende Enge in der winzigen Kabine des Inlandflugzeugs der »Pan African«. Zu sechst waren sie in der zweimotorigen Cessna: Fünf afrikanische Herren und er. Udo maß ein Meter achtzig. Die Afrikaner waren auch nicht gerade klein. Einen gab es, dessen schwarzgraue Kräusellocken den gelben Plastikhimmel der Kabine abwetzten, der Ellbogen des Schnarchers neben ihm drückte Udo seit dem Start in Benin gegen den Brustkorb, seine Füße waren bereits eingeschlafen, weil die Bierkartons unter dem Vordersitz ihnen keinen Raum ließen – und dazu noch das Dauerpalaver in irgendeiner Stammes- oder Landessprache, das sicher sehr melodisch war, ihm jetzt aber den letzten Nerv zu rauben drohte.

Ein Glück hatte Udo bei allem aber doch: er saß am Fenster. Und wenn die Sonne nicht direkt auf die Luken knallte wie zuvor, wurde der Anblick überwältigend.

Das silbergleißende Mäanderband des gewaltigen Flusses durchschnitt den grünen Kugelteppich des Waldes, ein endloses Relief, über das das Licht in allen Farbnuancen spielte. Der Fluß zog nach Norden, seinen Ursprüngen entgegen. Zwischen einzelnen Wolkenfeldern schickte er seine Blinksignale herauf. Manchmal ein Dorf oder eine Stadt. Darum herum, wie ein Spinnennetz, Straßen ohne Fortsetzung. Der Wald kroch heran und löschte ihre Spur.

»Es gibt eine ganze Menge Ideen, mit denen sich ein Mann ruinieren kann. Aber heutzutage nach Nigeria zu kommen, nicht mal 'ne Schnapsidee ist das. Das ist nichts als der pure Schwachsinn.«

Der Mann gestern abend in der Bar des Flughafen-Hotels: Coburn? Eddi Coburn. Er stammte aus Glasgow. Udo erfuhr es nach dem vierten Bier.

Vier Guinness-Dosen lang hielt Eddie Coburn das breite Kinn in der Hand, starrte halb mißtrauisch, halb verächtlich und wollte es nicht glauben: »Mensch, Doktor! Daß ich hier bin, ist doch was ganz anderes. War schon immer hier. Kann doch gar nicht anders. Wir liefern unseren Minen-Krempel seit vierzig Jahren rauf in den Norden. Vorsintflutliches Zeug. Die Ersatzteile kriegen Sie auf der ganzen Welt nicht mehr, nur noch bei uns. Also muß ich ran. Wissen Sie, warum? Weil ich der einzige der Jungen in der Firma bin, der nicht verheiratet ist. Die anderen, die hocken bei ihren Frauen. Also heißt es: Eddie, fahr du!«

Eddie, fahr du …

Das dachte Udo, als er nun über einem Ballett tanzender, vom Licht goldgefärbter geheimnisvoller Dunstfahnen das

Plateau aufsteigen sah: ein gewaltiger Felstisch. Aus ihrer Höhe sah es aus, als zerteile eine rostige Messerklinge den Wald. Brauner, ockerfarbener, purpurleuchtender Fels. Und als sie nun näher kamen und die Aufwinde nach den Flächen des kleinen Flugzeuges griffen, hatte er ein Gefühl, als rutsche ihm der Magen weg. Der Kopf des Mannes schräg hinter ihm zog eine tiefe Furche in das Kabinendach. Udos Nebenmann hörte auf zu schnarchen, klappte den Kiefer zu, öffnete ihn wieder, wobei prächtige weiße Zähne zum Vorschein kamen, und strahlte Udo an. Er stieß ein paar heftige Worte hervor. Udo verstand kein einziges, aber er beeilte sich, mit einem »Yes, yes, indeed« zu antworten. Unter ihnen Buschgruppen, Bäume, Savanne. Darüber verstreut kleine Dörfer mit winzigen lehmfarbenen Rundhütten. Eine lange helle Staubfahne, an der Spitze ein schwarzer Punkt, ein Lkw wohl – es sah aus, als ziehe ein Boot seine Gischtspur durch den braunen Sand.

Die Motoren dröhnten singend, das letzte wurde aus ihnen herausgepreßt, die Maschine kletterte wieder. Dann beschrieb sie mit zitternden Tragflächen eine lange gemächliche Schleife über dem kargen Muster einer Stadt und kurvte mit knatternden Fehlzündungen über sonnenverbranntes Gras, ehe sie zur Landung auf dem grauen Betonband der Flughafenpiste ansetzte.

Der schwarze Junge mit der blauen Baseballmütze im Pilotensitz machte seine Sache blendend. Fast unmerklich setzten die Räder auf, und die Erschütterungen begannen erst, als er das Gas wegnahm und die Bremsen anzog.

In den letzten beiden Minuten war alles Reden verstummt. Nun aber löste sich die Spannung in erleichtertem, kehligem Lachen. Klickende Gurte, strahlende Gesichter, viele, viele Singsang-Worte – es war, als tauche Udo in plätscherndes Wohlbehagen. Die Tür klappte auf. Ein schwarzer Mann im weißen Overall stand bereits auf der Fläche. Eine Leiter war angelehnt. Frische Luft drang herein. In Udos Ohren knackte es. Er nahm das alles nur gedämpft wahr, und was er wahrnahm, kam ihm irgendwie unwirklich vor.

Unten, in der Dunsthitze von Benin und Lagos, schienen alle Konturen weich, wie hinter trübem Glas verborgen. Hier war jedes Blatt, jede Gebäudekante wie mit dem Stichel geätzt, klar umrissen. Leuchtend. Und als er sich nun ins Freie schob, verengten sich seine Augen unter dem Zugriff des Lichts.

Der Mann im Overall öffnete gerade die Gepäckklappe. Die Herren, die mit ihm herauf nach Jos geflogen waren, stiegen in einen sandgelben kleinen Bus. Der Pilot stand auf der rechten Tragfläche, nahm zum ersten Mal seine Mütze ab und trocknete sich die Stirne mit dem Unterarm. Ein Mechaniker machte sich am Verschluß der Motorenabdekkung zu schaffen.

Doch da waren noch zwei. Irgendwie, obwohl sie sich um Haupteslängen unterschieden, sahen sie sich ähnlich: verschwitztes Khakizeug an den hageren Körpern. Die von der Sonne ausgebleichten Strohhüte. Sandalen. Vielleicht war es auch dieses Lächeln.

Es dauerte einige Atemzüge, bis Udo begriff: der Kerl mit dem wildwuchernden graubraunen Bart und dem halben Grinsen das war doch? Ja, jetzt nahm er den Hut ab. Was zum Vorschein kam, war eine hohe, zweigeteilte Stirn, ein weißer Streifen dort, wo ihn der Hut geschützt hatte, rotbraun der Rest des Gesichtes mit den lächelnden hellen Augen.

Vollmers.

Udo schluckte: »Na, was tun Sie denn hier?«

»Na was schon? Wir sind das Empfangskomitee. Hier – darf ich vorstellen: Jürg Amstutz.«

Udo war zu überrascht. Er schüttelte eine schmale Hand. Blickte in ein Paar dunkle freundliche Augen und wieder auf einen Bart.

»Amstutz? Klingt ein bißchen schweizerisch. Obwohl ich mich da nicht so recht auskenne.«

»Haben Sie aber richtig getippt, Herr Brinkmann.«

Vielleicht jetzt zum ersten Mal wurde Udo klar, auf was er sich da eingelassen hatte: zwei Männer auf einem gottverlassenen afrikanischen Flugplatz. Doch so gottverlassen auch nicht, gerade landete wieder eine Zweimotorige. Im Hintergrund die Lehmdächer einer afrikanischen Stadt. Zwei Männer, die jetzt so etwas wie die Heimat verkörperten. – Fahr du, Eddi ...

»Up to here, please! Sir, your luggage.«

The luggage. Das Gepäck bestand aus zwei Koffern. Er hatte sie neu gekauft. Bei Ruck in Offingen. Und Elke, die ihm an diesem Vormittag zufällig auf dem Marktplatz in die Quere gelaufen kam, hatte ihm noch bei der Auswahl geholfen: »Weißt du, das Zeug muß staubdicht sein. Darauf kommt's an. Am besten nimmst du Leichtmetall. Ich kenne das von meinem Harry. Wo's den immer hintrieb, ging's auch schön rund.«

Da funkeln sie nun. Tropen-, insekten-, stoß-, wasser- oder sonst was sicher. Er aber hatte rote Ohren und wußte nicht so recht, was er mit diesem Herbert Vollmers anfangen sollte, der einen der Koffer bereits gepackt hatte.

»Moment mal, so haben wir nicht gewettet!« Er versuchte, ihm den Koffer wegzunehmen. »Wie kommen Sie überhaupt aufs Flugfeld? Kann da jeder rumlaufen?«

»Jeder nicht. Doch man hat so seine Beziehungen.«

»Aber ich muß doch noch durch die Kontrolle?«

Vollmers schüttelte nur den Kopf.

Er nahm den Hut ab und drückte die Kante gegen die Flügel seiner verbrannten Adlernase, auf der sich die Haut schälte. »Eigentlich wollten wir Sie gleich mitnehmen. Sehen Sie da drüben, da wartet schon der nächste Flieger.«

Udo folgte seinem Blick. Am Ende des ölbefleckten Betonvierecks parkte ein Flugzeug – eine flache Schnauze, der Rücken leicht gekrümmt, schneeweiß. Auf der Seite leuchtete ein rotes Kreuz.

»Nicht schon wieder!« Udo stöhnte: »O Gott, was ich

jetzt brauche, ist ein Bier. Und was zum Futtern. Und wenn es nicht zuviel verlangt ist, auch irgendwas Stabiles unter die Füße. Ich hab die Schaukelei so was von satt.«

»Na dann«, grinste Vollmers und hob den Koffer auf den Rücksitz eines Jeeps, der gerade angekurvt kam und vor ihm stoppte. »Keine Sorge, Udo. Sie kriegen soviel solide afrikanische Piste unter den Hintern, wie Sie nur wollen. Die Fairchild muß sowieso hierbleiben. Sie hat irgendein Wehwehchen in der Hydraulik, wir haben die ganze Zeit schon Schwierigkeiten mit dem Vogel. Jetzt, beim Herflug, wollten die roten Lämpchen gar nicht mehr ausgehen. Ich wär trotzdem lieber mit ihr zurückgeflogen.«

Udo nickte. Er hätte zu allem genickt. Zeitverschiebung, Wechsel der Klimazone, Whisky – alles zusammen bewirkte wohl dieses sonderbare Gefühl, als bestünden seine Glieder nur noch aus sandschweren Gewichten, als wäre eigentlich überhaupt nichts mehr wichtig, nicht der heiße Wind, der von der Ebene über die Stadt fuhr, nicht die lächelnden Gesichter, die ihm wie die zweier älterer Brüder besorgt zugewandt waren, nicht einmal seine ausgetrockneten Schleimhäute. Nichts! Nur irgendwo hinlegen, wo's dunkel ist und vielleicht auch ein wenig schattig, und dann schlafen.

Trotzdem, wie ein winziger Anruf aus der Tiefe seiner Erschöpfung blieb die Frage, wieso Herbert Vollmers eigentlich das Risiko auf sich nehmen wollte, mit einer defekten Maschine zu fliegen. Es paßte nicht zu dem Herbert Vollmers, den er in der Erinnerung hatte. Doch den gab es wohl nicht mehr. Der Vollmers, der da neben ihm saß und mit angespanntem Gesicht darauf wartete, bis zwei schwarze Polizisten die schwere eiserne Rolltür zur Seite schoben, die den Platz absperrte, hatte beängstigend wenig mit dem Vollmers zu tun, den er einst als Patienten kennengelernt hatte.

*

Große weiße Wolkenschiffe segelten nach Westen. Der Himmel war von einem fast unerträglich blanken Blau, so als sei ständig ein Heer unsichtbarer afrikanischer Geister am Werk, ihn sauberzuwischen.

Die Stadt lag auf einem gewaltigen Sandsteinmassiv, das den Namen Plateau von Bauchi trug. 60000 Einwohner, hatte Vollmers erklärt. Regierungsbezirk. Viel hatte Udo in der Benommenheit seiner Erschöpfung nicht gesehen – einen großen, von gewaltigen Eukalyptusbäumen bestandenen Platz, hinter dem wohl aus den Zeiten der englischen Kolonialverwaltung ein viktorianisches Amtsgebäude schimmerte. Die Menschen selbst, groß, gutaussehend – ein anderer Typ als die Nigerianer, die er bei der Landung in Lagos kennengelernt hatte. Irgendwann würde er wohl hierherfahren. Und Zeit hatte er auch, sich über seine künftigen Aufgaben den Kopf zu zerbrechen. Vollmers und Amstutz waren beim Frühstück, das sie gemeinsam auf der Terrasse des »Plateau Catering Rest House« eingenommen hatten, nicht besonders gesprächig. »Machen Sie sich mal keine Sorgen. Unsere Chirurgische in Naranda ist gar nicht so übel eingerichtet. Sie werden überrascht sein. Und die Schweizer, die das Personal ausgebildet haben, kamen aus dem Inselspital in Bern. Die haben wirklich was drauf. Wenn ich mit meiner virologischen Abteilung schon so weit wäre wie die, würde ich mich ›von‹ schreiben.«

Udo nickte. Er blickte um sich, auf all diese blühenden Büsche, die großen tropischen Vögel, sah einem kleinen Hundsäffchen nach, das von einem Ast zum anderen schwang, lehnte sich in den knisternden alten Korbstuhl zurück, schloß die Augen und ließ sich von der Sonne wärmen. 8.30 Uhr. Gegen Mittag würden sie in Naranda sein. »Lassen Sie sich überraschen.« – Na – na gut.

Er fühlte sich frisch und ausgeschlafen. Der Boy, der gerade neuen Kaffee in die goldrandverzierten Porzellantassen goß, hatte lange gepflegte Hände und ein ruhiges, zuvorkommendes, fast vornehmes Lächeln auf dem schmalen Gesicht. Englische Schule, dachte Udo – ja, und die

Engländer hatten schon zu ihren Zeiten des Plateau wegen seines gemäßigten trockenen Klimas als Erholungsgebiet geschätzt. Die Leute waren freundlich, und unter dem Personal des Medical-Centers von Naranda gab es schließlich auch weiße Schwestern und Ärzte. Claudia würde sich wohl fühlen. Die Schaukelei mit der Cessna brauchte er ihr auch nicht zuzumuten, denn Jos wurde zweimal innerhalb einer Woche von einer der großen Interior-Line-Maschinen aus Lagos angeflogen.

Claudia!

Udo überlegte, ob es nicht besser wäre, sie von der Hotel-Rezeption anzurufen. Die Telefonlinie aus Naranda, hatte Amstutz gestern gesagt, hätte so ihre Schwierigkeiten. Sie würde manchmal unterbrochen.

Udo hatte nicht gefragt, von wem. Er kam auch nicht dazu, hinüber in die Hotel-Rezeption zu gehen und sich um sein Gespräch zu kümmern.

Zwischen den Tischreihen vorbei am Schwimmbad ging ein Mann auf sie zu. Er trug eine leopardenähnlich gefleckte Tarnuniform und das rote Barett der Spezialtruppen.

»Na, jetzt kann's losgehen«, sagte Amstutz. »Da kommen sie ja.«

»Wer kommt?« fragte Udo.

»Der Konvoi.«

Vollmers sah ihn von der Seite an. Sein Mund zeigte ein schmales Lächeln: »Wissen Sie, Udo, wir wollten Sie gestern abend noch mal richtig in Ruhe und tief schlafen lassen. Deshalb fingen wir gar nicht erst davon an. Die Gegend ist in letzter Zeit ein bißchen unruhig geworden. Es ist deshalb besser, man fährt unter Geleitschutz. Das heißt, ob es besser ist, weiß ich noch nicht mal. Aber zumindest ist das eine Anordnung der Distriktregierung.«

Udo nickte. Was sollte er sonst tun. Die Gegend ist in letzter Zeit ein bißchen unruhig geworden? Verdammt noch mal, warum hatten sie ihm nichts erzählt. Was hieß das, »ein bißchen unruhig«?

Doch auch darüber erhielt er keine Auskunft.

Der lange dunkelhäutige Offizier in der Tarnuniform hatte sich vor ihnen aufgebaut. Die rechte Hand fuhr an seine Schläfe. In tadellosem Englisch und dem harten Stakkato aller Soldaten dieser Welt meldete er: »Wenn es Ihnen nichts ausmacht, Sir, wir sind soweit! Ihr Gepäck ist bereits im Wagen verstaut.«

»Noch eine Tasse Kaffee oder Tee, Leutnant?« bot Vollmers an.

Der Offizier schüttelte den Kopf: »Vielen Dank. Sehr liebenswürdig, wirklich. Aber wir können nicht zuviel Zeit verlieren. Ich muß am Nachmittag wieder zurück sein.«

Die beiden anderen tranken ihre Tassen aus. Udo ließ mit einem Gefühl ungläubiger Betäubung seine halbvolle Tasse stehen und folgte ihnen.

Auf dem mit hellen Kies bestreuten Vorplatz des Rest House waren noch mehr gefleckte Leopardenuniformen und rote Baretts zu bestaunen. Links des Portals parkten vier Fahrzeuge. Ein Jeep, zwei Landrover, auf dem martialisch in der Sonne blinkende Zwillings-MGs montiert waren. Dahinter stand ein olivgrüner VW-Bus.

Einer der Hotelboys schob die Seitentür auf. Udo stieg ein. Am Steuer saß ein Soldat und grinste ihn an. Vollmers nahm neben ihm Platz. Auch er lächelte, doch es war dieses sonderbare Vollmers-Lächeln, an dem nur die Mundwinkel teilnahmen, so, als würden sie von unsichtbaren Fäden bewegt.

»Na, das ist aber wirklich ein Ding.«

»Sie sollen doch auch was zu erzählen haben.« Amstutz, der neben dem Fahrer Platz genommen hatte, drehte sich zu ihm um. »Wenn Sie dann in einem halben Jahr in Ihren Schwarzwald zurückkommen, brauchen Sie doch ein paar interessante Geschichten. Übrigens, machen Sie sich keine Sorgen. Geht schon alles in Ordnung. In letzter Zeit ist hier nichts passiert.«

»In letzter Zeit.«

Draußen wurde ein Befehl gebrüllt. Die Soldaten saßen auf, die Fahrzeuge setzten sich in Bewegung. Sie fuhren an den ergeben in der Sonne brütenden Lehmkarrees der Außenbezirke von Jos vorbei. Kinder spielten in Abfallhaufen. Ein paar hochgewachsene Mädchen, die nichts am Leibe trugen als enggeknüpfte hellfarbene Baumwolltücher, winkten ihnen zu.

Die breite Straße führte nach Osten, an bizarren bordeauxfarbenen und rostrot leuchtenden Felstürmen vorüber, die sich rechts und links aus einem Meer von Dornensträuchern und Kandelaberkakteen gegen den Himmel reckten. Bald gab auch die Straße ihren Geist auf. Noch ein paar Asphaltreste, dann schlugen die Stollenreifen der Fahrzeuge lange gelbe Fahnen aus dem Staub der Piste.

Udo hustete. Er spürte, wie auf seiner Kopfhaut der Schweiß ausbrach und an seinem Nacken herunterrann. Vollmers musterte ihn von der Seite. Er sagte nichts. Manchmal beugte er den Kopf vor und blickte über das Land. Da, helle, sich bewegende Flecken zwischen den Schatten, die die Kakteen warfen. Ein dunkler jäher Strich, eine rasende Bewegung in der flirrenden und unbewegten Stille.

»Buschböcke«, sagte Vollmers. Er hob die Hand. »Da vorne ganz rechts, sehen Sie, auf der Kuppe, da ist ein ganzes Rudel Antilopen.«

Es war ein Rudel Antilopen. Und es war wie eine Aufnahme aus einem Naturfilm: Wie sie jetzt die Köpfe herumwarfen, wie der Leitbock abpreschte und das Rudel ihm in einer dichten staubgefüllten Wolke folgte.

Die Soldaten auf der Landrover-Plattform hoben die Arme, drehten die Köpfe und lachten. Ihre weißen Gebisse funkelten durch den Staub.

Da fuhren sie nun mit schußbereiten MGs durchs Tierparadies. Was sich bewegte, waren Buschböcke und Antilopen. Irgendwo aber, so wenigstens stellte es sich Udo vor, folgten ihnen unsichtbare Blicke, hockten irgendwelche Partisanen oder Guerillatypen verborgen von Gesträuch in der Hitze, das Gewehr im Anschlag, und überlegten sich, ob sie nun zuerst die Barett-Typen oder das Rote-Kreuz-Auto aufs Korn nehmen sollten.

Es war sehr heiß. Trotzdem kroch ihm eine leichte Kühle über den Nacken. War das Angst? Er wußte nicht, was es war – aber es brachte ihm zumindest seinen Zorn zurück.

»Hören Sie, Herbert! Da schaukeln wir durch die Gegend, bewacht wie ein Geldtransport, und Sie erzählen mir Geschichten von Buschböcken und Antilopen. Sicher gibt's ja auch irgendwo Affen oder Elefanten oder sonst noch was. Das mögen ja alles ganz hübsche Tierchen sein, aber im Moment interessieren sie mich nicht. Was ist los hier? Schließlich, und das wissen Sie ganz genau, das war ja auch unsere Abmachung: Ich will meine Frau nachkommen lassen. Sie haben mir in der Schweiz eine Menge erzählt von dem wunderbaren Klima, von der Schönheit der Landschaft und dem angenehmen Leben. Aber davon, daß ich Claudia mit Soldaten und Maschinengewehren vom Flughafen abholen muß, war nicht die Rede gewesen. Kein Ton. Ich will nur eines wissen, Herr Vollmers: Finden Sie das fair?«

Vollmers seufzte. Wieder ging sein Blick an Udo vorbei durchs Fenster hinaus, hinauf zu einer flachgespannten Hügelkuppe, auf dem ein Spalier geduckter Bäume stand. Dann drehte er den Kopf Udo zu. Diesmal war es nicht das leise Lächeln, das sich auf seinem Gesicht ausbreitete, diesmal wirkte es breit, halb bedauernd, doch nicht im mindesten beeindruckt. Der rechte Reifen des VW-Busses knallte in eines der vielen Schlaglöcher, und Udo mußte sich festhalten. Vollmers aber betrachtete ihn noch immer mit denselben nachdenklichen, ruhigen Augen.

»Ob sich das Wort Fairneß hier anwenden läßt! Vielleicht. Ich kann Sie verstehen, Udo. Glauben Sie mir. Sie haben verdammt recht mit Ihrer Frage. Und ich kann Ihnen nicht mal eine vernünftige Antwort darauf geben. Ich kann nur hoffen, daß Sie mir glauben.«

»Was soll ich glauben?«

Er zuckte mit den Schultern: »Als ich hier zurückkam, ging das los. Es gab einen Überfall auf einen unserer Leute, und zwar auf einen der von uns ausgebildeten Ärzte. Er machte die Ortsambulanz, fuhr mit so einem Bus wie dem hier durch die Gegend. Er wurde erschossen. Trotz des wunderschönen roten Kreuzes, das wir da draufgepinselt haben. Wir dachten, das ist ein Wilderer-Überfall. Oder irgendeine Familiengeschichte, die der Mann uns verborgen gehalten hatte.«

»Und dann?«

»Dann begann das große Rätselraten. Damit war acht Tage später Schluß, als ein Armeeposten in einem anderen Dorf nördlich von Naranda angegriffen wurde. Es waren keine Wilderer. Und der Angriff hatte auch nichts mit irgendeiner Familien- oder Ortsfehde zu tun.«

»Was dann?«

Vollmers zog eine Pfeife aus der Hemdtasche. Er spielte unschlüssig mit ihr herum, betrachtete den polierten Kopf und steckte sie dann, ohne sie mit Tabak zu füllen, zwischen die Zähne.

»Ich weiß nicht, ob's viel Zweck hat, lieber Udo Brinkmann, Ihnen das jetzt zu erklären. Hier oben auf dem Plateau, ja, im ganzen Norden Nigerias, war's in letzter Zeit ruhig. Sonst hätten wir uns ja auch niemals für Naranda entschlossen.«

»In letzter Zeit ... Und jetzt?«

Vollmers kaute auf seiner Pfeife. »Jetzt? Das ist eine alte, schon uralte Geschichte. Der Norden hier schließt an die Sahara. Im Norden lebt ein ganz anderer Menschenschlag als unten in der Küstenebene oder im Tiefland. Sie sind Moslems. Sie kommen sich als furchtbar wilde Krieger vor. Vor allem, sie können's nun mal nicht lassen: Sie proben den Aufstand. Sie hassen alles, was von der Zentralregierung, was aus Lagos kommt.«

»Sie? Wer ist das?«

»Sie nennen sich die Kongreß-Partei des Nordens. Oder so nannten sie sich früher mal. Bevor es Verbote hagelte. Unter welchem Namen sie jetzt agieren, weiß ich nicht.«

»Sie nehmen sie also nicht ernst?«

Wieder dieses Schweigen und wieder dieser abwägende, halb zweifelnde Blick. »Das spielt doch keine Rolle, Udo, was ich ernst nehme. Wenn etwas ernst zu nehmen ist, werden wir's schon erfahren. Von den anderen.«

Udo lehnte sich in den Sitz zurück. Er versuchte nachzudenken, doch es war zu heiß und bei dieser beinbrechenden Schüttelei hatte er Kopfschmerzen bekommen.

Die Straße ging bergan. Oben, zwischen einem schmalen Fries von Bäumen, sah man den spitzen Turm eines Minaretts. Daneben Häuser.

»Das ist schon Naranda«, sagte Vollmers. »Wir haben's geschafft!«

*

Die schweren rostbraunen Leinenvorhänge des Chefzimmers waren zu drei Viertel zugezogen. Die ganze hintere Hälfte des Zimmers lag in einem weichen Halbdunkel, das die Konturen der Möbel und Gegenstände verschwimmen ließ. Nur die Lampen im Leuchtschirm brannten. In den Metallklemmen steckten eine Reihe von Röntgenaufnahmen. In der Luft hing dünn und kaum wahrnehmbar der Duft verbrannten Tabaks.

»Klaus?« Christa drehte suchend den Kopf.

Sie hatte ihn beim Eintreten nicht gesehen. Er war nichts als ein dunkler Schatten vor den dunklen Streifen zusammengefalteten Vorhangstoffes. Sie legte den grünen Kartonhefter auf den Tisch, in dem sich die Abschriften des Briefwechsels mit der kassenärztlichen Vereinigung befanden, die er mit ihr durcharbeiten wollte. Sie schnupperte noch einmal. Tatsächlich: In der Luft hing der Duft einer Zigarette! Es blieb nur noch die Frage, ob er selbst oder einer seiner Besucher geraucht hatte. Und diese Frage beunruhigte sie.

»Was ist los, Klaus?«

»Oh, nichts...«

Sein Gesicht wirkte größer und schlaffer als sonst. Ja, er sah schlecht aus. Er zog sich den Besucherstuhl heran und ließ sich hineinfallen.

»Was ist denn, Klaus?«

»O Gott! Wenn ich damit anfangen würde...«

»Ist es wegen Udo? Hast du was von ihm gehört? Kam ein Telefonanruf oder ein Telegramm? Claudia hat mich vorhin angerufen. Bei ihr hat er sich nicht gemeldet.«

Er schüttelte den Kopf.

Sie wies auf den Hefter: »Ich hab Scheidt von der Kassenärztlichen noch mal angeschrieben. Willst du's durchsehen?«

Auch darauf keine Reaktion. Er wandte den Kopf, blickte zum Leuchtschirm hinüber, und sie folgte seinem Blick. »Schau es doch mal an, Christa. Die letzte Hüftgelenksplastik. Und dann diese Kieferverdrahtung. Ich habe sie mir vorhin geben lassen.«

Sie schwieg. Auf was wollte er hinaus? Bei diesem Kiefereingriff hatte sie selbst noch assistiert. Schübel hatte tadellose Arbeit geleistet, schnell, sicher und funktionell hervorragend. Und auch der Hüftgelenksersatz schien durchaus gelungen.

»Ist doch alles okay, oder?«

Er nickte mit diesem zögernden, erschöpften Lächeln, das ihr weh tat: »Okay? – Hervorragend! Schau es dir an.«

»Das brauch ich doch gar nicht.«

»Meinst du? Aber ich wäre dir dankbar, wenn du mir jetzt – nun, nennen wir es eine Entscheidungshilfe geben könntest. Dort drüben hast du die Fotos, die vor und nach der Operation gemacht wurden. Und wenn du diese Gelenkfraktur noch anschaust, das ist wirklich die Meisterleistung. Und du weißt genau, so was sage ich selten.«

Sie nickte. »Entscheidungshilfe in Sachen Schübel?«

»Ja.«

»Du meinst, er ist menschlich nicht mehr tragbar?«

»Ach...« Nun wirkte sein Gesicht beinahe kläglich: »Was ist das schon, menschlich nicht tragbar? Dienstlich vielleicht. Aber menschlich? Ich komm einfach nicht mehr weiter mit ihm. Sie mal, es kann jeder aus der Kurve fliegen. Aber Schübel, seine Geldgeschichten, die ewige Zerfahrenheit, manchmal kommt es mir vor, als sei er allein noch im OP auf der Welt. Sonst, sonst latscht er nur noch mit seinem traurigen Gesicht durch die Gänge. Und wenn ich ihn mir dann so ansehe und mir vorstelle, daß ihm nun auch noch seine Wirtin gekündigt hat…«

»Hat sie das?«

»Klar! Der zahlt doch nicht. Was er hat, schickt er vielleicht, wenn's gutgeht, seiner Familie. Wenn es gutgeht. – Und wie oft geht es schon bei ihm gut? Wirklich, ich traue mich noch nicht einmal zu fragen, wie hoch seine Schulden eigentlich sind.«

»Hat er dich wieder angepumpt?«

»Nein. Ich würde ihm ja was geben. Aber eine Lösung ist das auch nicht. Nicht für mich, denn dann hätte ich immer den Alptraum, er würde damit ins nächste Spielkasino rennen und alles wieder verlieren.«

»Und wenn er gewinnt?« lächelte sie.

»Damit allein wären seine Probleme auch nicht gelöst.«

Auf dem Schreibtisch, keine zehn Zentimeter von der Kante ihrer rechten Hand entfernt, stand eine runde Tonschale. Zwei Stempel lagen darin und vielleicht ein Dutzend Büroklammern. Und noch etwas, flachgedrückt und eingewinkelt:

Eine Kippe!

Er war es also gewesen, der geraucht hat?! Und als sie ins Zimmer reingekommen war, hatte er die Zigarette rasch ausgedrückt, voll Schuldbewußtsein? Er sprach weiter, sie hörte es nur halb, er redete irgend etwas von Katharina und daß sie ja nun für das Haus keine Mieter gefunden hätte, und da könnte man doch Katharina fragen, ob nicht Schübel… Schließlich, der Mann hätte Kinder, und Kinder brauchten einen Garten. Das alles vernahm Christa wie auf einer anderen, zweiten Wahrnehmungsebene. Im Vordergrund stand eine wichtigere, schmerzhafte Frage: Da zerbrach sich Klaus den Kopf, wie Schübel an seine Frau, seine Kinder, an Geld und eine Wohnung kommen könnte – und saß selbst auf dem Trümmerhaufen seines eigenen Glücks.

War er schon so weit, daß er trotz Infarkt, Schwüren und Selbstgelöbnissen und der ganzen medizinischen Einsicht, die ihm ein langes Berufsleben gebracht hatte, wieder zum Glimmstengel griff? Man brauchte ihn ja nur anzusehen: Die müden Augen, die bleichen Nasenflügel, der Blick … Es ging ihm nicht gut. Und die Gründe lagen klar: Die Sorge um Udo … Du selbst …

Sie nahm eine der Büroklammern, bog sie auf und piekste, ohne auf sein plötzliches Schweigen oder seinen Blick zu achten, die Kippe aus der Schale und hielt sie hoch.

Es war jetzt ganz ruhig im Zimmer.

»Muß ich das ernst nehmen? Fängst du wieder an?«

»Interessiert's dich wirklich?«

Sie ertrug diese Augen nicht und nicht die verhaltene Anklage, die auf jedes Wort zu verzichten gelernt hat, selbst auf jedes Argument.

Sie beförderte die Klammer nebst der aufgespießten Kippe in den Papierkorb und rutschte vom Schreibtisch. Ihr Rock verschob sich dabei ein wenig, und sie registrierte gelassen den kurzen, verlegenen Blick, den er auf ihre Schenkel warf.

Sie stand jetzt vor ihm, blieb aber auf Distanz.

»Ehe du dir weiter den Kopf über Schübels Zwillinge zerbrichst, Klaus, ein kleines Wort in eigener Sache: Fahren wir nach Hause! Reden wir auf der Terrasse darüber.«

»Fahren wir nach Hause?« Er wiederholte es fast andächtig.

Sie spürte seine Angst vor einer neuen Enttäuschung.

»Ja«, nickte sie, »und ich habe das meiste auch schon gepackt. Den ganzen Baby-Krempel habe ich im Wagen. Und heute abend kann ich ja Benni holen.«

Er stand da, fast hölzern, das Gesicht war hart geworden. Er sah sie nur an, die Arme hingen an seinen Seiten, die Hände hatte er ausgestreckt, sie wirkten beinahe leblos. Ein Mann im Schock.

»Und das ist dein Ernst?«

»Was denn sonst?«

Seine Augen leuchteten für eine Sekunde auf, im Hintergrund aber, wie unruhige kleine Flammen, warteten noch immer die Zweifel.

Er machte einen Schritt auf sie zu, einen zweiten.

Doch sie hob die Hand. Sie lächelte dabei. »Weißt du, so eine begeisternde Feier wird's wohl jetzt noch nicht. Ich will nicht schon wieder verlangen, daß du mich verstehst. Aber eines ist doch auch dir klar: Nach allem, was geschah, müssen wir jetzt sehr vorsichtig sein. Wir müssen wirklich sacht miteinander umgehen. Und darunter verstehe ich, daß wir die Dinge sich einfach entwickeln lassen und nett zueinander sind.«

»Nett zueinander?« murmelte er und hatte dabei einen so bestürzten Ausdruck auf dem Gesicht, daß sie lachen mußte...

»Also?«

»Oh, Christa...«

Dann aber hatten sich die Schultern wieder gestrafft, und ein tiefer Atemzug blähte Brinkmanns Brust. Die Brauen nahmen die gewohnte waagrechte Stellung ein, die verriet, daß er einen Entschluß faßte.

»So? Na, prima. Großreinigung! Der Mist von gestern raus. Und da wir schon bei Schübel waren, machen wir auch bei Schübel weiter.«

Er drückte sein Knöpfchen und beugte den Kopf über den Schreibtisch: »Lena! Schauen Sie doch mal nach, ob Doktor Schübel was Dringendes zu tun hat. Falls nicht, soll er zu mir. Und zwar im Galopp, ja?«

»Jawohl, Herr Professor!«

Christa machte ihre wissenden Augen. »Was willst du ihm sagen?«

»Wenn du hierbleibst, kannst du's ja hören. Obwohl ich nicht weiß...«

»Ich halte es nicht für so gut«, sagte sie. »Du kannst es mir ja beim Abendessen erzählen.«

Beim Abendessen?! Und einfach so hingesagt, mit einem kleinen Lächeln, das ihre Lippen kräuselte und die leuchtenden Kanten der Schneidezähne freigab. Alles klar! Das sollte das Lächeln wohl mitteilen. Beim Abendessen! – Ist doch das Natürlichste auf der Welt... Bei Ehepaaren.

*

Seine Nase war gerötet, auf den Wangen hatte er hektische rote Flecken und in den Augen dieses unsichere, hilflose Flackern, das Brinkmann bereits kannte. Was immer Schübel, der da mit offenem Mantel zu ihm hereinstürmte, verkörpern mochte, das Bild eines in allen Krisen beherrschten chirurgischen Oberarztes einer gutgeleiteten Klinik bot er jedenfalls nicht.

Brinkmann registrierte es. Und noch etwas nahm er bereits beim ersten Blick wahr: Die eingefallenen Wangen, die Schatten um die Augen. Mindestens fünf Kilo hatte Schübel abgenommen. Es ging ihm schlecht. Hundsmiserabel ging's ihm.

»Sie haben mich rufen lassen, Herr Professor?«

Brinkmann nickte nur. Schweigend auch deutete er auf einen Stuhl. Schübel nahm das Angebot nicht an. Er blieb stehen. Lang, dünn, wie ein düsterer Nagel stand er vor der hellen Tür.

»Ich kann mir auch denken, wieso«, sagte er.

»Ach nein?«

»Jawohl. Ich hab's schon gehört... Ich bin untragbar geworden... Klar, kapier ich auch. Und jetzt werden Sie mir wohl nahelegen zu kündigen.«

Brinkmann blieb ruhig. Vielleicht wäre ihm noch vor einer halben Stunde der Kragen geplatzt – aber nun glaubte er sich geradezu getragen von einem großen Gefühl aus Güte, Menschenliebe und durch nichts zu beirrende Toleranz.

»Tu ich nicht, Schübel. Ich will Ihnen zwar was nahelegen, aber nicht die Kündigung.«

»Was dann?«

»Na, zum Beispiel möchte ich Ihnen nahelegen, Ihre

Finanzen und Ihre Frauengeschichten endlich in Ordnung zu bringen. Das wäre schon ein Schritt...«

Schübel nickte müde. »Sicher. Aber von den Frauengeschichten mal abgesehen, wo soll ich die Ordnung hernehmen?«

»Wohnen könnten Sie zunächst im Haus von Katharina Gessner, einer Ex-Kollegin von uns. Vorausgesetzt, daß Sie den Garten versorgen.«

Schübels Brauen verschoben sich um einen halben Zentimeter, um dann wieder ergeben die alte Position einzunehmen. »Garten? Ich? Davon verstehe ich überhaupt nichts.«

»Das habe ich mir auch schon gedacht, daß Sie davon nichts verstehen. Aber was ändert das? Was man nicht versteht, kann man lernen. Und jeder Spatenstich wird Ihnen guttun. Gesundheitlich... Glauben Sie mir, ich habe da meine Erfahrungen.«

Schübel nickte. Seine Augen wirkten flach und vollkommen ausdruckslos. Die Mundwinkel hingen beleidigt nach unten. Nicht einmal das vermochte Brinkmann zu irritieren.

»Gut. Das hätten wir abgehakt. Jetzt haben Sie wenigstens ein Dach überm Kopf. Als Übergangslösung... Vielleicht läßt sich daraus auch etwas auf Dauer machen. Kommt ganz auf Sie an. Ich werde mal mit Frau Gessner reden, ob nicht auch Ihre Familie in das Haus übersiedeln könnte. Wie auch immer die Antwort ausfällt, bereiten Sie Ihre Frau und Ihre Kinder darauf vor, hierher überzusiedeln.«

Wieder der Versuch mit den Augenbrauen. Das Resultat blieb das gleiche. »Meine Familie...? Meine Frau und meine Kinder?«

»Wer denn sonst?«

»Die Kinder...« Ein Murmeln, so dünn wie das Rascheln von Papier.

»Und ferner«, fuhr Brinkmann erbarmungslos fort, »wenn wir schon von Familie sprechen: Mit Anja machen Sie Schluß. Das ist ja wohl klar? Ebenso mit weiteren Spielbankbesuchen. Neue Beziehungen, oder wie immer Sie das nennen, werden auch nicht geknüpft, Schübel. Damit Sie fürs erste was zu essen haben, habe ich Mühlmann veranlaßt, Ihnen für mittags und abends Kantinenmarken auszuhändigen.«

»Sie meinen, weil die von den Croupiers nicht angenommen werden? Ist es das, Herr Professor?«

»Genau das ist es!« bestätigte Brinkmann heiter. »Sie sind ein ganz schlaues Kerlchen, Schübel. Und ich bin noch nicht zu Ende. Alle anderen Schulden, auch die inzwischen entstehenden, inklusive der fünf Mark, die ich Ihnen täglich fürs Frühstück leihen werde, tragen Sie ab ersten Oktober von Ihrem Gehalt ab. Mühlmann wird Ihnen zu diesem Zweck eine Art Sperrkonto einrichten.«

Brinkmann nickte sich selbst zu: So! Das war wohl erledigt. Halt, ein Satz fehlte noch.

»Ja, noch was, Herr Schübel: Falls Sie mit diesen Punkten nicht einverstanden sind und lieber kündigen wollen, dann können Sie das natürlich. Aber dann sofort.«

Nun war es still. Es war so still, daß Brinkmann ganz deutlich Schübels Atem vernehmen konnte, in gepreßtes Auf und Ab.

Schübel hatte den Kopf sehr tief gesenkt. Nun nahm er ihn hoch. Der ganze Schübel richtete sich auf. Es sah aus, als kämpfe er gegen Zentnergewichte. Seine Augen suchten die von Brinkmann. Sein Blick war müde, doch direkt. »Sind ja ganz erhebliche Eingriffe in meine persönliche Freiheit.«

»So ist es, Schübel.«

»Und eine andere Chance habe ich wohl nicht?«

»Auch das sehen Sie richtig, Herr Kollege: Hier zumindest nicht. Also nochmals: Nehmen Sie heute noch Kontakt mit Katharina Gessner auf. Sie ist darauf vorbereitet. Hier die Telefonnummer und Adresse.«

Brinkmann schrieb beides auf einen Zettel, den er dann Schübel reichte. Der faltete ihn zusammen und steckte ihn sorgsam in die Brusttasche seines Hemdes. Und Brinkmann, der die Bewegung beobachtete, hatte Zeit festzustellen, in welchem desolaten Zustand sich nicht nur Schübel, sondern auch sein Hemd befand: Der Knopf an der Tasche abgerissen, die Kanten schwarzgrau und schäbig. Aber nun auch noch davon anzufangen, dazu fehlte ihm doch die Lust.

Schübel starrte ihn trübsinnig an. Er zuckte mit den Schultern, und dann begann er: »Was Anja angeht, möchte ich ihr allerdings noch erklären dürfen ...«

Brinkmann nickte. »Ja. Aber erklären Sie es ihr möglichst in Kürze.«

Selbst damit schien er einverstanden. Die Nase senkte sich wieder nach unten. »Daß Sie mir noch eine Chance geben ...«

»Wundert Sie das?«

»Ja.«

»Na gut, ich will Ihnen auch sagen, warum. Mein Sohn meinte, ich hätte einen Narren an Ihnen gefressen. Er hat sich getäuscht. Ich sehe es ganz nüchtern: Sie sind ein hervorragender Chirurg und ein passabler Diagnostiker. Sie sind, mit einem Wort, zu gut, als daß ich Sie verlieren möchte. Diese Hilfsaktion starte ich mehr zum Wohl meiner Patienten als zu Ihrem.«

Wieder ein Nicken. »Die Gründe brauchen mich ja nicht zu interessieren, nicht wahr, Herr Professor? Aber in jedem Fall danke ich Ihnen für Ihre Darlegung. Mitleid, Herr Professor, hasse ich wie die Pest.«

Er ging. Brinkmann drehte den Kopf nicht zur Tür. Er lauschte dem leisen Knacken des Schlosses. Und wieder, wie meist, wenn es um diesen seltsamen Menschen ging, blieb ein Rest Bewunderung, den er sich selbst nicht so recht zu erklären vermochte ...

*

Der Himmel türkisfarben-durchsichtig, von einer unglaublichen Klarheit. Im Westen, wo die Sonne untergegangen war, einige letzte Wölkchen, von goldenem Licht übergossen. Und über ihnen die Mondsichel: Ein Abend aus dem Bilderbuch!

Laura Michaelis hatte Brinkmann den gemütlichen geflochtenen Schaukelstuhl mit den Schaumgummikissen auf die Terrasse gestellt. Da saß er nun, entspannt, die Hände über den Knien verschränkt. Das Abendessen war abgetragen. Vor ihnen standen eine Flasche Wein, Gläser, Mineralwasser. Die Blüten dufteten, und am Ende des Tisches hielt Claudia seinen kleinen Sohn auf den Knien und piekste ihn, was Benni zu immer neuen Begeisterungsausbrüchen hinriß. Christa sah ihnen lächelnd zu, die Michaelis aber hüpfte mit Schälchen, Gläsern und Tassen heran und führte sich auf wie ein junges Mädchen, dessen Verlobung gleich bekanntgegeben wird. Was zusammengehörte, hatte sich wieder zusammengefügt. – Wir müssen vorsichtig miteinander sein!

Aus gesenkten Lidern blickte er hinüber zu Christa. Was immer sie auch darunter verstehen mochte, er war entschlossen, sich daran zu halten. Er mußte nur noch wissen, was das war: »vorsichtig«. Man würde sehen...

Er lehnte sich zurück und schloß die Augen. Er war glücklich, ja, auf eine besondere, ihm neue Weise war er glücklich.

Bennis letztes kieksendes Lachen war verstummt, der runde Kopf fiel schläfrig zur Seite. Claudia stand auf und reichte den Kleinen seiner Mutter.

»Soll ich ihn ins Bett bringen?«

»Nein, nein, laß ihn noch hier. Und du? Willst du gehen?«

Sie nickte nur. Sie wirkte irgendwie blaß, blaß und durchsichtig. Und als er sie so betrachtete, spürte er, wie sich in dieses ganze wohlige, watteähnliche Gespinst von warmer, gelassener Zufriedenheit winzige Sorgennadeln bohrten.

Claudia war traurig. Man sah es ihr an.

»Hat Udo geschrieben?«

Sie schüttelte den Kopf.

»Angerufen?«

»Auch nicht. Das ist es ja...«

»Komm, Claudia, setz dich und trink noch ein Glas mit uns.«

Sie schwieg. Und dann wandte sie den Kopf zu Christa. Sie verzog den Mund, ein Lächeln konnte man es nicht nennen, es wurde eine kleine melancholische Grimasse.

»Ich habe den ganzen Tag gewartet«, sagte sie. »Und gestern. Und die Nacht auch. Ich konnte einfach nicht mehr schlafen.«

Er schwieg. Es gab auch nichts darauf zu sagen. Hatte er nicht geschworen, sich zu bessern? Also bloß keine Zornesausbrüche, keine emotional aufgepulverten Vorwürfe und schon gar nicht langschweifige Analysen über den Charakter, die Irrtümer und Fehlentscheidungen seines Sohnes, die zwangsläufig in eine solche Situation münden mußten.

Dies war der Abend der Familie. Ein Abend zum Feiern! Er hatte es sich vorgenommen. Es sollte auch so bleiben.

Doch was machte er mit Claudia?

»Komm!« sagte Brinkmann. »Setz dich wieder hin. Laura hat uns diese rote Grütze versprochen. Sie ist wirklich das Beste, was man sich an Grütze erträumen kann. Kirschen und Johannisbeeren. Das mußt du mal probieren! Und wenn sie ein bißchen Sahne rein täte, wär's auch nicht schlecht.«

Es fiel ihm wirklich nichts Gescheiteres ein...

*

Schon als Junge hatte sich Udo damit abgefunden, daß Dinge in der Realität ganz anders aussehen, als die Phantasie sie sich zusammenbaut.

Dieses Mal jedoch... Von Enttäuschung konnte nicht die Rede sein, es war eher ein großes Staunen.

Von seinem Platz aus, einem wackligen Segeltuchstuhl, ließ sich ziemlich genau beobachten, worin die Unterschiede zwischen Realität und Phantasie bestanden. Der Stuhl stand auf einer graurissigen Betonplattform, die an ihrer Stirnseite eine Veranda bildete. In ihrer Fortführung trug sie die »chirurgische Abteilung«: einen flachen, ziemlich weitläufigen Bau aus rohen Lehmbausteinen. Hier, auf der Veranda, unter dem verdammten Wellblechdach, das die Sonne mittags zu einer Art hitzeflimmerndem Toaströster aufheizte, hatte er die letzten drei Tage Ambulanz gehalten. Nicht daran denken! Und was bedeutete schon gehalten? Dr. Shukla, ein indischer Emigrant aus Südafrika, vor allem aber Gawan, ein Nigerianer, hatten die Arbeit geleistet. Ihm war nichts geblieben als zuzusehen und zu staunen. Und bei Gawan lohnte sich das. Ein schmaler junger Kerl, einer, der mit Pinzette, Skalpell, Schere und Verbandszeug umging wie ein Zirkus-Virtuose mit seinen Spielzeugen, wortkarg, intelligent und mit untrüglichem Blick für kritische Situationen. Er habe mal in Lagos studiert, ein paar Semester – mehr war aus diesem Naturtalent nicht herauszulocken. Udos Komplimente ließen ihn völlig unbeeindruckt.

Dann die Operationen: Eine Narbenhernie und eine Vagotomie, nichts Schwieriges. Dr. Shukla brachte es mit leidlicher Routine, aber einer völlig veralteten Technik hinter sich. Nicht nur seine Nerven, auch seine Kenntnisse moderner Chirurgie schienen in Fett gelagert. Dem würde er einiges beibringen können, Gawan natürlich auch. Die technischen Voraussetzungen waren vorhanden, die Abteilung verfügte über modernste Einrichtungen, aber die meisten der Geräte standen noch in Kisten herum. Die Stromschwankungen des alten Dieselaggregats hatten verheerende Folgen auf die komplizierte Elektronik. Ein neues Aggregat sollte eingeflogen werden. Vollmers hatte ihm das versichert. Wann? – Irgendwann...

Udo trank den Kaffee aus. Der wenigstens war gut. Er blickte über den weiten, lehmgestampften Platz hinüber zu dem grüngestrichenen flachen Betonbau. Er sah aus wie eine Kaserne, und das war er schließlich auch mal gewesen, ehe Vollmers und die Schweizer ihn für ihr virologisches Institut übernahmen. So wie die Dinge im Moment standen, hätte die Regierung die Herren Vollmers und Amstutz nebst Troß, Laborpersonal und all den Tonnen an teurem Material, das sie herauf aufs Plateau geflogen haben, wohl am liebsten wieder hinausgeworfen und ihre Kaserne aufgemöbelt, um sie dann mit einer Kompanie tüchtiger Guerillakämpfer zu belegen. Auch das hatte ihm Gawan gesagt.

Aber zum Teufel, was ging es ihn an? Udo zündete sich eine Zigarette an, nahm drei Züge und warf sie dann über einen verstaubten, kümmerlichen Oleanderbusch hinunter auf den Lehmplatz. Er blickte hoch in die flimmernde Sonne, die hinter dem dünnen filigranartigen Geäst eines Eukalyptusbaums stand: Neun Uhr. Von irgendwo kam das knatternde Dröhnen eines Hubschraubers. Nun sah er ihn sogar. Das Ding flog ziemlich niedrig, zog nun eine Kurve. Wohin?

Ja, in welche Gegend war er hier geraten? Und was hatte er erwartet? Dies war nicht Lambarene und er nicht Albert Schweitzer, weder folkloristisch-romantische Strohhütten noch schmucke Schweizer Rotkreuz-Zelte waren zu sehen. Nur dieser Himmel, ausgedorrtes Land, das Dorf dort drüben, das er noch nicht einmal kennengelernt hatte... Ja, und ein paar hundert Meter Stacheldrahtzaun, frisch noch im Licht blitzend. Selbst der Staub, der sich auf die runden Schlingen legte, war neu. Vor einer Woche hätten sie den Zaun gezogen, hatte Vollmers berichtet. Vorsichtshalber. Doch wie er die Situation so einschätze, könnte man das grausige Zeug bald entfernen.

Und Gawan hatte dazu gelächelt. Still gelächelt.

Ein Schatten. Schräg fiel er über den kleinen runden Tisch. Udo drehte sich um.

»Sie?« sagte er. »Geht's denn schon los?«

»Wir sind überfällig. Neun Uhr zehn. Eigentlich wollten wir um acht Uhr schon fahren. Bis zu den Misan-Dörfern ist es zwar nicht weit, aber in der Gegend gibt's kaum Bäume. Da knallt die Sonne runter.«

Sie hatte dunkelbraune Augen, die unter dem Rand des weißen Popelinhutes fast schwarz wirkten, schwarz, unbeirrt und ruhig: Eine Rotblonde mit dunklen Augen, eine große, stille, etwas grobknochige Frau, vierzig Jahre alt vielleicht, deren Auftreten nicht nur ihre im Land erworbene Selbstsicherheit verriet, sondern auch Gelassenheit vermittelte. Man fühlte sich wohl in Erika Leibschütz' Nähe. Sie war hier geboren. Ihr Vater, hatte Vollmers erzählt, war Farmer an der Küste gewesen. Der Biafra-Krieg der sechziger Jahre hatte ihm Farm und Existenz genommen. Er war verbittert nach Deutschland zurückgekehrt. Erika aber blieb. »Und das ist«, so Vollmers, »für uns alle verdammt gut!«

Udo fand es auch.

»Fährt Vollmers mit?« fragte er.

»Klar. Erstens will er Sie mit der Situation vertraut machen. Zweitens beginnt er mit seiner Reihenuntersuchung. Es hat ihn genügend Arbeit gekostet, das ganze Programm anzukurbeln. Und so gut kennen Sie ihn auch: Ein Herbert Vollmers gibt nicht auf.«

Udo grinste dünn. Er dachte an Christa und an all das, was damals zu Hause über Christas hartnäckigen Verehrer gemunkelt worden war. Doch Christa? Zu Hause! Wie weit lag das entfernt ...

Erika Leibschütz stellte ihre schwere Segeltuchtasche auf den Tisch. »Dort drüben, da kommen sie!«

Es war der kastenförmige, allradgetriebene Ambulanzwagen, den Vollmers ihm am Vorabend gezeigt hatte: Ein Wagen wie ein Block. Unter der von tausend Fahrten über die Savanne oder durch den Busch zu irgendwelchen Dörfern mit zungenbrecherischen Namen verschrammten und verbeulten Karosserie mit dem roten Kreuz trug er mit, was immer gebraucht wurde, wo Menschen nach dem Doktor, dem weißen Medizinmann, jammerten: Eine gut sortierte Bereitschafts-Apotheke. Ein mobiles Röntgengerät. Selbst einen Tisch für Noteingriffe.

Diesmal schienen Vollmers die roten Balken auf dem Heck, den Seiten und der Motorhaube nicht auszureichen. Das Medizin-Mobil zeigte auch noch Flagge. Das rote Kreuz flatterte über der Windschutzscheibe, als der Wagen über den Platz brauste und vor der Terrasse zum Stehen kam.

Erika Leibschütz blickte nachdenklich. Udo aber dachte an den Militär-Helikopter, der vorher seine Runden über der Buschsteppe im Osten gezogen hatte.

»Na«, meinte er zweifelnd, »und wie ist das mit Ihnen? Wäre es nicht besser, Sie blieben hier? Haben Sie eine Garantie oder irgendeinen Buschzauber, der uns heil zurückbringt?«

»Weder noch, Doktor.« Sie nahm die Tasche, ehe Udo sich danach bücken konnte. »Ich bin nun mal Optimist. Was wollen Sie hier sonst sein? Außerdem, heute morgen kam's im Radio: Die Rebellen haben sich aus unserer Gegend zurückgezogen. Sie sind hinüber über den Fluß.«

»Und das glauben Sie?«

»Muß ich wohl. – Als Optimist!« Sie lächelte.

Er folgte ihr die drei Betonstufen hinunter zum Wagen. Hinter der Scheibe konnte er Gawans dunkles Gesicht erkennen. Neben ihm Vollmers. Auch die beiden lächelten ihn an. Na dann! dachte Udo. Doch das bedrückende Gefühl, einen Fehler zu machen, wurde er nicht los.

Oder war das Angst?

*

Sie waren etwa vierzig Minuten gefahren, als Gawan den Wagen von der Piste weg über eine mit gelbem dürren Gras bewachsene Schotterstraße zu dem Hügelkamm dort drüben lenkte. Dies sei nichts als eine Abkürzung zu den Misan-Dörfern, erklärte er Vollmers. Dort drüben bei dem Einschnitt führe ein Weg hinauf zu ihnen. »So sparen wir gute vierzig Minuten.«

Vollmers sagte nichts. Doch die Idee schien ihm wenig zu behagen, und die »Abkürzung« wurde zum Alptraum...

Der Wagen taumelte über Kaninchenlöcher und Steine. Die Erschütterungen wurden so stark, daß sich einer der Blechkästen, in denen die Medikamente aufbewahrt wurden, aus seiner Halterung löste, krachend herunterkam und seinen Inhalt an Tabletten-, Spritzen- und Ampullenpakkungen auf Erika Leibschütz' Schoß und über den Boden ausspuckte.

»Mensch, halt doch an, Gawan! Hier geht es doch nicht weiter! Das ist ja Wahnsinn!«

Gawans Gesicht wurde hart und kantig. Er schüttelte nur den Kopf. Dann trat er doch auf die Bremse und stellte den Motor ab.

Udo bückte sich und klaubte von der Gummimatte des Wagenbodens auf, was er fand. Als er sich wieder aufrichtete, traute er seinen Augen nicht.

Draußen, neben dem Führerhaus auf der Beifahrerseite, stand Gawan. Er stand breitbeinig. Beide Hände umklammerten eine schwere schwarze Militärpistole. Der Lauf zielte auf Vollmers Oberkörper. Udos Mund wurde trocken. Der Anblick war zu verrückt. Das gab's doch nicht! Das träumte er doch wohl?

Neben ihm gab Erika Leibschütz einen leisen, erstickten Laut von sich. Ihre Augen waren weit aufgerissen. Ihre Lippen schlossen sich. Sie sagte keinen Ton. Sie schüttelte nur den Kopf. Auch Vollmers schien vollkommen ruhig.

»Gawan«, hörte Udo ihn sagen, »daß du mit einer Pistole umgehen kannst, habe ich inzwischen bemerkt. – Und jetzt? Was weiter?«

»Legen Sie beide Hände über den Kopf, Doktor. Und rutschen Sie rüber auf den Fahrersitz. Ja so... Nach dem Zündschlüssel brauchen Sie nicht zu schielen, den habe ich in der Tasche.«

Gawan leistete sich ein kurzes ironisches Lächeln. Er nahm die Pistole in die rechte Hand, machte drei Schritte an der Längsseite des Wagens entlang und entriegelte die Schiebetür. Das gespannte, glatte Gesicht mit den tiefliegenden Augen erschien vor Udo im Türausschnitt, und die Pistole hatte nun ihn im Visier. »Aussteigen!« Der Lauf der Waffe machte eine kurze, abrupte Bewegung: »Aussteigen! Na, los!«

Erika Leibschütz sah Udo an, dann zuckte sie mit den Schultern. Sie lächelte, tatsächlich. Sie brachte es fertig zu lächeln. Und sie stieg aus.

»Ihr setzt euch vorne neben Vollmers!« Die Kommandos kamen kurz, in klarem, schnörkellosem Englisch. Die Stimme klang ruhig. Aber Udo konnte deutlich das Klopfen an Gawans Halsschlagader erkennen.

Nichts zu machen! – Udo empfand keine Angst mehr. Nicht einmal der Gedanke an den Arzt, der vor einigen Tage getötet worden war, änderte daran etwas. Vielleicht hatte der Mann einen Fehler gemacht? Gawan war nicht der Typ, das hatte er bei seiner Arbeit im Operationssaal festgestellt, der sich zu unüberlegten Handlungen hinreißen ließ. Also wartete er, bis Erika neben Vollmers Platz genommen hatte, stieg dann selbst ein und machte die Tür zu.

Gawan hatte sich inzwischen auf den Klappsitz hinter Vollmers gesetzt. Die Pistole hielt er vollkommen entspannt. Auch die Schiebetür war wieder geschlossen.

Er zog mit der linken Hand die Schlüssel aus der Brusttasche seiner alten, verblichenen Militärjacke und warf sie Vollmers auf den Schoß.

»Und jetzt los, Doktor! Sehen Sie, dort hinten bei den drei Akazien? Da geht's ab. Nach Westen. Keine Sorge, es gibt zwar ein paar Steine, aber das schaffen Sie schon. Sie sind ein guter Fahrer, Vollmers, nicht?«

Der Ton! Die weißen Zähne, die ein Grinsen zu formen versuchten, das keines werden wollte. Vollmers startete, der Motor heulte auf. Einen Pistolenlauf im Nacken, Gawans kurze sachliche Anordnungen im Ohr, steuerte Vollmers den Wagen durch ein übles Geröllfeld eine Böschung hinab und dann durch die lange, flache Hangrinne, die zur Regenzeit das Wasser wohl ausgewaschen hatte, und die jetzt wie ein langer, staubbedeckter, von kümmerlichem Gebüsch bestandener Graben nach Westen führte.

»Kann ich rauchen?« fragte Udo.

»Aber sicher.« Gawan gab ein kurzes, stoßartiges Kichern

von sich, das abrupt wieder verstummte. Ein Feuerzeug fiel in Udos Schoß, ehe er seine Streichholzpackung herausfingern konnte. Er zündete zwei Zigaretten an, wollte die eine Vollmers zuschieben, der aber schüttelte den Kopf.

Udo erkannte die helle gespannte Linie seines Kiefers, sah, wie die Knöchel, die das tanzende Steuerrad hielten, weiß hervortraten. Er bot die zweite Zigarette Erika an. Sie nickte dankbar, lehnte sich zurück und nahm einen tiefen Zug.

Wieder sprach Gawan. Diesmal waren es kehlige, stoßweise hervorgepreßte Worte in Haussa, der Sprache der Berg- und Steppenbewohner, Viehhirten und Nomaden hier auf den Plateaus.

»Was meint er?« fragte Vollmers.

»Daß er nicht anderes kann. – Was sonst?« übersetzte Erika. »Und daß es ihm natürlich leid tue. Aber daß er uns braucht. Vor allem den jungen Doktor. Und damit sind Sie gemeint, Brinkmann.«

Udo nickte hilflos. Was sich hinter dem Wort »braucht« verbarg, wollte er sich nicht vorstellen. Er ahnte es. »Er gehört also zu diesen Buschrebellen, die uns das Militär auf den Hals gehetzt haben, nicht wahr?«

»Ja. Aber was heißt schon Buschrebellen?«

»Was sind das für Leute?«

Wieder meldete sich hinter ihm Gawans Stimme. Wieder in demselben harten, raschen Befehlston.

»Er sagt, ich soll Ihnen das richtig erklären.«

»Versteht er auch Deutsch?«

»Ein paar Brocken. Er arbeitet ja schon seit einem Jahr mit uns.«

»Und ihr habt nie etwas davon geahnt?«

»Wie sollten wir denn? Er gehört zu den Fulbe, ein Haussa-Stamm. Ziemlich wildes Volk, kriegerische Leute, ehemalige Nomaden. Stolz und intelligent. Sie haben damals gegen die Ibos losgeschlagen und damit den ganzen Biafra-Krieg entfesselt. Aber da waren Sie ja noch ein Kind ...«

»Ich habe davon gehört. Das ist verdammt lange her. Doch was wollen sie denn heute?«

»Immer das gleiche: Unabhängigkeit. Es ist die alte Geschichte: Zentralregierung, Stammes- und Sprachgrenzen. Es ist wie überall in Afrika. Dort, wo's Ärger, Volksarmeen, Schießereien und Morde gibt, hat es immer den gleichen Grund: Alte Kolonialgrenzen, von irgendeinem britischen oder französischen Distrikt-Offizier festgelegt, oder, schlimmer noch, an irgendeinem weit entfernten grünen Tisch mit dem Bleistift gezogen.«

Udo nickte wieder. Was blieb ihm zu tun? Vor allem: Was ging ihn das an? Ein kurzer, scharfer Schmerz an seinem linken Schulterblatt riß ihm den Kopf herum: Gawan! Seine Pistole bewegte sich leicht über Udos Nacken. Durch den Stoff des Hemdes spürte er die Spitze des Korns wie einen stumpfen Messerrücken.

»Sorry, Doktor! You talk to much.«

»Nehmen Sie endlich Ihren verdammten Schießprügel von meinem Hals.«

Gawan lachte leise. »Nervös, Doktor? Sie sollten entspannen. Sie werden Ihre Kräfte noch brauchen.«

»Wozu?«

»Um zu helfen. Deshalb sind Sie doch hierhergekommen, nicht wahr? Wie haben Sie gestern auf der Terrasse gesagt: Sie wollen sich nicht in Politik einmischen. Sie fühlen sich als Neutraler. Sie sind ein apolitischer Mensch. War es nicht das?«

Udo antwortete nicht. Er schloß die Augen und versuchte, so gut er es konnte, mit dem Körper die stoßartigen Erschütterungen des über Geländerinnen tanzenden Fahrzeugs auszugleichen. Unter gesenkten Lidern schielte er hinüber zu Vollmers. Wenn er sich wenigstens mit Herbert Vollmers verständigen könnte. Doch wie? Sie hockten beide im Schatten von Gawans Pistole, und der verfolgte jede ihrer Regungen.

»So ist's nun mal: Man kommt mit reinem Herzen und offenen Händen – und was geschieht?«

»Lassen Sie Ihre Witzchen, Gawan.«

»Witzchen? Das sind keine Witzchen. Für Sie, Doktor, für alle, die sich hier einmischen, gibt es keine ›unpolitische Hilfe‹. Daran können weder Sie noch ich was ändern: Alles, auch was Sie jetzt tun, ist Politik.«

»So? Und was werde ich tun?«

»Helfen.«

Die Schulter schräg nach vorne gestemmt, den Kopf leicht zurückgeneigt, bekam Udo Gawan wieder ins Gesichtsfeld. Er war so nah, daß er jede Pore in diesem Gesicht ausmachen konnte. Es wirkte nun auch nicht mehr jung. Es war das zeitlose, entschlossene Gesicht eines Mannes, der bereit ist, sein Leben zu riskieren.

»Bald können Sie beweisen, ob Sie's ernst meinen.«

Der Wagen tauchte in den Schatten einer Felswand. Die großen Steinbrocken an ihrem Fuß waren zur Seite geräumt, weit genug, um ein Fahrzeug durchzulassen. Deutlich waren Reifenspuren in dem hartgebackenen Sandboden zu erkennen. Rechts schob sich eine Halde von Geröll hoch. Sie fuhren in einer Schlucht. Trotz des Schattens wurde die Hitze unerträglich. Vollmers wischte sich mit dem Arm den Schweiß von der Stirn.

»Nicht mehr weit«, sagte Gawan. Er sagte es auf deutsch.

Eine halbe Stunde später kurvte der Wagen schüttelnd um einen Vorsprung, der sich aufreckte wie eine dunkle violette Faust. Dahinter hatte sich eine regelrechte Schlucht gebildet. Über einem flachen, von Akaziengestrüpp bewachsenen Hang stieg der Felsen hoch wie eine Wand.

»Halten Sie an!« Gawan hob die Hand. Vollmers stoppte, kuppelte aus und stellte dann den Motor ab.

Stille. Durch das geöffnete Fenster strich ein warmer, knisternder Wind. Von irgendwoher drang ein Vogelschrei in die unheimliche Stille. Der sich abkühlende Motor knackste. Vollmers hatte noch immer die Hände auf dem Steuerrad. Er drehte langsam, spähend, doch ohne irgendeinen Gesichtsausdruck, den Kopf.

»Dort oben«, sagte Gawan.

Sie sahen nicht, was dort oben sein sollte. Sie sahen nur im braunvioletten Schatten schwarze klaffende Spalten. Höhlen wahrscheinlich. Dann kollerte ein Stein herab.

Plötzlich, so, als habe die Erde sie ausgespien, tauchten zwischen den Felsbrocken Gestalten auf: Männer! Sehnige, lange Burschen. Die einen in zerfetztem Khaki-Zeug, die anderen halb nackt, Junge, Alte, doch was sie irgendwie gleich machte, waren die Maschinenpistolen in ihren Händen.

Einige blieben nun stehen, die anderen kamen in wilden Sprüngen herabgeklettert.

Udo spürte sein Herz klopfen. Er sah, wie Gawan mit einem hageren, bärtigen Mann zu reden begann, sich dann umdrehte und auf ihn deutete.

Nun kam er zurück. »Los, Doktor! Raus! Sie haben zu tun. Dort oben liegen drei, und die werden sterben, wenn Sie nicht sofort amputieren.«

*

Für Klaus Brinkmann wurde es ein sonderbarer Vormittag. Dabei standen auf dem Operations-Programm keine schwierigen Fälle: Eine Ösophagus-Prothese bei einer armen alten Bäuerin aus dem Glottertal, deren Mageneingang ein inoperables Karzinom eingeschnürt hatte – schwierig nicht, nur sehr traurig.

Für die Monate, die der Patientin noch blieben, würde diese palliative Maßnahme Erleichterung verschaffen. Dann eine ziemlich zeitraubende Zwerchfellnaht bei einem Unfallopfer, schließlich noch, als sie mit dem Zwerchfell gegen elf Uhr fertig waren, eine Pneumothorax-Drainage. Brinkmann wollte den Eingriff Schübel überlassen. Es war eine Präzisionsangelegenheit, die Kanüle zwischen den Rippen in die Lunge einzuführen, um dann die Sudate abzusaugen, die dem armen Kerl von Eisenbahner, der vor ihnen auf dem Operationstisch lag, noch immer das Fieber hochtrieb und die Lungen gefährdete.

Brinkmann trat zurück, um der OP-Schwester Platz für die Vorbereitung des Saugsystems zu machen. Schübel beugte sich gerade über den Instrumententisch, um den Führungsspieß herauszusortieren, der nachher zwischen die Rippen des Patienten den Weg für den Drainageschlauch bohren sollte. Dabei drehte er sich um und warf Brinkmann einen halben Blick zu. – Und da war es geschehen. Das Erlebnis war schwer zu beschreiben. Auch später, als Brinkmann es sich in Erinnerung zurückrufen wollte, blieb es von gleichzeitig unwirklicher und doch fotografisch präziser Qualität. Es war ihm, als stehe nicht Schübel dort, nein, ein anderer. Auch die Augen, die der Stoff von Kopfhaube und Mundschutz freigaben, hatten nicht den hellen, oft etwas schwimmenden Blick des Mannes aus Kiel. Es waren Augen, die er besser kannte, an die er immer wieder denken mußte: Groß waren sie. Dunkel. Flehend ...

Udos Augen.

Der Eindruck dauerte nicht länger als den Bruchteil einer Sekunde. Gespentisch? Vielleicht... Was bedeutete er? Eine Täuschung? Hysterie? Die Projektion seiner Sorgen, der schlaflosen Stunden, all der Gespräche, die er inzwischen mit Claudia und Christa geführt hatte, wenn sie mit ihren Fragen und Sorgen die Antwort auf das Rätsel zu finden suchten, warum Udo sich nicht meldete.

Brinkmann verließ den OP. Draußen dann, in dem kleinen Vorraum, stand er lange am Fenster und starrte in den Garten: Udos Augen?! ... Und die Bitte, nein, die Angst darin? Ja, es waren Udos Augen gewesen... Zum Teufel noch mal: was ist mit dir eigentlich los? Wie kannst du dir so was einbilden?

Nur mit Mühe kämpfte er den Wunsch nach einer Zigarette nieder. Er fühlte sich knochenelend, hundemüde. Er riß das Fenster auf. Die Luft war warm und schmeckte nach Herbst. Sie half ihm nicht. So schloß er die beiden Flügel wieder und ging zum Telefon, das im Vorraum gleich neben der Tür zum Treppenhaus an der Wand befestigt war.

Er wählte die 37, Christas Nummer.

»Hallo!« kam es fröhlich. »Ich hab schon bei dir angerufen. Wie lief's denn?«

»Was?«

»Na, was?« Sie lachte. Sie war so unbefangen, so heiter, so nah. Es tat gut, sie zu hören. »Na, die Arbeit.«

»Wie immer.«

Er log. Brauchte sie es zu wissen? Nein, es lief nicht wie immer. Nichts lief wie immer. »Du hör mal, ich hab da so 'ne merkwürdige...«

Er unterbrach sich selbst. Wieso sie damit belasten? Was sollte sie ihm auch antworten?

»Was hast du?«

»Nachher, Christa. Gehst du jetzt zu Tisch?«

»Eben das war es ja. Weißt du, ich wollte noch mal rasch in die Stadt, ein Bettchen für Benni besorgen. Seines wird ihm langsam zu klein. Und ich habe bei Merkel ein anderes gesehen, eine Gelegenheit. Vierzig Prozent Preisnachlaß. Wenn du der Michaelis sagen könntest, daß wir erst um halb zwei essen...«

»Sag du's ihr«, erwiderte er kurz und hängte ein.

Ein Fehler! Sie wird sich über deine Reaktion Gedanken machen, wird sich fragen, welches Wehwehchen dich heute wieder plagt.

Auch das war nicht wichtig.

Brinkmann brauchte zehn Minuten, um sich durch den Mittagsverkehr zu dem kleinen schindelverkleideten Haus am Rande des Oberdorfs hochzukämpfen. In der Klinik-Cafeteria hatte er noch zwei von den Zitronencremeschnitten mitgenommen, die Claudia so gerne aß. Nun stand er mit dem kleinen, knisternden, sahnecremeweichen Päckchen in der einen Hand vor der Haustür seines Sohnes. Er war nur wenige Male hier gewesen. An den Holunderbusch, der seine schwarzblauen Dolden gegen die Hauswand neben ihm drückte, erinnerte er sich nicht. Eine Klingel konnte er nicht entdecken. Er klopfte. Nichts. Langsam drückte er die Klinke und trat in einen halbdunklen Vorraum.

»Hallo!«

Er kam sich sonderbar vor, ein Eindringling, der nicht wußte, was er mit dem Geschenk in der Hand anfangen sollte.

Und dann hörte er ihre Stimme: »Ja ... Gut, ich ruf dann noch mal an. Vielen Dank!«

Er öffnete die Tür zum Wohnzimmer. Da saß sie am Telefon. Das dunkle Haar ließ ihr Gesicht flächig und weiß erscheinen, und die Augen waren groß und voller Angst.

»Ich habe gerade in der Klinik angerufen.«

Brinkmann nickte.

In ihm stieg die Ahnung von Unheil hoch, so stark, daß der Versuch, es mit dem üblichen Brinkmann-Strahlen zu überspielen, total danebenging.

Er setzte seine lächerlichen Cremeschnitten auf dem kleinen Rauchtisch ab, der vor dem Sofa stand.

Als er sich dabei bückte, sah er das Telegramm. Es war zusammengefaltet.

»Was ist dennn los? Warum wolltest du mich sprechen, Claudia?«

»Hier! Das kam gerade.«

Es schien ihr Schwierigkeiten zu machen, den Arm hochzuheben. Brinkmann nahm das Telegramm und entfaltete es. Er las zuerst den Absender: Auswärtiges Amt – Bonn. Unterschrieben hatte ein Mann namens Jobst. Albert Jobst, Legationsrat. Den Text las er dreimal. Er mochte ihm absurd, unwahrscheinlich und unbegreiflich erscheinen, doch irgendwie, auf eine geheimnisvolle Weise, die er sich selbst nicht erklären konnte, hatte er nach seinem Erlebnis im OP etwas Derartiges erwartet.

SIE KÖNNEN VERSICHERT SEIN, DASS SOWOHL DIE DEUTSCHE BOTSCHAFT IN LAOS UND DIE IHR UNTERGEORDNETEN KONSULARISCHEN STELLEN ALS AUCH DAS ROTE KREUZ ALLE ERDENKLICHEN SCHRITTE UNTERNEHMEN, UM DIE UMSTÄNDE DES VERSCHWINDENS IHRES HERRN GEMAHLS UND DES HERRN DR. VOLLMERS MÖGLICHST RASCH AUFZUKLÄREN.

Obwohl anzunehmen ist, dass sich die Vermissten in den Händen einer in der Gegend von Jos operierenden Rebellengruppe befinden, sind wir mit den Experten des Irk darin einig, dass eine Lebensgefahr nicht besteht. In jedem Fall bitte ich Sie, mit mir und den Herren unserer Dienststelle ständigen Kontakt zu halten.

»Vermißt...« Er murmelte das Wort, ohne die Tragweite zu begreifen. Und das Telegramm war an »Frau Katharina Brinkmann« gerichtet? Diese Idioten spielten sich als Fachleute auf und waren noch nicht einmal in der Lage, Udos Familienverhältnisse zu klären. Wieso zum Teufel hatten sie ihn denn nicht in der Klinik angerufen, anstatt das Mädchen zu Tode zu erschrecken?

Vermisst!

Zu Tode erschrocken war er jetzt auch...

»Wo ist das Telefon, Claudia?«

Sie deutete mit dem Kopf zu der Eckkonsole, auf der der Apparat stand. Brinkmann wählte die Auskunft, ließ sich die Nummer es Auswärtigen Amts in Bonn geben und hatte drei Minuten später bereits eine etwas verdrossen wirkende Frauenstimme am Apparat: »Krupka, Referat Jobst. Wie bitte?« Der Herr Legationsrat sei leider nicht zu sprechen. Um was es sich denn handle? »Ach so, dieser Vermißtenfall? Brinkmann und Vollmers, nicht wahr?«

Der »Vermißtenfall!« – Ein dunkles Rauschen klang in Brinkmanns Ohren, seine Hand tat weh, so fest umklammerte er den Hörer. Er mußte sich zusammenreißen. Jetzt loszubrüllen, diese Amtsziege niederzumähen, zu was führte das schon?

»Hören Sie«, sagte er mühsam, »ich bin der Vater von Dr. Brinkmann. Vielleicht können Sie sich vorstellen, wie mir zumute ist. Wir hatten ja keine Ahnung... Und da kommt dieses Telegramm. Woher haben Sie es überhaupt erfahren?«

»Eine IRK-Meldung in den Abendnachrichten von Beromünster.« Kurz darauf, sagte Frau Krupka in Bonn, habe sich auch die Gesandtschaft in Lagos gemeldet, ja, und in den Zeitungen heute morgen wären ja schließlich auch schon einige kleine Meldungen erschienen. »Wir hier im Amt wissen ja auch noch nicht über die näheren Umstände Bescheid. Wir warten stündlich auf Nachrichten. Deshalb hielt es der Herr Legationsrat...«

»Geben Sie mir mal seine Privatnummer.«

»Hören Sie, das geht doch nicht. Ich bin nicht befugt...«

»Geben Sie sie mir oder nicht?«

»Das kann ich nicht.«

Brinkmann knallte den Hörer auf die Gabel zurück, warf einen kurzen Blick hinüber zu Claudia, die mit angezogenen Beinen in der Sofaecke kauerte, bemühte noch einmal die Auskunft und bekam eine neue Nummer und eine zweite Frauenstimme an den Apparat. Die wirkte nicht müde, nein, richtiggehend munter. Es handelte sich auch nicht um die Sekretärin, sondern um die Ehefrau des Legationsrats: »Nur, mit meinem Mann kann ich Ihnen leider nicht dienen, Herr Brinkmann. Ich begreife ja, wie furchtbar das alles für Sie sein muß, aber Albert ist in einer Besprechung.«

Wo auch sonst?!

Brinkmann ließ den Hörer auf die Gabel fallen. Er ging zum Tisch zurück und blickte brütend auf Claudias dunklen Scheitel. Sie tat ihm leid. Er tat sich selbst leid. Und vor allem Udo und Vollmers... Furchtbar war das...

»Die sollen mich kennenlernen! Wenn die in Bonn nicht spuren...«

Auch diesen Satz ließ Klaus Brinkmann unvollendet. Schließlich war er überflüssig. Schlimmer noch, lächerlich.

Nigeria... dachte er. War ja Udos Idee. Er mußte ja dorthin. Nichts, kein Argument, keine Macht der Welt konnte ihn davon abhalten. Und beinahe hätte er dieses arme Mädchen hier auch noch mit ins Unglück gezogen...

Und dann versuchte sich Brinkmann vorzustellen, was in diesem Zusammenhang Unglück bedeutete. Nach Udos Abflug hatte er alles über Nigeria gelesen, was ihm in die

Finger geriet. Er hatte sich sogar noch einen Reiseführer der Westküste Afrikas gekauft: Nahtstelle zwischen dem westlichen und zentralafrikanischen Kontinent. Mit seinen reichen Zinn- und Öl-Vorkommen auch noch eines der fortschrittlichsten Länder Afrikas, nur leider wegen der inneren Zerrissenheit der verschiedenen Stämme auch nach dem Biafra-Krieg immer wieder Schauplatz von Erhebungen gegen die Regierung in Lagos.

So was liest sich leicht. Doch was es in Wirklichkeit bedeutet? »Vermißt im Unruhegebiet!« Immer wieder gehört, immer wieder in einer Zeitungsnachricht überflogen. Wer macht sich schon Gedanken! Der, den es trifft.

»Komm, Claudia«, sagte er. »Steh auf! Jetzt müssen wir zusammenhalten. Komm mit in die Villa. Willst du?«

Sie nickte nur. Die Augen waren zwei spiegelnde dunkle Sicheln.

Er wollte ihr die Hand geben. Sie stand von selbst auf.

»Vermißt im Unruhegebiet« – wieder versuchte er sich vorzustellen, was das bedeutete. Und wieder sah er Udos Blick auf sich gerichtet. Voll Flehen … wo er jetzt steckte? Was zum Teufel hatten sie ihm angetan?

*

In der Luft hing noch immer der bitter-stechende Ekrasitgeruch explodierender Geschosse. Und noch immer zitterte sie unter dem Gebrüll der Männer. Doch nun brüllten die anderen: die Sieger! Sie gaben Laute von sich wie wilde Tiere, die ihre Spannung entladen.

Und es gab keine Flucht!

Udo stand etwa zwanzig Meter unterhalb der Rebellenhöhle, in der er operiert, sich Tag und Nacht geschunden, in den letzten vier Tagen nichts anderes erlebt hatte als Grauen am Fließband, Arbeit, Schlaflosigkeit und das Elend dessen, der mit unzulänglichen Mitteln gegen den Tod anrennt.

Nun hatte der Tod gewonnen. Gründlich. Und hatte alle Rechnungen ausgeglichen.

Den ersten, den er erkennen konnte, war Gawan. Er erkannte ihn an der zerfetzten Jacke mit den aufgenähten braunen Streifen. Halb verborgen von den Zweigen eines kleinen Akazienstrauches, wirkte der tote Gawan wie ein dunkles vergessenes Kleiderbündel. Wo einst sein Kopf gewesen war, zeichnete sich im Staub eine dunkle Pfütze Blut ab. Der rechte Arm war ausgestreckt und unnatürlich abgebogen, die Finger um einen Stein verkrallt. Dann sah er den Rest.

Die Geschoßgarben der Spezialeinheit, die kurz nach Sonnenaufgang aus den Hubschraubern gesprungen und das Rebellennest mit seinen Verletzten und Frischoperierten noch im Schlaf überraschte, hatten keinen Unterschied zwischen Verwundeten und kampffähigen Männern gemacht. Die Regierungssoldaten hatten niedergemäht, was sich bewegte und atmete. Es waren hochgewachsene, kaffeebraune und wildentschlossene Typen. Profis! »Das sind selbst Leute aus dem Norden«, hatte Erika gesagt. »Fulbe sind das. Das siehst du an den Gesichtern. Da ist nichts Negroides drin.«

Was immer sie waren und was immer diesen adlergesichtigen, hageren Offizier bewegen mochte, der statt Worte und Befehle einen dünnen Kommandostab benutzte, mit dem er auf die Todgeweihten zeigte, es wurde gründliche Arbeit geleistet. Vollmers, Erika und Udo wurden aus der Höhle gejagt, alle Proteste halfen nicht. Den Abschluß der Aktion bildete das dumpfe Hämmern der Maschinenwaffen im Innern des Berges.

Zu Ende war es damit nicht. Irgendeiner der Kerle, die in ihren gefleckten Uniformen am Hang standen, brüllte etwas. Udo drehte sich um. In diesem Zeitbruchteil spürte er den Stoß an der Schulter. Es war, als habe jemand aus dem Nichts zugeschlagen. Er konnte nicht glauben, daß er getroffen war. Ein Schuß? Wieso? Wer hatte auf ihn geschossen? Vielleicht ein Querschläger? Irgendeiner dieser Verrückten oben in der Höhle?

Es war ihm schlecht geworden. Der Magen hatte zuerst

reagiert. Da stand er nun, hielt die Hand am Oberarm und sah auf das Blut, das zwischen den Fingern herabrann.

Vollmers sah ihn an. Nie in all den schrecklichen Stunden hatte er ihn wirklich verzweifelt gesehen. Jetzt war es soweit. Auch Vollmers schien unfähig zu reagieren.

Aber es gab noch Erika, Erika und ihre Leinentasche. Die hatte sie tatsächlich dabei. Auch jetzt!

Ein paar der Soldaten kamen heran, umstanden sie, als Erika Udos Schulter verband, blickten sachlich, ein halbes Lächeln auf dem Gesicht, wie Zuschauer, die ein interessantes Training beobachten.

»Eine Fleischwunde«, sagte Erika. »Tut es weh?«

Udo schüttelte den Kopf.

»Blutet ziemlich. Aber ein größeres Gefäß hat es nicht erwischt. Du hast Glück gehabt, Udo...«

»Glück?« war alles, was er hervorbringen konnte mit weißen Lippen und zitternden Knien. Dann war den Knien auch das Zittern zuviel, sie gaben einfach nach, und wenn Erika und Vollmers nicht zugegriffen hätten, wäre er einfach in sich zusammengesackt.

Sie setzten ihn auf einen Stein. Und da saß er auch noch, als Erika zum wiederholten Male den Verband kontrollierte, offensichtlich unzufrieden mit dem frischen Blut, das die Gaze durchtränkte, und diese gefleckten Gorillas fuchtelten noch immer mit ihren Maschinenwaffen in der Luft herum.

Der Offizier mit dem hageren Vogelgesicht kam auf sie zu. Er hielt auf Abstand. Etwa zehn Schritte vor der kleinen Gruppe blieb er stehen. Er war vielleicht vierzig oder fünfzig, hatte einen grauen kurzgeschnittenen Bart über der Oberlippe, die fahlbraune Haut war von Pockennarben übersät. Die schräge Lidfalte seiner Augen machte den Blick noch stechender, noch unerträglicher.

Udo senkte den Kopf. Er wunderte sich, daß er keine Schmerzen empfand.

»Ich hätte Sie mit den anderen erschießen lassen können.« Die Worte kamen klar wie Peitschenschläge in akzentfreiem Englisch. »Und ich bedauere, es unterlassen zu haben.«

Der ist verrückt! Das war das einzige, was Udo denken konnte. Auch Vollmers war fahl geworden. Er fand kein Wort der Erwiderung. Nur Erika Leibschütz ließ sich nicht einschüchtern: »Sie hätten also auch mich töten lassen? Eine Frau?«

»Was macht das für einen Unterschied? Ich sehe keinen. Sie haben diese Volksverräter, diese Söhne des Teufels, genauso gepflegt wie die Männer hier. Na also? Dann haben Sie sich auch dieselbe Schuld aufgeladen.«

Schuld aufgeladen... Volksverräter. Udo hörte diese Worte wie aus weiter Ferne.

Der Schmerz setzte ein. Er biß die Zähne zusammen, um nicht aufzustöhnen.

»Major«, versuchte es Vollmers, »ich habe Ihnen vorhin schon gesagt, wir gehören zum Medical-Center von Naranda. Wir sind Angestellte des Roten Kreuzes. Man hat uns hierher verschleppt. Das läßt sich alles nachprüfen.«

»Wird auch nachgeprüft! Aber es spielt keine Rolle. Sie hätten diese Arbeit verweigern müssen. Wer den Aufständischen hilft, ist unser Feind. So einfach ist das. Sie haben sich hier nicht in die Politik einzumischen. Und das taten Sie.«

Nicht in die Politik einmischen? Gawan hätte das anders formuliert. Doch Gawan war tot... Udo dachte an Claudia, dachte den Namen »Claudia«, dachte an ihn wie an eine Beschwörung während der ganzen Zeit, als sie ihn mit den anderen in einer engen, stolpernden Gruppe, bewacht von Soldaten, durch die Schlucht und dann den Hang hinauf zu einem Grasplatz trieben, auf dem drei Hubschrauber warteten. In etwa hundert Meter Abstand stand noch eine vierte der großen olivgrünen Transportmaschinen. Das Feuer hatte sie zu einer qualmenden Masse geschmolzener Metallteile verwandelt, aus der wie der Stumpf eines verbrannten Baumes noch der Rotorkopf ragte.

Udo war stehengeblieben. Die Schwäche kam wieder. Er

konnte kaum atmen. Und da traf ihn ein Gewehrkolben in die Nieren, der ihn aufstöhnen ließ. Er stolperte. Erika fing ihn auf – ein zweites Mal.

»Komm, Udo... wir schaffen es.«

Claudia! dachte er. Ja, ich muß, wir müssen es schaffen...

Sie stiegen in das dunkle Innere des Hubschraubers. Erika verstaute Udo sorgsam in einem der Segeltuchsitze und schloß die Gurte.

»Und wenn sie uns umlegen, Erika?«

Sie schüttelte nur den Kopf.

»Wenn es uns geht wie Gawan, Erika...«

Das alptraumhafte Bild des Toten ohne Kopf wollte nicht weichen, es begleitete Udo durch die Fieberträume, die ihn anfielen wie wilde Wegelagerer.

In der ersten Nacht im Militärgefängnis von Jos, in einer kleinen, schmutzigen, stinkenden Zelle, versuchte Vollmers verzweifelt, einen Arzt zu bekommen. Umsonst. Die Wachen zeigten ihr teilnahmsloses Grinsen und schüttelten die Köpfe. So gut es ging, hielt Vollmers das Fieber mit kalten Umschlägen unter Kontrolle. Es war nicht die Schußverletzung allein, die Udo an den Rand des Todes brachte, es war die Anstrengung der letzten Tage, die Strapazen, denen sein geschwächter Körper nicht mehr gewachsen war.

Am vierten Tag geschah dann das Wunder. Sie hatten bereits aufgegeben. Plötzlich flog die Tür auf, eine Wache kam herein, und ihr folgte ein junger Militärarzt, der einen blütenweißen Mantel über die Uniform geworfen hatte. Seine Nickelbrille funkelte. Umständlich drückte er an den aufgeschwollenen Wundrändern herum, packte dann ein Spritzenbesteck aus und begann Udo mit Antibiotika vollzupumpen.

Vollmers starrte sprachlos. Auch Erika, die in dem schmalen Lehmbau die Nachbarzelle zugeteilt bekommen hatte, ahnte, daß sich etwas änderte: »Was ist los, Herbert?«

»Keine Ahnung.«

Der Arzt lächelte: »Sie werden Besuch bekommen, hohen Besuch. Ihr Botschafter. Außerdem haben wir jetzt endlich Anweisung aus Lagos. Sie sind alle frei, Herr Doktor Vollmers. Den Kollegen werden wir gleich ins Distrikt-Hospital bringen.«

Er richtete sich wieder auf. Das Lächeln in dem dunklen Gesicht blieb blaß und ausdruckslos. »Wissen Sie, ich fürchte, es handelte sich um ein Mißverständnis. Um nichts als ein Mißverständnis...«

*

»Ein Mißverständnis?!!«...

»Ein Mißverständnis.« Vollmers nickte. »Das hat er gesagt. Und nicht nur dieser kleine Militärarzt, das haben sie alle gesagt. Der Captain, der das Rattenloch von Gefängnis in Jos leitete, der Botschafter natürlich und selbst General... wie hieß der noch, Udo?«

Wie sollte Udo das wissen? Warum sollte er sich dafür überhaupt noch interessieren? Ein Udo, der dort im Sessel lag, die Beine ausgestreckt, um die rechte Schulter einen neuen blütenweißen Verband, made in Offingen, ein Udo Brinkmann, der erfahren hatte, daß Gebete wahr werden, Wunder sich ereignen können. Im Leben verschwören sich die Realitäten meist gegen das Happy-End. Dieses Mal hatten sie es nicht verhindern können. Die Hand, die auf seiner Stirn lag, war Claudias Hand. Er brauchte nur seine gesunde auszustrecken, um ihre Hüfte, ihren Körper zu spüren. Und der Himmel hier, die Lampions, die Sterne, die wölbten sich über den heimatlichen Garten der Villa in Offingen. Kein Fiebertraum – Wirklichkeit! Wirklichkeit zum Anfassen...

»General Ibetu hieß der Typ!« rief er Herbert Vollmers zu.

»Richtig, Ibetu. Der General war also mit dem Botschafter aus Lagos in einer Militärmaschine heraufgekommen. Dann, mit einem Mal, hatten sie's schon sehr eilig. Alles Mißverständnisse. Vier Tage später bereits saßen wir in der

Maschine. Aber wenn Bonn und Genf nicht soviel Druck gemacht hätten...«

Bonn und Genf?

Brinkmann leerte sein Glas Glottertäler bis zum letzten Tropfen. Und es war nicht das erste. Neben ihm knisterte das Grillfeuer. Funken stoben auf. Durch den Garten von Heimkehrern und Gästen zog der fette und so ungemein beruhigende Rauch gebratener Rippchen. Äußerst angenehm die Atmosphäre. Doch durch sein Behagen zuckten wie Flammenschein andere Bilder: Wieder sah er sich am Telefon stehen. An einem? An hundert Telefonen! Wieder hörte er sich brüllen. Wieder fuhr er über die Autobahn nach Bonn. Dreimal hatte er die Reise gemacht, von dem Flug nach Genf zum Hauptquartier des IRK gar nicht zu reden. An harte Vorzimmerstühle erinnerte sich Brinkmann, an unverschämte Behördenportiers, arrogante Sekretärinnen, diplomatisches Gesäusel, aber auch an die Momente, wo er derart losdonnerte, daß er fürchtete, nicht nur Stimmbänder und Verstand, sondern auch sein Herz würde versagen.

Ein Mißverständnis!

Und der »Druck von Genf und Bonn«!

Na gut. Was soll's? Sie waren wieder da, hockten leibhaftig vor ihm in einem von Laura Michaelis mit bunten Lampions geschmückten Garten. Das Grillfeuer brannte. Ein ganzes Faß Glottertäler hatte er zur Heimkehr des verlorenen Sohnes besorgt. Der Wein half gegen die Nachtkühle. Und was den Rest anging? Er spürte Christas wissenden Blick auf sich. Ja: Christa wußte Bescheid! Und das war wichtiger. Das Wichtigste aber: Es gab keine Vermißten mehr! Er hatte sie herausgeholt. Mit herausgeholt.

»Na, dann noch mal: Auf euch! Wo ist der Wein?«

Er wollte sich das Glas vollschenken, übersah Christas mahnenden Blick und staunte noch nicht einmal, als ihm die Michaelis höchstpersönlich nachfüllte, eine Michaelis, die mit hektisch roten Wangen ums Glottertäler Faß herumhüpfte.

»So, Laura, jetzt bekomm ich 'nen Kuß.«

»Aber Herr Professor...«

»Ja, sicher. Und zwar sofort!«

Sie lachten. Lauras Augen verdrehten sich in Panik. Sie waren sich einig: Ein guter, ein einzigartiger Abend! Nie würde ihn Brinkmann vergessen. Ein Kalb hatte er schlachten wollen. Es waren zwar nur Rippchen geworden, doch die schmeckten besser als alles, was er je gegessen hatte.

»Und Sie, Herbert? Ich darf doch Herbert zu Ihnen sagen? Was heißt Herbert – ich sag du!«

Der Mann neben ihm am Feuer, dieses lange, hagere Gestell mit dem braunverbrannten Gesicht und den ruhigen Augen, die ihn nun freundlich musterten, schien ihm unbegreiflich nah. Er mochte ihn, den Vollmers. Jawohl! Ihre Gläser klirrten gegeneinander. Das Leben besteht aus lauter kleinen Schritten, und die meisten machst du daneben, dachte Brinkmann. Dann gibt es einige, zu denen wirst du gezwungen. Zu diesem, zum Beispiel. Gezwungen von einem gütigen Schicksal...

»Klaus – Prost!«

»Na, nach all dem wird es Zeit, daß wir uns auf die Schulter klopfen, was, Herbert? Fährst du wirklich wieder zurück?«

»Aber sicher. Was sonst? Ich kann doch meinen Laden, Menschen wie Erika Leibschütz, nicht im Stich lassen. Würdest du das?«

»Nein. – Aber mein Junge bleibt da! Das sage ich dir gleich. Das heißt...«, fast zaghaft kamen die Worte über Klaus Brinkmanns Lippen, »falls er das will...«

Doch der Junge hörte gar nicht zu. Der Junge hatte sein Mädchen auf dem Schoß, und das Mädchen wiederum vergrub das Gesicht an Udos schmerzfreier Schulter. Wie die Äffchen! fand Brinkmann und bekämpfte tapfer seinen Neid...